中大哲学文库

意识的向度
——以胡塞尔为轴心的现象学问题研究

倪梁康 著

商务印书馆
The Commercial Press
2019年·北京

图书在版编目（CIP）数据

意识的向度：以胡塞尔为轴心的现象学问题研究 / 倪梁康著. — 北京：商务印书馆，2019
（中大哲学文库）
ISBN 978-7-100-17379-7

Ⅰ.①意… Ⅱ.①倪… Ⅲ.①胡塞尔(Husserl, Edmund 1859—1938)—现象学—研究 Ⅳ.①B089 ②B516.52

中国版本图书馆CIP数据核字（2019）第078412号

权利保留，侵权必究。

中大哲学文库
意识的向度
——以胡塞尔为轴心的现象学问题研究
倪梁康 著

商 务 印 书 馆 出 版
（北京王府井大街36号 邮政编码 100710）
商 务 印 书 馆 发 行
三河市尚艺印装有限公司印刷
ISBN 978-7-100-17379-7

2019年6月第1版　　开本 680×960　1/16
2019年6月第1次印刷　印张 30　1/2

定价：86.00元

中大哲学文库编委会

主　编　张　伟

编　委（按姓氏笔画排序）

　　　　马天俊　方向红　冯达文　朱　刚　陈少明

　　　　陈立胜　吴重庆　赵希顺　徐长福　倪梁康

　　　　龚　隽　鞠实儿

总　序

中山大学哲学系创办于1924年，是中山大学创建之初最早培植的学系之一。1952年全国高校院系调整撤销建制，1960年复系，办学至今。先后由黄希声、冯友兰、杨荣国、刘嵘、李锦全、胡景钊、林铭钧、章海山、黎红雷、鞠实儿、张伟教授等担任系主任。

早期的中山大学哲学系名家云集，奠立了极为深厚的学术根基。其中，冯友兰先生的中国哲学研究、吴康先生的西方哲学研究、朱谦之先生的比较哲学研究、李达与何思敬先生的马克思主义哲学研究、陈荣捷先生的朱子学研究、马采先生的美学研究等，均在学界产生了重要影响，也奠定了中大哲学系在全国的领先地位。

复系五十多年来，中大哲学系同仁勠力同心，继往开来，各项事业蓬勃发展，取得了长足的进步。目前，我系是教育部确定的全国哲学研究与人才培养基地之一，具有一级学科博士学位授予权，拥有"国家重点学科"2个、"全国高校人文社会科学重点研究基地"2个。2002年教育部实行学科评估以来，我系稳居全国高校前列。2017年9月，中大哲学学科成功入选国家"双一流"建设名单，我系迎来了难得的发展良机。

近几年来，在中山大学努力建设世界一流大学的号召和指引下，中大哲学学科的人才队伍也不断壮大，而且越来越呈现出年轻化、国际化的特色。哲学系各位同仁研精覃思，深造自得，在各自的研究领域均取得了丰硕的成果，不少著述还产生了国际性的影响，中大哲学系已逐渐发展成为哲学研究的重镇。

"旧学商量加邃密，新知涵养转深沉。"为了向学界集中展示中大哲学学科的学术成果，我们正式推出这套中大哲学文库。中大哲学文库主要收录哲学系现任教师的代表性学术著作，亦适量收录本系退休前辈的学术论著，目的是为了更好地向学界请益，共同推进哲学研究走向深入。

承蒙百年名社商务印书馆的大力支持，中大哲学文库即将由商务印书馆陆续推出。"一元乍转，万汇初新"，我们愿秉承中山先生手订"博学、审问、慎思、明辨、笃行"的校训和哲学系"尊德问学"的系风，与商务印书馆联手打造一批学术精品，展现"中大气象"，并谨以此向2020年中大哲学系复办60周年献礼，向2024年中山大学百年校庆献礼！

中山大学哲学系
2018年1月6日

目 录

引　子 1
绪论　埃德蒙德·胡塞尔与意识现象学 5
　一、面对实事本身的态度与作为严格科学的哲学 6
　二、心理主义初衷与心理主义批判 8
　三、本质直观与意向性描述分析 10
　四、纯粹现象学与超越论还原 12
　五、超越论自我论与超越论交互主体性现象学 15
　六、生活世界与欧洲科学的危机 17
　七、当今胡塞尔现象学研究现状 20

方法篇

意识现象学的基本方法
　——通向超越论本质现象学之路 25
　一、本质还原的方法 32
　二、超越论还原的方法 45

三、两个还原的关系和科学总体结构 61

　　四、两个还原的剩余和超越论本质现象学 75

现象学反思的两难

　　——胡塞尔、舍勒、海德格尔在反思问题上的不同态度

　　　及其内在根源 100

"智性直观"概念的基本含义及其在东西方思想中的不同命运 120

分析篇

意识现象学的意向分析 161

　　一、引论 161

　　二、意向分析之一：主体的自识 162

　　三、意向分析之二：主体间的互识 179

　　四、意向分析之三：主体间的共识 195

　　五、结语 213

现象学背景中的意向性问题 215

文化篇

交互文化现象学略论

　　——关于两种文化问题的讨论 225

交互文化理解中的"格义"现象

　　——一个交互文化史的和现象学的分析 236

一、历史研究 237

　　二、现象学分析 242

　　三、结语 253

艺术篇

图像意识的现象学 257

　　一、图像意识中的三种客体 261

　　二、图像意识中的三种立义 263

　　三、图像事物和图像客体之间的关系以及相应立义之间的
　　　　关系 266

　　四、图像客体与图像主题之间的关系以及相应立义之间的
　　　　关系 268

　　五、结语：第三只眼与精神图像 270

艺术直观与理念直观的"纯粹性" 273

背景篇

胡塞尔的意向性概念与休谟的信仰概念 283

康德哲学中"认之为真"（Fürwahrhalten）概念分析 302

　　一、认之为真 302

　　二、意见与知识 304

　　三、信仰 305

四、道德信仰——最狭窄和最真正意义上的信仰 308

　　五、物自体——一个知识事物还是一个信仰事物 311

　　六、休谟、康德、胡塞尔和世界信仰问题 315

分析哲学的方法 316

　　一、概论——分析哲学作为纯粹的方法 316

　　二、分析哲学代表人物的思维趋向和发展 321

　　三、分析哲学的方法论共性 336

　　四、结语 336

牟宗三与现象学 338

　　一、牟宗三与胡塞尔 339

　　二、牟宗三与海德格尔 345

　　三、牟宗三与舍勒 352

胡塞尔与维特根斯坦：从意识哲学到语言哲学的范式转换 354

　　一、维特根斯坦的后期思想是对早期唯我论的克服吗？ 355

　　二、在私人语言与唯我论之间是否有内在的关系？ 358

　　三、私人语言是否可能？ 360

　　四、私人感觉或私人经验是否可能？ 364

　　五、结论 367

现象学与逻辑学 369

　　一、引论 369

　　二、胡塞尔所理解的现象学与逻辑学的关系 371

　　三、附论：芬克和德里达所涉及的现象学与逻辑学的关系 376

　　四、海德格尔所理解的现象学（存在论）与逻辑学的关系 379

五、结语 385

Transszendental：含义与中译 387

　　一、引言 387

　　二、康德的"transzendental"概念 388

　　三、谢林的"transzendental"概念 391

　　四、胡塞尔的"transzendental"概念 393

　　五、结语 396

观念主义，还是语言主义？

　　——对石里克、维特根斯坦与胡塞尔之间争论的追思 398

　　一、引论 398

　　二、石里克、维特根斯坦与胡塞尔之间的冲突 401

　　三、本质直观：方法论的差异 405

　　四、立场的分歧：观念主义还是语言主义 410

　　五、感想与结论 416

结束语　二十世纪：一个过渡的时代

　　——从现象学的角度回顾二十世纪的两个哲学问题 419

　　一、引言 419

　　二、现象学与本我中心主义 420

　　三、现象学与理性中心主义 425

　　四、结语 429

参考文献 431

人名索引..454

主题索引..459

第一版后记..473

第二版后记..476

引　子

　　标题中的所谓"意识的向度"，是指从意识的视角看出的方向或获得的维度。下面文字所表达的思考，都或多或少与这个向度有关，都或多或少是在这个向度上进行的。如果这些文字还可算作哲学的讨论，那么它们就应当被纳入意识哲学的范畴中。

　　向度总是与立场相关。站立的位置决定了观看的角度。胡塞尔始终要求现象学观察的无立场、无成见、无兴趣，但这种要求本身是从笛卡尔传统的立场发出的，因此也就决定了他的思考是有向度的：意识哲学的向度，即笛卡尔的思（cogito）的哲学的向度。在这点上，海德格尔对胡塞尔的质疑是可以成立的，而且也对于所有哲学思考的向度成立，包括海德格尔本人的。

　　今天我们愿意相信，任何哲学思考都是有立场、有向度的，无论是古希腊的存在向度，还是近代的意识向度，或是现代的语言向度、此在向度、他者向度、文化向度、自然向度，如此等等。新的向度至少意味着观察点的丰富，尽管最新的向度不一定是最佳的或最要紧的向度。

　　意识的向度不是哲学思考中的最新向度，甚至可以被看作是不合时宜的。但它仍然不失为一个至关重要的视角。

　　所谓"意识"，是一个在中国古代被用来泛指"意向见解"的概念；佛教传入后则专指六识之一的意识，即依意根而起之识。可以大致地说,"意识"一词所标示的是人心所具有的"思量"与"了别"的作用。由于人类的一切心智活动都以意识的存在为前提,包括道德、知识、情感、信念,还有一切的美德和恶习;因此,要想了解人性,就需要从意识开始。这是胡塞尔的意识现象学的基本意向,也是以无著为代表的佛教唯识学的基本主张,即所谓"万法唯识所现"。实际上,意识的向度不仅是人性理解的一个角度,也是对与人相关的各类事物的一个认识角度。因为在意识概念中不仅包括意识活动或意识功能,而且也包括意识活动所构造出来的所有对象,如世界万物、天地人神。至于它们在意识之外是否存在的问题,胡塞尔不做回答,予以搁置,而唯识学则明确做出否定,即所谓"诸识所缘,唯识所现"。

将"意识"的这个意思扩展开来使用,我们还可说动物的意识、无意识、潜意识、超意识、下意识,如此等等。事实上,胡塞尔的同乡和同时代人弗洛伊德所探讨的课题,看起来超出了意识哲学的领域,因为那是一些未被意识到的,但又隐藏在意识中的东西;然而仔细想来,它们仍然属于意识的范围。因为如果某个东西不以任何一种方式为任何一个人所意识到,却又被断言为存在的,那么这个东西就只能被看作是本体主义的假设或神秘主义的虚构。即便是弗洛伊德所指出的未被意识到的东西,也需要通过某种方式(如做梦)显现出来,即以特殊的或非正常的方式被意识到。可能唯识学家从一开始就了解这一点,所以他们很早便把"梦中意识"列为意识的四种类别之一。

至此为止,胡塞尔的意识现象学与佛教唯识学的基本取向还是一致的。这里还需要指出:与胡塞尔的"意识"(Bewußtsein)概念相应的不是唯识学中的"意识"(mano-vijñāna)概念,而是"心"(citta)概念,即心王及心所法之总称。这个意义上的意识哲学或唯心哲学的总体特征就在于:回溯到意识本身,以返观的方式把握自己和明察自己。在胡塞尔现象学那里,这被视为进入了先验的(超越论的)层面,而在唯识学中,这意味着对本觉境界的踏入。

但这样的一种向度和由此达到的境界最终究竟能够为我们提供些什么呢？一个通往另类风光和景物的窗口？一条导向林间空地的路径？

远不止于此！明察意识的本质结构，真正看清它自身所是，这实际上就已经意味着对自性真如的亲证。因此，胡塞尔坚信：对自身的认识，最终会导向在一个上帝死了的时代中的自身负责。而佛教认为，彻底地认证所有现象无非是自己本觉的目光，也就意味着真正的解脱。在此意义上，意识哲学的目的并不仅仅是认知的，终极的使命在于转识成智，在于本真意义上的觉悟与承担。

下面的文字并不包含对思想史上各种类型的意识哲学比较研究，而主要是——如副标题所示——围绕胡塞尔意识现象学进行的讨论。之所以在这个引子中一再地诉诸佛教唯识学的思路，只是因为近年来在相关的学习与研究中一再地讶异于一个事实：两种从未相遇过的学说能够在主旨、方法、目光的朝向、观察的结果等方面找到如此多的共同之处，以至于我们可以大胆地用意识哲学这个概念来概括思想史上所有可被称作"唯识现象学"或"现象唯识论"的努力。这个契合的事实会震撼和动摇那些认为哲学的任务仅仅在于写下自己的历史或哲学家的使命仅仅在于否定自己的前人和同辈的主张，虽然还不足以推翻它们。

德里达曾说过"同一性总是无法打动我"一类的话。我想，与他相比，我更敏感些，更容易被感动些。我既对差异性，也对同一性抱有兴趣。当然这里还有层次上的区别：差异使我好奇，同一令我惊异。于是便有了下面这些在差异中寻找同一的尝试。

绪论　埃德蒙德·胡塞尔与意识现象学

埃德蒙德·胡塞尔（Edmund Husserl，1859—1938）是一位有犹太血统的德国哲学家。他是现象学的创始人及现象学运动的开拓者。虽然胡塞尔一生的大部分时间是在19世纪度过的，但他自1900年开始发表的《逻辑研究》以及其他现象学著述，使他成为20世纪哲学的最重要的构造者之一。

胡塞尔出生在当时属奥匈帝国的麦伦地区（现在捷克境内）的一个叫布热兹尼采（Prossnitz in Maehren）的小城镇上。胡塞尔的大学生涯开始于1876年秋，先后在莱比锡、柏林、维也纳、哈勒大学学习过天文学、数学、物理学和哲学，曾师从哲学家弗兰茨·布伦塔诺（Franz Brentano）和卡尔·施通普夫（Karl Stumpf），并深受二人影响。1882年秋，胡塞尔以《变量计算理论的论文集》的博士论文获得博士学位，1887年又在哈勒大学以论文《论数的概念》而获得任教资格，并从事私人讲师工作。在1900—1901年发表其代表作《逻辑研究》（两卷本）之后，胡塞尔赴哥廷根大学担任哲学教授。1913年，胡塞尔主编并与其他现象学代表人物如马克斯·舍勒（Max Scheler）等人一同出版了日后成为现象学运动之重要标志的《哲学与现象学研究年鉴》第一期。其中刊载了胡塞尔本人的另一部重要著作《纯粹现象学与现象学哲学的观念》第一卷。1916年，胡塞尔由哥廷根转至弗莱堡，继续进行现象学研究。1928年，由另一位现象学重要代表人物马丁·海德格尔（Martin Heidegger）主编的《内时间意识的现象学讲座》以及 1929 年发表的《形式的与超越论的逻辑学》①，均为胡塞尔思路历程的重要文字表露。1928 年，胡塞尔退休，由海德格尔接替其教椅。但胡塞尔仍继续讲学、研究。《笛卡尔式的沉思》（1931 年），《欧洲科学的危机与超越论现象学》第一部分（1936 年）的发表表明，胡塞尔的思想仍在不断超越出自身而持续获得新的活力。但胡塞尔本人没有看到另一部由他本人审定的重要著作《经验与判断》的出版，这部著作发表的这一年也正是胡塞尔在弗莱堡逝世的这一年，即 1938 年。胡塞尔一生劳作，身后留下大量手稿。在这些手稿的基础上，世界各地建有胡塞尔文库，其中中心文库设在比利时卢汶大学，并编辑出版《胡塞尔全集》。除了最后提到的《经验与判断》以外，所有胡塞尔生前出版的著作均已收入《胡塞尔全集》。全集目前（2014 年）已出版至四十二卷。

一、面对实事本身的态度与作为严格科学的哲学

数学家出身的胡塞尔，早在其哲学研究开始前就已将数学科学的严格性视为一切科学之楷模。此后，弗兰茨·布伦塔诺在这个方面更对胡塞尔产生过重要的影响。这种影响不仅决定了胡塞尔日后的哲学研究方向，而且也坚定了胡塞尔对哲学本身是一种严格的科学的信念。胡塞尔自己在回顾这一影响时说："从布伦塔诺的讲座中，我获得了一种信念，它给我勇气去选择哲学作为终生的职业，这种信念就是：哲学也是一个严肃工作的领域，哲学也可以并且也必须在严格科学的精神中受到探讨。他解决任何问题时所采取的纯粹实事性，他处理疑

---

① 这里所说的"超越论"，是指在康德之后成为哲学核心表述的"transzendental"。这个词原先多被译作"先验的"，也被译作"超验的"。笔者在这部书中统一译作"超越论的"。具体理由可以参见本书后面背景篇中的"Transzendental：含义与中译"一章。

难问题的方式，对各种可能的论据的细致而辩证的考虑，对各种歧义的划分，将所有哲学概念都回溯到它们在直观中的原初源泉上去的做法——所有这一切都使我对他满怀钦佩和信任。"① 正是布伦塔诺的影响和胡塞尔本人所受的自然科学方面的教育，使胡塞尔在一生的哲学追求中都坚持"哲学作为严格的科学"的信念：他不信任哲学中的大话和空话，要求把哲学史上的"大纸票"兑换成有效的"小零钱"；他相信哲学所具有的伟大任务，但认为只有在完全澄清了这些任务的意义内涵的起源之后，才有可能解决这些任务；他拒绝形而上学的思辨，主张在"看"、在"直观"中把握到实事本身。也正是带着这种信念，胡塞尔一生中不断地对自己的哲学研究提出近乎苛刻的要求，不断地迫使自己竭力把握最终的明见性；他所运用的这种方法，日后也成为现象学运动的最突出标志。

胡塞尔对绝对真理、最终论证的追求，最典型地代表了在20世纪思维趋向中仍起作用的超越论主义和观念论的一极，并典型地体现出19世纪哲学向20世纪哲学的连续过渡。他的哲学设想在很大程度上也是对欧洲哲学传统的继承和发展，这一设想具体地表现为：哲学是一门严格的科学。所谓"严格的科学"在这里一方面是指最具有确定性的知识起源于内在感知之中，更确切地说，起源于对意识活动的内在反思之中。在这个意义上，胡塞尔的哲学从一开始便带有"内在化"的趋向。另一方面，"严格"又意味着一种不依赖于相对的经验认识的绝对观念知识。在这个意义上，胡塞尔的哲学又始终具有"观念化"的趋向。这两方面的意义都可以在欧洲近代哲学中找到对应——前者在笛卡尔的"我思故我在"的反思中，后者在莱布尼茨的"普遍数学模式"的理想中。此后，尽管胡塞尔对哲学的理解有所变化，但他在

---

① Husserl, *Gesammelte Werke*, Den Haag: Martinus Nijhoff bzw. Dordrecht u.a.: Kluwer Academic Publishers, seit 1950: Husserliana (缩写为 Hua), Band XXV, S. 305. 后文引用《胡塞尔全集》以"Hua 卷数，页数"表示。

这两个方面的设想却始终保留在他的哲学观念中。这两方面的设想也规定了胡塞尔对"现象"和"现象学"概念的理解。

在一百年后的今天，当人们谈到胡塞尔时，最先的感受大都会是他那种面对实事本身，执着追求真理的精神。即使人们会怀疑他的追求是否已经达到或者是否可能达到目的，但他的这种追求精神本身已使得许多人能够在一个怀疑主义的时代站稳脚跟。"他比任何一个人都更多地迫使我们认清知识的窘迫境况：要么是彻底的经验主义连同其相对主义、怀疑主义的结论，它被许多人看作是一个令人沮丧的、不能被接受的，并且事实上会给我们的文化带来毁灭的立场；要么就是超越论主义的独断论，它实际上无法论证自身，并且最终仍然还是一个随意性的决定。……尽管最终的确然性是一个在理性主义范围之内无法达到的目的，但如果没有那些不断努力试图达到这个目标的人们，我们的文化就将会是贫乏而可怜的；而且，如果我们的文化完全落入怀疑主义者们的手中，那么它将几乎无法继续生存下去。"①

二、心理主义初衷与心理主义批判

正是胡塞尔毕生所坚持的哲学就是"朝向绝对认识的意向"（手稿，B II 19, 15）②的观点，才使得他能够为把握最终的确定性而不断地克服模糊与怀疑，甚至不惜摒弃自己已有的观点。

胡塞尔哲学研究的最初意图在于从逻辑学出发为数学奠定坚实基础，这与莱布尼茨和以后的罗素、怀特海等人的想法相一致。但胡塞

---

① Leszek Kołakowski, *Die Suche nach der verlorenen Gewißheit. Denk-Wege mit Edmund Husserl*, Stuttgart: Kohlhammer, 1977, S. 96.
② 胡塞尔的手稿分 A. B. C. D. E. F. K. L. M. N. P. O. R. X. 共十四个部类；每个部类或独立，或含几个子项，以罗马数字标明；各个子项中又含各个卷宗，以阿拉伯数字标明；每个卷宗中又含有各个页张，用逗号隔开，也以阿拉伯数字标明。

尔当时受布伦塔诺以及流行的心理学研究的影响而趋向于认为逻辑学的基础应当建立在心理学之中。1890年发表的《算术哲学》第一卷便是在此方向上所做的进一步努力。在这部书中，胡塞尔试图通过对数学基本概念的澄清来稳定数学的基础。这种以数学和逻辑学为例，对基本概念进行澄清的做法以后始终在胡塞尔哲学研究中得到运用，成为胡塞尔现象学操作的一个中心方法。但是，胡塞尔在《算术哲学》中对基本概念的澄清是在对心理行为的描述心理学分析中进行的，这种做法与当时在逻辑学领域中流行的心理主义相一致，也就是说，胡塞尔这一时期的研究工作隐含着这样一个前提：对逻辑概念、定理、判断、推理等的理解必须依赖于对相应的心理行为的分析，逻辑真理奠基于心理行为之中。因而在此书发表后不久，他便受到了指责。最主要的批评来自数学家和逻辑学家G. 弗雷格（Gottlob Frege），他在对《算术哲学》一书所作的书评中指出胡塞尔把客观的数学内涵加以心理学化。

胡塞尔本来计划出版《算术哲学》的第二卷，但后来便因这部书的哲学起点不够稳定而放弃了这个打算。心理主义的困境使他放弃了这个立场并开始转向它的对立面。他在19世纪90年代将其主要精力放在探讨逻辑学和认识论的基本问题上。他在此期间发表的一系列文章为以后的《逻辑研究》奠定了基础。几年后，即1900年，胡塞尔的巨著《逻辑研究》得以发表，它和弗洛伊德（Sigmund Freud）同年发表的《梦的解释》一起，从20世纪的一开始便为这个世纪的欧洲大陆哲学打上了一个"内向性"的特征——前者是通过意识分析，后者则通过无意识分析。

《逻辑研究》的第一卷题为《纯粹逻辑学导引》。这一卷的主要任务是反驳当时在哲学界占统治地位的心理主义，即认为逻辑概念和逻辑规律是心理的构成物的观点；这实际上是胡塞尔本人原来所持的立场。所以胡塞尔在《逻辑研究》的前言中曾引用歌德的话来形容他对心理主义的批判："没有什么能比对已犯过的错误的批评更严厉了。"①这些批判指出心理主义的最后归宿在于相对主义和怀疑主义，它在当时结束了被认为具有绝对科学依据的心理主义的统治，而且在今天，无论人们把逻辑定理看作是分析的还是综合的，这些批判仍然保持着它们的有效性。可以说，随着这一卷的发表，心理主义这种形式的怀疑论连同有关心理主义的讨论在哲学史上最终被归入了档案。

三、本质直观与意向性描述分析

《逻辑研究》的第二卷《现象学与认识论研究》于1901年出版，它们由六项研究组成。在这六项研究中，胡塞尔通过对意识的现象学本质分析揭示了逻辑对象的观念性，据此而试图从认识论上为逻辑学奠定基础；分析的结果表明，在一种特殊的范畴直观中可以把握到所有观念的、范畴的对象。这种范畴直观也就是后来被称之为"本质直观"、"观念直观"或"本质还原"的方法。尽管胡塞尔本人以后一再强调，这种本质直观的方法并非现象学所特有的方法，它也是其他本质科学，如纯粹数学、纯粹物理学等所运用的基本方法，但以后现象学运动的各个代表人物都坚持将这种方法看作是现象学运动所依据的真正的、统一的手段，它意味着一种在反思中进行的、对意识本质要素及这些要素之间的本质联系的直接直观把握。因此，如今人们所理解的广义上的现象学方法，其内涵基本上是与"本质直观"的含义相一致的。

《逻辑研究》第二卷在方法论方面的成就在一定程度上为我们提

---

① Husserl, *Logische Untersuchungen*, Zweiter Band: *Untersuchungen zur Phänomenologie und Theorie der Erkenntnis*, Teil I, Den Haag: Martinus Nijhoff, 1984（缩写为 LU，或《逻辑研究》）, A VIII/B VIII（此为《逻辑研究》第一版和第二版的页码。在《胡塞尔全集》本和中译本中均以边码形式标出）.

供了对胡塞尔早期现象学概念的一个方法论定义:现象学不是事实科学,而是本质科学(即"埃多斯"[eidetische]科学),因为"这门本质科学所要确定的绝不是'事实',而仅仅是'本质认识'"。据此,我们可以在《逻辑研究》的基础上将现象学进一步定义为一门"意识本质论","这门本质科学所具有的还原方法将引导人们从心理学的现象出发达到纯粹的'本质',或者说,在判断思维中引导人们从事实的('经验的')一般性出发达到'本质的'一般性,这种还原方法就是本质还原"。(Hua III/1, 4)

但在这里需要强调的是,胡塞尔在《逻辑研究》第二卷中对作为现象学研究对象的"意识现象"的定义还不完善,他的意识分析仅仅局限在意识活动的范围内。尽管胡塞尔在这时已经接受了布伦塔诺的"意向性"概念,认为意识现象的最一般本质在于它的意向性,即指向对象的能力,但这个意义上的意向性仅仅意味着一种区别于物理现象被动性的意识主动能力。因此,我们可以说,在《逻辑研究》中,"意向性"概念虽然已被提出,但它此时并不具有哲学的意义,它并没有解决任何哲学问题。毋宁说,意向性在这里仅仅意味着一个在本质直观中观察到的结果:所有意识都是关于某物的意识;朝向对象是意识的最普遍的本质。换言之,意向性代表着意识的最普遍结构,就像非意向性是物质自然的普遍本质一样。只是在胡塞尔自1907年起将"意向性"概念与"构造"概念结合在一起之后,它们才表明一个哲学命题的提出。正是在这个意义上,利科(Paul Ricoeur)对胡塞尔的"意向性"概念诠释说:"意向性可以在现象学还原之前和之后被描述:在还原之前时,它是一种交遇,在还原之后时,它是一种构成。它始终是前现象学心理学和超越论现象学的共同主题。"[1]

---

[1] 保罗·利科:《〈纯粹现象学和现象学哲学的观念〉第一卷法译本译者导言》,载于胡塞尔:《纯粹现象学通论》,李幼蒸译,商务印书馆1992年版,第467页。

由《逻辑研究》所体现的胡塞尔早期现象学思想在西方当代哲学史上已占有相当重要地位。在它的各项研究中明确地表现出一种不同于哲学史上以往的任何哲学研究的操作方式，它提供了一种新的哲学描述分析的方式。尤其是胡塞尔在第五和第六研究中对各种基本意识行为的探讨，现在已经成为经典的现象学意识分析范例。正是在《逻辑研究》所获得的广泛而深入的影响的基础上，一个由当时最出色的思想家所组成的现象学运动之势才有可能形成。

四、纯粹现象学与超越论还原

1913年，随着《纯粹现象学和现象学哲学的观念》第一卷的发表，胡塞尔公开表明他的思想又进入一个新的阶段。这个发展的内在必然性至今还是人们讨论的话题。

胡塞尔的这一转变首先起源于现象学与心理学的划界问题。一方面，由于胡塞尔在《逻辑研究》第二卷中用大量的篇幅来讨论意识活动的因素和结构并且自己也把现象学称为描述心理学；另一方面，由于胡塞尔在这些分析中大段地重复了他在《算术哲学》中所做的研究，所以许多人认为胡塞尔在《逻辑研究》第二卷中仍然没有摆脱他在第一卷中所批判的心理主义，认为他所说的"现象学"仍然是一门心理学。

因此，胡塞尔在《纯粹现象学和现象学哲学的观念》第一卷的书名中便用"纯粹现象学"的概念来区分他现在所说的"现象学"和他以前所说的"描述现象学"。他在该书的前言中明确地指出：纯粹现象学"是一门本质上新型的、由于它原则上的独立性而为自然思维不易理解，从而至今才得以发展的学科"，它"不是心理学，并且，它之所以不能被划归为心理学，其原因并不在于偶然的区域划分或偶然的术语运用，而是在于一些根本性的原则"。（Hua III/1, 2）

胡塞尔在这里强调"纯粹现象学"不是心理学的原因有二：其一，将现象学理解为心理学，就意味着胡塞尔在《逻辑研究》第一卷中对心理主义、人类主义的批判无效，意味着承认心理主义、相对主义的合理性，这与胡塞尔"哲学是严格科学"的理想是不相容的。其二，胡塞尔认为他的现象学所要研究的对象不是人类的心理现象，而是纯粹的意识，相对于人类的心理学而言，现象学应当是一门纯粹的意识论，而人类意识在胡塞尔看来只是这种纯粹意识的一个实在事例。

因此，胡塞尔在完成向超越论现象学的转变之后对现象学进行新的规定：现象学可以被称之为关于意识一般、关于纯粹意识本身的科学。这里所说的"意识一般"或"纯粹意识本身"不仅仅是指意识中的意识活动，而且还包括作为意识活动之结果的意识对象部分。原先的（在《逻辑研究》中的）具有主动性的心理本质和具有被动性的物理本质的二元现在（在《纯粹现象学和现象学哲学的观念》中）被一个超越论的一元所取代：超越论的构造（意识活动）与被构造的结果（意识对象）。我们也可以用一个复合德文词来概括它，即 intentionale Konstruktionsleistung，它既可以被译作"意向构造功能"，也可以被译作"意向构造成就"，因为 Leistung 一词在德文中便包含"功能"和"成就"这两种含义，它恰当地反映了意识的意向性（构造）能力及其结果。意向性已经不再仅仅意味着意识活动的"朝向特征"，而且还意味着对意识对象的"创造功能"。这样，哲学的大全要求同时也得到了满足。

但这样一种"超越论意识"很难为人们所理解，胡塞尔在 1907 年的讲座中已经深深地感受到了这一点。因此，在《纯粹现象学和现象学哲学的观念》中，他竭力说明，要想理解现象学所研究的是一种什么样的"意识现象"，必须首先具有超越论的观点。他也将这种观点称之为"哲学的观点"，这种观点与日常的"自然观点"是完全不同的："现象学所研究的是'意识'，是所有的体验种类、行为、行为的相关项,这是一个事实,但这个事实并不会对我们在上面所确定的在现象学与心理学之间的差异带来丝毫改变。当然,对于传统的思维习惯而言,要花费很大力气才能看到这一点。"(Hua III/1, 3)

与"现象"概念密切相关的是胡塞尔对"现象学"的理解,它在《纯粹现象学和现象学哲学的观念》中被加上了"纯粹的"或"超越论的"定语。所谓超越论现象学就是指这样一门学说:在方法上,它通过"超越论的还原"引导人们进入"哲学观点",通过"本质的还原"引导人们进入本质领域;因而,与方法密切相关,在对象上,它所提供的不是实在的、经验的意识现象,而是超越论的、本质的意识现象。

因此,胡塞尔在《逻辑研究》和《纯粹现象学和现象学哲学的观念》之间完成的转变,不仅仅意味着一个新的方法的提出,即"超越论还原方法"的提出,而且还意味着向一个新的领域的扩展,即向"意识对象"领域的扩展。虽然"超越论还原"的方法要求排斥我们的自然观点,排斥对世界存在的信念,排斥一切传统的成见,将一切可疑的判断、推理、命题、定律等搁置起来,存而不论,但从纯粹现象学的立场来看,这并不意味着现象学家活动范围的缩小;当各种现存的有效性被判为无效之后,展现在他们面前的是一个无限广阔的领域:纯粹意识及其他的相关项。胡塞尔在《现象学的观念》中将它们称之为"显现"和"显现物",在《纯粹现象学和现象学哲学的观念》第一卷中又将它们称之为"意向活动"(Neosis)和"意向相关项"(Noema)。传统认识论中的"事物与知性的一致性"问题在这里转变成"意向活动"与"意向相关项"的相合关系(Deckungszusammenhang)问题;传统本体论中的"精神"与"物质"的对立在这里则转变为"意向活动"与它所构造出的"意向相关项"的对立。

无论后人对胡塞尔的这个过渡评价如何,它在当时对于胡塞尔本人来说是势在必行的,或者说,具有思想发展的逻辑必然性。

但现象学运动的大多数成员,包括舍勒,始终不赞同或不理解胡塞尔的这一立场变化。实际上,对"超越论层次"的特征描述的不一致性,还导致了胡塞尔后期(1929年)与海德格尔的分道扬镳。但无论如何,在胡塞尔对最终确定性的追求中,超越论主义是一条必由之路。

五、超越论自我论与超越论交互主体性现象学

可以确定,胡塞尔在后期,即自20世纪20年代以来,探讨得最多的一个问题就是"交互主体性"的可能性以及它们的超越论功能。所谓"交互主体性"的超越论功能问题,简单地说,就是超越论自我在构造出超越论的事物和由这些事物所组成的自然视域之后,如何再构造出他人以及由他人所组成的社会视域的问题。

"交互主体性"问题的提出同样是胡塞尔思想内在发展的一个必然结果。由于在《纯粹现象学和现象学哲学的观念》第一卷中所探讨的纯粹意识及其相关项归根到底只是单个的意识及其相关项,或者说,是"纯粹意识单子"和它构造的世界,因此,关于这个纯粹意识单子的超越论现象学在这个意义上仅仅是一门"超越论的自我论"。胡塞尔自己也认识到这一点,他认为这种超越论自我论"只是最底层的超越论现象学,而不是完整的超越论现象学,一门完整的超越论现象学显然还包含着由超越论唯我论通向超越论交互主体性的进一步途径"(Hua I, 12)。胡塞尔如果不想在他本人已达到的超越论自我论的现象学中停滞不前,"超越论交互主体性"以及由此而产生的"超越论社会性"就是他必须关注和解答的问题。

在"交互主体性"这个问题上,至少有两个方面的现象学意义。从一方面来说,"交互主体性"意味着相对于自我而言的他我、他人,就是说,它又涉及"我"与"你"或"我"与"他"的关系问题:对

于一个主体来说，客体是一个"他物"，一个在我之外、与我相对的客体；而别的主体则是"他人"，一个在我之外、与我相对的另一个主体。这里的问题不在于传统的认识论问题：我作为一个主体是否以及为什么能够认识客体？而是一个新认识论问题：我作为主体是否以及为什么能够认识另一个主体？另一个主体的存在如何对我成为有效的事实？这是第一个层次上的"交互主体性"问题。而从另一方面来说，"交互主体性"又涉及"我"与"我们"的关系。这里的问题在于：为什么有些东西对我有效却不对我们大家（你和他等等）都有效，从而可以被认作是"主观的"？相反，为什么另一些东西对我有效并且同样也对我们所有人（你和他等等）都有效，从而可以被认作是"客观的"？在这里，正如他物的存在已经被设定一样，他人的存在也已经被肯定，已经不再成为问题。"交互主体性"所涉及的是两个以上的主体之间的共同性和它们沟通的可能性。这是第二层次上的"交互主体性"问题。

从这些简单的介绍中便可以看出"交互主体性"问题在本体论和认识论中可能具有的重要地位。而在胡塞尔的超越论现象学中，"交互主体性"问题也相应地包含以上这两方面的含义，对它的研究也相应地具有两个目的。

与对客体意向构造分析相同，胡塞尔对其他主体的构造分析也从最原本的感知行为出发，在现象学上从下而上地、有步骤地描述出，一个"他我"（alter ego）如何为"本我"所意识到，或者说，被构造出来。

胡塞尔对其他主体的构造分析是否与他对客体构造的分析一样成功？这个问题众说纷纭。例如哈贝马斯（J. Habermas）认为："胡塞尔本人（在《笛卡尔式的沉思》中）曾试图从自我的单子论成就中推演出主体之间的交互主体关系，这些主体在它们视线的相互交叠中得以相互认识并且构造出一个共同的世界视域,但这个尝试失败了。"[①] 然而,近来对胡塞尔手稿的深入研究表明,胡塞尔在交互主体性问题上所做的努力是相当成功的。目前,胡塞尔在分析中所确定的许多重要因素都已被运用在对"他人"问题的社会学研究领域之中。

六、生活世界与欧洲科学的危机

胡塞尔本人是一个纯粹的理论家。理论理性在他那里具有实践理性所无法比拟的至上地位。但在胡塞尔生命的最后十年中,胡塞尔似乎又表现出一种从理论上面向政治和历史的企图。自 20 世纪 20 年代末 30 年代初以来胡塞尔所做的一系列讲演的标题以及他撰写的最后一部著作《欧洲科学的危机与超越论现象学》的标题表明,胡塞尔开始公开地探讨与人类历史、政治有关的"实践现象学"问题。他 1936 年所做的"欧洲科学的危机与超越论现象学"的讲座中公开地对"人类历史"和"人类危机"的问题做出论述和研究,并由此而展开了一种可以说是现象学的"历史哲学"的可能性。就像"交互主体性"概念是胡塞尔 20 世纪 20 年代的哲学思想的关键词一样,"生活世界"和"欧洲危机"这两个概念体现了胡塞尔在 30 年代所进行的思维努力方向。

我们今天应当能够确定这样一个事实:胡塞尔危机意识的产生与其说是由于当时外在危机状况的压迫,不如说是出于一种理论家在面对理论危机时所产生的在现实问题上的超前意识。如果我们在这里要谈因果关系的话,那么不是外在危机导致胡塞尔提出危机问题,而是胡塞尔在现实危机产生之前就已经看到了外在危机将会是一个必然的

[①] J. Habermas und N. Luhmann, *Theorie der Gesellschaft oder Sozialtechnologie. Was leistet die Systemforschung?* Frankfurt am Main: Suhrkamp, 1988, S. 176f.

结果。因此，即使胡塞尔后期对现实的关注也是他在理论理性方面思考的延续，具体地说，他后期所循的这条思路仅仅是对他早期在《现象学的心理学》中所展示的通向超越论还原的意向心理学道路的延续和扩展。

我们可以大致地把握住胡塞尔后期为何关注历史、人类问题的实质原因：它更多地是出于理论和方法的需要，而不是出于实践和现实的兴趣。确切地说，胡塞尔在他思想发展的后期对他早期所开辟的几条通向超越论现象学的道路不甚满意，认为它们对非哲学的读者来说过于深奥和困难，因而试图用与人的自然本性较为切近的"生活世界"来构造一条新的通道。胡塞尔自己在《欧洲科学的危机与超越论现象学》中也证实了这一点，这部著作的第三部分的标题是"从生活世界出发通向超越论现象学之路"。此外，在阐明超越论现象学就是在超越论还原之中对"生活世界"的关注和课题化之后，他强调说："当然，在我们现在的〔超越论现象学的〕课题领域中，我们也不具有任何一种将某个人类实践付诸实施的兴趣，因为这些人类的实践始终还建立在已经存在着的世界的基础上，它仍然对它所从事的事物的真实存在或不存在发生兴趣。"（Hua VI, 159）因此，"生活世界"对于胡塞尔来说实际上**是一个科学批判的概念**而**不是社会哲学的概念**。对"生活世界"进行分析的目的是为了表明，近代的客观科学已经远离原初的主观生活世界，因而势必会陷入深深的危机之中；而摆脱这种危机的一个可能的途径就是进行观点的转换，通过对"生活世界"的反思来达到哲学的、超越论的层次。

这是两个相互关联的目的。只需对《欧洲科学的危机与超越论现象学》进行略为深入的研究便可以得出，胡塞尔在这里仍然把理论上的意向，也就是说，把后一个目的放在首位。推动"生活世界"这个课题的动机尽管"原初是产生于澄清实证科学成就的要求之中"，即出于第一个目的，但胡塞尔认为，"我们已经从这个动机中摆脱了出来"，

"生活世界"的课题已经"成为一项独立的任务"。(Hua VI, 151)换言之,胡塞尔对"生活世界"这个课题的探讨不是为了,或者说,不首先是为了解释实证科学的可能性,而是为了在超越论的态度中去发现纯粹意识及其相关项的本质结构,对"生活世界"的探讨可以将我们引向超越论的领域。与人有关的"生活世界"只是作为超越论分析的出发点才成为超越论哲学的课题,一旦进入超越论哲学的领域之中,作为具体生物的人以及他生活于其中的"生活世界"便立即遭到排斥——理论的意向和实践的意向在胡塞尔这里始终是泾渭分明的。

时至今日,在胡塞尔对"生活世界"所做的这些规定中,"生活世界"与"客观—科学世界"的关系问题是引起人们注意的主要方面。相反,"生活世界"所具有的另一方面的功能,也是在胡塞尔哲学中的主要功能,亦即作为通向"超越论现象学"的通道、作为"超越论现象学"的反思对象,却往往成为人们批判的话题。我们也可以这样说,对"生活世界"的探讨在今天主要是出于各种实践的目的,包括解释实证科学之可能性的目的。理论的意向却已经不再是人们的主要兴趣所在。

但是,由胡塞尔引发的关于"生活世界"的讨论在今天已成为世界哲学的中心议题之一。胡塞尔与海德格尔一起,将人们的目光引向对科学、技术问题的批判反省和对人的存在境域的忧虑深思。胡塞尔的《欧洲科学的危机与超越论现象学》与海德格尔的《存在与时间》"必须在某种意义上被理解为是两部互补性的著作,缺少其中的任何一本,都会使对另一本的完整理解成为不可能"[①]。它们已经被公认为20世纪思想史上的最重要哲学思考,并且还将为下一个千年的人类提供在精神与自然的关系方面的经典文献。

[①] Ch. Jamme, „Überrationalismus gegen Irrationalismus. Husserls Sicht der mythischen Lebenswelt", in Ch. Jamme und O. Pöggeler (Hrsg.), *Phänomenologie im Widerstreit. Zum 50. Todestag Edmund Husserls*, Frankfurt am Main: Suhrkamp, 1989, S. 68.

七、当今胡塞尔现象学研究现状

自胡塞尔在 1900 年发表《逻辑研究》并由此而引发出既曾浩浩荡荡又仍涓涓流长的现象学哲学思潮以来,人类历史又将几乎是一个世纪的光阴留在了身后。在现象学运动近一百年的发展中,胡塞尔的影响已经远远超越了德国与欧洲的人文科学氛围,乃至超越了整个西方文化的视域,在国际思想界产生了重大效应。

当然,对于现象学运动自产生以来的发展,胡塞尔在世时便已经一再表示,现象学在他的各个学生那里所受到的种种改造不尽如人意;而此后现象学的所有这些发展与胡塞尔弘扬现象学精神的原意仍然是不尽相符的。我们可以将这种现象称之为现象学的"二律背反"。

纵观胡塞尔现象学在哲学史上的作用,我们可以看到,它首先表现在对传统学说的反叛和对"直接面对实事本身"的研究态度上。实际上,现象学意识在哲学史上所引起的转变完全可以和宗教史上马丁·路德(Martin Luther)创立新教所带来的转变相比拟。他们都要求摆脱权威的中介,直接面对自己所要达到的目的 —— 无论这中介是来自传统,还是来自教会,无论这目的是意味着真理,还是意味着上帝。并且,正如马丁·路德和他的同时代人没有意识到这个转变所带来的结果一样,胡塞尔本人也没有预见到现象学意识在哲学史上所造成的必然效应,这种效应具体表现在:

从一方面来看,现象学意识开拓了一种新的哲学传统,这种传统拒绝借助于旧的传统,拒绝借助于以往的理论、前人的学说,而是要求直接、明见、原本地把握绝对真理自身。但不无矛盾的是,这种新的传统并不否认自身具有帮助人们更明晰、更熟练地去"看到"绝对真理的职能,从而为人们认识真理提供一种新的工具或中介。这种"排除成见"、"面对实事本身"的态度是现象学研究之所以能够成为一种为一大批严肃的哲学家所认同的哲学运动的首要原因，它意味着一种能够维系整个现象学运动的统一性的东西。

另一方面则很明显，现象学意识所引起的这种转变和突破可以一再地被重复：一旦现象学成为新的传统，那么它所主张的对传统的反叛迟早也会适用于自身。事实上，正是这种一再重复转变的可能性规定了现象学运动后来的进一步发展以及它不断分化的趋向。因此可以说，在现象学最初所提出的主张中便隐含着现象学运动自身分裂的前提。

当人们在对胡塞尔现象学进行研究的过程中过分偏好于这两个方面中的某一方面时，其结果便是"离心倾向"或"向心倾向"的形成。如果我们用"面对实事本身"来概括现象学精神，那么，"向心倾向"的过度发展会导致人们不是面对实事本身，而是面对胡塞尔的文本本身，或者说，"面对语词本身"，有人也将这种倾向讥之为"胡塞尔－经院哲学"，现象学精神在这里已经丧失殆尽。而反过来说，离心倾向的过度发展同样会毁灭现象学精神：这种倾向或者意味着对"实事本身"之存在的根本否定，或者意味着对"面对"态度之可能性的根本怀疑。

在临近世纪交替之际的今天①，尽管对胡塞尔哲学的发展或改造已可谓形形色色，而且在哲学趋向上大相径庭，但这却并不意味着现象学精神已不复存在。恰恰相反，胡塞尔的现象学在当今哲学界并未像其他一些哲学流派那样成为哲学史研究的客体，而是始终发挥着当下、现时的作用。无论从现象学方法上，还是从它提出的思想来看，它都意味着一种与以"后现代"方式解脱任何规范性束缚的流行做法相抗衡的可能性。②

---

① 本章内容首次发表于 1998 年。——编者
② 参见 Hermann Schmitz, *Neue Phänomenologie*, Bonn: Bouvier Verlag, 1980, S. 5。

方法篇

意识现象学的基本方法
——通向超越论本质现象学之路

> 现象学：它标志着一门科学，一种诸科学学科之间的联系，但现象学同时并且首先标志着一种方法和态度：特殊的哲学思维态度和特殊的哲学方法。
>
> ——胡塞尔

这里所做的尝试不完全是对现象学方法的阐述分析；它的另一个主要目的是通过对现象学方法的关注而把握整个现象学的进程以及整个现象学的结构，从而进一步从现象学的角度看胡塞尔对整个人类知识层次的构想。

"通向超越论本质现象学之路"这个副标题是借用了胡塞尔自己说过的一句话，即他在其代表作《纯粹现象学和现象学哲学的观念》（在本章中简称《大观念》）第一卷中开首的第一句话："我们在这里寻找通向纯粹现象学之路"（Hua III/1, 3）。这里采用这个标题的目的首先在于说明，胡塞尔在达到他的现象学研究对象和领域之前，要经过一条由现象学方法构成的道路，即要通过一系列方法操作的步骤；同时，这个标题还说明，最真正意义上，或者说，最狭窄意义上的现象学是超越论本质的现象学。

胡塞尔自己并不曾用"超越论本质"的表述来规定自己的现象学。他常用的概念有超越论现象学、纯粹现象学、第一哲学、本质现象学，此外还有现象学哲学、描述心理学、现象学的心理学、超越论认识论、纯粹心理学，等等；当然后面这些概念已经是指广义的现象学了。可以看出，"现象学"概念是非常含糊的，而"超越论"、"先天"、"现象"、"本质"、"纯粹"、"经验"等这些概念在胡塞尔那里所具有的特殊而复杂的意义是导致"现象学"这一概念的含糊的主要原因。尽可能明白地说明这些概念各自的内涵和外延，是达到本章预定的目标所必需的前提。当然，这些概念和所有哲学概念一样，一般不能用固定的、以直接直观为基础的、在任何时候都可确定的概念来加以定义上的确定，而必须在深入的研究中和研究后才能对它们做最终的澄清和规定。

尽管胡塞尔本人一再强调，现象学概念的明晰性和纯粹性的重要意义要高于所有其他科学概念的明晰性和纯粹性，但他在对自己思想的阐述中常常出现一些前后不一的说法；单单研究这些说法，往往会导致理解上的混乱和矛盾。这种说法上的不一致性的重要原因之一是胡塞尔本人是一个多变的思想家，但他往往企图从逻辑上说明自己思想发展的一致性。因此，我们的探讨将既注意胡塞尔思想体系的逻辑进程，也顾及胡塞尔思想发展的历史进程。

胡塞尔一生的思想发展包含着三个最重要的转折点：在1894年以前，他主要受19世纪传统的思维方式的影响，是一个心理主义者，即认为逻辑学必须从心理学那里得到最终的解释。后来，他受弗雷格和纳托尔普（P. Natorp）的影响转变为反心理主义者。这个转变的标志是他在1894年开始写作的《逻辑研究》第一卷（1896年完成，1900年发表）。如果说第一个转折点方法上的特点是本质还原思想的提出和运用，那么第二个转折点在方法上则以超越论还原的思想为其根本特征和依据。这一转变的时间是在1905—1907年之间，胡塞尔从此而成为一个超越论唯心主义者。第三次转变发生在 1918 年前后。导致这个转折的主要原因在于：他的理论的内在发展以及第一次世界大战的外在战争局面使胡塞尔越来越注意他的哲学的实践层面的问题。这个转折不像前两次转折那样与方法上的突破有直接的联系，因此，它不在本章讨论的范围之内。1918 年的转折的意义对于本章来说仅仅在于胡塞尔发生现象学观念的提出。这样，胡塞尔一生的思想可以以这三个转折点为界而分成四个阶段。我们的讨论主要限制在 1894—1918 年之间，即主要限制在中间两个时期。

如果说《算术哲学》代表胡塞尔第一阶段的主要思想，那么《逻辑研究》则是胡塞尔第二阶段主要思想的标志。在《逻辑研究》中，胡塞尔奠定了现象学的基石（当然，这时他还没有能真正踏上现象学，即真正意义上的现象学——超越论本质现象学的领域）。同时，他已经对当时争论很多的逻辑—心理主义进行了详尽的分析和批判性的清算。可以说，随着《逻辑研究》第一卷的发表，胡塞尔永远地告别了心理主义。他提出的现象学从一开始就没有表现出任何从心理学出发去讨论认识的企图。但是，随着《逻辑研究》第二卷的发表（1901年），人们又对胡塞尔进行了批判，因为他们发现，在这一卷中恰恰可以找到胡塞尔自己的心理主义。《逻辑研究》共包括六项研究，在第五项和第六项研究中，胡塞尔用本质直观描述的方法，说明认识无非是认识对象和认识行为的意向性构造，换言之，胡塞尔仍然把研究重点放在人的意识行为方面。那么，即使胡塞尔通过本质直观描述方法而得到这种意识行为的先天本质，它们不仍然是主体行为的先天可能性吗？这样，一切人类知识又要通过心理学才能得到解释，只是在胡塞尔这里，这门心理学不是经验心理学，而是先天心理学罢了。这当然是不符合胡塞尔本意的，但胡塞尔本人对此也有责任。胡塞尔在两个方面助长了这种误解：第一，他在《逻辑研究》中采用了一些他自己早期心理主义的论点；第二，他自己在《逻辑研究》中把现象学又称为"描述心理学"。所以，人们不可避免地要做出这样的判断：1901年胡塞尔的早期现象学无非是对由布伦塔诺开创的心理学在方法上更精确的发展而已。布伦塔诺把它想象为一门"描述心理学"，而胡塞尔选用"现象学"一词来标志它，目的仅仅是为了与当时心理学中流行的对意识行为的因果性研究明确区别开来。胡塞尔的学生海德格尔曾描述过他自己在初读《逻辑研究》时所产生的迷惘，这种困惑具有典型的意义："（《逻辑研究》）第一卷出版于1900年，书中论证了思维和知识的学说不能建立于心理学的基础上，以此批驳逻辑领域中的心理主义。但在第二年出版的、篇幅扩充了三倍的第二卷中，情况却相反。在其中充满了对于构成知识来说至关重要的意识行为的描述。由此说来，它终究还是一门心理学。……胡塞尔对于意识现象的现象学的描述因而又回到了恰恰是他所批判过的心理主义的立场上。但是如果这不能算是胡塞尔著作的一个严重错误的话，那么，对于意识行为的现象学描述又意味着什么呢？"①

　　胡塞尔自己对于这个问题的说明是充满矛盾的。如果从胡塞尔后期（1925年）对这一问题的解释来看，就比较容易理解。"观念对象尽管在意识中被构造，却仍有它自己的存在、自在的存在。"（Hua IX, 26）在意识中的构造问题是《逻辑研究》的任务，是第一阶段的任务；自在存在的问题尽管已经为胡塞尔意识到了，但却由于缺少现象学的超越论还原方法而无法进行探讨。因此，"关于方法操作的意义的反思清晰性的最高阶段要在很久以后才被获得，同样也是通过在《逻辑研究》中最深刻的要求并使这些要求得以可能的那些东西的反思而获得的"（Hua IX, 29）。这里所说的第二阶段，实际上是指胡塞尔思想发展的第二个转折点。这里已经表露并且在后面还将进一步证明：胡塞尔

---

① Heidegger, *Zur Sache des Denkens*, Tübingen: Neske, 1988, S. 83.

的这一转折是带有某种必然性的。《逻辑研究》中的本质直观方法，即本质还原法只能产生出本质心理学，以后胡塞尔把它叫作"现象学的心理学"，又可称"第一心理学"，但它毕竟仍然是关于主体心理行为的科学。借助本质心理学仍然无法彻底地战胜心理主义，甚至本身有重陷心理主义的危险。因此，尽管胡塞尔已大致地认识到了心理主义的致命之处所在，但却由于手中缺乏得力的方法工具而无法一劳永逸地置它于死地。

胡塞尔自己已经模糊地意识到这一问题。1903年，他已明确反对将他的现象学标志为描述心理学，认为这种说法会使人误入歧途。但在1907年，他又承认《逻辑研究》中的现象学仅仅是描述心理学。胡塞尔在这段时期（1901—1905年）是处于极度的沮丧之中。外在的失利是哥廷根大学拒绝了教育部任命胡塞尔为教授的建议；内在的失利是他面对自己能否成为一名真正哲学家的问题时所感到的怀疑："我已经受尽了模糊性、左右摇摆的怀疑的折磨。我必须达到内在坚定性。我知道，这事关重要。我知道，伟大的天才们曾在这里失败过，如果我想去和他们比较的话，那么从一开始我就不得不感绝望。"① 实际上，1905年随着超越论还原思想的初步表露，这种怀疑已开始逐步消失。可以说胡塞尔在1907年已经达到了所谓的"内在坚定性"。"《逻辑研究》赋予现象学以描述心理学的意义。但是必须区别这种被理解为经验现象学的描述心理学和超越论现象学……在我的《逻辑研究》中称作描述心理学的现象学的东西，却只涉及体验的实项② 内容领域。体验，只要它们在经验上同自然客体性有关，那么它们就是体验着的自我的体验。可是对于一门愿意成为认识论的现象学来说，对于一门（先天）认识的本质论来说，经验关系却始终是被排斥的。这样，就产

---

① 胡塞尔手稿，B II 1, 25。此处引文转引自比梅尔：《编者引论》，载于胡塞尔：《现象学的观念》，倪梁康译，商务印书馆2017年版，第2页。

② "实项的"（reell）不同于"实在的"（real），详见后。

生了一门超越论的现象学,它已经在《逻辑研究》中被零碎地阐述出来"(Hua II, IX)。这段论述中仍有含糊之处,但我们可以注意"被排斥"这个词,它意味着胡塞尔超越论还原方法的提出。因此我们可以确定胡塞尔第二个重大转折时间是在1905—1907年之间。胡塞尔自己在1913年又指出:"很久以后,大约在1908年,才得出了重要的认识:必须对超越论现象学和理性心理学进行区分"。(Hua VII, XX)可以看出,胡塞尔对作为第一哲学的超越论现象学的构思和对超越论还原原则的发现是同时的,用胡塞尔的学生比梅尔(W. Biemel)的话说:"现象学的还原构成了导向超越论考察方式的通道。"[①] 随之,超越论现象学和理性心理学即本质心理学便以区分。这些思想的第一次公开陈述是在哥廷根的五次讲座中(1907年),即现在的《胡塞尔全集》第二卷中,这些讲座意味着两方面的突破,一是超越论还原方法和超越论现象学观念的提出;二是把意识对象也引入现象学的研究领域。这些思想决定了胡塞尔的全部后期思想。

这里我们已可初步看出方法在胡塞尔哲学中的重要地位:通过本质直观描述的方法,一门先天本质的心理学——第一心理学得以建立;通过超越论还原的方法,一门超越论的现象学——第一哲学得以建立。这种方法上的意义还将随着我们阐述的继续而越来越显示出它的重要性。施泰格米勒(W. Stegmüller)则干脆把现象学称为"方法的现象学"[②]。而胡塞尔本人则明确指出:"现象学的唯一财产是在最严格的现象学还原中的直观和本质直观的方法。"(Hua II, 58)

但上面的说法还有不严格之处,因为仅仅依靠超越论还原是不能形成严格意义上的第一哲学——超越论本质现象学的。本质直观,或

[①] 比梅尔:《编者引论》,载于胡塞尔:《现象学的观念》,倪梁康译,商务印书馆2017年版,第2页。

[②] W. Stegmüller, *Hauptstömungen der Gegenwartsphilosophie*, Bd. 1, Stuttgart: Kröner Verlag, 1978, S. 49 ff.

者说，本质还原区分的是本质和事实，它要求排斥事实，还原到本质上，这本质在《逻辑研究》中是指主体意识行为的本质，即它的先天可能性。而超越论还原区分的是存在之物和它的纯粹现象，要求排斥实体，还原到非实体，即超越论现象上去。但这些现象还仅仅是超越论的事实，这对于以超越论本质为研究对象的严格意义上的第一哲学来说是不够的，它还必须要达到超越论现象的本质，这本质既不依赖于实体主体，也不依赖于实体客体，并且还不依赖于超越论现象的事实。因此，一个超越论哲学家在进行了超越论还原之后还须进行第二步本质还原。简单地说，仅凭本质还原就可以建立本质心理学；但仅凭超越论还原却无法建立第一哲学，即超越论现象学，因为事实科学，无论是超越论事实还是心理事实或物理事实，都必须以本质科学为前提：超越论的事实科学以超越论的本质科学为前提，心理的事实科学以心理的本质科学为前提，物理的事实科学以物理的本质科学为前提。所以，必须通过超越论还原和本质还原建立起超越论本质的现象学——第一哲学，然后才可能在其指导下产生超越论事实的现象学——第二哲学。

要达到超越论意识的本质，原则上有两种可能性，即有两条可能的道路：一条是先进行超越论还原，后进行本质还原；一条是先进行本质还原，后进行超越论还原。尽管两条道路的目的一致，结果相同，但由于两个还原的顺序不同，便产生出了不同的中间阶段。这些中间阶段意味着不同层次、不同类型的科学学科。我们完全可以通过对这两条道路的分析而获得胡塞尔关于总体科学及其科学分类设想的大致形象。

与对各门科学的划分相对应的，是对这两条道路所达到的结果的划分，即对超越论本质现象学本身各个区域的划分。它包括本我学、时间意识的现象学、质料学、形式学等等。

这样，我们便大致从纵的方面勾画了胡塞尔的思想发展过程。并且，主要的观点已经提出，下面的工作是对这些问题的系统的展开和深化，对提出的观点进行解释性说明和论证以及笔者本人的分析评价。

一、本质还原的方法

本质直观，或者说本质还原的方法对于现象学来说是最基本的方法，也是唯一具体的操作方法，这里所说的现象学是广义的现象学，即，既包括早期现象学——本质心理学，也包括后期现象学——超越论本质现象学。可以说，从 1894 年的第一次转变起，胡塞尔在他以后的一生中从未间断过对这一方法的使用。我们这里的分析主要涉及几部代表性著作。

本质心理学的本质和超越论本质现象学中的本质原则上是有区别的，后者是经过了超越论还原后的本质，前者则不是。这里有必要对这个多层次的概念做一说明。本质（Wesen）是《逻辑研究》中常用的概念。它在胡塞尔那里和观念（Idee）这个词基本上是同义的，它相当于柏拉图所说的理念。但它又容易与康德的理念相混淆。在发表《大观念》时胡塞尔意识到了这一点。"总的说来，它们是足够糟糕的了，对我的《逻辑研究》的时常误解已足以使我感受到了这一点"（Hua III/1,6）。为了表明本质与柏拉图的观念的类似和与康德的观念的区别，胡塞尔用柏拉图用来标志观念的另一个词 Eidos 来代替本质这个"带有含糊的、常常令人恼怒的等价物的'本质'"（Hua III/1,6）。因此，我们可以在柏拉图的理念的意义上来理解本质，即它是本体。本质科学也常常被胡塞尔称为本体论，因而本体论也和本质科学一样具有几个层次。同时，Eidos 又意味着"先天"。"在我的著作中谈到先天的地方，它仅仅是指 Eidos 这个概念。"（Hua XVII,219, Anm.）而关于先天的意义，胡塞尔又这样解释："纯粹的或先天的科学是指纯粹于所有关于经验实体的论断。根据它们固有的意义，它们不是与实体有关，而是与观念可能性和涉及这种可能性的纯粹规律有关。"（Hua XXV,79）

这样，我们最终还是应当从"可能性"上理解本质这一概念。本质科学是关于可能性的科学。胡塞尔认为，观念可能性有两个层次，因此本质科学也有两个层次。实际上，如果我们在这里探讨本质科学的特有方法——本质直观方法的话，那么这种方法不仅是本质心理学的方法，也是纯粹数学以及超越论本质现象学所共有的方法。甚至这种方法的主要思想来源就是纯粹数学。

胡塞尔早期是一个数学家，他的学位是数学博士。数学思想和方法实质上在很大程度上支配着他的一生。在他从对数学基础问题的探索转向哲学之后，他仍然要求哲学具有像数学那样的严格性。数学直观方法更是他所依据的模型。因此，"人们可以在胡塞尔的数学研究时期找到他的直觉主义基本观点的最初根源"，"以后他在对这种直觉主义进行必要的修改后也引进了哲学"。①

《逻辑研究》第二卷中的心理体验描述研究采用的都是本质直观的方法，但对于本质直观方法本身的反思却论述较少，它主要包含在第二项研究中，题为"种类的观念统一和新的抽象理论"。"在这项研究中，关键在于人们学会在一个类型中，如由'红'的观念所代表的类型中，看到了观念并且学会了说明这种'看'的本质"（LU I, BXV）。从胡塞尔的这个说明中，我们看到这一项研究实际上应解决两个任务，一是回答观念的存在与否和其存在方式；二是回答如何把握观念的存在。这两项任务是和对洛克、布伦塔诺、穆勒、休谟等人关于一般对象的理论的批判交织在一起的。

对于第一个问题的回答是很明确的。胡塞尔反对一切唯名论和与唯名论相近的观点。他认为观念的存在是不言而喻的。所谓观念，就是指柏拉图的理念，即 Eidos，我们可以精确地定义为：通过本质直观

---

① 对此可以参见 Iso Kern, *Husserl und Kant. Eine Untersuchung über Husserls Verhältnis zu Kant und zum Neukantianismus*, Den Haag: Martinus Nijhoff, 1964, S. 99。

抽象而能够获得的一般本质。它存在着，但并不像柏拉图所说的那样实在地存在着，在这个意义上胡塞尔也反对柏拉图的实在论。他认为："有两个误解始终贯穿在关于一般对象的学说的发展中。一个是对一般之物的形而上学的实体化（Hypostasieren），即认为种类是思想之外的实体存在。一个是对一般之物的心理学的实体化，即认为种类是思维之中的实体存在"（LU II/1, A 111-112/B$_1$111-112）。这里我们放弃论述胡塞尔对这种理论及其各自代表人物柏拉图、洛克的批判，而只讨论胡塞尔本人的观点。

胡塞尔认为，这里有一个迷惑人的思路，即："如果种类不是实体，也不存在于思维之中，那么它根本就是虚无。"（LU II/1, A 123/B$_1$123）人们很容易接受这个思路而得出结论说，我们如果谈论某物，那么或者它是在我们思维中的存在，或者便是自在的存在、超越的存在。似乎除此之外无其他可能性了。但胡塞尔恰恰认为这是一条歧途。把观念或一般看作思维之外的空间中存在的东西，这种柏拉图主义"早已被取消了"；而把观念或一般看作在思维之中的时间性存在的这种谬误也当抛弃。观念之物既不存在于空间之中，也不存在于时间之中，它是超时空的存在。

这样，胡塞尔便回答了观念的存在形式的问题。他曾自称是概念论者。但我们可以看出，他实际上还是一个实在论者，只是抛弃了柏拉图的幼稚性。他强调观念是一种客观自在的精神性存在。这种存在构成了胡塞尔在《逻辑研究》中提出的纯粹逻辑学和本质心理学的基础。"除了个体的（或实体的）对象之外，还维护特殊的（或观念的）对象的特有的权利，以此来确定纯粹逻辑学和认识论的主要基础。这里是相对主义的经验主义心理主义与唯心主义的区别所在"（LU II/1, A 107/B$_1$107）。这里胡塞尔显然把自己看作是"唯心主义"。"当然，唯心主义的措辞在这里不是指形而上学的教义，而是指认识论的形

式，它承认观念之物是所有客观认识可能性的条件。"（LU II/1, A 108/B 1108）

现在的问题是如何把握这种观念之物，即一般之物、一般本质。

当然，观念、一般之物是通过抽象获得的，但胡塞尔所说的"本质直观的抽象"不同于传统意义上的抽象。一般认为，直观只能是对个体之物的直观。现在，同样的直观作为理想的认识方式，它如何把握观念之物、一般之物呢？实际上，尽管直观的方式是相同的，都是对事物的直接把握，但由于直观对象的不同，直观可分为感性直观和本质直观。感性直观（胡塞尔一般省去感性，而只说直观）提供了个体的对象，它是发现观念对象的基础，但观念对象不存在于个体对象之中。例如，我们用胡塞尔常用的一个例子来说明，感性直观提供了个体对象：一张红纸，无论是这张红纸的形状还是颜色等都是个别的，从中无法分离出一般之物，因为其中根本没有一般之物。但是，在我们的认识活动中，我们除了对个别对象的意识指向之外，我们还有一种特殊的对观念对象的意识指向，它与感性直观提供的被给予之物发生联系，但它不指向个体对象的具体的红的颜色，即红的深浅程度，而是指向红本身。"于是我们便直接把握了'红''本身'的特殊统一；这种把握是建立在对某个红的事物的个别直观的基础上的。我们对红的因素进行观察，但同时进行着一种特别的意识活动，这种意识活动的意向是指向'观念'，指向'一般之物'的"（LU II/1, A 221/B$_1$ 223）。

这里要注意的是，一方面，我们不是在被给予之物，即感性材料中发现这个一般之物，因而不同于实在论；另一方面，我们也不是在这种特殊的意识活动中"创造"这个一般之物，而是"发现"它，发现这个被一般人容易理解为虚无的非时空的观念，因而又区别于唯名论。所以，"在这种意识活动意义上的抽象完全不同于对红的因素的纯粹关注和提取；为了说明这个区别，我们一再说本质直观的

（ideierender，又译观念化的）或总体化的（generalisierend，又译一般化的）抽象"（LU II/1, A 223/B₁ 223）。简言之，观念是在感性材料的基础上，在改变了方向的意指中"出现在我们眼前的"，它是"被给予的"（LU II/1, A 161/B₁ 162），所以是直观性的，不同于那种非现实，非被给予的符号性思维。

在1907年的"现象学的观念"讲座中，胡塞尔第一次系统完成并公开阐述了他在超越论现象学向度上的突破。

《现象学的观念》（在本章中简称《小观念》）中的本质还原是在超越论还原之后进行的，因而与《逻辑研究》中的本质还原有所不同。区别主要是在对象上。《逻辑研究》中的本质还原是在人——实体主体——的心理体验的事实中还原出这些体验的本质；联系三个层次的划分，可以说这里是排除第三层次的现实性而把握第二层次的可能性。《小观念》中的本质还原则是在独立于人的实体主体和独立于自然的实体客体的纯粹意识，准确地说是超越论意识的事实中还原出超越论意识的本质，这是最高层次的可能性、原初可能性。因此，这种还原的对象有心理体验和超越论体验之别，前者亦可称心理学的主体性，后者则是超越论的主体性。

但是，这两种本质还原的方法尽管在各自的对象上有区别，其操作方式却基本是相同的。因为，一方面，"必须防止把现象学意义上的纯粹现象与心理学现象，即自然科学心理学的客体相混淆"（Hua II, 44）。另一方面，"任何心理体验在现象学还原的道路上都与一个纯粹现象相符合，这个纯粹现象指出这个心理体验的内在本质是绝对的被给予性"（Hua II, 45）。就是说，尽管纯粹的主体性比心理学的主体性高出一个层次，前者"给予"出后者，但它们之间有一种相似性、对应性。因此，对它们的分析、把握的方法也是相似的、对应的。

在胡塞尔的阐述中，我们处处可以看到，这里的本质直观方法与《逻辑研究》中的本质直观方法的相似性，甚至在这里所举的例子也是在《逻辑研究》中举了数十次的关于红的直观的例子。

真正意义上的现象学是纯粹现象的本质论的现象学。但在超越论还原之后，我们只获得一条纯粹现象的"永恒的赫拉克利特的河流"（Hua II, 47），在这里我们只能确定纯粹意识现象的一个一个的事实。这里我们似乎面临某种窘境：如何做出对于一门本质论来说所必需的普遍有效的确定？"但似乎有一点对我们仍然有利：本质直观的抽象。它给我们以明晰的一般性、种类和本质，因而似乎说出了一句带有拯救性的话：我们寻求关于认识的本质的直观明显性"（Hua II, 7）。这里胡塞尔已经暗示了，超越论还原是不独立的，换言之，仅凭超越论还原方法不能成立一门科学，现象学还有赖于本质还原。同时，我们注意到胡塞尔在这里特别强调本质直观的明见性。

"明见性"（Evident），又可称明白性或明晰性。当胡塞尔特别强调这种明白是直观的明白性时，他便用明见性一词。《小观念》对本质直观的描述的特点是强调明晰性或明见性。他说，在现象学的领域中，"一切的根本都在于把握绝对被给予性的意义，把握排除了任何有意义的怀疑的被给予的绝对明晰性的意义，一言以蔽之，把握绝对直观的、自身把握的明见性意义"（Hua II, 9-10）。这种强调的原因在于，胡塞尔在《小观念》中是用笛卡尔的方式进行超越论还原的，当他过渡到本质还原时，他必须保持思路上的一致，因而特别突出笛卡尔"明白无疑的才是真理"的思想。

现在我们看一下一般性在本质直观中的被给予情况。胡塞尔在这里的描述比《逻辑研究》中更为粗糙。"我具有关于红的一个或几个个别直观（感性直观——笔者），我抓住纯粹的内在，我关注现象学的还原。我截断红在被超越地统摄时所意味的一切，如意味着我桌上的一张吸墨纸的红等等，并且我纯粹直观地完成一般的红或特殊的红的思想的意义，即从这个红或那个红中直观出的同一的一般之物；现在个别性本身不再被意指，被意指的不再是这个红或那个红，而是一般的红"。我们似乎只能到此为止，但实际上本质直观还要进一步深入。"如果我们给出两种红的种类、两种红的程度，那么我们难道不能判断：这种红和那种红是相似的。这不是指这个个体个别的红的现象，而是指红的种类、程度本身是相似的；这种相似关系在这里不正是一种总体的绝对被给予性吗？"（Hua II, 56-57）如此类推，本质直观可以把握观念的丰富的多样性、联系和各种层次。这和数学家从两个近的物体加上一个稍远的物体等于三个物体的事实中直观出二加一等于三的观念关系是类似的。

如果我们在这里指责胡塞尔对本质直观的论述过于粗糙和含糊，那么胡塞尔会回答："直观是无法论证的"（Hua II, 6）。这既是对直观的结果而言，也是对直观过程而言。

事实上，《逻辑研究》和《小观念》都只是大量运用了本质直观的方法，而对其本身的反思甚少。真正对本质直观方法做了一番反思批判的，是胡塞尔1925年所做的讲座"现象学的心理学"。这些方法论方面的反思批判分析，可以算作是胡塞尔后期提出的"现象学还原的现象学"的内容。

《现象学的心理学》这个标题中已经包含着这部著作的主要打算，即建立一门心理学，一门现象学的本质心理学。这个打算使得这部著作区别于胡塞尔的所有其他以哲学为主要兴趣的著作。此外，这个打算也决定了本质直观方法——本质心理学的唯一方法——在此书中的重要位置。

《现象学的心理学》的思路是一条先进行本质还原，后进行超越论还原的进程。这是必然的，因为相反顺序的进程不会涉及本质心理学。

《现象学的心理学》为本质直观规定了一个新的名称："自由想象的变更法"，后人简称为"本质变更法"。胡塞尔认为，变更法是通过想象摆脱事实之物的决定性步骤。由于这里是首先进行本质还原，因此还原的范围与《逻辑研究》一样，是针对主观体验，即人的心理体验而言，而非针对纯粹体验而言。当然，原则上它也可以运用于超越论还原之后的纯粹体验范围。

我们分几步来描述本质变更法的基本特征。

（一）本质变更法的初步过程

在开端上，"经验被看作是出发点"（Hua IX, 73）。胡塞尔的本质变更法是在想象中进行的，而想象总是对经验到的东西或经验过的东西的想象，因此经验是想象的前提和基础。一个没有任何经验的孩童是无法进行任何想象的。但想象又可以超出经验之外，经验有限而想象无限。因此，用想象的无限来把握观念的无限似乎是必然的事情。在想象中，事物"浮现"在我们眼前，例如一张纸，它有各种特征、颜色、形状、广袤等，但我们在获得本质之前，我们并不知道这是什么，我们只知道它是一堆感觉的杂多材料。我们自由地、任意地对想象进行变更，即做一些其他的类似想象，这样我们便获得其他的不同材料，我们可以把它们称为变项（Variante），这些变项中的任何一个都是在主观体验的"随意"方式中出现的；同样，变更过程本身也是随意的。但现在我们随时可以发现，在这些变更过程以及变更所产生的变项中始终贯穿着一个常项（Invariable）。确切地说，我们能够看到并且绝对确定，在进行任意变更的过程中并且同时忽略所有的变项的过程中，有一个统一保留了下来。例如，我想象一张红床，尔后变更这个想象，把这个想象变为对一张红椅子或红书的想象。在产生出杂多的变项的同时，如果我忽略这些变项而把目光关注在这里的统一上面，我会发现"红"是在这些变更中贯穿的统一。这个统一的内容便是一般本质或常项。"这种一般本质便是 Eidos，便是柏拉图意义上的理念。"（Hua IX, 73）这是一种可能性，它在各种可能的想象中"现实"地浮现出来，同时本身又不是这些在想象中的浮现。

从杂多的变项中把握更高一层次的一致——常项，这种精神活动被胡塞尔形容为"递推"(Überschieben),这是他生造的一个德语词汇。"递推"显然不是单一的,而是多层次的递推。

(二)本质变更法的深入

最初层次的本质变更须以经验为开端,而对后面层次的本质变更则可以摆脱经验,直接对第一层次所获得的一般本质本身进行自由想象的变更了。在第一个变更的层次上,我们从一个随意的"红"出发,沿着一系列的变更前进,这个变更系列原则上可以是无限的,但我们在实际操作中只要进行若干变更之后便可获得"红"的本质。这里须注意,当我在变更系列中初步关注到了"红"这个统一时,我已经受到某种约束,我要求自己:尽管进行随意的变更,但我的注意力必须集中在统一之物上,而杂多的东西必须被忽略。这时如果有绿色出现,我必须把它看作与"红"的统一无关的东西加以拒绝。从一系列的变更中获得了"红"的一般之后,我还可以再进行各种系列的变更。例如,我可以从含有绿的因素的经验出发经过一系列的变更把握住绿的一般,以及白、黑、蓝、黄等,如此类推。这都是同一层次的递推。但另一方面,如果我的兴趣在于,例如在有关红的本质变更系列中,绿尽管作为变项中的一个与作为统一之物的红处于争执之中,但它们之间也有共同点,也有同一之物,那么,对这个同一之物的兴趣便有可能规定更高一层次的变更系列。在这个变更系列中,红、绿以及黄、蓝等一般之物,观念本身成为杂多的变项。"我们显然也可以说,观念、纯粹本质本身也可以作为变项发生作用,然后从它们之中在更高阶段上观察到一个一般之物,一个**出自观念的观念**,一个观念的观念,这个观念的范围是由诸观念构成的,然后是间接地由这些观念的个别性构成的"(Hua IX, 83)。这便是更高一层次的递推。当然这种递推还可进行下去,它形成一条通向最高的观念,即"最高的本质一般性或最高的类"的道路。当这种最高的类是具体类时,它便被称作"区域"。例如，在刚才所举的例子中，颜色是最高的类，它构成颜色的区域范围；其他的类或观念，如红、绿等可以用柏拉图的话来说，"参与"了这个最高的观念。

（三）本质变更的概括说明

依上所述，"我们不仅能够对经验事物——这是可能经验和更高行为的最后基质——进行变更，并获得作为本质一般性的事物概念；而且我们也'经验'我们自己概括出的集合、实在事态、内部和外部的相互关系，对它们的观察所需的联系行为等。这样我们也获得了纯粹的和一般的集合观念、相互关系观念和所有事态观念，因为我们恰恰是为所有这些对象，并且是在这些对象在其中成为被给予性的那些直观行为的开端上构造了变更的多样性并且观察到了本质一般之物和必然之物。对于如此获得的观念，我们的操作过程也相同"（Hua IX, 83-84）。

现在，我们进一步将这些把握到的观念据为己有。我们命名它们，将它们陈述出来，如红的概念，颜色的概念。这样，一般陈述便成为可能，如红是一种颜色。这种陈述只要是对被直观之物，即观念的忠实表述，那么这陈述所表达的观念就可能随着陈述而重新直观地被提出来。我们可以看出，胡塞尔的所谓概念论立场是以实在论立场为依据的。

这里还必须指出变更与变化、本质直观与经验一般化的区别。

（四）变更与变化、本质直观与经验一般化的区别

变更与变化，"这两个概念尽管相互之间不无联系，却仍有本质区别"（Hua IX, 75）。变化是一个实体之物的变化，即一个时间性的存在之物的变化，在这个存在之物中始终贯穿着一个持续的过程。每个实体之物都是变化或不变的。确切地说，不变只是变化的一种模棱两可

的情况。变化过程中也有杂多性和统一性的因素。如果没有杂多,那么这个实体之物便无所谓变化。它在时间的持续中保持原状,原则上这是不可能的。如果没有统一,就更无所谓变化,例如一张红纸不是变成一张绿纸,而是变成一张绿凳,或变成一个声音,那么我不会把这种经验看作知觉,而只是看作幻觉。这里,我们可以看出在关注一个实体变化的过程中,我们的注意力集中在杂多上,即集中在变化阶段上,而一般忽略其中的统一。

这恰恰和变更过程中的关注情况相反。这是因为,变更过程把握的对象是观念,一个超时空的观念是无所谓变化的。它只是在各种实体的多样性或较低层次的观念的多样性中现实地显示出来,表现出它的"视域"(Horizont,胡塞尔用这个词是为了说明观念的范围是无法严格限定的,一个由红的概念所陈述的观念和一个由黄的概念所陈述的观念是无法严格划分的)。这里同时也表现了变更与变化的其他区别,如变更是通过想象自由地创造变项,而变化则必须限定在一个一定的类中,不一而足。

但变更与变化的后一次要区别恰恰是区别本质直观与经验一般化的关键。变更是自由的,这便是指变更的随意性。因此,胡塞尔说:"在这期间须注意的是,在这些措辞中,随意不仅仅是一个措辞或意味着我们这方面的一个次要的行为,而是它属于本质直观的根本特征,并且必须像我们已做的那样去探索它的特有成就。"(Hua IX, 79)

经验是有限的。如果我通过一次、两次或多次经验在这个红的事物或那个红的事物那里经验到一个一般之物,一个共同之物,那么这个一般之物只是这个事物和那个事物或许多事物中的一个相同的因素。我们并没有获得作为本质的红的一般。"当然我们可以不断地认识第三个'红'或许多'红'的一般之物是同一个东西。但我们只能始终如此获得与经验范围有关的共同性和一般性。"(Hua IX, 79)经验有限而观念无限,通过有限的经验一般是永远无法把握无限的观念的。

而自由想象的变更恰恰克服了经验一般化的有限性。我们原则上可以进行自由想象的"无限的变更"。"它向我们提供了……本质的范围,'纯粹概念本质'的范围,即属于这本质的可能的个别性的无限性。"(Hua IX, 79)

从胡塞尔对本质直观方法的阐述中,我们基本上可以了解本质与事实的关系是一与多、可能与现实、不变与变、无限与有限的关系。

通过上面的说明与比较,我们也可以反思地把握住本质变更法本身的本质。

(五)本质变更法的诸因素

如果我们对本质变更法本身进行本质直观,我们可以发现它也具有以下几个不变的本质特征。

其一,随意性。这个随意性有双重含义。首先它是指变更过程本身的随意性。为了把握观念,原则上可以进行趋向于无限的变更;就是说,变更的次数、变更的系列是无限制的、随意的,直到把握住本质一般性为止。"当然,这种开放的无限性不意味着一种向无限性的现实的持续迈进,不意味着无意义的要求,即现实地创造出所有可能的变项——就好像我们只有这样才能肯定,此后被把握的本质确实是合乎所有可能性的。这毋宁是指,变更作为变项构成的过程本身具有一种随意性的形态,这个过程是在变项的随意持续构成的意识中完成的。"(Hua IX, 77)这是第一种意义上的随意性,也是主要意义上的随意性。

第二种意义上的随意性是指:我们可以随意地在想象中构造各种变项。想象无限,而可构造的变项也是无限的。为了把握一个颜色的本质,你可以构造出无限多的与颜色有关的事物的想象。但我们还须注意"与颜色有关"这几个字,它们表明,"自由的随意也有它特殊的约束性,只要每个变更把它的本质作为必然性规律包含在自身之中。我们也可以说,在想象的随意中可以互相变更的东西,自身包含着一个必然的结构，一个本质，因而是一个必然性规律"（Hua IX, 76）。换句话说，第二种意义上的随意性是有局限性的。例如在为获得红的本质所做的自由想象的变更中，我们只能构造与颜色有关的变项，准确些说，我们的想象必须构造出含有相类似的感觉材料的变项，我们不能在旨在获得红的本质的变更中随意地想象许多与声音有关的杂多变化，否则我们很难把握住红的本质。因此，随意性不是盲目的，而是有目的的。

其二，多样性或杂多性。 多样性也有双重意义。第一种意义上的多样性是指变更的多。本质直观不可能是一次性的，它是在诸多的变更系列、变更层次中完成的。变更可随意多地进行下去，但绝不能随意到只剩一次，那样，我们所具有的只是一堆变项而无统一可言。

第二种意义上的多是指变项的杂多。"多，必须被意识到并且本身永远不能完全从精神中挣脱。"（Hua IX, 78）例如，我们虚构，即想象一张红纸，然后再重新想象它，如此随意进行下去，那么我们虽然始终具有新的东西，但却始终是同一个东西，即一张红纸的想象，这样也无法把握本质。"只有当我们把握以往的虚构并且因此而在开放的过程中保持多样性，并且只有我们关注于统一和纯粹同一之物，我们才能获得本质。"（Hua IX, 78）这段话中，胡塞尔不仅指出了多样性，还指出了本质直观的另一因素：统一性及对它的把握。

其三，统一性以及对它的辨认。 这个因素在本质直观的诸因素中是最不言而喻的，也是最重要的，因为它本身是本质直观的目的。多样性是绝对必要，却不是重要的。我们的目光始终集中在统一之物上。对它的把握叫作递推，也叫直观辨认。一旦我们把握住了它，我们便发现，它是纯粹的可能性和一般性。正因为这个纯粹的可能性不受任何事实的束缚，因此本质变更法必然具有随意性的特征；正因为它可以无限多地在现实的范例中个别化，因此本质变更法必然具有多样性的特征。这样，我们看到，我们把握本质的方法恰恰与本质本身的特征相适应，因而证明它是一种适当的方法。这便是胡塞尔本质直观方法的实质。

胡塞尔认为："明见的直观是最确切意义上的认识。"（Hua II, 74）在《大观念》中，他更明确地把直观称作是"一切原则的原则"（Hua III/1, 51）。因此，直观本身是不能用任何标准来进行检验的，相反，直观本身就是明见性，它是检验其他任何非直接认识的标准。胡塞尔的整个哲学都建立在这种明见的直观的基础上，它不仅提供了感性认识，而且提供了所有本质认识。由此可见，把胡塞尔称为彻底的直观主义者是毫不过分的。

二、超越论还原的方法

胡塞尔在他的著作中常常提到"现象学的还原"，在发现超越论还原的初期，如在《小观念》中，他所说的现象学还原泛指超越论还原和其后进行的本质还原两者。但以后，他便明确地"将超越论还原看作是真正意义上的现象学还原"[1]。施皮格伯格（H. Spiegelberg）也认为："超越论还原日益被看作是现象学还原的同义词。"[2] 其原因很容易理解：超越论还原是真正意义上的现象学——超越论本质现象学——的独有方法，唯有它才使现象学区别于任何一门其他科学。本质还原方法虽然是现象学必不可少的，但却不是它独有的，而是所有本质科学所共有的。

在进行超越论还原之前，任何学说，包括本质科学，都还处在自然观点中；在超越论还原完成之后，真正的哲学观点，即超越论哲学

---

[1] 对此可以参见 Elisabeth Ströker, „Phänomenologie und Psychologie. Die Frage ihrer Beziehung bei Husserl", in *Zeitschrift für philosophische Forschung*, Bd. 37, H. 1 (Jan. - Mar., 1983), S. 13。

[2] 参见 Herbert Spiegelberg, *The Phenomenological Movement. A Historical Introduction*, Den Haag: Kluwer Academic Publishers, 1981, p. 137。

的观点才得以出现。

我们可以把超越论还原理解为胡塞尔向超越论的主体性回复的全部方法。我们必须首先弄清"超越论"这个概念在胡塞尔哲学中的含义。这个概念来源于康德。康德说:"我把所有这样一些认识称之为超越论的,这些认识不是与对象有关,而只是与我们认识对象的方式有关,只在这种认识方式是在先天可能的范围内。这种概念的体系可称为超越论哲学。"① 胡塞尔的超越论概念与康德的超越论概念有何区别,在这个问题上曾有过一些争论。一种意见认为,胡塞尔的超越论概念和康德的基本一致,在胡塞尔那里,"超越论"也标志着一种问题的提出,即关于超越或者关于客观性的先天基础问题。换言之,胡塞尔和康德的超越论概念都标志着一种对认识可能性问题的考察方式。② 胡塞尔自己曾做过一段说明:"在一种意义上,超越论问题的标题完全一般地涉及对一种客观有效的认识的可能性的'解释',这种认识一方面作为认识是'主观的',另一方面,它切中'客观'存在,切中内在的并独立于主体性的存在;就是说,它涉及对在所有科学的基本类型(自然科学、数学、纯粹逻辑等)中的客观有效的认识的可能性的相应'解释',即在自然科学形式中的客观有效的认识是如何可能的,客观有效的几何学是如何可能的,等等。如果人们坚持这一'超越论'概念,那么超越论现象学便是真正的超越论哲学并且配得上'超越论'这个称号;因为它解决所有这些问题。"(Hua VII, 386)我们可以看出,这个意义上的"超越论"实际上用"批判"二字来替代最为妥当,它不考虑认识是否可能,而询问认识如何可能,这便是胡塞尔所说的"从客观主义向超越论主观主义"的伟大转变——哥白尼革命的意义所在。胡塞尔确实接受了这一革命。但是,还有一种意见认为,

---

① Kant, *Kritik der reinen Vernunft*, Hamburg: Felix Meiner, 1956, B 25.
② 参见 Iso Kern, *Husserl und Kant. Eine Untersuchung über Husserls Verhältnis zu Kant und zum Neukantianismus*, S. 239-245。

胡塞尔的超越论概念和康德的超越论概念是有区别的。对于康德来说，"超越论"的对立概念是"经验"，而对于胡塞尔来说，"超越论"的对立概念是"世界"（mundane，或"世间的"）。换言之，在康德那里，"超越论"相当于认识的先天本质，"经验"相当于认识对象的经验事实。因此，这一对概念恰恰与胡塞尔的"本质"与"事实"的概念相应。然而对于胡塞尔来说，"超越论"则是另一层次上的东西。胡塞尔在《大观念》第一卷的序言中说："读者会注意到，这里没有用通常的对科学所做的唯一划分，即实体科学和观念科学（或经验科学和先天科学），似乎更多地是做了两个划分，它与两个对子相应：事实和本质，实在之物和非实在之物。"（Hua III/1, 6）本质还原与前一个对子有关，它排除事实，还原到本质；而超越论还原与后一个对子有关，它排除实在之物，还原到非实在之物；某些解释者又把后一个对子称之为"存在者"和"它的现象"的对立，前者指实在之物，后者指非实在之物。如此看来，康德的哥白尼转变仅仅是达到了本质还原的高度，因而他的"超越论"和胡塞尔的"超越论"又存在着相当大的区别。①

这两种不同意见恰恰说明了胡塞尔与康德的"超越论"概念的两个不同侧面，因而都在某种程度上带有真理性。胡塞尔和康德的"超越论"概念是既有相同之处，又有相异之处。相同之处在于，胡塞尔赞同康德的"哥白尼转变"，并认为只有通过向超越论主义的转向才能克服客观主义的独断论，从而将欧洲人从危机中拯救出来。但这里有一个重要问题，它正是胡塞尔与康德超越论哲学的区别所在：人为自然界立法的能力是从何而来的？康德认为这是人类所固有的，实际上这无异于说，我们无从得知；而胡塞尔认为，这是柏拉图意义上

---

① 参见 Eugen Fink, *Studien zur Phänomenologie (1930-1939)*, Den Haag: Martinus Nijhoff, 1966, S. 145。

的理念作为可能性在人的心理组织的先天结构中的现实化,因此人之所以能为自然界立法的最终原因还应在更深的层次中去寻找。而向这更深层次的突破须通过超越论的还原。因此,康德的"超越论"概念和胡塞尔的"超越论"概念之间有着"主观超越论"和"客观超越论"之别。当然后者的客观不是指向客观主义的回复,而是指向柏拉图意义上的客观的回复。据此,胡塞尔认为,康德只达到本质心理学的高度,他从未真正地理解本质心理学和超越论哲学的区别。康德失足于怀疑主义的主观主义之原因在于,他"缺乏现象学和现象学还原的概念",因而"不能摆脱心理主义和人本主义"。(Hua III/1,48)

概括起来说,胡塞尔的超越论概念首先意味着向主体性的回复,但它不仅是向康德意义上的"先天"——心理学的主体性回复,而且更深一层,向柏拉图意义上的"先天"——纯粹的、绝对的,即不依赖于人的主体的超越论主体性的回复。

如果说超越论还原是指通向超越论主体性的途径的话,那么这种途径可以有三条。换言之,在胡塞尔看来,我们可以通过三条不同的道路达到同一个目的,即超越论的主体性。当然胡塞尔本人并没有做过这种严格的区分,毋宁说在他那里这些道路常常是相互混杂着出现的。

(一)意向心理学的道路

这条道路正是胡塞尔自己思想发展所走过的道路。前面说过,胡塞尔本人是从本质心理学继而发展到超越论本质的现象学的。因此,我们可以紧接着前面本质还原方法的描述来开始对这条超越论还原道路的描述,这实际上意味着,我们随胡塞尔的思想发展,将目光从以本质心理学为主要内容的《逻辑研究》转向以超越论本质现象学为主要内容的《大观念》,即从胡塞尔的第一个转折点过渡到第二个转折点。

意向心理学的道路也可以说是布伦塔诺的道路或英国经验主义的道路。英国经验主义者受笛卡尔的二元论和主观主义的影响，他们不关心物理事实和关于这些事实的科学，而把目光转向心灵之物，企图把握心灵之物的观念联系。这个目的在布伦塔诺那里达到了，他发现了心灵之物的统一本质——意向性，从而为本质心理学的建立奠定了基础。在胡塞尔看来，通过他的《逻辑研究》中的工作，这门本质心理学已初步系统地建立了起来。但胡塞尔很快便意识到，这门心理学仍然是"一门与纯粹几何学完全相类似的，更具体地说是与先天自然科学完全相类似的科学，一门在自然词义上的先天心理学"（Hua III/1, 43）。简言之，它仍然是自然主义、客观主义的，它仍然设定了世界的存在，设定心灵只是世界的一部分实体。任何自然观点的科学都是不独立的，都无法说明自己是如何可能的。因此，胡塞尔认识到，"必须把先天心理学与特殊的超越论心理学区分开来"，并说明，"对于后者，心理学这个历史的词已不再很适用了"。这便是胡塞尔提出"现象学"一词的原因。总之，在他看来，"必须区分所谓超越论主体性和心理学的主体性以及与此相应地区分一门与客观科学有联系的心理学和一门完全处于这种联系之外的超越论现象学"（Hua IX, 44）。

本质心理学所获得的本质不是真正纯粹的本质。因为我们尽管拥有了一个本质一般或 Eidos，但它却是与我们的事实的现实世界相联系的，与这个普遍的事实相联系的。这是一种"暗中的"，即出于可理解的原因而自身不被注意的联系。例如，我们在听到一个声音时，总是不由自主地暗中坚持，这是这个世界上的声音，是这个世界上的人听到的声音，这样便暗中设定了一个经验的自我和一个经验的世界。

从这种自然的观点向超越论哲学观点的转变，胡塞尔做了如下的描述："在普遍的、随时都统一着自身的经验的自然发展中，被经验的世界作为普遍的、持久的存在基础被分派给我们，并且还作为我们所有行为的普遍领域。在我们所有最固定、最普遍的习惯中，世界对我们有效并始终如此，无论我们追随什么样的兴趣，它都对我们具有现实的有效性；与所有兴趣一样，本质认识的兴趣也与这个世界有关，在所有想象的游戏中和在所在想象的变更中都一样。随着对本质直观的意向，世界也一同被设定，每个事实和每个本质都始终与世界有关，都以某种方式附属于世界；例如我们在自然的观点中没有发现这种恰恰因为其普遍性而被掩盖起来的对世界的设定和与存在的联系。只有当我们意识到这种联系并且有意识地判它为无效时，并且由此而使变项的最广泛的周围世界的视域摆脱所有的联系、所有的经验有效性时，我们才能创造出完全的纯粹性。而后我们可以说是处于一个纯粹的想象世界中，处于一个绝对纯粹的可能性世界中。"（Hua IX, 74）

这条通路是胡塞尔亲身走过的道路，也是胡塞尔认为每个心理学家应当走的道路。但胡塞尔在他哲学研究的过程中还发现另一些道路也是可行的。哲学家并不是非得首先成为心理学家，然后才能达到超越论哲学；哲学家完全可以从一开始就进行超越论的还原。如果意向心理学的道路可以称作英国经验主义道路或布伦塔诺的道路的话，那么其他两条为哲学家们所指明的道路便可以称作笛卡尔的道路和康德的道路。

（二）笛卡尔的道路

在胡塞尔第一次公开表述他的超越论还原思想的《小观念》中，笛卡尔的道路占了统治地位。这条道路是以怀疑主义为出发点的。与笛卡尔一样，胡塞尔通过对这种认识形式和其成就的诘难得出："认识处处都是谜。"（Hua II, 21）因此，"在认识批判的开端，整个世界、物理的和心理的自然，最后还有人自身的自我以及所有与上述这些对象有关的科学都被打上可疑性的标记。它们的存在，它们的有效性始终是被搁置的"（Hua II, 29）。换言之，我们对它们停止判断。但这种认识论的停止判断并不是说，关于认识的理论必须把所有认识不仅在开始时，而且自始至终都看作是可疑、无效的；而是意味着，认识论不能把任何东西设定为已确定了的，已有了的，因此，认识论是无基础、无前提的，它没有任何依靠，而必须靠自己创造出一种第一性的认识。

认识论做到了这一点。"在我做出'一切都对我可疑'这个判断的同时，我在做判断这一点却是无疑的，一旦明白了这一点，那么想坚持普遍的怀疑便会导致悖谬。而在任何一个怀疑的情况中，确定无疑的是我在这样怀疑着。任何思维过程也是如此。无论我知觉、想象、判断、推理，无论这些行为具有可靠性还是不具有可靠性，无论这些行为具有对象还是不具有对象，就知觉来说，我知觉这些或那些，这是绝对明晰和肯定的；就判断来说，我对这和对那做判断，这是绝对明晰和肯定的，如此等等。"（Hua II, 30）这样，我们便为认识论找到了一个阿基米德的点：我思。这个点之所以是明白无疑的，是因为它没有超出自身去说明什么，它完全保留在自身的内在中，它自己说明自己。

但我们不能再追随笛卡尔去推论出我和上帝、世界的存在，这是一条歧途。毋宁说，我们甚至还要在笛卡尔的这个"我思"的点上再往后退一些，因为"我思"还没有达到超越论还原所要达到的纯粹性。因此，还要进行更进一步的纯化。"首先，笛卡尔的思维已经需要现象学的还原。"（Hua II, 7）笛卡尔的"我思"仍然是自我的体验，即人的思维体验，它隐含着一个经验自我、一个客观时间中的人。这个经验自我或肉体的人必须被排斥。这样，思维不再意味着实在的思维，不再意味着人的思维和实在的心理现象的思维，而是纯粹的思维。任何实在之物都被排斥，留存下的是纯而又纯的非实在之物，它当然也可以叫作超越论之物。于是这条道路也到达了超越论的领域。

在《小观念》中，笛卡尔的道路得到了系统的描述。除此之外，在《大观念》、《第一哲学》和《笛卡尔式的沉思》中，这条道路都占据了主导地位。

笛卡尔道路上的超越论还原与康德道路上的超越论还原在某些方

面是相互对立的。如果说笛卡尔的道路是以对自然世界和自然科学的普遍怀疑为出发点，那么康德道路恰恰是以对人类的自然认识的全面肯定为前提的。

（三）康德的道路

康德精通当时的自然科学，对于科学知识的客观真理性并不怀疑。他认为已经无须回答"认识是否可能"的问题了。康德道路上的超越论还原在开端上也承认这一点。胡塞尔说："如果我们精通自然科学，那么我们会发现，在它们精确发展了的领域中，一切都是明白清楚的。我们可以肯定拥有客观真理，它通过可靠地、真实地切中客观性的方法得到证明。"（Hua II, 21）但一旦我们进行反思，询问"认识如何可能"的时候，我们就会面临怀疑主义的危机。这是因为，我们所拥有的认识，至今为止还都是自然的认识，即关于客观真理的认识。这些认识在它的这个维度，这个层次中是明白无疑的，但不能超越出这个层次。而"认识如何可能"的问题则与主体性有关，恰恰超越了自然认识这个维度。因此，"认识如何可能"的问题必须由另一些认识来回答，这便是哲学的认识，严格地说，是超越论哲学的认识。超越论哲学的认识与自然科学的认识相比较恰似三维空间与二维空间之比较，它把二维空间包含在自身之中。

超越论哲学是更高一个维度上的科学。自然科学要求从主体性中抽象出来，讨论纯粹的客观性，这样便掩盖了所有客观性与主体性的必然联系而产生片面性；超越论哲学则通过"观念的转换"而消除了这种片面性，它要求在更高的维度上讨论客观性，即讨论客观性是如何在主体性中构造起来的。当然这种主体性是指超越论的主体性而不是指人的心理的主体性。

因而超越论哲学的任务是从超越论的主体性出发去说明客观性，换言之，是用三维空间去解释二维空间。但人们往往做不到这一点，因为人们已经习惯于在自然的观点中生活，所以常常在不知不觉之中便反过来用客观性去解释主体性，因此而陷入悖谬：被说明的对象成为说明的根据。这叫作"超越"，它类似于从二维空间去超越去说明三维空间。胡塞尔强调："认识论的所有错误——一方面是心理主义的基本错误，另一方面是人本主义和生物主义的基本错误——都与所说的超越有关。"（Hua II, 29）须注意，这里所用的超越是"Metabasis"而非"Transzendenz"。后者是笛卡尔道路意义上的超越，它是指，人们往往不停留在内在的东西上面而企图超验地说明经验之外的客观存在；而前者是指康德道路意义上的超越，它意味着，人们往往用自然科学这种低维度的科学去**越度地说明**超越论哲学这种高维度的科学。这两种超越都会导致悖谬。

要想避免这种"越度"，就必须对所有自然科学中止判断，把它们视为无效。这是可能的，因为"认识论从来不能并且永远不能建立在任何一种自然科学的基础上"（Hua II, 36）。据此，"现象学还原原则的真正意义在于，始终要求停留在这些认识批判中有疑问的事物上，并且不把这里出现的问题和其他别的问题混淆起来。用客观科学的方式不能阐述认识可能性"（Hua II, 6）。

这条康德道路上的超越论还原在胡塞尔的著作中常常是与笛卡尔道路的超越论还原混杂出现的。例如，在《小观念》中，尽管笛卡尔道路在这里占有决定性的地位，但这条道路是在第二讲中才建立起来的。而在第一讲中，胡塞尔一开始便阐述了康德道路的主要思想："我在以往的讲座中曾区分自然科学和哲学科学；前者产生于自然的思维态度，后者产生于哲学的思维态度。"（Hua II, 17）"我重申，哲学具有一种相对于所有自然科学来说的新维度。"（Hua II, 25）《大观念》基本按照《小观念》的模式，因而情况与此相符。康德道路作为唯一形式是出现在《形式的与超越论的逻辑学》一书中，最后在《欧洲科学的危机与超越论现象学》中占据了最重要的位置。

在把握了超越论还原的三条具体道路的基本结构之后，我们想进一步分析这三条道路各自的特性，然后再回过头来讨论它们在"现象学的超越论还原"的标题下所具有的共性，即讨论超越论还原的最一般特征。

在胡塞尔看来，我们进行现象学的超越论还原不外乎有三种理由：一是我们只对主体感兴趣而对世界的存在不感兴趣——这是意向心理学道路所诉诸的理由；二是我们认为客观性不具有明见性，因而缺乏有效性——这是笛卡尔道路所诉诸的理由；三是用自然科学来论证哲学科学会导致悖谬——这是康德道路所诉诸的理由。

但如果我们仔细分析，便可以发现，意向心理学的道路实际上是从笛卡尔道路上的另辟蹊径。它们都是通过对客观事物和客观科学的怀疑而转向主体性。不同之处仅在于，在达到了这种心理学的主体性之后，意向心理学的道路是先进行本质还原，然后再进行超越论还原；而笛卡尔道路则是在未进行本质还原之前直接进行超越论还原而达到超越论的领域。因此，我们大致可以把意向心理学的道路和笛卡尔的道路看作是同一类型的，即通过怀疑论而达到超越论哲学的道路。结合胡塞尔的哲学史观，我们可以把康德的道路看作是与之相对的另一条道路，即通过独断论（即在认定自然科学之可能性的情况下）而达到超越论哲学的道路。所以，以后的解释者认为："笛卡尔和康德是两个始终相反的对立极，胡塞尔一直想在这个对立的范围之内把握他的现象学还原以及他的哲学的意义，以至于对一个极的疏远就意味着对另一个极的必然接近。"[①]

如果说笛卡尔道路是一条"主体性"道路，那么康德道路便可说是一条"客观性"道路[②]；如果笛卡尔道路的特征在于"怀疑"，那么

[①] Iso Kern, *Husserl und Kant. Eine Untersuchung über Husserls Verhältnis zu Kant und zum Neukantianismus*, S. 45.

[②] 参见 Iso Kern, *Husserl und Kant. Eine Untersuchung über Husserls Verhältnis zu Kant und zum Neukantianismus*, S. 223。

康德道路的特征便在于"批判"。在发现超越论还原的初期,胡塞尔并没有意识到这两种类型的还原之间的矛盾和对立。他往往把两条道路融合在一起,例如在《小观念》中,他一开始对自然思维和哲学思维的区分只是一个问题的提出,康德的道路只是一个引言,它回答为什么要进行认识批判,为什么要摆脱自然思维的问题;而真正的考察在他看来是以第二讲笛卡尔道路为始,它解决认识批判如何能确立的问题。前者提出问题,后者解决问题,似乎笛卡尔道路比康德道路更深一层次。但以后胡塞尔自己意识到,这两条道路是同一层次上的问题,并且互相处于矛盾对立中。这种矛盾对立表现在:

首先,笛卡尔道路以怀疑为开端,因此,它蕴含着对客观性的全面否定,它是一种对客观事物以及客观科学的排斥、限制;而康德道路以批判为宗旨,因而一开始便是以自然、客观的生活的可理解性为出发点,然后询问和反思构造出这种客观性的主体性,这样,它便恰恰表现为一种对客观性的包含,一种对限制的突破。

其次,笛卡尔道路最后导致的是通过"我的我思"而获得的"纯粹思维",因而充其量只是一次本我学意义上的还原,换言之,笛卡尔道路上的超越论还原还无法从逻辑上避免唯我论,除非它此后再次进行交互主体性意义上的超越论还原;而康德道路上的还原则原则上避免了唯我论而达到了交互主体性。

再次,笛卡尔道路虽以怀疑一切为开端,但其中仍隐秘地承认了数学方法的有效性,它本身依然仿效数学,主要是传统几何的模式;而康德道路则可以自诩是不同于任何自然科学方法的特有的哲学方法。

最后还有一个重要区别:随着对意向性原则的运用,超越论哲学的领域必然要从纯粹思维扩展到思维对象上去,因为"意识总是关于某物的意识"。这时,笛卡尔的道路便表现出一种回返,即从对世界的否定性怀疑开始,在达到了世界的"残余"之后又返回到对这世界的肯定和说明上去,人们在这里会和在笛卡尔本人那里一样,"完全有理由认为自己受了骗"①。而康德的道路相比之下所做的回返则很自然，因为借助于意向性原则，它恰恰可以达到自己的目的：说明思维对象的客观性是由思维活动的主体性所构造出来的，于是认识批判的特征得以在总体上得到澄清。

从以上两条道路的对比，无疑可以看出康德道路较之于笛卡尔道路在各方面的优异性。在20世纪的前二十年里，胡塞尔倾向于笛卡尔道路的主要原因在于，笛卡尔的直觉主义思想以及哲学作为一门严格的科学的理想与胡塞尔相吻合，因而胡塞尔在《笛卡尔式的沉思》中甚至说他的哲学可称为"新笛卡尔主义"，"一种20世纪的笛卡尔主义"（Hua I, 3）。但20年代以后，原先潜在的对康德的倾向愈来愈明显。在《欧洲科学的危机与超越论现象学》中，他明确表述了与《笛卡尔式的沉思》相反的看法："想把超越论现象学当作'笛卡尔主义'加以反对，好像它的'我思'是在绝对的'保证'中推演出其余认识（这里人们以朴素的方式仅仅是指客观性认识）的一个前提，这自然是一种可笑的，但却是惯常的误解。问题不在于保证客观性，而在于理解客观性"（Hua VI, 193）。

确实，从胡塞尔超越论还原的整个意图来看，它并不是像笛卡尔那样为了在怀疑论面前确保客观的有效性，而是像康德那样，为了理解这客观性究竟是如何可能的。因此，"胡塞尔的哲学就其本质而言，几乎是非笛卡尔的"②。严格地说，笛卡尔道路和康德道路应当称为：经过笛卡尔走向超越论哲学的道路和经过康德走向超越论哲学的道路。因为在胡塞尔看来，笛卡尔和康德虽然在这两条道路上留下了各自的足迹和标志，但他们都半途而废了，他们都没有能够发现超越论还原

---

① Iso Kern, *Husserl und Kant. Eine Untersuchung über Husserls Verhältnis zu Kant und zum Neukantianismus*, S. 203.

② 参见 Iso Kern, *Husserl und Kant. Eine Untersuchung über Husserls Verhältnis zu Kant und zum Neukantianismus*, S. 236.

的方法。他们二人完成了的事情，是这两条道路各自的特性，他们没有完成而胡塞尔完成了的事情，则是这两条道路的共性。

这种共性在于，它们都是一种还原，都要排斥掉一些东西而归结到某些东西上面去，即排斥实在之物，归结到非实在之物上去。在这里我们仅讨论这些实在之物是指什么；在后面的第四部分中我们再讨论这些非实在之物，即"现象学的剩余之物"是什么。

这些实在之物首先并且主要是指自然的世界和对这个世界的设定。胡塞尔把它们称为"自然观点的总命题"。这个总命题的内涵在于："我始终感到作为我的对立面有一个空间和时间的现实存在着，我自己也属于这个世界，同样，所有其他处于这世界之中并以同样方式与它有关的人也属于这世界。'现实'这个词已经有所表明：我感到它是此在的，并且像它给予我的那样，也把它设定为此在着的。所有对自然世界的被给予性的怀疑和摒弃都丝毫不改变这个自然观点的总命题。"（Hua III/1, 61）因为，尽管我发现有时我对它的具体认识是错误的，或者，尽管我不理解我怎么能超出自身之外去设定它的存在，但我无论怎样仍然默默地相信它的存在。而超越论的还原正是要对这自然观点的总命题进行彻底的改变。我们可以看出，超越论还原和本质还原不同，它不是一种具体的操作方法，也不仅仅意味着一种观点的改变，当然这种改变对于超越论哲学来说是关键性的。

胡塞尔用一系列术语来描述这一改变。他说："如果我能充分自由地做我想做的一切，那么，我不会像诡辩论者那样否认这个'世界'，不会像怀疑论者那样怀疑它的此在；但我要使用现象学的'悬搁'（Epoché），它为我完全闭锁住任何关于时空此在的判断。"（Hua III/1, 65）这个"悬搁"在胡塞尔那里意味着"排除世界，就是说，不想直接对它做判断"，"我们判它为无效，我们'排除它'，我们'给它加括号'"（Hua VIII, 436），如此等等。所有这些都意味着，要排除自然实在世界，转向超越论主体。"对我们来说，排除自然是使目光转向超越论纯粹的一般意识得以可能的方法手段。"（Hua III/1, 63）这是超越论还原的根本实质。

此外，在这些术语中，"加括号"一般是指对自然世界而言，"判为无效"则是对有关这个世界的信仰、设定的行为而言。"确切地说，加括号的形象（术语）从一开始就更适合于对象领域，判为无效的用语则更适用于行为和意识领域。"（Hua III/1, 63）

现在，我们可以进一步规定现象学超越论还原的范围。

第一，"首先显而易见的是，随着对自然世界，物理的和心理物理的世界的排除，所有通过评价的和实践的意识功能而构造着自身的个体对象也被排除，所有种类的文化构成物、技术的和美的艺术作品、科学（只要它不是作为有效性的统一，而是作为文化事实而成为问题），任何形态的美的价值和实践的价值都被排除。当然，与此相同，国家、风俗、法律、宗教这类现实也被排除。因此，所有自然科学和精神科学连同它们的全部认识内容，作为需要自然观点的科学都被排除"（Hua III/1, 122）。

第二，"人作为自然生物和作为在人的集团中、社会集团中的个人，是被排除的；同样，任何动物生物也是被排除的"（Hua III/1, 123）。这里也是一个关节点，它最明确地体现出胡塞尔的"超越论"的含义。

排除自然，这似乎也是所有心理学的根本要求，尽管这一要求不像超越论还原那样彻底，但一般人不会明确看出心理学与现象学的区别。而排除作为实在的人，则明确地指明了这一差别。"这里谈的不是人的认识，而是一般认识，它不附带任何存在的设定关系，无论它是指与经验自我的关系，还是指与实在世界的关系。"（Hua II, 76）因为，在胡塞尔看来，经验自我作为人，作为世界上的事物是处在世界空间中的，它的体验也是处于世界时间中的，而纯粹意识则是超时空，或者说，无时空的，所以不能混淆。前者须受到超越论还原的排除。

第三，对上帝的超越的排除。自然世界处于认识之外，因而对认识来说是超越的。与自然世界的超越相对，还有另一种超越，这便是上帝的超越。上帝的存在不仅超越了纯粹意识，也超越了自然世界，因而是一种特殊的超越之物。并且它又是绝对的，但又不同于绝对的纯粹意识意义上的绝对，即它不是绝对的可能性，因为它从未被现实化过。"我们当然把现象学还原延伸到这个'绝对之物'和'超越'之上。它应当始终被排除在这个必须被新创造出的研究领域之外，如果这个领域是纯粹意识本身的领域的话。"（Hua III/1, 125）

第四，对各种本体论的排除。如果说第一项对自然科学和精神科学的排除是指对以经验对象、个体事实为内容的科学的排除，那么这里对各种本体论的排除便是指对所有以一般对象、本质内容的科学的排除。在胡塞尔那里，本体论是指本质科学，它可以分为形式本体论和质料本体论。它们都是先天科学，对自然科学，即事实科学具有指导作用。形式本体论的典型是数学，它从事分析判断。胡塞尔一生都坚持数学是分析科学。质料本体论的典型是几何学，它从事综合判断，因而是综合科学。

超越论还原不仅排除个体实在和关于它们的科学，而且排除一般和本质以及关于它们的科学。当然这个排除不是无限制的。胡塞尔认为，如果排除了所有的一般和本质，那么尽管我们能获得一个个纯粹的意识事实，但却无法获得关于这些事实的科学的可能性了。这又使我们想起胡塞尔的一个基本思想，即事实科学以本质科学为前提，本质科学先于事实科学。

因此，胡塞尔只是要求，"尽可能广泛地排除本质并且排除所有的本质科学"（Hua III/1, 123）。它们包括所有的形式本体论，如形式逻辑、形式数学（代数、数论等），"数学学科的理论形式和它们的所有间接命题都对现象学无效"（Hua III/1, 127）。它们还包括所有的质料本体论，如，"几何学、运动学、质料物理学都加上了括号"（Hua III/1, 129）。胡塞尔由此确定："除了我们在意识本身那里，在纯粹的内在之中可以明晰地、合乎本质地把握到的东西之外,我们什么也不能利用。因此我们得出这样一个明确的认识,一门描述现象学原则上不依赖于任何科学。"(Hua III/1, 127)这里的关键在于,现象学绝不依据任何其他科学的标准,而是依据自己的标准来对各种实在和非实在之物进行舍弃或保留的选择,因此,原则上它不依赖任何科学,但却保留了其他科学中的那些在现象学看来同样是明见的东西,如逻辑学中的那些公设。"现象学所能有理由依据的逻辑公理完全是逻辑的公设,如矛盾律,这些公设的一般的和绝对的有效性,现象学可以在自己的被给予性中给予示范性的证明。而所有的形式逻辑和全部数学,我们可以将它们纳入明确的排除性的中止判断中。"(Hua III/1, 127)

上述四项对超越论还原范围的进一步规定是以最终对自然世界以及对这个世界的设定的排除为基础的,胡塞尔把后者看作是"第一性的还原",前者是"第二性的还原,但绝不是意义不重要"(Hua III/1, 130)。

通过这一系列的还原,我们便回复到超越论的主体性上。在对超越论的主体性进行深入研究之后,便可以回答所有关于认识如何可能的问题。"人们可以说,以这种方式,'哥白尼转变'之谜便完全解开了。"(Hua IX, 277)

从胡塞尔对现象学最根本的方法——超越论还原方法的阐述,我们得到一个非常深刻的印象:胡塞尔在孜孜不倦地追求着意识的纯粹性和独立性,这个纯粹性是指意识不被实在化,不包含任何实在、现实之物;这个独立性是指意识不依赖于客观实在,包括人的肉体的实在。"谁能够将我们从对意识的实在化中解救出来,他就是哲学的拯救者,哲学的缔造者。"[①] 超越论还原的方法无非就是一项企图摆脱这种实

---

① 胡塞尔手稿,A I 36, 193a,转引自 Iso Kern, *Husserl und Kant. Eine Untersuchung über Husserls Verhältnis zu Kant und zum Neukantianismus*, S. 235。

在化的措施，它要求只关注实事本身，即纯粹意识现象本身，而不去询问意识之外有无客观世界的存在，并且，它还要求摆脱一切已有的信仰、已有的前提，以便纯粹地、独立地建立起关于这些纯粹意识现象的第一哲学。从横的方面看，我们必须摆脱世界的统觉，即认为自己是处于一个自然世界之中的想法，这叫存在的括弧法；从纵的方面来看，以往有关这个自然世界的知识和信仰也对我不起作用，一切已有的前提都无效，这叫历史的括弧法。所有这些术语都从不同侧面反映了超越论还原的本质。

三、两个还原的关系和科学总体结构

目的只有一个，即超越论本质的现象学，它是最严格意义的现象学，既经过了超越论的纯化，又经过了本质的纯化。因此，要达到超越论本质的现象学，原则上至少要经过两步还原。但这两步还原的顺序在某种程序上可以说是随意的。如果我们把科学的总体结构看作是一座金字塔，那么超越论本质现象学作为第一哲学处于这塔的顶端，两步还原的顺序不同便产生出通向这塔顶的两条不同道路。

在这一节中，我们将分别沿着这两条道路去达到同一目的，然后在这顶端上去考察胡塞尔所构造的这座金字塔的总体结构。

（一）两条通向超越论本质现象学的道路

第一条道路是先进行本质还原，然后进行超越论还原的道路；第二条道路是先进行超越论还原，然后进行本质还原的道路。我们已经知道，胡塞尔本人是走的第一条道路，然后又发现了第二条道路。与前两节相联系，我们看到，超越论还原的三条道路中，意向心理学的道路正好是上面所说的第一条道路中的一段，胡塞尔本人通过本质还原达到本质心理学，然后进行本质（意向）心理学道路上的超越论还原达到超越论本质，这样，这条道路大致轮廓已有所显示；而其他两条道路，即康德和笛卡尔的超越论还原道路则较复杂，它们起点不同，但在超越论还原改变观点的一瞬间，即哥白尼转变的一刹那，它们达到会合，然后共同沿着本质还原的进程向下走，这样第二条道路便形成了。

我们这里首先沿着上一节中康德和笛卡尔道路所达到的会合处去走完第二条道路。

第二条道路。胡塞尔本人在1925年已经明确地区分了这两条道路。对我们所说的第二条道路，即先进行超越论还原，然后进行本质还原的道路，胡塞尔这样描述说："（1）首先很明显，人们在与心理学无联系的同时（就像与其他科学无联系一样），可以立即考虑所有客观性的意识相关性，阐述超越论的问题，进行超越论还原并通过它而向超越论的经验和本质研究迈进，即直接研究超越论现象学，事实上这条道路是我的《纯粹现象学和现象学的哲学的观念》所尝试要遵循的道路。"（Hua XI, 347）但是，我们在《大观念》中看到，情况不完全是这样，因为胡塞尔在这部书的第一章中首先以"事实和本质"的区分为开端，实际上是先进行了本质还原。胡塞尔对此曾解释说："由于现象学在这里应当作为一门本质科学——作为一门'先天'科学，或者，我们也常说，作为一门埃多斯的科学来建立，因此就有必要先于所有对现象学本身的努力而进行一系列关于本质和本质科学的基本解释以及维护本质认识相对于自然主义的原初的特有权利。"（Hua III/1, 8）根据这两段说明，我们可以把胡塞尔在此书中一开始的本质还原看作只是一个引子，它的目的可能还包括：将此书的内容与《逻辑研究》的内容（仅完成了本质的还原）相衔接。而真正的开端以超越论还原为始。在完成超越论还原之后，胡塞尔再次进行了本质还原。这种做法造成了理解上的混乱和困难。如果我们沿着此书的思路走，那么我们先通过本质还原摆脱了实在的经验达到实在的本质，然后我们又回过头来返回到原先的出发点，即实在的经验事实上，从这里再次出发通过超越论还原达到超越论的经验事实，再继续向前进行本质还原，最后达到超越论本质。

相比之下，《小观念》则容易理解一些。在第一讲和第二讲中，胡塞尔在康德道路和笛卡尔道路的混杂中完成了超越论还原，然后胡塞尔立即开始向本质还原过渡。在胡塞尔看来，这个过渡是必然的。因为，在超越论还原的排除之后，留下来的是纯粹意识事实，这是超越论的经验（Erfahrung），而不是实在的、人的感性经验，它是"一条永不复返的现象的永不停息的河流"（Hua XXV, 79）。"但一旦我们从这里开始，我们立即面临某种窘境：纯粹现象的领域似乎并不完全满足我们的意向。……它们究竟能为我们做些什么呢？……我们无法看到，如何做出我们所需要的普遍有效的确定。"（Hua III/1, 7-8）科学应是普遍有效的，因此，单凭经验，即使是超越论的经验也不能形成科学。从这里我们可以了解到为什么胡塞尔认为超越论还原缺乏独立性的原因。在超越论的领域，胡塞尔仍然在维护着本质科学的特权。在超越论还原之后达到的超越论世界相对于实在世界来说已经是一种纯粹的可能性了，但这种可能性本身是有规律的，即它服从于一种更高的可能性。"实际上，一旦人们熟悉了纯粹反思这块基地，就会立即产生这样一种看法：在这里，纯粹的意识可能性也服从于观念的规律。"（Hua XXV, 79-80）我们在这里又看到一种三个层次的划分，但它与《逻辑研究》中的三个层次，即纯粹逻辑学、本质心理学、经验心理学的划分完全不同，后面我们将说明，这正是两条道路所产生的不同结果。

在《小观念》中，胡塞尔对从超越论还原向本质还原的过渡的论证仍然主要是循着笛卡尔的道路进行的。对于这条道路，胡塞尔特别强调，不能在进行超越论还原之后就立即企图建立一门超越论事实科学，相反，这门事实科学只有在通过本质还原建立了超越论的本质科学之后才得以建立。"任何在对现象学的本质学说阐述之前企图幼稚地以现象学的事实科学为开端的做法都是一种悖谬。"(Hua II, 134)

我们再看第一条道路,即先进行本质还原,然后进行超越论还原的道路。在《现象学的心理学》中,胡塞尔阐述了这第二种可能性:"(2)另一方面人们可以像在这些讲座(阿姆斯特丹讲座)中所做的那样,首先不关心所有超越论哲学的兴趣而从一门作为实证科学的严格科学的心理学的要求出发,指明关于心理之物固有本质、作为这门心理学方法基础的、纯粹理性的(本质的)学科,即系统地构成一门本质的、现象学的心理学的观念并在一门交互主体性现象学的完全普遍性中论证它本身。而后正好呈现出作为对整个世界'加括号'的必然的现象学中止判断的特征,而自然世界的有效性却是基础,这是一个可理解的动机,即:将这个还原彻底化,在其最纯粹的形态中提出超越论问题并且随着哥白尼的转变也给心理学的现象学以一个超越论的转变。"(Hua IX, 347)这里所说的现象学的心理学和心理学一样,都是本质心理学(先天心理学)的同义词。

由于这条道路正是胡塞尔本人思想发展的道路,因为,这里不再重复这条道路的整个进程,而只是以《现象学的观念》为依据主要说明胡塞尔对本质还原向超越论还原的过渡的必然性的论证。

如果人们把目光从实在之物转向意识,即从意识对象转向意识行为,那么这已经迈出了第一步。由于人们这时的目光关注在意识活动或行为上,因此这时已经在某种程度上对实在之物中止了判断,但这远非现象学意义上的还原。当人们或多或少地发现了意识活动的本质和规律的时候,这时第二步便完成了,例如,布伦塔诺在将目光从意识内容转向意识活动之后发现了意向性等等,我们可以广义地把这一步称为本质还原。但我们很快便会发现仅仅做到这一步是不够的。因为,人们始终把这种被发现的意识活动的本质看作是"心灵"的本质,并且这心灵始终与肉体发生着联系,只是这肉体暂时处于我们的考察之外而已。因此,"正如所有心理学家一样,我们在纯粹心理学中仍然站在实证性的基础上并且始终是一个研究世界的人,即我们的全部研究仍然有着世界实在的事实存在意义,尽管这种研究是一种……本质考察"(Hua IX, 273)。我们尽管发现了我们意识活动的可能性,但我们仍无法理解,这种心灵之物的固有本质是如何可能的,它如何会与那个"自在自为"的世界相一致。每一个彻底的心理学家都必然会去追索这些心灵的固有本质的起源。这种追索便形成了超越论还原的开端。我们在这里发现,人们苦苦追索,但却始终未能达到这个起源的原因在于,我们始终受着自然观点的生活习惯的干扰,我们始终设定一个自然世界的存在,其中包括我们肉体的存在。这样,我们便把我们已经意识到的"自在自为"的世界与这个实在世界对立起来,陷入了二元论。一旦认识到这一点,我们就立即产生超越论还原的要求,即:"以普遍理论的意志一举禁止这种在纯粹心理学中占统治地位的超越论(康德意义上的——笔者)素朴性,包括所有现实的和习惯的生活。"(Hua IX, 274)"这样,整个物质自然界的实在就始终被排除,同样,所有肉体的实在也被排除,包括我这个认识者的肉体的实在。"(Hua XXV, 76)在这个超越论的还原完成之后,每个心灵本质产生出一个内容上相同,但却摆脱了心灵(即世界实在)的意义的超越论本质,"以同样方式,心灵的自我变成了超越论的自我"(Hua IX, 275)。因此,自我便不再是人的自我,但自我"丝毫没有损失我的纯粹心灵的固有本质内容"(Hua IX, 274)。这里我们可以看到,胡塞尔是在强调这条道路不同于前条道路的一个特征:本质还原之后的超越论还原可直接获得超越论的本质而无须再去接触超越论的事实。当我们达到了这一步之后,我们便摆脱了二元论进入了一元论。超越论的世界,或者说观念的世界是"一"。当我们再回到现实世界中来时,我们便会明白,不是观念世界和现实世界一一相对,而是现实世界只是观念世界这个唯一的可能性的无数可能现实中的一个,是"一"与"多"的关系。于是矛盾、迷惘便消失了。

胡塞尔本人曾对这两条不同的道路做过比较，企图把握这两条道路的各自的长处。这种考虑实际上在他撰写《大观念》时就已有了，以后在他的所有著述中都留有一定的痕迹。在1913年《大观念》的手稿中，他开始走的是一条先进行本质还原，后进行超越论还原的道路，但最后又选择了另一条道路。这种犹豫也表现在这部著作出版后的正文中。这种犹豫正是由于这两条道路的不同特征所造成的不同效果所引起的。胡塞尔在这里已经发现，从超越论还原到本质还原这条道路较之另一条道路给人在理解上造成的困难要大得多。"出于很容易看到的根本原因，人类以及每个个别的人首先都仅仅生活在实证性中，所以超越论还原是对整个生活方式的一种改变，它完全超越于所有至今为止的生活经验之上并且因为它的绝对陌生性而在可能性和现实性上都难以理解。"（Hua IX, 276）因此，胡塞尔循着从超越论还原到本质还原这条道路进行的阐述实际上主要是针对他自己的学生和其他像费希特（J. G. Fichte）所说的那些"已经有了一个哲学体系"的现象学者，而不是针对一般读者的；而从本质还原到超越论还原"这条间接的、穿越经验心理学和本质心理学的实证性的道路有着巨大的引导入门的（propädeutisch）优越性"（Hua IX, 348）。因为，"意向性本身的新方法、属于主体性本身的巨大任务体系，呈现出特别多的困难，这些困难可以在先不接触超越论的问题的情况下而被克服"（Hua IX, 270）。这样，困难被分散到各阶段上去，逐步地得以克服，而不必像另一条道路上所表现出的那样，人们一下子面临所有的困难：既要考虑超越论的中止判断，又要分析纯粹的意向本质。因此，胡塞尔认为，从本质还原到超越论还原的道路的长处在于，它有着巨大的教学意义。由此看来，胡塞尔循这条道路所做的阐述主要是服务于一般的读者，以便初学者能够较顺利地进入现象学的领域。

我们这里还要做一个重要的区分。这两条道路都必须进行两步还原，因而都必然要涉及三个区域。如果我们把我们所处的现实世界的杂多经验事实称为实在的事实，那么，如先进行本质还原，便得到实在的本质，再经过超越论的还原，达到观念本质，那么这条道路实际上涉及了三个区域：实在事实、实在本质、观念本质（观念本质亦可称超越论本质）；如先进行超越论还原，便得到观念事实，再经过本质还原，便达到超越论本质或观念本质，那么这条道路也涉及了三个区域：实在事实、观念事实、观念本质。由于这两条道路的开端和目的都一致，因此这里事实上只是四个不同的区域：实在事实、实在本质、观念事实、观念本质。实在事实和实在本质构成现实世界，用柏拉图的话来说，是"洞穴"世界；观念事实和观念本质构成观念世界，即柏拉图意义上的理念世界。超越论还原的方法正是摆脱洞穴世界，进入理念世界的方法。本质还原则可分为两种：一种是在实在世界中进行的本质还原，另一种是在观念世界中进行的本质还原；前者提供实在本质，后者提供观念本质。所以胡塞尔说："向纯粹本质的过渡一方面提供关于实在之物的本质认识，另一方面，就留存的领域看，它提供了关于非实在之物的本质认识。"（Hua III/1, 7）这样，胡塞尔实际上已改变了《逻辑研究》中三个层次的划分，而区别出了四个领域，它们分属两个世界。如前所述，从严格意义上看，这两个世界不是一一对应的关系，而是可能与现实，一与多的关系，只是由于我们只能处于这一个现实中，所以才习惯把它看作一。至此，我们可以形象地概括如下：两个还原可以在原则上随意的顺序中进行，它们的关系就像一个平行四边形的两个互相独立的分力，它们产生同一个合力，但是在这个平行四边形中，根据这两个分力的运用顺序的不同，在两条不同的道路上表现出不同的中间阶段以及现象学的不同结果。

这样我们可以站在我们通过两条不同道路所达到的超越论本质现象学的基地上，从这个顶端上来俯视科学的总体结构。

（二）科学的总体构造设想

科学分类的思想在狄尔泰（W. Dilthey）、文德尔班（W. Windelband）、李凯尔特（H. Rickert）那里占有重要地位，胡塞尔的总体科学的思想无疑受到他们的启发。

在实现总体科学的理想之前，首先要解决的当然是科学的统一性和原则上的划分问题，就是说，首先要解决所有不同科学都与之有关的这个世界的统一性和内在结构问题。前面通过对胡塞尔的世界及其结构的思想的揭示，我们看到胡塞尔已基本解决了上述问题。因此，他下一步必然是企图实现他长期以来向往的一门总的、包含所有实证科学的、从哲学上得到论证的科学的理想："理想：只有一门唯一真正的，在最高词义上的科学，人们可以把它称为哲学，或者称为总体科学。当然，特殊科学始终是存在的，它们各以其特殊领域、特殊方法、特殊的理论技术、特殊的个人才能为前提。对特殊科学的划分不是随意的，不是在实践上偶然的，至少在这种情况下它不是随意和偶然的，即：当我们发现，如我们所预言的那样，经验世界的本质的总体结构是根据区域，例如根据自然和精神而进行抽象划分的。但是，所有科学都会具有特殊功能，尽管从根本上看，他们只是在总体科学这一棵大树上的统一的、活的分枝。"①

1. 超越论本质现象学与形而上学

超越论本质现象学和形而上学是关于观念世界的科学，因此，它们都是超越论哲学。不同的是，超越论本质现象学是超越论的本质科学，又叫超越论的本体论；而形而上学是超越论的事实科学，相对于所有关于实在世界、实在自然界的科学来说，它是形而上的学说。在进行超越论还原之后，我们已经接触到了形而上学的领域，但这时

---

① 胡塞尔手稿，F I 32，转引自 Elisabeth Ströker, *Lebenswelt und Wissenschaft in der Philosophie Edmund Husserls*, Frankfurt am Main: Vittorio Klostermann, 1979, S. 69。

形而上学还不可能建立起来，只有在本质还原之后建立起了超越论本质科学，然后去指导超越论的事实，才能建立起形而上学。因此形而上学不是第一哲学，而是第二哲学。真正的第一哲学是超越论的本质科学，即超越论本质现象学，它是任何形而上学的可能性的先决条件，"即任何一门'能够作为科学出现的'形而上学的先决条件"（Hua III/1, 8）。

胡塞尔本人对第一哲学的定义是："一门绝对自身证明的普遍方法论；或者，从理论上理解：一门关于所有可能的认识的纯粹（先天）原则的总体性科学和所有在这个封闭体系中纯粹推演出的先天真理。"（Hua VII, 13-14）与此相对，第二哲学则是"所有'真正的'，即在理性方法中'进行解释'的事实科学"（Hua VII, 13-14）。当然这不是指关于实在事实的科学，而是指关于超越论事实的科学，因此胡塞尔又称它是一门"绝对意义上的关于存在之物的科学"（Hua II, 23）。

现在我们可以理解胡塞尔"纯粹现象学和现象学哲学"的标题含义了。"纯粹现象学"无非是指第一哲学；而"现象学哲学"则是指第二哲学。胡塞尔曾在 1924 年指出这个标题的完整意义："事先已说明了（不仅在标题中）对本质描述的现象学的规定，它是自在的第一哲学，因而是总体哲学的开端和基础部分，即从绝对起源中建立起来的总体科学的开端和基础部分。描述的现象学超越了纯粹的描述，但却保留了本质的态度，这种形式导致一个所有先天科学的体系；又从超越论的先天过渡到在超越论基础上的所有经验科学的体系的超越论事实。"（Hua VII, 234）这个"在超越论基础上的所有经验科学的体系"便是指现象学的哲学或第二哲学。这部书的第一卷实际上主要讨论第一哲学，即主要研究超越论的本质。胡塞尔在这一卷的前言中曾提到："如何才能研究作为个别事实的超越论现象以及这种事实研究与形而上学的观念有何关系，这在最后一系列研究中才能考虑。"（Hua III/1, 7）因此，建立一门现象学的哲学或形而上学实际上应当是《大观念》第三卷的任务，它是以第一卷中对第一哲学的阐述为基础的。

但胡塞尔没有完成这个任务。他生前只出版了第一卷。1952年出版的第二、三卷只是根据他的女助手埃迪·斯泰因（E. Stein）整理的手稿再编辑的。胡塞尔甚至没有仔细审阅过这些手稿。因此，胡塞尔似乎和康德一样，仅仅提供了一门"能够作为科学出现的未来形而上学"的先决条件，而未提供这门形而上学本身。

同样，胡塞尔也未能完成他的"真正澄清现象学与物理自然科学，与心理学和精神科学，另一方面也与所有先天科学的复杂关系"（Hua III/1, 5）的计划，这应当是《大观念》第二卷的任务。

由于这些原因，实际上可以说，胡塞尔的总体科学的理想始终未能实现，至少始终未能得到表述。因此，完整、系统地描绘它的构造事实上也成为不可能。我们只能根据胡塞尔以后的一些零星的说明大致把握这门总体科学的轮廓。

在这一部分中我们探讨的超越论本质现象学和形而上学实际上包括了关于观念世界的全部科学，按照胡塞尔的说法，这些科学的丰富性并不亚于关于实在世界的全部科学的丰富性。在下面这部分中我们将探讨超越论本质现象学与纯粹本质心理学的关系。

2. 超越论本质现象学与本质心理学

从超越论还原到本质还原这条道路所产生的中间阶段是形而上学；从本质还原到超越论还原的这条道路所产生的中间阶段则是本质心理学。因此，我们看到，与超越论本质现象学发生直接关系的只有形而上学和本质心理学，换言之，超越论本质现象学只对形而上学和本质心理学发生直接影响。所以，无论是胡塞尔，还是他的追随者都只强调现象学对哲学（形而上学）和心理学（本质心理学）的影响。例如，在弗赖堡就职讲座中，胡塞尔强调，现象学的工作是值得一做的，"这无论是从现象学对哲学的无可比拟的作用这一方面看，还是从现象学对心理学

的无可比拟的作用这一方面来看都是不言而喻的。"(Hua XXV, 80)

但这里还有一个特别之处需要突出。在描述两条道路的特征时我们已经指出,在胡塞尔看来,在超越论本体论建立之前是不可能有形而上学的。因此,胡塞尔认为,至今为止的哲学都只是哲学思维而非哲学本身。与此不同,本质心理学在超越论的本体论建立之前原则上是可能的,这是本质还原的独立性所决定的,因此,本质心理学和其他自然科学,即关于实在世界的科学一样,可以不依赖于超越论本质现象学而成立。胡塞尔恼怒地发现,这一点常常为人们所误解:"在这本书中(《大观念》)讨论的是哲学,是对作为严格科学的哲学的彻底论证,所以明确强调,这门现象学与一门自然理解上的先天心理学绝非同一。现在这常常为并且尤其为那些认为停留在独断论思维的通常轨道上更舒适并且害怕另一种现象学反思和本质直观吃力训练的人理解为:似乎心理学家作为与世界有关的研究者不需要去做这种哲学的原则研究。尤其是当我自己说,独断论科学和以往一样,即使不依赖超越论问题的提出也仍继续是可能的时候,这种理解就更严重了。"(Hua IX, 45)这实际上关系到现象学的存在意义问题,如果独断论科学可以不去顾及现象学而继续走自己的路,那么现象学是否有存在的必要。当然,这个问题在胡塞尔看来早已回答了:独断论科学不依赖于现象学是可能的,但它们无法独立地自己论证自己如何可能,这个最终的解释只有现象学才能提供。

现在我们可以概括说,现象学的作用是两方面的:首先它使形而上学这门绝对意义上的存在科学成为可能——这是胡塞尔最内在的目的;其次它说明本质心理学和经验心理学等独断论科学如何可能。

此外这里还须强调一点,即现象学与形而上学的关系是本质科学与事实科学的关系,而与本质心理学的关系则是本质科学之间的关系。就本质而言,它们都可以说是第一性的,因此,胡塞尔称现象学为第一哲学,称本质心理学为第一心理学;第一哲学对第一心理学起最终解释作用，因而胡塞尔强调它们的非同一性；但第一哲学和第一心理学又都是关于意识（或纯粹意识，或人的意识）的本质科学，因而胡塞尔又强调它们的对应性。如果我们沿着由两条不同道路所构成的平行四边形的一边走，先进行超越论还原，达到形而上学的领域（尽管这时形而上学尚未成立），然后进行本质还原，达到真正意义上的现象学，那么，我们在这个四边形顶端有两种选择，一是回到形而上学的领域去建立一门"第一哲学"，或者，胡塞尔也称之为"最终的哲学"；除此之外还有一种可能：我们只要放弃自然观点，即放弃超越论还原，便可以达到这个平行四边形的另一个与形而上学相对应的中间阶段——本质心理学。胡塞尔本人是这样论述以上这两个特别之处的："超越论现象学具有独特之处，即它的任何一条定理都可以变为一个自然意义上的先天心理学的定理。同样未被发现的是：一种在本质上同类的现象学方法从一开始就可以论证一门自然客观的先天心理学，只要人们放弃对观点的彻底发言权（在此改变中超越论之物才第一次成为主题）并且不让与此有关的方法意向和完全从通常自然科学中引出的哲学最终问题参与进来。"（Hua IX, 45）正是由于这些独特之处，第一哲学和第一心理学的关系才显得比第一哲学和第二哲学的关系复杂得多。所以，胡塞尔在笔记中曾写道："关于理性心理学和现象学的关系，我必须小心陈述。"（Hua III/2, 529）

一方面，现象学和理性心理学——本质心理学——并不是同一的，"纯粹现象学不是心理学，并且它之所以不是心理学，原因不是偶然的划界和术语，而是其根本的原则。尽管现象学为心理学提供了如此重要的方法意义，尽管它为心理学提供了如此根本的'基础'，它本身作为观念科学却不是心理学，正如几何学不是自然科学一样。甚至它们之间的区别比上述比较中的区别［即几何学与自然科学的区别］更彻底"（Hua III/1, 4）。另一方面，本质心理学与现象学又具有牢不可破的对应性，因而在某种程度上又是同一的。"向心理学的纯粹主体性和向超越论的纯粹主体性的两种还原的本质相似性,以及还原后留存的本质内容尽管有着根本不同的存在方式却仍具有同一的本质,这一情况便决定了我们至今为止所一再运用的表达是相同的。"(Hua III/2,642)胡塞尔解释说,这便是他为何常常把本质心理学也说成是现象学的原因,例如在《逻辑研究》中。而理解本质心理学和超越论本质现象学之间的差别几乎可说是理解超越论还原的关键,因为它们之间仅隔着超越论还原一步;除此之外,它们的领域和研究方向都始终是平行的。但这里最终还要补充一点:超越论本质现象学可以直接变成本质心理学,但本质心理学并不能借助超越论还原便直接变为超越论本质现象学,而只能说达到超越论本质现象学的领域。因为,本质心理学经过超越论还原之后保留下的只是作为超越论本质现象学的对象的超越论本质,而本质心理学的所有研究成果和定理,原则上都已作为自然观点被排斥。

这样,我们便大致描述了超越论本质现象学和与其有直接联系的两门学科——本质心理学和形而上学的相互关系。在通过两条不同的道路达到超越论本质现象学的领域并建立起这门科学之后,胡塞尔就可以沿两条道路从不同方向往回走:或是放弃自然观点,这样便立即达到本质心理学;或者用本质规律指导超越论事实,建立形而上学。胡塞尔首先选择了第一条道路,因此,他的追随者们一致把他看作是第一哲学——现象学,以及第一心理学——先天心理学或现象学的心理学的始祖。胡塞尔晚年的很大一部分工作是为了这一目的。但实际上胡塞尔的最深刻的动机在于建立一门形而上学,用他自己的话来说,理性批判的最终目的在于形而上学。只是胡塞尔始终没有在这条道路上深入下去。是没有时间来建立,还是根本无法建立这样一门第二哲学,我们还无从得知。由于这个原因,我们在讨论其他科学与超越论本质现象学的间接联系时,只能以本质心理学为中介,而无法以形而上学为中介,就是说,原则上只有一条道路:在把握了现象学与本质心理学的直接关系之后，继而再去把握本质心理学与其他科学的直接联系，最后借此来把握现象学与其他科学的间接联系。

3. 超越论本质现象学与自然科学

自然科学这个概念在胡塞尔那里是一个含糊的概念。广义的自然科学是指所有以自然观点为基础的科学，无论它们是否以自然为研究对象，它们都明确地或隐秘地设定一个客观自然的存在，在这个意义上，本质心理学和经验心理学都是自然科学，因而都是超越论还原排除的对象。胡塞尔始终强调自然观点和哲学观点的对立。

狭义的自然科学在胡塞尔那里意味着所有以物理自然的事实和本质为自己研究对象的科学，如物理、化学、数学、几何等等。它们与超越论本质现象学无直接联系。这里存在一个区别。如果按照方法来进行划分，那么数学、几何等本质科学和本质心理学应是同一层次的科学，它们的研究方法都是对实在本质的本质直观方法；但如果根据科学对象的性质进行划分，那么以心理自然的本质和事实为研究对象的本质心理学与经验心理学则比以物理自然的本质和事实为研究对象的数学、几何、物理、化学等高出一个层次。前一种分类方法是胡塞尔早期在《逻辑研究》中采用的方法，它和胡塞尔当时对本质直观方法的突出强调有关；后一种分类方法是胡塞尔后期常用的方法。胡塞尔在运用这种方法进行分类时强调："自然科学是精神行为的一个称号，即共同工作着的自然科学家们的精神行为；它们作为精神行为而像所有精神事件一样同属于精神科学应解释的范围。"（Hua VI, 317-318）因此，"就自然及其自然科学的真理而言，它只是表面上的独立并且只是表面上自为地成为自然科学中的合理的认识。因为在其自然科学意义上的真正的自然是研究自然的精神的产物，因而以精神科学为前提"（Hua VI, 345）。胡塞尔的精神科学概念和自然科学概念一样，也是模糊不清的。但在这里我们以从上两段文字中把握到，这里的精神科学主要是指以意识行为或心理行为为对象的心理学，但这种心理学并不是指感觉主义的心理学或者材料心理主义的心理学,而是指在现象学的指导之下的心理学。因此,一方面,"精神,甚至只有精神是自身自在地并自身自为地存在着,它是独立的,在这种独立状态中并且只有在这种独立状态中才能受到真正合理的、从根本上进行的真正科学的探讨"。另一方面,"意向的现象学(超越论现象学)第一次使作为精神的精神成为系统的经验和科学的领域"。(Hua VI, 345-347)

这样,我们就大致描述了胡塞尔的总体科学的设想。从他的这个不断变化着的设想中可以看出,胡塞尔从根本上还是一个理性主义者,当然不是一般意义上的理性主义,而是在此意义上的理性主义,即世界是一个无矛盾的、严密的体系,它是自在自为的,但又是无蔽的,因而我们原则上可以通过严格的科学方法认识这个体系。胡塞尔对此抱有绝对的信心。他在关于欧洲危机的论述中一再重申:"欧洲存在的危机只有两条出路:或者是欧洲在对它本来合理的生活意义的异化中没落,在精神的敌对性中和在野蛮中毁灭;或者是欧洲通过一种能永远克服自然主义的理性英雄主义在哲学精神中再生。欧洲最大的危险是疲倦。我们作为'好的欧洲人'要以一种不畏战斗的勇敢来反对这种至高的危险,这样,在毁灭的火焰中,在对西方国家的人类使命的绝望熏燎中,在巨大的疲乏的灰烬中,一种新的生活的内在精神化的凤凰得以再生,并且是作为一个伟大的和遥远的人类未来的标志:因为,唯有精神是不死的。"(Hua VI, 348)

四、两个还原的剩余和超越论本质现象学

"还原"(Reduktion),无论是超越论还原,还是本质还原,就它们的否定意义而言,它们是对某些东西的排除;而就它们的肯定意义而言,它们是向某些东西的集中,是对某些东西的保留。这些保留下来、剩余下来的东西,便是超越论本质现象学的研究领域,而由于这

些保留下来的东西的本质多样性，超越论本质现象也可划分为许多不同的学科。

（一）现象学的剩余

我们可以用一句话来概括：在两次还原之后剩余下来的是纯粹现象的领域。但显然，对这里的概念还需做进一步的说明。

首先是"纯粹"的概念。"必须注意到，胡塞尔所使用的'纯粹'概念是一个非常'不纯'的，至少在开始时是多义的概念，它尽管对他的具体分析研究几乎没有妨害，但却影响到他的系统的阐述。"[①] "纯粹"这个概念，我们至少可以从两种意义上去把握。胡塞尔从他的超越论现象学开始，就以两个基本的区分为出发点，这两个区分相互交织，因而不完全相互独立。如前所述，一个区分是对事实和本质的区分，另一个区分是对实在和非实在（或观念）的区分。事实和本质、实在和非实在之间的对立，实际上是两个还原性措施的结果，这两个措施被称为最广泛意义上的现象学还原。通过这种还原，我们在自然观点中可以发现的那些实体事实，或者说实在事实，实际上在双重意义上已经与现象学无关了。因为对于现象学来说，一方面必须进行本质还原，目的旨在从事实达到它们的本质；另一方面必须进行超越论还原，目的旨在将自然观点中的被给予性归结为现象学的"现象"。这样，现象学的纯粹性也包含两层含义，一是指现象学的现象纯粹于所有事实，无论是实在事实，还是观念事实；二是指现象学的现象纯粹于所有的实在，无论是本质性的实在，还是事实性的实在。因此，当胡塞尔说"纯粹现象学和现象学哲学的观念"时，我们应当把纯粹现象学理解为对超越论本质，或者说，对观念本质的研究，其他任何东

---

① 参见 Elisabeth Ströker, „Phänomenologie und Psychologie. Die Frage ihrer Beziehung bei Husserl", in *Zeitschrift für philosophische Forschung*, Bd. 37, H. 1 (Jan. - Mar., 1983), S. 9。

西都被净化了,都与它无关。

其次还必须说明"现象"概念。

胡塞尔在1916年曾详细阐述"现象"的概念。"现象的最初的和最终的概念与感性物体的被给予性的有限范围有关,自然借助这种被给予性在知觉中显示出来。这个概念隐秘地扩展到各种感性的被想象物本身。然后,它扩展到在涉及联结着的意识综合中被意识到的综合对象,一如这些对象在其中被意识到的那样。同时,它还涉及意识的被给予性方式,并且最后它还包括一般意识的整个王国,即这个王国中的所有的意识种类和在其中能够内在地表现出来的内容。我说所有意识种类,是指它们也包括任何一种情感、欲望、意愿以及它们的内在'内容'。"(Hua XXV, 71)抛开胡塞尔所做的这些层次上的区分,我们可以把上述定义和描述概括为:"现象"的含义有两层,即意识活动和意识对象。"就是说,意识与被意识者,一方面是意识种类和可能的意识组合的无限多样性,另一方面是意向的相关项的无限性——这就是现象学还原之后留给我们的纯粹反思的领域。"(Hua XXV, 78)将现象学的研究领域从意识活动扩展到意识对象,这是胡塞尔在1907年随着现象学超越论还原的发现而一起完成的一次突破。早年他在布伦塔诺的影响下坚持心理学应研究意识活动,它是"第一性的心理内容",同时排斥冯特的内容心理学。但在1907年的《小观念》中,他已发现,布伦塔诺的意向性学说的必然结果是把意识内容,或者说,把意识对象引入现象学的领域。他在这篇著述中说:"根据显现(Erscheinen)和显现物(Erscheinendes)之间本质的相互关系,现象一词有双重意义。现象实际上叫作显现物,但却首先被用来表示显现本身,用来表示主观现象(如果这个可能会被草率地、心理学地加以误解的概念在这里合适的话)。"(Hua II, 14)胡塞尔在这里实际上是利用德文"现象"一词中含有的动、名词两种含义来说明,现象学的现象不仅是指意识活动的行为,而且指意识活动与之密不可分的意识对象。到了 1913 年，他在《大观念》一书中则又放弃了"显现"和"显现物"这一对术语，而用一对技术性较强的概念来替代它们：Noema 和 Noesis。严格地说，现象不仅仅是由意向相关项和意向活动构成，而应当说是由意向相关项和它们的被给予方式——意向内容，以及意向活动和感觉材料——实项内容所组成，这是对"现象"的确切定义。

但这里所说的现象还不能说是现象学的现象，因为现象学（或者：超越论本质现象学）的现象是经过两次纯粹化了的现象，是纯粹现象，它区别于心理现象。在经过超越论还原之后，我们得到的是超越论的意识现象，它是如此存在（Sosein，如在）的东西，而不像心理现象那样，是在此存在（Dasein，此在）的东西。如果我们把 Sosein 也译成本质，那么在这个意义上，我们可以说：现象就是本质。但这个本质应当区别于 Eidos，因为，仅进行超越论还原，我们还无法获得超越论意识的 Eidos，这个目的只有通过本质还原才能达到，因此，在这个意义上，我们又可以说：现象还不是本质（Eidos）。

只有在两次还原之后，我们才真正获得了超越论本质现象学的对象：双重意义上的纯粹现象。首先，它是纯粹超越论的现象，是处于 Sosein 的观念世界之中并摆脱了 Dasein 的实体实在世界；其次，它是纯粹本质性的现象，或者说是纯粹现象的本质，因为它抛弃了一切事实性的东西，包括超越论的事实或 Sosein 的事实。

这样，纯粹现象也可以理解为纯粹的意识。"我们将我们的理解的和理论研究的目光放在纯粹意识及其绝对特征上。它正是作为被寻找的'现象学的剩余'而留存下来的东西。"（Hua III/1, 107）胡塞尔也称它为"纯粹意识的一般结构"。因此，现象学研究纯粹意识一般结构，在此意义上它是一门意识论。

如果把作为"现象学剩余"的纯粹意识看成是一条河流，那么这是一条观念或者说观念之流；它是"一"。而实在的世界（它由心理体验和心理内容构成）则是这一条观念之流无限多可能的现实中的一个。我们可以把握这条河流的大致构造,这已经是最一般的本质还原了:如上所述,纯粹意识由意识活动和意识对象组成,意识对象可以说是纯粹意识的"客观方面",它构成纯粹意识流的一岸,胡塞尔也把它叫作"对象极";但纯粹意识还有另一个"主观"方面,它由纯粹自我构成,是纯粹意识流的另一岸。"体验本身和体验的纯粹自我始终是——尽管它们是必然相关的——相互区分的。另外,体验方式的纯主观之物和其他的,可以说是避开自我的体验内容始终区分开来。因此,在体验领域的本质中存在着某种极为重要的两面性,对此我们可以说,在体验上可以区分出主观朝向的一方面和客观朝向的一方面:当我们说,这是体验所具有的与纯粹自我相类似的可能'客体'时,这个表达不应被误解。"(Hua III/1, 180)一旦人们理解了纯粹意识中这种"主观极"和"客观极"的对立,人们便会明白自然观点中将主体与客体分离开来、对立起来的二元论的根源所在,并且因此找到克服二元论的途径:无论强调自然观点中的主体,还是强调自然观点中的客体,都无法认识绝对;只有返回到原初的主客观融为一体、代表着唯一的可能的"中立一元的"纯粹意识之中,才能把握绝对的观念。这便是胡塞尔所走的在主观唯心主义和唯物主义之间的第三条中间道路,但归根结底是一条客观唯心主义之路。

在把握了"现象学剩余"的大致结构之后,我们便可以进而把握以现象学剩余为研究对象的超越论本质现象学的各门区域科学的划分。"这种两面性,至少在相当长的距离上,是与研究的划分(尽管不是研究的分离)相符合的,这些研究中,有一些是针对纯粹主体性的,另一些则是针对那些对于主体性而言的客观性'构造'的。我们将会有许多关于体验(或者说纯粹体验着的自我)与客体的'意向关系'以及关于一些体验的成分和与此有关的'意向相关物'的说法。这些东西可以在全面的研究中被分析地或综合地加以探讨和描述……"这些探讨和研究由于其研究对象的性质的不同(如感性材料、意向活动等等）和其研究方法的不同（如综合、分析等等）而分别属于超越论本质现象学的各门区域科学，属于这棵大树上的"活的分枝"。

（二）现象学的各门区域学科

胡塞尔认为，对现象学各门区域学科的划分仅仅是一种理论上的抽象，就纯粹意识的实际状况和我们对它的实际研究而言，它的各个区域是不可分离地联系在一起的。在我们阐述了超越论本质现象学的各门区域科学的特征后，胡塞尔所描绘的纯粹意识的图式便可以比较详细地展现出来。

1. 时间意识的现象学

胡塞尔认为，时间意识是最基本的意识形式，所有其他的意识结构和形式都以它为前提。在《大观念》中，胡塞尔指出，纯粹自我作为自我极可以被重复回忆，所以它是一个在时间上"延续着"的自我，因此，纯粹自我也统一于时间意识之下。如果把纯粹意识看作一条河流，那么时间意识便代表着这条河流的绵延，它提供了这条河流的统一的基础。当然，后期他的看法还有所改变。

"时间意识"：这里不是指关于客观流逝的时间的意识，而是意识本身在自身中时间上的创造性。胡塞尔特别强调客观时间和现象学时间的不同维度："宇宙时间与现象学时间的关系类似于一种属于一个具体感觉内容的内在本质的（如一个在视觉材料领域中的一个视觉感觉内容的内在本质）'扩延'与客观空间的'广袤'，即显现的并且在这个感觉材料中发生视觉的'细微变化'的物理客体的广袤之间的关系。因此，将一个感觉因素如颜色或扩延与通过这种扩延而发生细微变化的事物因素，如事物颜色、事物广袤纳入同一个本质种类，这是一种悖谬，同样，将现象学的时间与世界时间纳入同一本质种类也是一个悖谬。"（Hua III/1, 182）所以，我们不能把现象学的纯粹意识理解为在客观意义上的时间中存在着的，而应理解为：纯粹意识本身具有一个最一般的形式，如果说用时间一词来标志这个形式容易引起混淆，那么我们可以干脆把它称为绵延，或者称为体验的时间性。

每个个别的纯粹意识都具有时间性，不仅如此，这种时间性还把所有个别的意识联结在一起，形成一条统一的意识流。这便是时间意识的统一作用和联结作用。"体验的时间性这个标题所表达出来的本质特征不仅标志着一个一般属于任何个别体验的东西，而且标志着一个具有联结体验的必然形式的体验。任何真实的体验必然都是一个延续着的体验；并且随着这种延续，这个体验被纳入延续的无限连续之中——一个被充实的连续之中。它必然具有一个全面、无限地被充实的时间视域。这同时是说：它属于一条无限的'体验流'。"（Hua III/1, 182）如果我们把研究的目光关注在构成这条无限体验流的统一的时间结构上，那么便产生了时间意识现象学的可能性。胡塞尔在他的《大观念》中没有对时间意识做过多的探讨，因为他认为在他1911年的讲座中已经详细地说明了这一问题。在这些讲座中，他第一次提出了"内时间意识的现象学"的概念。我们这里也必须放弃对时间意识现象学做进一步的探讨，但为了说明胡塞尔的纯粹意识流和后面的本我学与交互主体性的现象学，我们必须描述一下时间结构的大致轮廓。

应当说，时间意识和其他类型的意识一样，都具有形式和质料。我们可以通过反思的本质直观去把握它们：我们所体验的每一个当下的瞬间并不是孤立的并且与其他瞬间相分离的；毋宁说从这个当下中会产生出对与它立即相联结的东西的期望。所以，后者虽然还不是当下，但是在当下中已经有了一种特殊的"在场性"；它不是被规定了的东西，而是未被规定之物，不是现实之物，而是可能之物。胡塞尔把意识的这种向前努力趋势称为"前展"（Protention）。这种期待不同于意识的预期的想象，因为被想象的东西是被规定之物，也是现实之物，至少是一种假定的现实。另一方面，不仅在期待的过程中，尚未出现的东西已经在某种程度上被当下化了，而且那些刚刚离开了意识的当下点的东西，在当下中也具有一种"仍然当下"的东西（Noch-Gegenwart）。如果我们只能体验当下的瞬间，那么我们就无法理解一段旋律或一个语句。所以我们的当下具有某种绵延，在这种绵延中，任何一个正好现在被体验到的内容，在它尚未被一个新内容挤出现在的位置时，仍然连续地与排挤它的内容相联系。胡塞尔把这个为刚才已有之物的"仍然保持"奠定基础的结构称之为"滞留"（Retention）。

因此，纯粹意识具有一个当下，这个当下前展地和滞留地向前后两个方向绵延。这便是时间意识的结构。"现实的现在是必然的并且始终是一个逐点的东西（Punktuelles），对于不断更新的质料来说，它始终是一个保持不变的形式。同样，'刚才'的连续性情况也是如此；它是一个不断更新的内容的形式连续性。……一个印象阶段作为滞留的连续和边沿阶段，但这些滞留并不是相同的，而是连续地意向地相互联系着的——是一个向滞留的滞留的连续的相互渗入。形式不断获得新内容，即体验——现在在其中被给予的任何一个印象都不断地有一个新的、与延续的连续的新点相符合的印象附加上来；印象连续地变成滞留，滞留则连续地变成变动过了的滞留等等。此外还有连续变化的反方向：以前与以后相符，滞留的连续性与期待的连续性相符。"（Hua III/1, 183）因此，任何一个个别的体验都具有以前、以后、现在这三重的时间视域（Horizont）。"视域"一词正表明，任何一个个别的体验都是有限的，但这界限又是很模糊的，"这里没有什么被切断，没有什么被扯平，毋宁说，是一团模糊"①。我们可以用我们的视野来说明视域，它们在德文中是一个词：我们正在看的东西和我们已看不到的东西之间没有明确的分界线，在我们视野中的一个点，无论它如

---

① 参见 Manfred Sommer, „Fremderfahrung und Zeitbewußtsein. Zur Phänomenologie der Intersubjektivität", in *Zeitschrift für philosophische Forschung*, Bd. 38, H. 1 (Jan. - Mar., 1984), S. 14。

何接近我们视野的边缘，它也不会是终点，每个点都始终有一个近邻，人们可以无跳跃地滑向这个点。因此，我们的空间直观是无限的，尽管我们的视野是有限的。时间意识的状况也是如此，也有两个因素搅在一起，使我们分不出体验视域的界线：一个是有限性，即个别意识的狭窄性。另一个则是个别意识的所有过渡的连续性：没有一个带有保留的当下意识内容不是与它的前驱连续地联结的；这个前驱本身也是如此，因此，每个当下的体验是有限的，而时间意识则是无限的。"只有当我们这样做时，我们才具有了纯粹自我的全部现象学的时间领域，在这个领域中，'它的'任何一个体验都可以根据这个维度来衡量：以前、以后、当时；或者说，我们具有全部的、根据其本质是统一的和严格自身封闭的时间性体验统一的河流。"（Hua III/1, 184）这个"完全封闭的问题领域和特别困难的问题领域"，便是内在时间意识现象学的研究领域。

而与时间意识现象学必然相关的是**现象学的本我论和交互主体性的现象学**。

2. 现象学的本我论和交互主体性的现象学

胡塞尔认为："一个纯粹自我——一个根据三个维度被充实的、在此充实中本质上联系着的、自己要求处于其内容的连续性中的体验流：它们是必然的相关项。"（Hua III/1, 185）我们下面会看到，时间意识现象学、现象学的本我学和交互主体性的现象学，这三者之间有着尤为紧密的联系。胡塞尔的本我学说[①]可以说是经历了四个发展阶段。第一个阶段体现在胡塞尔的《逻辑研究》中。在这里，他只承认经验的，或者说肉体和心灵的自我，作为人的自我。另外，他承认现象学（这里是指描述心理学）所把握的所有体验的总和可以被称为

[①] 关于胡塞尔的"纯粹自我"问题，这里的阐述已经显得较为粗糙并含有缺憾。较为成熟的说明可以在拙著《自识与反思——近现代西方哲学的基本问题》（商务印书馆 2002 年版）中找到。

"自我"。这一时期他否认纯粹自我,把它视为"臆想"。

第二个阶段体现在胡塞尔的《大观念》中。胡塞尔在这里开始承认纯粹自我。"在超越论纯粹化了的体验领域的一般特征中,任何一个体验与'纯粹'自我的联系实际上应是第一位的。"(Hua III/1,179)同一时期胡塞尔还承认:"在《逻辑研究》中,我在纯粹自我问题上主张怀疑论,在我研究的进程中,我无法再坚持这种观点。我对纳托尔普富于思想的《普通心理学》的批判因而在一个主要之点上是不合适的。"(Hua III/1,124, Anm.)纳托尔普把纯粹自我看作是意识体验的关系中心或者说关系点(Beziehungspunkt),胡塞尔从对这个观点的批判转向对它的接受。他认为,纯粹自我是一个关系点,本身无内容,只是作为一个极而处于和各种体验的联系之中。"体验着的自我在这种与'它的'体验的特有的交织状态中却不能被视为自为的,不能成为一个固有的研究客体。抛开它的'联系方式'或'关系方式'不谈,它在本质成分上是完全空泛的,它根本没有任何可说明的内容,它是在自在自为方面无法描述的东西:纯粹自我,仅此而已。"(Hua III/1,179)尽管如此,纯粹自我仍然是一个极,胡塞尔转用康德的话说:"'我思'必然能够伴随我的所有表象。"(Hua III/1,123)可以看出,胡塞尔这时的纯粹自我和康德的超越论自我有相似性,即形式特征方面和内容空泛方面的相似性。但胡塞尔这时没有在康德的"超越论统觉"中找到积极的价值。

但很快胡塞尔便在《大观念》第二卷的手稿中进入了本我论的第三阶段,它的标志是胡塞尔发现了"超越论统觉的自我"的价值所在。然而胡塞尔和康德一样,过分夸大了这种超越论统觉的作用。"纯粹自我的同一性不仅在于,我(还是纯粹自我)就每个我思来说可以把自己理解为我思的同一的自我,而且在于只要我在我的表态中在一个确定的意义上必然地做出结论,那么我就在其中并且是先天的同一个自我"(Hua IV,111),同一个自我在不同的我思中体现出来,实际上就是说纯粹自我是纯粹体验流统一的基础。不仅如此，胡塞尔还借对康德思想的阐述表达了自己的思想："作为自我，我必然是一个思维着的自我，作为思维着的自我，我必然要思维客体，我在思维时必然与一个存在的世界有关；进一步说，纯粹主体，在知性中纯粹地进行着自我的工作的主体是这样形成的，以至于只有当主体在它的所有思维过程中始终把被思维的客观性当作与它同一的客观性，主体才能保持自己是同一的主体。只有当我在我的思维中保持一致，我才保持着我的、主体的自身统一；就是说：如果我曾设定了某物、一个客体，那么我必须在任何其他的思维中保持一致，这些思维设定必须是这样的，即对于思维来说，我的客体可以并且必须作为同一的客体而继续有效。"（Hua VII, 398）

就是说，我们的世界统觉，即把我们所有感官所接触到的存在看作是同一个世界，这种统觉是来自我们的超越论统觉，即纯粹自我。这一想法在二十年代得到了进一步系统的阐述，它们构成胡塞尔本我论发展的第四阶段。这里我们主要讨论胡塞尔这个时期对纯粹自我的看法。

我们现在置身于形形色色的事物之中，它们是冷的或热的、平滑的或粗糙的、绿的或红的，等等，它们具有各种质。但人们后来认识到，客观事物无所谓冷暖、红绿等之分，这都是人们的主观感觉：没有暖，只有分子运动；没有红，只有某种频率的波；没有旋律，只有声的振荡的排列次序。但是否人们以后会认识到，这些分子运动、波长等也是建立在人的错觉的基础上呢？现象学的还原使我们可以不去考虑这些问题，它们被排除，但主体感觉被保留下来。主体唯一拥有的东西，是它本身的东西，它有暖的感觉、红的感觉，这是一个内部世界，这是一个纯粹的感性存在。但是，每个主体都会感到有一种自发产生的压力，它迫使主体把在主体内部的感觉理解为在主体之外的客体的质的体现。胡塞尔把这股压力称为"超越论自我"，而把这股压力的结果称为"客体化的统觉"。这种客体化的统觉不把感觉体验看作第一性的，而看作第二性的，即理解为外部因素影响的结果。这种统觉使我们成为实在论者。但我们如果进行反思，我们会发现，这种客体化统觉不是最终的东西，在它后面的那种压力才是最终的东西。它对于主体来说也是陌生的，因为在主体的内部感觉中我们无法发现它。但它存在着并发挥着作用，例如：主体会必然地把感觉到的粗糙性理解为某个事物的粗糙的表面；还有，主体在获得 A_1，A_2，A_3，A_4，……A_n 的视觉感觉之后，便会得出结论，这是事物 A 的不同侧面。主体甚至不得不做出这样的结论：如果我们闭上眼睛并且缩回手，这个事物仍然还在那里，仍然是粗糙的或红的等等。实际上主体除了自身的感觉之外，不能确定任何外在的东西。这种把被体验之物（感觉）对象化，把主体之物客体化的做法便是超越论意识的行为，如果它作为行为主体出现，它又可称作超越论自我。因此，我们作为主体有两个自我，一是超越论的自我；一是感性感觉的自我。超越论自我不断地对感性自我提出过分的要求，要它去把握自身以外的东西，同时它又在对感性自我进行着剥夺，或者说，它始终在出让着感性感觉自我的固有的东西。因此，"我们把握住，哪些东西是这个陌生的，然而却属于我们的主管机构（超越论自我）对我们所提出的过分要求。自身剥夺是其中的一个：我们的主观感觉被转让为客观的质并且被转译为判断的谓词。自身的过分要求是另一个：我们声称有整体的对象，但却始终只能指明部分的角度。这个赋予自我之中的自我的要求和成就之间的分歧正是在这一点上超越出了自身，向自我要求一种自身的超越"[①]。这样看来，纯粹自我不再是空洞无内容的一个点，而是某种比我们的感性感觉自我，即个别主体的所有体验更为深刻的东西。因此胡塞尔批判了他过去的自我极的看法："自我不是自我极。自我是

[①] Manfred Sommer, „Fremderfahrung und Zeitbewußtsein. Zur Phänomenologie der Intersubjektivität", in *Zeitschrift für philosophische Forschung,* 1984, Nr. 1, S. 6f.

在我的信念之中。如果我能不断地和确定地追求着总信念的统一，如果一个客体世界对我来说始终保持着，并且有可能在一致性中对它进行更进一步的规定，就保持着我的同一个自我——我的观念的知性自我。"① 因此，胡塞尔认为，统一的世界是纯粹自我的意识活动的同一性的相关物。与此相同，"康德的超越论统觉的自我无非意味着，在所有情态变化中（意识活动的变化中）都有某种类似一个同一的自我的东西存在"②。

但是这里还存留着一个极为重要的问题，每个超越论哲学家在他进行了超越论还原之后，尤其是进行了笛卡尔道路上的超越论还原之后，他可以把握到既独立于人的实在，又独立于世界实在的纯粹意识，并进而把握到在纯粹意识后面隐蔽着的超越论自我，但这个超越论自我作为陌生之物只是一个个别的超越论自我。我们看到，这里的个别的超越论自我和个体的纯粹意识仍然是有限的，我们如何通过它们去把握无限的、交互主体的意识流和在其中的本质上是交互主体的一般超越论自我呢？

胡塞尔从本我论向交互主体性的现象学的过渡在某种程度上是通过时间意识现象学的分析来完成的。如我们在"时间意识的现象学"这一小节中所述，任何时间意识都具有过去、现在、将来的三个形式，意识的形式在胡塞尔那里意味着意向性，因此，如果用意向性的术语来表述，那么就是说，每个当下的时间意识都具有向后的滞留的意向和向前的期待的意向。如果我们沿着滞留的方向向后回忆，那么过去变成现在，过去的过去变成过去……如此类推，我们向愈来愈早的东西回忆，最后便达到一个点，在这个点上，滞留还继续前进着，但我

---

① 胡塞尔手稿，A VI 30, 54b, 转引自 Iso Kern, *Husserl und Kant. Eine Untersuchung über Husserls Verhältnis zu Kant und zum Neukantianismus*, S. 289。

② 胡塞尔手稿，A VI 30, 36a, 转引自 Iso Kern, *Husserl und Kant. Eine Untersuchung über Husserls Verhältnis zu Kant und zum Neukantianismus*, S. 291。

的回忆已无任何内容了——一个无质料的形式。我们可以把它称为无感觉的意识、无体验的结构，然而这个空泛的时间意识意义重大。我们如果把它看作是一个当时的当下，那么它必然也具有期待的意向。但这个当下不同于一般的当下，因为它是无内容的。而一般的有内容的当下所期待的东西，虽然是可能之物，但不是随意之物，就是说，当下的内容在某种程度上限定并整理未来之物。例如，我们当下听到的音乐旋律在某种程度上规定了后面将出现的音乐旋律。但是一个无内容的当下的情况则不一样，它所期待的，是纯粹可能的东西，就是说，一切都可能。既然如此，个体的意识、我以及这个世界不存在也是可能的。这样，我们在这里看到了一个关于所有可能之物的世界，这是一个先天的意识。这不是个体意识，或者说，不是感性感觉的自我，因为它无任何内容。因此，它对于任何个体意识来说是陌生的。每个感性感觉的自我都是在看到世界之光的一瞬间，即在具有体验内容的一瞬间而把这个先天意识获为己有，换言之，把它现实化了。我们在这里看到了胡塞尔的可能世界转化为无数现实世界的过程，看到了每个有限的、偶然的个体意识是如何加入到无限的、必然的纯粹意识流中去的。因此胡塞尔说："超越论的生活和超越论的自我是不可能被生出来的，只有在世界中的人才能被生出来。自我作为超越论自我是永恒的；我是现在的，这个现在包含着一个过去的视域，它可以导向无限。"（Hua XI, 379）

个体意识，即每个感性的自我与其他的感性自我之间具有陌生性，因为每个个体意识的内容都不同；此外每个个体意识本身还包含着某种陌生之物——无内容的先天意识和超越论自我。我们现在可以看到这两种陌生性之间的奇特关系：每个具有时间意识的人，无论他愿不愿意，都必须把这个陌生的过去称为他自己的。这个人的意识和那个人的意识的区别在于不同的内容。而内容的不同性则取决于没有一个人能够完全进入另一个人正在占据的位置。个体之间的距离（或是时间距离，或是空间距离）越远，个体之间就愈陌生。每个人都有他自为的体验，每个人都仅仅在他的意识中具有他的感觉，这些感觉对于其他任何一个人来说原则上都是不可理解的。因此，由于体验内容的不同，任何个体的感性自我都无法被其他感性自我所理解，它们之间相互陌生。但我们发现，个体意识之间是沟通的，它们并不完全陌生，否则社会就不会可能。例如，即使在看一个花瓶的瓶口时，我们都看到的是椭圆形，但我们仍然会毫不犹豫地说，这瓶口是圆的。这是因为，对于所有个体意识来说都感到陌生的东西，即它们的过去，却是它们所共同具有的。正是这种共同的东西构成了一座个体意识通向其他个体意识的桥梁。"就此看来，我们是通过我们共同具有的陌生性来克服我们各自具有的陌生性。"① 这种共同具有的陌生性便是超越论的意识。

这样，所有的个体感性自我都在完全的相同和完全的相异（陌生）之间摆动：它们各自内容的完全不同决定了它们彼此之间永远有陌生感，保证了它们永远不会变成同一个意识；它们共同具有的超越论自我和共同的过去则保证了它们之间的交往、理解，使它们永远不可能感到彼此之间完全的陌生。

以上便是现象学的本我论和交互主体性的现象学的研究领域。它们可以说是对超越论本质现象学研究领域的"主观"方面的研究。我们现在可以转向对它的"客观"方面的研究。

3. 现象学的质料学与意识活动的现象学以及机能现象学

"现在我们过渡到体验的一个特征上去，这个特征恰恰可以被人们称为'客观'朝向的现象学的总课题，即意向性。"（Hua III/1, 187）

美国的心理哲学家詹姆士（W. James）曾认为，意识流是一种主

---

① Manfred Sommer, „Fremderfahrung und Zeitbewußtsein. Zur Phänomenologie der Intersubjektivität", in Zeitschrift für philosophische Forschung, 1984, S. 17.

客不分的混沌的感觉意识状态，是一种感觉的原始混乱，在这一点上，胡塞尔与他是一致的。但詹姆士认为，人根据自己的兴趣的意志、愿望和需要，才能把这混沌的意识流打断、分割、组织，然后构成自己生活于其中的世界，即所谓实在。而胡塞尔则认为，应当用意向性来解释这里的构造问题。

我们首先以布伦塔诺和胡塞尔的分歧为出发点。布伦塔诺把意识分为意识活动和意识内容，他认为，意识活动是心理之物，是心理学研究的对象；意识内容是物理之物，是物理学研究的对象。而胡塞尔则把体验（相当于意识）分为体验的实项内容（reeller Inhalt）和体验的意向内容。胡塞尔所说的体验的意向内容相当于布伦塔诺的意识内容，但胡塞尔的体验的实项内容却不同于布伦塔诺的意识活动。因为如前所述，胡塞尔的体验的实项内容既包括意识活动（或者说体验活动）又包括体验的原始材料，意识活动的特征是意向性，它构成体验的形式，而原始材料构成体验的质料；体验的意向内容，或者说意向相关项，是体验的形式与质料相结合的结果，因此，胡塞尔批评说："布伦塔诺没有质料因素的概念——这是因为他没有注意到作为质料因素（感觉材料）的物理现象和作为在对第一种物理现象的意识活动理解中显现的对象因素，事物的颜色、事物的形状等'物理现象'之间的原则区分。"（Hua III/1, 195）一言以蔽之，布伦塔诺混淆了原始材料和意向相关项，前者未经过意识活动的加工，因而是原始的，后者则已经过了意识活动的整理。而胡塞尔则严格区分了这两者。"（1）在《逻辑研究》中被称为'第一性内容'的所有体验；（2）自身包含着意向性的特殊之物的体验或体验因素。第一类体验包括某些在最高的类上统一的'感觉'的体验，例如颜色材料、触觉材料、声音材料等'感觉内容'，我们将不再把它们与显现的事物因素、颜色、粗糙等相混淆，后者毋宁说是借助于前者而合乎体验地'显现出来'。"（Hua III/1, 193）这种原始材料和意向内容的严格区分究竟是否可能，至今在现象学界尚有争议。我们暂时抛开体验的意向内容不谈，而把目光关注在体验的实项内容上，那么我们便可以区分出现象学的质料学，或者说，材料现象学与意识活动现象学各自的研究领域。如果像胡塞尔所说，"现象学存在的河流具有一个质料层次和一个意识活动的层次"（Hua III/1, 196），那么，指向质料方面的现象学考察和分析可以称为材料现象学的考察分析；而与意识活动因素有关的考察分析则属于意识活动现象学的考察分析；最后，质料因素和意识活动因素如何结合成为意向相关项的问题，则属于机能现象学的研究领域，它也可以称为"体验的综合统一如何成为可能"的问题。

胡塞尔说："最大的问题是机能问题，或者说'意识对象的构造问题'。它们涉及就自然而言，意识活动在赋予材料以活力并且相互交织为杂多统一的连续和综合过程中如何使关于某物的意识得以成立的方式，以至于对象的客观统一在此意识中一致地'呈现出来'、'表明出来'并且能受到'理性'的规定。"（Hua III/1, 196）这实际是有关自然科学的研究对象如何成为可能的问题。如果能够说明自然科学的研究对象——实在世界不过是体验的内在内容"综合统一的产物"，那么胡塞尔所声称的现象学对自然科学的指导意义也就不证自明了。因此，胡塞尔特别强调：机能观点是现象学的中心观点，从这个观点所产生出的研究几乎包括了现象学的全部领域。

所谓机能，胡塞尔认为，"是一种无与伦比的东西，是一种建立在意识活动的本质之中的东西"（Hua III/1, 196）。意识活动的根本特征是意向性，因此，机能无非是指意识活动的意向机能而已。意识总是关于某物的意识。"这种奇异的特性（所有理性理论和形而上学的谜都归结到这个特征之上）首先在明确的我思中呈现给我们：一个知觉是关于某物，如关于事物的知觉；一个判断是关于一个事态的判断；一个评价是关于一个价值状况的评价；一个希望是关于一个希望状况的希望等等。……在每个现实的我思中都有一个从纯粹自我中发射出的

'目光'指向各自的意识相关物的'对象',指向事物、事态等等,并进行着关于它们的不同意识。"(Hua III/1, 188)我们的任务不是解释意识活动为何会有这种指向某物的特性,我们的任务是如实地描述,意识活动的这种特性如何使它们赋予感性材料以活力(beseelen),从而创造出各种各样的意识对象。当然,这种构造意识对象的活动与超越论自我的作用是密不可分的,超越论自我总是驱使着体验去设定超越出它的实项内容之外的客观对象。但我们在理论研究中原则上可以把这两种因素区分开来。

胡塞尔认为,质料现象学是质料本质论,即质料的本质科学,在某种程度上类似于自然观点中的几何学;意识活动现象学则是形式本体论,在某种程度上相当于自然观点中的数学。然而机能现象学似乎是无可类比的。如果说质料现象学和意识活动现象学都只是分别对质料和形式的静态的描述分析,那么机能现象学则正体现了意识的活的特征,它是从动的方面去把握质料和形式、构造。实际上这三者是密不可分的。

我们看到,体验的客观极并不是像它的主观极那样被发现的,而是被创造出来的。因此,"它既不是实在地存在于认识现象中,也不是作为思维存在于现象中"(Hua II, 55)。尽管这种对象极本身不属于体验,但体验与对象的关系却属于体验,因此胡塞尔认为,意识对象虽然不是在实项的意义上内在于意识之中的东西,但却在意向的意义上内在于意识之中。因此对意识的研究不仅仅限于主观方面,而且还包括客观方面,它们构成意识流的两岸。这些主张后来在很大程度上影响了屈尔佩(O. Külpe)等人的二重心理学。但胡塞尔在这里讨论的并不是人的心理活动的河流,他讨论的是超越论意识的无限之流、永恒之流。人和世界的实在在他看来是第二个层次上的问题,是相对于前面的可能性而言的现实性问题;前者是第一性的存在,后者是第二性的存在,超越论本质现象学原则上不讨论第二性的存在。

但就第一性的存在而言,意识对象的产生仅仅是纯粹自我和意向性的成就吗?实际上我们不难发现,意识的产生不仅仅是主体构造的结果,它的产生往往不是主动的,而是被动的,用我们的话来说,它往往是外界刺激所产生的结果。对于这个问题,胡塞尔在 1907 年的《小观念》中似乎还有犹豫:"显然,我们在这里会不知不觉地萌生怀疑:难道在行动中不是必然会有更多的东西出现吗?难道有效性的被给予性不正带有客体的被给予性吗?如果确实存在着某种有效的超越,那么这种被给予性就不可能是思维的被给予性。但是,无论如何,一门被理解为思维的纯粹现象的科学始终是第一性的,这是必定的,并且它至少能够解决主要的问题。"(Hua II, 47)但在 1913 年的《大观念》中,胡塞尔已达到了彻底的坚定性。他完全否认了"现象背后有一种不明原因"的说法,否认意识是某种物理事物的刺激所产生的结果。"如果人们把这种无非是对素朴直观被给予的自然经验逻辑规定的明显的理性被给予性说成是自在事物实在的不明世界,就的确是一种神话了,这个不明世界是为了对现象做因果性解释的目的而被假设为基础的。"(Hua III/1, 114)实际上这也是胡塞尔对康德物自体学说的否定。胡塞尔认为,这种对现象的不明原因的设定有些类似于天文学中设定一个不明的新星——如海王星——来解释某些行星紊乱。抛开方法上的正确与否不论,首先这种设定所隐含的前提就是错误的,"因果性原则上属于被构造的意向世界的联系并且只有在这个世界中才有意义,而现在人们不仅将它变成一种在'客观的'物理存在和'主观的'、在直接经验中显现的存在之间的神秘联系,而且,通过后一种存在向构造这存在的意识的不合理过渡,人们将因果性变成物理存在和绝对意识,特别是经验的纯粹体验之间的联系。同时人们将一个神秘的绝对实在强加于物理存在,却根本没有看到真正的绝对之物、纯粹意识本身。因而人们没有注意到荒唐之处在于人们把物理自然这个逻辑规定性的思维的意向相关物绝对化了"(Hua

Ⅲ/1, 114-115）。胡塞尔认为，这样就又回到了独断论，我们重又陷入悖谬之中。

与一切客观唯心主义者一样，胡塞尔也是从绝对的观念世界（在这里是绝对的意识流）出发来解释现实世界的。当超越论的意识在实在的人的大脑中客观现实化，从而产生出相对的、偶然的心理学的主体性时，这种心理学的主体性往往会把它构造出的对象世界看作是一个客观实在的世界，并且赋予它以绝对的实在的意义。从此而产生出主客体之间的分离，达到二元论的阶段。胡塞尔认为，一旦看到了这一点，我们便会发现："所有实在是通过'意义给予'而存在着。""以某种方式，并且小心选择词句，人们可以说：所有实在的统一都是'意义的统一'。……实在和世界在这里只是某种有效的意义统一的称呼"，而"意义统一以意义给予的意识为前提，意义给予的意识是绝对的，它自身不再通过意义给予而存在。"（Hua Ⅲ/1, 120）这样，胡塞尔便完成了哥白尼式的回转。他依然是用因果性来解释，只是与独断论不同，他把意识解释为因，实在解释为果。

4. 发生现象学

发生现象学的观念是胡塞尔在纳托尔普发生心理学思想的影响下提出的。这个观念产生于1918年，这是因为他在这一年中仔细地研究了纳托尔普的《普通心理学》一书。此后，胡塞尔在他的《形式的与超越论的逻辑学》以及《笛卡尔式的沉思》中表露了这些思想。胡塞尔认为，以往他所阐述的现象学还仅仅是静态的现象学。静态现象学是根据对最一般的意识结构（如意识对象和意识活动的区分，体验和纯粹自我的区分等等）的分析探讨构造的意识和被构造的对象之间的相互关系，它考察意识体系以及在这一体系中的客观统一性和联系，包括对象、概念、真理等的联系。同时它也研究意识的其他严格相互区分的类型，如回忆、期待、意义表达、判断、类比等等，所有这些意识类型都必须由静态现象学来区分和把握。

除了静态现象学的研究分析以外，还须有发生现象学的研究分析相补充。静态现象学在体系上要先于发生现象学。"首先构成的现象学仅仅是静态的现象学，它的描述与自然历史的描述相类似，即探究个别的类型并且全面整理加以系统化。离普遍发生的问题以及本我（ego）[①]超越时间形成的发生结构及其普遍性还相距很远，事实上它们是处于更高的阶段。"（Hua I, 110）

相对于探讨意识构造的静态现象学来说，发生现象学探讨这些构造的发生。因此，发生现象学的构造概念与静态现象学的构造概念是完全不同的，发生构造是静态构造的构造。换言之，发生现象学研究纯粹自我、意识活动、意识对象等的"历史"，当然不是事实的历史，而是本质的历史，即研究它们的历史的必然形式。如果说静态现象学研究的是纯粹现象的河流，那么发生现象学研究这河流的河床，它代表着这河流"积淀的历史"。

胡塞尔为区别于静态现象学，也把发生现象学称为"解释的"、"回归的"、"还原的"现象学，因为它把已成为事实的超越论意识和它所构造的客体解释性地回溯到本质"历史"的更原初的阶段上。

5. 现象学还原的现象学

最后是现象学还原的现象学，我们也可称为现象学的方法论。本章的大部分内容实际上都与现象学的方法论有关，因此这里无须再重复。尚需补充的是，胡塞尔本人是运用现象学还原方法的能手，但这并不意味着他对现象学还原方法本身能够做出透彻的说明，胡塞尔晚年曾感叹自己一生都没能做到这一点。这可以作为后人对现象学方法论的评价的基础。

本章的前两节主要是对胡塞尔现象学方法的具体描述；后两节则

[①] "ego"在胡塞尔那里往往既包括自我（Ich），也包括它的体验，即它的意识活动。

主要涉及现象学的方法和胡塞尔的哲学体系以及科学分类思想的关系。

胡塞尔的起点是对心理主义的批判。在这个起点上，胡塞尔与弗雷格、罗素等人几乎是并肩的。他们都企图实现莱布尼兹的梦想，建立一门作为所有认识根据的绝对科学——纯粹逻辑学。但随着胡塞尔超越论还原思想的提出，他们之间的分歧日趋明显。在1913年，胡塞尔曾谈到过这一分歧。（参见 Hua III/1,66）这种分歧可以粗略地概括为：实证主义要求作为形而上学排斥的东西，恰恰是现象学所要研究的东西；而现象学要求对其"中止判断"的那些"自然观点"，则正是指实证主义的或以其他方式建立起来的与此世界有关的理论和科学。胡塞尔这一向超越论主义的转向的原因，可以追溯到德国古典唯心主义（这里仅指康德和费希特）传统的间接影响以及与新康德主义第二阶段代表人物的直接联系上。而这一转向的结果，正如苏联哲学史家巴克拉捷所说："胡塞尔反对把真理加以心理学化，但却把真理加以本体论化了。"[①] 把观念之物绝对化，并将它们看作是整个物质世界的基础，这在哲学史上不乏先例。而胡塞尔的不同之处在于，他尤其强调这个作为现实世界之基础的观念世界是一个可能性的世界。可能性在胡塞尔那里有着不同层次的含义。本质领域对于事实领域来说是一种可能性领域；超越论领域对于实在领域来说又是一种可能性领域。胡塞尔的超越论本质现象学首先是一种超越论的可能性，其次它还是一种本质的可能性。他的超越论本质现象学之路正是通过不同的还原穿越不同层次的可能性领域，最后达到最高的可能性——超越论、本质的可能性。海德格尔曾明确地说："现象学的本质不在于，现实地成为哲学的'方向'。比现实性更高的是可能性。对现象学的理解仅仅在于把它理解为可能性。"[②]

[①] 巴克拉捷：《近代德国资产阶级哲学史纲要》，涂纪亮等译，中国社会科学出版社1976年版，第381页。

[②] 海德格尔：《面向思的事情》，陈小文、孙周兴译，商务印书馆1996年第1版，第94页。

从我们对胡塞尔的方法说明以及由此而来的对整个体系的说明的现有理解来看，胡塞尔企图为自然世界以及所有科学寻找一个客观观念基础的做法是失败的。换言之，胡塞尔的通向超越论本质现象学之路是行不通的。但对于施泰格米勒从现象学的失败得出的结论，即"人们在今天比以往更倾向于把寻找所有哲学与科学建立于其上的不可动摇的基石的努力看作是一种幻想"①，我们只能认为是施泰格米勒本人世界观上的局限。因为，胡塞尔和其他一些近代西方哲学家的失败仅仅证明，那种把整个世界存在建立在一种客观观念基础上的努力是永远不可能成功的。胡塞尔把人们的"世界统觉"——真实素朴的唯物主义思想归结为"超越论自我"、"超越论统觉"的结果，却没有看到这种"超越论统觉"恰恰是人们在长期的生产劳动实践中逐步产生、积累，最后固定下来的对客观实在的物质世界统一性的认识。否认这一点，或者便陷入心理主义的相对主义，陷入怀疑论；或者便陷入像胡塞尔那样的超越论唯心主义的绝对主义。在这方面，胡塞尔和黑格尔有相似之处。尽管胡塞尔否认黑格尔的哲学是严密的科学，并认为黑格尔哲学与现象学无法比拟，但他实际上仍没有摆脱德国古典思辨唯心主义的影响，他和黑格尔一样，也是企图在康德的基础上，借助古代柏拉图主义对其进行改造，从而避免怀疑论主观唯心主义，使哲学能够立足于一个千古不败的根基之上。真正的失败，是这种客观唯心主义幻想的失败。

胡塞尔本人在晚年也看到了在《大观念》中这条通向纯粹现象学之路的缺陷。他似乎已经认识到，这种通过对方法的阐述来构造一个无矛盾的哲学体系的做法是不可能成功的，因此他说："真正的开端是行动本身，只有行动本身才完全在现实性中证明了可能性。前当下化、直观化作为对如何'行动'的事先的自身说明，永远不会是完全的明

---

① W. Stegmüller: *Hauptstömungen der Gegenwartsphilosophie*, Bd. 1, S. 94.

晰性。思索的前明见性是必要的前排演，但只是前排演。真正的开端是行动，是进行本身，它们才是哲学本身的开端。"① 在这个意义上，我同意著名现象学家伊丽莎白·施特雷克的话："在任何方面，必须更多地加以注意的是胡塞尔的做法，而不是胡塞尔对他做法的说法。"②

从这里产生出一个问题：是否应当把现象学的方法本身和胡塞尔对这些方法的描述区别开来；现象学的方法中究竟有没有合理的成分？这个问题应当是我们在进一步深入研究之后回答的问题，而这种研究不应当根据胡塞尔本人对现象学方法的描述，不应当是在现象学方法之外对此方法的外在描述，而应当进入到现象学方法本身之中，用胡塞尔的话来说，在"运用"中、"行动"中去把握它，理解它的真正实质。这也许是本章尚未达到的更深一个层次。从现象学目前对西方哲学的影响来看，这也许是更值得做的一项工作。

胡塞尔所说的现象学还原中的直观和本质直观方法在某种程度上可以被看作是在现象学还原前提下实施的心理学"内省法"。他用这种方法做了大量的具体意识分析工作，例如对时间意识、判断、知觉、回忆等诸如此类的意识形态的结构分析。这些分析大都在胡塞尔的讲座稿和手稿中得到陈述，而在他生前自己发表的著作中，则由于偏重对体系的陈述，这类具体分析相对表述较少。本章因而也只是在第四节中粗略地涉及这方面的问题。

胡塞尔的通向超越论本质现象学——所有科学和哲学的基础科学——之路现今已为绝大多数哲学家所否定；但他提出和运用的方法则为许多哲学家所沿袭，其影响经久不衰，至今仍被称为当代哲学三大方法之一。而胡塞尔在现象学还原前提下所做的大量具体的意识分

---

① 胡塞尔手稿，K III 29,41a，转引自 K. Schuhmann, „Einleitung des Herausgebers", in Hua III/1, S. LVII。

② Elisabeth Ströker, „Phänomenologie und Psychologie. Die Frage ihrer Beziehung bei Husserl", in *Zeitschrift für philosophische Forschung*, Bd. 37, H. 1 (Jan. - Mar., 1983), S. 6.

析工作也为许多哲学流派接受并规定和影响着它们的发展。上述两方面的影响最突出地体现在存在主义代表人物身上以及结构主义的哲学分析中。所以,有的哲学史学家们认为:"胡塞尔的著作对于当代的思维是如此根本,以至于每个想深入到现代哲学中去的人,都必须彻底地研究它们。"[①] 我们研究西方哲学,因而也必须了解胡塞尔现象学的真实思想内涵。当然,这种了解不能像本章那样仅仅局限在对他的体系构造和方法描述的把握上,还应进一步深入到他的具体意识分析之中,看看他如何能够"像所有伟大的思想家一样,对朋友和敌人都发挥了促使他们进行创造性活动的影响";如何通过他自己的细致的意识分析工作迫使对手"更清晰明白地阐明他们自己的立场并使他们的论据的无懈可击性与胡塞尔学说的高度科学的水平相吻合"。[②]

[①] Hans Joachim Störig, *Kleine Weltgeschichte der Philosophie,* Stuttgart: Kohlhammer, 1985, S. 621.

[②] W. Stegmüller, *Hauptstömungen der Gegenwartsphilosophie*, Bd. 1, S. 81.

现象学反思的两难
—— 胡塞尔、舍勒、海德格尔在反思问题上的
不同态度及其内在根源

要想探讨现象学方法在胡塞尔、舍勒和海德格尔哲学中的共通性，对本质直观的分析显然是一条可行的途径，因为本质直观一般被公认为现象学方法的第一共同内涵。反之，要想把握现象学方法以及与此相关的现象学研究领域在这三位哲学家那里的差异性，那么对反思问题的关注将是一个可能的切入点。①

在欧洲哲学的传统中，尤其自笛卡尔以降，反思，即哲学的反思性始终是一个受到关注的问题。笛卡尔从外感知向内感知的回溯，康德对知识如何可能问题的追问，都是希望通过哲学的反思来把握原本的确然性。尽管后期的英国经验主义重又强调对感觉与反省的先后次序之划分，尽管黑格尔否认反思是达到永恒或真理的唯一途径，但反思在近现代哲学中的重要位置是毋庸置疑的。反思在康德之后基本上被视作划分科学与哲学的界石。

---

① 笔者在拙著《现象学及其效应——胡塞尔与当代德国哲学》（生活·读书·新知三联书店1994年版）中曾论及现象学反思问题（参见该书第7节，第103—114、199、335页），但未在广义的现象学总体上给予专门的探讨。本章可以被看作是对该书下篇的一个必要补充。

一

较之于舍勒和海德格尔，胡塞尔距离传统的位置更近。这一点也表现在：在胡塞尔的现象学哲学中，反思自始至终是现象学思维的一个不可或缺的重要前提。无论是在其前期的《逻辑研究》和《纯粹现象学与现象学哲学的观念》中，还是在后期的《笛卡尔式的沉思》和《欧洲科学的危机与超越论现象学》中，胡塞尔的现象学描述分析都是在反思中进行的。甚至可以说，**反思是胡塞尔现象学的最显著特征**。现象学之所以为现象学，之所以不同于自然的、非哲学的观点，正是因为它不是直向的思维行为，而是一种反思的活动。我们只需引用些许胡塞尔的原文便足以证明这个对大多数现象学研究者来说已是不言自明的事实：

所有困难的根源都在于现象学分析所要求的那种反自然的直观方向和思维方向。我们不是去进行那些杂多的、相互交迭的意识行为……而是要进行"反思"，即：使这些意识行为本身和其内在的意义内涵成为对象。（LU II/1, A 10/B$_1$ 10）

现象学描述是在对个体意指和种类意指之体验的反思中进行的。（LU II/1, A 140/B$_1$ 141）

只要意向性还没有通过反思而被揭示并因此而本身成为课题，它就是隐蔽的。（Hua XVII, 38）

现象学要求最完善的无前提性并且要求对自身具有绝对反思性的明察。它的本己本质是最完善的明晰性，从而也是关于它的方法原则的最完善的明晰性。（Hua III/1, 121）

纯粹现象学是关于纯粹意识的科学。这说明，它仅仅来源于纯粹反思。（Hua XXV, 75）

如此等等。即使在胡塞尔思想发展的后期，即使在胡塞尔将注意力关注于"生活世界"和"交互主体"的同时，胡塞尔也从未放弃对哲学的反思性的要求。人类社会、生活世界在胡塞尔看来仍然属于素朴的、自然的领域，从而有别于哲学或超越论现象学的反思领域。

胡塞尔的对现象学反思的这一信念当然与他对哲学的理解密切相关。哲学在他看来是对最终绝对性的追求，而最终绝对性只能起源于**自身思义**（Selbstbesinnung）和**自身认识**（Selbsterkenntnis）之中。在这个意义上，胡塞尔也将他的现象学哲学定义为一种"对自身认识这个观念的最普遍和最彻底的实施，这种自身认识不仅是所有真正认识的原本源泉，而且也将所有真正的认识包含在自身之中"（Hua I, 193）。

在他的手稿中，胡塞尔也明确写道：

> 我们的全部进程就在于，进行一种自身思义并且还原到绝对合乎感知的被给予之物上。（手稿，C 7 I, 34）

胡塞尔现象学意义上的反思当然不能等同于布伦塔诺意义上的内感知。布伦塔诺对内感知与外感知的理解是与他将万物划分为心理现象和物理现象的做法密切相关的：内感知是对心理现象（心理行为、心理作用）的感知，外感知是对物理现象（外在事物、客观对象）的感知。与在笛卡尔那里一样，内感知在他那里具有明见性的优先地位。① 胡塞尔在《逻辑研究》结尾关于"外感知与内感知"的附录中

---

① 参见 Brentano, *Psychologie aus dem emipirischen Standpunkt*, Bd. 1, Hamburg: Felix Meiner, 1955, S. 40："感知与经验构成心理学与自然科学的基础。对本己的心理现象的**内感知**首先是它们的源泉。如果没有在本己现象中的内感知向我们做出展示，我们就永远无法得知，什么是表象，什么是判断，什么是喜悦和烦恼、希望与恐惧、勇气与沮丧，什么是意志的决定与意图。"

批判了布伦塔诺的这一划分，认为内感知和外感知实际上具有完全相同的认识论特征，也就是说，它们不足以被用来划分心理学和物理学，即布伦塔诺意义上的哲学与自然科学。胡塞尔提出用内在（immanent）感知和超越（transzendent）感知的概念取代内（inner）感知和外（äußer）感知的模糊概念。而内在感知的概念在胡塞尔那里基本上是与现象学意义上的反思同义的。（参见 Hua III/1，50）

二

胡塞尔的这个观点在现象学的另一位代表人物舍勒那里得到了某种回应。布伦塔诺的内感知学说在舍勒那里同样也受到批判，甚至在舍勒看来是比胡塞尔更彻底的批判。[①] 舍勒也将反思与内感知明确区分开来：前者所关注的是行为的进行，后者所关注的是对象，作为自我的对象：

> "反思"不是"对象化"，不是"感知"，也不是"内感知"，后者本身只是一种特殊的行为而已。只有当人格（Person）没有完全丧失在行为进行之中时，反思才可能是一种交织，即一种完全非质性化的"关于……意识"（Bewußtsein von）与进行着的行为的交织。[②]
>
> 一个"行为"永远不会是一个对象；因为行为存在的本质就

[①] 参见 Scheler, *Gesammelte Werke*（缩写为 GW), Francke-Verlag, Bern/München, ab 1986 im Bouvier-Verlag, Bonn, bis zu ihrem Tod (1969), hrsg. von Maria Scheler, seither von M. S. Frings, Band 3, 1972, S.246. 舍勒在这里认为胡塞尔在《逻辑研究》（1900—1901 年）与《哲学作为严格的科学》（1910 年）中对"内感知"与"外感知"的看法前后不一，因为"胡塞尔将'现象'的本质与'心理之物'的本质、现象学与心理学混为一谈"。

[②] Scheler, GW 3, S. 234. "Person"一词通常也被译作"位格"。

在于，它只能在进行中被体验并且在反思中被给予。……行为永远不可能在某种形式的感知（甚或观察）——无论是外感知，还是内感知——中被给予。……反思的知识"伴随着"行为，但不把它对象化。①

舍勒的这个说明与胡塞尔对作为内在感知的反思之阐述异曲同工，从不同角度揭示了现象学反思不同于笛卡尔、布伦塔诺的特性。而且笔者认为，相对于胡塞尔的努力而言，舍勒的划分之长处在于，他根本不再将反思看作是通常意义上的一种行为，从而避免了胡塞尔用"内在感知"的说法也可能带来的歧义与混乱。反思在舍勒那里既不同于内感知（以个体自我等为对象），也不同于外感知（以太阳、石块等为对象），而是一种关注着行为以及生活于行为进行之中的人格的知识（Wissen），一种"反思知识"。

正是在这个意义上，舍勒时而也强调现象学方法中的反思因素：

怀着对在体验之中的存在的渴望，现象学哲学家到处寻找显示着世界内涵的"源泉"本身，以求畅饮一番。他的反思目光在此仅滞留在体验与对象世界的相接点上——无论这里所涉及的是物理之物还是心理之物，是数字还是上帝或其他东西。反思的光束所应试图切中的只是在这个最紧密的、最生动的接触中"在此"

---

① Scheler, GW 2, S. 374. 但舍勒在这里所说的最后一句话"反思的知识'伴随着'行为，但不把它对象化"是一个令人怀疑的表述。在这个意义上的"反思"不应是我们在这里所说的反思，而是一种相当于胡塞尔所说的"自身意识"（Selbstbewußtsein）意义上的意识活动。这里无法再做展开。关于"自身意识"可以参见 Iso Kern, "Selbstbewußtsein und Ich bei Husserl", in *Husserl-Symposion Mainz* (27.6/4.7.1988), hrsg. von G. Funke, Stuttgart: F. Steiner, 1989, S. 51-63。

的并如此"在此"的东西。①

但对布伦塔诺内感知概念的共同反驳与对反思概念的共同强调并不能掩饰在舍勒与胡塞尔之间业已存在的原则分歧。舍勒划归给反思知识的"行为"与"人格"完全不同于胡塞尔所确定的反思方向,即"意识活动"连同它的"自我"与"对象"的两极。舍勒认为:

> 人格的存在永远不是对象。……"自我"在任何一种词义上都还是一个对象:自我性(Ichheit)是无形式直观的对象,个体自我是内感知的对象。②
>
> 人格不是一个可感受的"相对"名称,而是一个"绝对"名称。"自我"一词总是一方面与对一个"你"的指示相联结,另一方面总是与对一个"外部世界"的指示相联结。而人格这个名称则不是。例如上帝可能是人格,但不可能是自我,因为对它来说既没有"你",也没有"外部世界"。相对于自我来说,人格所指的是某种整体的、本身自足的东西。③

而在人格生活于其中的行为方面,舍勒与胡塞尔的观点分歧也显而易见。舍勒将行为的总体领域称之为"精神",他说:

> 所有精神都本质必然地是"人格的",一个"非人格精神"的观念是"悖谬的"。……但"自我"绝不属于精神的本质。……

---

① Scheler, GW 10, S. 380f.
② Scheler, GW 2, S. 374.
③ Scheler, GW 2, S. 389.

只要事关具体的精神,"人格"就是精神的本质必然的和唯一的生存形式。①

这样一种"人格"和"行为"的概念当然与胡塞尔所关注的"异而又异的"、"纯粹自我"和"纯粹意识"概念② 相距甚远。因此,尽管舍勒在一定程度上赞同胡塞尔的反思主张,但他所实施的反思操作是在一个与胡塞尔的反思根本不同的方向上进行的。胡塞尔要求哲学通过意识对自身的反思,亦即通过对理性的批判来把握所有真正认识的原本源泉。这种构想在舍勒看来是不切实际的。用舍勒自己的措辞来说:自身认识只是一种"偶像崇拜"而已,其根源应当可以从培根的《新工具》那里找到。③

退一步说,即使胡塞尔通过对纯粹意识的反思而达到了绝对的自身认识,这种认识在舍勒看来也是相当有限的。我们不仅可以从他发表的论著中,而且可以从他生前未发表的遗稿中找到他对"反思性知识"之普遍有效性的明确限制④:

> 什么"是"意识(Bewusst-sein)?首先,知识(Wissen)是一个更宽泛的概念。也有一种未被意识到的出神的"知识"。此外还有"超越地被意识到的"知识,在那里不存在任何反思,还有未被意识到的知识……

---

① 参见 Scheler, GW 2, S. 388。
② 参见 Hua III/1, 75:"一切奇迹中的奇迹是纯粹自我和纯粹意识:而一旦现象学之光投射到它们之上,一旦它们服从于本质分析,这个奇迹便会消失。它转变为一门完整的科学,一门充满了困难的科学问题的科学。"
③ 参见 Scheler, GW 3, S. 215 ff。
④ 笔者在拙著《现象学及其效应——胡塞尔与当代德国哲学》(第 24 节,第 335—337 页)中曾对此做过大致的阐述。这里舍弃重复的部分。

"纯粹"意识是反思的极限；唯有出现障碍时，反思才会产生。①

据此，舍勒所得出的结论是：

主体意义上的"意识"只是知识的一"种"，即通过对知识者行为内涵的反思而获得的知识。②

对反思性知识的这一限定实际上隐含着舍勒对胡塞尔反思哲学的两个潜在的批评。笔者在拙著《现象学及其效应——胡塞尔与当代德国哲学》中将其概括为：首先，胡塞尔现象学中的"意识"并不能声称自己具有奠基性，因为，某物在它之前便已经被知道。其次，胡塞尔现象学中通过反思而获得的"意识"也不能声称自己具有总体性，因为反思只是各种"知识"类型中的一种而已。

除此之外，笔者还可以感觉到：舍勒倾向于认为，在反思中形成的只能是"概念"或"范畴"，而不是舍勒所追寻的"质料价值"；后者唯有在本质直观的明察中才能获得。③ 这当然也是与胡塞尔相悖的。在他那里，反思与本质直观是二位一体，在现象学研究中不可分离：本质直观是反思性的本质直观，反思是本质直观的反思。否则，现象学的本质直观便无法区别于自然科学，如数学的本质直观。

舍勒与胡塞尔各自所关注的领域差异（人格精神和纯粹意识）无

---

① Scheler, GW 11, S. 100f.
② Scheler, GW 7, S. 219.
③ 参见 Scheler, GW 2, S. 99："如果道德的善是一个'概念'（不是一个质料的价值），这个概念只有通过对一个意志行为或对这个行为的特定形式的反思才能获得其存在，那么伦理认识当然就根本不可能**独立于**道德意愿。并且，由于每个人都只能'意愿'他本己的意志（但只能——即使强烈影响不存在——'服从'他人的意志），因此道德认识在这种情况下或者必须是一个自身习得的（即由自己的意愿所获得的）明察，或者必定发生了对命令的无明察的服从，人们不知道这些命令本身（自我意志行为）是否建立在道德明察之上。但这样一种非此即彼的选择是以上述错误前设为基础的。"

疑是分歧产生的原因之一。这其中蕴含着他们各自对生活、世界、上帝、哲学、理论、伦理等的不同态度。展开这方面的分析肯定是极有价值的，但却不是本章的目的所在。

总括而言，"反思"在舍勒思想中绝非是一个关键性的总体方法概念，而且它除此之外还被附加了诸多的限制。胡塞尔所推崇的现象学反思方法，到同时代的舍勒这里已经受到抑制。而在此后的海德格尔哲学中，反思方法的必然性与有效性更成为一个问题。

三

舍勒的这些思想是否曾影响过以及在何种程度上影响过另一位现象学代表人物海德格尔，从笔者现在所掌握的资料来看尚不得而知。但我们在海德格尔那里确实可以发现与舍勒相类似的主张。

海德格尔哲学的探讨对象在于存在者之中的存在，而他的探讨又尤以此在的存在为关节点，这已是海德格尔研究的一个基本出发点，也是在这个研究中少数几个公认的出发点之一。笔者在此首先要提出的问题是，当哲学家的目光朝向此在的存在时，这种目光是否必须是反思性的？

就笔者对海德格尔的有限认识而言，海德格尔对反思的明确论述极少，甚至对反思的明确使用也极少，即使在他早、中期的现象学研究阶段也是如此。笔者认为这是一种有意识的回避，对一个相当敏感的问题的回避。一个明显的例子是：海德格尔对现象学方法的三个基本成分（还原、建构、解构）的理解规定便不包含胡塞尔尤为强调的反思因素。[①] 而在他对现象学的三个基本发现——意象性、范畴直观、

---

① Heidegger, *Gesamtausgabe* (缩写为 GA) 24, Frankfurt am Main: Vittorio Klostermann, §5, S. 26-32.

先天——的论述中，反思同样不曾是一个被考虑在内的环节。但这三个基本发现在胡塞尔那里则实际上都与反思有关：作为体验结构的意向性只有在反思中才能被把握；范畴直观是在反思中进行的；先天是指通过反思而得以明见的意识活动及其相关物的先天。

与对反思方法的避而不谈形成明显对照的是，海德格尔极为强调现象学的"看"的"素朴性"（Schlichtheit）、"幼稚性"（Naivität）或"自然性"（Natürlichkeit），例如他在以讲台上的椅子为例所做的分析中声言：

> 我们所需要的是幼稚性和纯粹的幼稚性，这种幼稚性首先和本真地看到的是讲台椅。
> "看"在这里无非意味着"对现存之物的素朴认知"。
> 我在我的"自然"感知中，在这个我活生生地在教室中停留于其中的感知中看到了什么，我可以对此椅子做何种陈述？①

笔者所做的以上这些指明得益于张灿辉的博士论文《现象学的始基》。他在对海德格尔"马堡讲座"中的这些观念进行分析之后得出这样的结论："现象学的感知分析以'素朴性'为开端！……海德格尔在这里没有详细说明，'素朴性'对现象学意味着什么。但撇开这个概念的含糊性不论，在它之中包含着对海德格尔世界分析的出发点现象的指示，它在现象学上要比胡塞尔现象学观点中的出发点现象更原初：因为在对事物的认识考察或超越论现象学考察之前，通过内在世界存在者的原生通道，即与存在者的操作交往就已经开启了。素朴性与胡塞尔的自然态度的区别在于，它不是一种在特定信仰设定意义上的观点。在这种'素朴的'对事物的行为中，对此事物的存在设定不成为

---

① Heidegger, GA 20, S. 49, 51, 53.

问题，在其中没有进行总设定。素朴性更多地是意味着一种行为方式在我的日常性中首先并主要与内在世界的交往。我们可以先入为主地说，素朴性是现象学分析的出发点现象。"①

这当然是一种从海德格尔立场出发而得出的结论。但张灿辉还是客观地指出了海德格尔"素朴性"概念的模糊性。海德格尔**并非没有**对"素朴性"做出定义：

> 素朴性就意味着缺乏那些分层次的、只是后补性地创造着统一的行为。因此，"素朴"这个特征是指一种把握的方式，也就是说，一个意向性的特征。②

但这个定义所陈述的与其说是现象学的"看"的特征，不如说是现象学的"看"所看到的意向性的特征。笔者赞成张灿辉的一个观点：海德格尔对意向性的解释"有意不是针对意识，而是针对行为的存在"③；但这种做法并不能说明行为存在方面的意向性比意识的意向性更为原本。

海德格尔在这里对被感知之物作为周围世界事物、自然事物和事物性的描述，实际上与胡塞尔对生活世界的特征描述基本一致。但生活世界从来就只是胡塞尔超越论哲学的一个经验出发点，而不是它的目的地。在胡塞尔看来，哲学所要克服的恰恰是自然、幼稚的素朴性；生活世界的原初性当然是素朴、自然的，但它与哲学无关。如果有关，那么这种关系恰恰在于，是哲学通过反思而发现并确定了它的素朴性。因而这种发现本身无疑已经超越出了素朴性的领域。换言之，现象学

---

① Chan-Fai Cheung (张灿辉): *Der anfängliche Boden der Phänomenologie*, Frankfurt am Main: Peter Lang Verlag, 1983, S. 140 ff.
② Heidegger, GA 20, S. 82.
③ Chan-Fai Cheung (张灿辉): *Der anfängliche Boden der Phänomenologie*, S. 53.

的反思本身是第二性的，但从至此为止的分析来看，这并不会妨碍它对第一性行为的明察把握。

与对意向性问题的分析相似，海德格尔在对范畴直观的阐述中也流露出非反思甚或反反思的意图。他在这里所引用的一段胡塞尔原文常常受到关注①：

> 实事状态和（系词意义上的）存在这两个概念的起源并不真实地处在对判断或对判断充实的"反思"之中，而是真实地处在"判断充实本身"之中；我们不是在作为对象的行为之中，而是在这些行为的对象之中找到实现这些概念的抽象基础……（LU II/2, A 613/B₂ 141，参见 Hua XX, 79）

单独引用这句话很容易造成误解，或许这正是海德格尔的用意所在。张灿辉便据此而在海德格尔的意义上说："我们无法通过对心理事件的反思来获得范畴形式。我们根本无法'在行为方向上'，而只能在'行为本身所被给予之物的方向上'找到它们。"②

但海德格尔并没有提到，胡塞尔在这段话之前事实上还有一个对"反思"的说明：

> "反思"通常是一个相当含混的词。在认识论中它至少具有一个相对确定的意义，这个意义是由洛克赋予它的，即内感知的意义；在对那种相信可以在对判断的反思中找到存在概念之起源的

---

① 张汝伦在《海德格尔与现代哲学》（复旦大学出版社 1995 年版）中显然也关注到这里的问题并引用了胡塞尔的这段话；但同样显然的是，他也受到海德格尔的误导。这里因篇幅关系无法再专门对此进行分析。

② Chan-Fai Cheung（张灿辉）：*Der anfängliche Boden der Phänomenologie*, S. 71. 其中引文参见 Heidegger, GA 20, S. 79。

学说进行解释时，我们所能坚持的仅仅是这个意义。而我们所要否认的恰恰是这样一个起源。（LU II/2, A 612-613/B₂ 140-141）

很明显，胡塞尔在这里所说的反思并不是现象学意义上的反思，而是内感知意义上的反思。"反思"在这里几乎都被加上了引号。另一个最好的证明就是：包容着这些阐述的整个这一节的标题都被胡塞尔命名为"**存在概念与其他范畴的起源不处在内感知的领域之中**"。我在前面曾经提到胡塞尔和舍勒对内感知意义上的反思的批判。现在我们应当更容易理解整个批判的含义：存在概念当然不产生于内感知或反思之中，就像感性对象和观念对象不产生于内感知意义上的反思，而是在相应的感性直观和观念直观中被给予或被构造出来的一样。如果否认这一点，心理主义便是一个无法避免的归宿：表象、概念、范畴、判断、推理等都来源于对心理之物的内感知，心理活动的规律便成为所有规律的规律。布伦塔诺在内感知问题上就是一个最具代表性的先例。

但这并不意味着对现象学反思的否定，否则胡塞尔便会落入一个过于明显的自相矛盾之中，因为他所做的这些描述分析本身就是在现象学的反思中进行的。现象学反思所关注的恰恰是存在在意识中的构成。因此，存在在判断行为中被给予；判断行为连同在其中被给予的存在被现象学的反思所把握。这是两个不同层次上活动。而海德格尔在他的论述中有意无意地将这两者混为一谈。胡塞尔本人在此问题上则始终是泾渭分明的，至少我还没有发现他在这方面有过动摇或含糊。即使在同一个地方他也仍然强调：

> 感性对象（实在之物）的概念并不是通过对感知的"反思"而产生出来的，因为这样所得出的便是感知的概念或某些感知构成因素的概念了，与此相同，实事状态的概念也不产生于对判断

的反思之中，因为我们由此只能得出获得判断的概念或判断的实在构成因素的概念。(LU II/2, A 612-613/B₂ 140-141)

实际上，海德格尔的真正用意在他1919年的所谓"战争学期"(Kriegssemester)的弗莱堡讲座中表现得已经相当明显，尽管他此时因为顾及胡塞尔的反对而力图在表述上做到含而不露。众所周知，在《逻辑研究》发表之后，胡塞尔曾受到纳托尔普的批评。这个批评主要表现在两个方面，其一是针对胡塞尔的"纯粹自我"观念，其二是针对胡塞尔的"反思"方法。对第一个批评，胡塞尔在1913年《逻辑研究》第二版和《纯粹现象学和现象学哲学的观念》第一卷中予以诚挚的接受。(参见 LU II/1, B₁363, 以及 Hua III/1, 110) 而对第二个批评，胡塞尔则始终未置一词。海德格尔认为，纳托尔普的这个批评是"迄今为止唯一在科学上值得注重的对现象学的指责"。他在讲座中将纳托尔普的批评概括为：

> 在反思的目光转向中，我们使一个事先未被观看到，而只是素朴、无反思地被体验到的体验成为一个"被观看的"体验。……也就是说，在反思中我们的观点是理论性的。所有理论性的行为都是去除生活的(entlebendes)行为。……体验在反思中不再被体验，而是被观看。我们将体验放置在那里，将它们从直接的体验活动中提取出来。①

随后，海德格尔引用纳托尔普的一段批评的原文："这种反思必然会对被体验之物起到一种分析的，仿佛是解剖性的或化学分解式的

---

① Heidegger, GA 56/57, S. 100.

影响。"①

至此为止，海德格尔与纳托尔普实际上是相当一致的。这里所涉及的对体验的反思性（观看性）和素朴性（体验性）之区别的强调我们在前面已多次遇到；而对"去除生活的"理论行为与生活本身的好恶，我们在他同年写给胡塞尔之女伊丽莎白的信中以及他同年为雅斯贝尔斯的著作《世界观的心理学》所写的书评中也一样可以找到。② 因此，毫无疑问，海德格尔不仅是在概括纳托尔普的观点，而且同时也是在用他自己特有的语言阐述自己的立场。此外，这个结论同样可以通过语法分析而得出：海德格尔在这里用的是直陈式，而不是通常的第一或第二虚拟式（后两者在德语中分别被用来表示对转引的观点的不置可否与不予赞同）。

在此之后对纳托尔普的反驳中，海德格尔似乎是站在胡塞尔现象学的立场上说话。他批评纳托尔普说：

> 他对现象学的指责根本没有接触到本真的问题领域。……现象学的基本要求始终被忽略了。③

海德格尔在这里所说的"本真领域"，当然不是胡塞尔所认为的和纳托尔普所批评的反思领域，而是他一再暗示的素朴直观领域。但他仍然以胡塞尔为依托，并且引用胡塞尔对现象学"一切原则之原则"的规定，认为这才是现象学对"本真领域"之把握的"基本要求"：

---

① P. Natorp, *Allgemeine Psychologie nach kritischer Methode*, Erstes Buch, Tübingen: J. C. B. Mohr, 1912, S. 190f, 转引自 Heidegger, GA 56/57, S. 101.
② 对此可以参见拙著《现象学及其效应——胡塞尔与当代德国哲学》第 166—167 页上的详细说明，尤其是对"去除生活"（Entlebnis）一词的说明。
③ Heidegger, GA 56/57, S. 109.

简单地接受所有那些在"直观"中原本地、作为自身给予者而展示着自身的东西。(Hua III/1, S. 43f)

从这里所引的这句话中已经丝毫看不到胡塞尔对反思问题的强调：直观应当是在反思中进行的直观。海德格尔在这里好像替胡塞尔完成了一个对纳托尔普的答辩。但明眼人应当可以看出，海德格尔在这里名义上是在纳托尔普的批评面前维护胡塞尔，但骨子里却是通过一种修正胡塞尔现象学的方式来进行这种维护的。

四

笔者在这里无意为胡塞尔现象学方法的本真性进行任何形式的辩护。恰恰相反，笔者并不想回避并且（下面可以看到）也曾经指出过胡塞尔现象学反思方法的**困境**。笔者所怀疑的只是，海德格尔是否能够用素朴性来成功地取代反思性，而且即使他能够做到这一点，他是否就能够据此而达到他所谓的"纯粹的素朴性"或"素朴的纯粹性"。

笔者在对胡塞尔进行研究的过程中常常会有这种感觉：当笔者自认为发现了胡塞尔在现象学操作中的问题或缺陷时，胡塞尔本人往往早已意识到了这一点。于是笔者所能做的只是：注意他在何种程度上对此做出应答，并且探问如何对此应答或做出展开、补充，或做出纠正、完善——如果这个应答有缺陷的话。在我对林林总总的当代哲学人物与学派进行环顾时，笔者甚至发现，这似乎不仅已经成为胡塞尔研究者的一个宿命，而且已经成为许多试图超越胡塞尔的思想家的一个宿命。在反思问题上同样也是如此，胡塞尔显然已经先一步体验到了反思所面临的困境。他不仅像我原先所认为的那样在《纯粹现象学

与现象学哲学的观念》中,甚至在《逻辑研究》时期就已经意识到:

> 对心理行为的任何内在描述的可能性,以及更进一步说,现象学的本质论的可能性原则上受到一种困难的威胁,人们已多次论述过这种困难,它表现在:当人们从素朴的行为进行向反思的观点过渡时,或者说,向反思的行为进行过渡时必然会改变素朴的行为。我们应当如何正确评价这种变化的方式和范围,甚至,我们究竟能否知道——无论它是作为事实还是作为本质必然性——这种变化?(LU II/1, A 10/B$_1$ 10)

而在《纯粹现象学与现象学哲学的观念》中,胡塞尔则进一步举证说,在对"愤怒"的内感知与对"愤怒"的反思之间已经存在着一个变更。这个变更也被一些现象学家称作**"自然生活"**与**"哲学反思生活"**之间的**间域**(Zwischenbereich)。[①]

笔者在《对现象学反思的反思》一文中曾对现象学反思的这个困境做过概括[②]:现象学反思或者是一种回忆性反思,或者是一种经历了有意性变化的反思。

作为回忆性反思,现象学的反思——与任何一种反思一样——不是反思性的直观,更不是像胡塞尔所说的"内在感知",而只能是反思性的再造,只能是一种"后思"(Nach-Denken)。人们只能在再造

---

① 除了在拙著《现象学及其效应——胡塞尔与当代德国哲学》第 109 页的脚注②中已指出的两位研究者耿宁和瓦尔登菲尔茨的研究结果以外,笔者在新近对舒茨的研究中发现,舒茨在他的现象学社会学研究中也已注意到这个问题。他试图消除"在持续的体验与对被体验之物的反思之间,简言之,在生活与思维之间的奇特张力"(参见 Alfred Schütz, *Der sinnhafte Aufbau der sozialen Welt: Eine Einleitung in die verstehende Soziologie*, Frankfurt am Main: Suhrkamp, 1993, S. 94)。

② 详细的论述可以参阅拙著《现象学及其效应——胡塞尔与当代德国哲学》第 7 节"现象学反思的反思"。这一节也作为独立的文章登载在《鹅湖学志》(台北,1992 年第 8 期)以及《海德格与现象学》(台北远流出版社 1994 年版)上。

中进行反思,这实际上是一个痛苦的认识。因为这意味着,我们所反思的任何一个体验都不再是原本的体验了,它们都已是变化过了的体验,因为它们是通过再造而出现在反思之中的。换言之,现象学的研究不是以原本的体验为对象,而是以变化过了的体验为对象。这个结论可以说是与海德格尔的主张殊途同归。它们都表明胡塞尔用来把握原本性的方法与他所向往的原本性理想相隔有距。

而作为经历了有意性变化的反思,现象学的反思则意味着:所有这些有意地(艺术地)进行的意识行为,在它们成为现象学反思性研究的对象之前,都必须经历双重的变化:它们必须被有意地原造出来(有意性变化),然后又被再造于反思之中(再造性变化)。这里的问题在于:后补性地进行的意识行为——即我们为现象学研究而进行的那些艺术原造的意识行为——与那些被再造的、在以往以自然方式进行的意识行为并不相同。与后者相比,前者经历了那种"有意性变化";它们不再是自然的意识行为,而已经是艺术地进行的意识行为了。

然而这个困境通过舍勒或海德格尔的方式就能够得到克服吗?笔者至此还没有得到这方面的明确印象。反思似乎是无可避免的。甚至连笔者所做的这些对现象学反思方法的批评本身,也是在反思之中进行的。进一步说,无论是对舍勒的"人格精神"的探讨,还是对海德格尔"此在之存在"的关注,反思也都以不同的方式融合在其中。即使是舍勒和海德格尔本人对现象学哲学本身及其方法的阐述也不得不以反思的方式进行。

如舍勒所说:

> 现象学首先既不是一门科学的名称,也不是哲学的代词,而是精神观视的一种观点,人们在此观点中获得对某物的直观(er-schauen)或体验(er-leben),而没有这个观点,这个某物便隐而

不现，它就是特殊类型的"事实"的王国。①

又如海德格尔所说：

"现象学"这个表述原本意味着一个方法概念。它所描述的不是哲学研究对象的实事性是什么（Was），而是哲学研究的如何（Wie）。②

这些陈述本身不可能完全除尽反思的成分。同样。我们对这些陈述的理解也不能完全撇开反思的中介。我们至多只能说，反思并不必然是哲学沉思的唯一途径。

但我们至少还可以这样说：即使哲学研究本身不完全是反思性的，但这个研究必须通过对方法的反思来加以保证。现象学反思提供这样一种保证，它是一种胡塞尔意义上的"方法反思"（Methodenreflexion）。

在这个意义上，我们是否应当说，广义上的现象学反思应当是对方法的反思而不是方法本身，是第二性的方法论而不是第一性的方法呢？

在本章结束之际，有几点想法或许值得记录下来，作为对问题的讨论和对问题之展开的可能线索：

首先，只有当一门哲学趋向于或致力于成为内在哲学（Philosophie der Immanenz）时，反思才是一种不可或缺的方法。舍勒的哲思方向在于"人格精神"，海德格尔的哲思方向在于"此在存在"，它们都已经超出了内在的范围，都在某种程度上从属于"超越哲学"的范畴，因而不可能仅仅依赖于反思方法。内在哲学之成立的一个重要前提在

---

① Scheler, GW 3, S. 380.
② Heidegger, *Sein und Zeit*, Frankfurt am Main: Verlag Vittorio Klostermann, 1977, S. 27.

于理性的自信甚或独断，无论是何种意义上的理性；它往往能提供有力的方法，尽管它似乎永远无法自圆其说。超越哲学则必须依赖方法上的多样性、理论上的多元化，它最终的结局不是止于信仰，便是止于神秘。

其次，反思方法自身的本质决定了它与素朴生活的间隔。马德（W. Mader）认为"带有舍勒烙印的现象学哲学不是在书房中诞生的。在书房中主宰着的是反思的方法、归序的方法、检验的方法"[①]。舍勒本人也说：

> 一门建立在现象学基础上的哲学作为基本特征首先必须具备的东西是生动的、紧凑的、直接的与世界本身的体验交往。[②]

这个说法同样也适用于海德格尔的现象学哲学，尽管他在对待实践哲学的态度上与舍勒不尽相同。是尽可能切近素朴的生活，还是与素朴的生活保持一定距离，甚至试图从理论上克服生活的素朴性，这是区分舍勒、海德格尔与胡塞尔思维特征的一个重要标志。

再次，舍勒与海德格尔都在一定程度上受到东方思想的影响：舍勒学说中的佛学之烙印，海德格尔思想中的道、禅之痕迹都是可以或清楚或模糊地被意会和领悟得到的。而在东方思维传统中，反思的因素极其微小。舍勒与海德格尔对反思的限制与背离也许与此有间接的甚或直接的关系。

---

① Wilhelm Mader, *Max Scheler in Selbstzeugnissen und Bilddokumenten*, Hamburg: Rowohl, 1980, S. 61.

② Scheler, GW 3, S. 380.

"智性直观"概念的基本含义及其在东西方思想中的不同命运

一

在百余年来西学东渐的过程中,德国哲学对东方思想的影响不仅可以说是"广泛",而且也堪称"深入"。这两方面的例证俯拾即是,从康德、黑格尔、马克思,到尼采、弗洛伊德、胡塞尔、海德格尔等,他们的思想始终在东方文化的各个层面起着或者显赫或者潜隐的作用。

当然,这些纷繁复杂的作用和影响大都是通过各种概念、观点、口号与问题而具体地得到体现。德国哲学中的"智性直观"(intellektuelle Anschauung)① 概念是其中一个较为典型的例子,它在理论深层所发挥的作用展示着一个文化交流的奇特景观。

历史地看,"智性直观"概念在德国古典哲学中曾一度成为一个富

---

① 这个概念在中文翻译中从未得到过一致的译名:在康德那里被译作"智性直观"或"知性直观",在费希特、谢林和黑格尔那里被译作"理智直观",在西田几多郎那里被译作"知的直观",在牟宗三那里则被称作"智的直觉",吴汝钧还译作"睿智直觉"。笔者这里随蓝公武将此概念译作"智性直观"。因为"Intellectus"一词在德国古典哲学中既不同于"Verstand"(康德的"知性"、黑格尔的"理智"),也有别于"Vernunft"(理性),所以这里一概译作"智性",以区别于后两者。与此相关的形容词"intellektuell"和"intelligibel"则分别译作"智性的"和"悟性的",名词"Intelligenz"(原意为觉知、明察)则译作"智识"。以下在引用中译本时会据此而做出改动。

于魔力的口令。人们通常认为,在康德那里,"智性直观"在纯粹理性的作用圈内是作为一个"语词矛盾"而被提出来的,但是现在已经可以确定,在实践理性的领域中,康德已经试着用它来解决"哲学的最高点"①问题;在此之后,费希特试图依据"智性直观"来证明他的哲学出发点——"自我";而在谢林的哲学中,"智性直观"更是被称为"一切超越论思维的官能"②。"智性直观"与"超越论哲学"在这里得到了有机的结合。

然而随着德国古典哲学的进一步展开,或者也可以说,随着超越论哲学在谢林之后的式微,"智性直观"的功能很快便受到了遏制。它首先受到黑格尔的质疑和拒斥:"智性直观"被看作是一种过于轻巧的方式:"把知识设定在任何偶然碰巧想到的东西上面"③,是"知识空虚的一种表现",是"黑夜","在黑夜中所有的牛都是黑的"④。而在黑格尔的同时代人和对手叔本华那里,它更被看作是"瞎吹牛和江湖法术"的代名词。⑤这是在叔本华和黑格尔之间难得听到的几个和声之一。在此之后,黑格尔—马克思的阵营中的卢卡奇把谢林的"智性直观"视为"荒唐的神秘性",并将它打上"非理性主义的最初表现形式"乃至"前法西斯的非理性主义"的烙印。⑥

而与此形成鲜明对照的是,"智性直观"在东方思想中产生了深层次的影响。20世纪东方文化圈中两位最重要的思想家,即日本的西田几多郎和中国的牟宗三,都在各自的哲学中接受了这个概念,并附以自己的理解。西田几多郎把"智性直观"理解为对"生命的深刻

---

① Kant, *Kritik der reinen Vernunft*, B 135. 中译文参照蓝公武译本(商务印书馆1982年版)和韦卓民译本(华中师范大学出版社1991年版),下同。
② 谢林:《先验唯心论体系》,梁志学、石泉译,商务印书馆1983年版,第3页。
③ 黑格尔:《哲学史讲演录》第四卷,贺麟、王太庆译,商务印书馆1981年版,第347页。
④ 黑格尔:《精神现象学》上卷,贺麟、王玖兴译,商务印书馆1981年版,第10页。
⑤ 参见叔本华:《作为意志和表象的世界》,石冲白译,商务印书馆1982年版,第13页。
⑥ 参见卢卡奇:《理性的毁灭》,王玖兴等译,山东人民出版社1997年版,第109、168页。

把握"①；而牟宗三在"智性直观"概念中看到了中国哲学的根本，认为"儒道释三教都肯定人有智性直观"，他甚至相信这个概念是"构成中西文化差别的一个重要观念"。②而在东方思想研究方面素有心得的海德格尔，在这个问题上也表现出对西方哲学的背离和与东方哲学的亲近。他把"智性直观"理解为一种对歌德、胡塞尔等人所提到过的"原现象"（Urphänomen）的把握，或者说，对"存在者的结构"的把握，对"绝对的存在者"的把握。③

这两种对待"智性直观"问题的态度指明了一个十分值得思考的文化现象。换言之，"智性直观"在东西方文化中所承受的不同命运，实际上在很大程度上代表着这两种思想各自的特质。

二

"智性直观"这个概念最早是否由康德提出，这个问题应当可以说是无关紧要的④。毋宁说重要的一点在于，即使这个概念不是由康德本人提出，也是在他这里第一次成为哲学的核心问题。

康德本人对"智性直观"的论述虽然零碎而不一贯，但仍可以从中发现三项基本的内容，这三个因素最终都可以回溯到康德对"智性的"（intellektuell）这个表述的理解上。

首先，康德所理解的"智性"就是指"**知性**"（Verstand），即**在**

---

① 西田几多郎：《善的研究》，何倩译，商务印书馆1997年版，第32、34页。
② 牟宗三：《四因说演讲录》，卢雪昆录音整理，上海古籍出版社1998年版，第195—196页。
③ 海德格尔：《谢林论人类自由的本质》，薛华译，辽宁教育出版社1999年版，第68页。译文参照德文有所改动，以下不再说明。
④ 黑格尔指出在康德的同时代人雅可比那里便有关于"智性直观"的论述，它被用来标识直接的宗教启示（参见黑格尔：《哲学史讲演录》第四卷，贺麟、王太庆译，第249页）。事实上在德国浪漫派那里就已经在"直觉"或"灵感"的标题下讨论过"非感性直观"或"智性直观"的问题。

经验范围内对已有直观进行连结的官能。① 他认为，"**智性的**是指通过知性得来的认识，这些知识同时也达到我们的感性世界"。与这个意义上的"智性"相对立的一方面是"**悟性**"（Intelligibelia）。所谓"**悟性的**"，便是指"只能通过知性来表象的对象，这些对象是我们任何一种感性直观都达不到的"②。康德把这种"悟性的对象"也称作"本体"或"物自体"。③ 可以说，在经验范围内作为**现象**的连结原则起作用的是"智性"，超出经验范围而无法为直观所及的**本体**是"悟性"。④ 在这种与"悟性"概念相对立的使用上，"智性"概念在康德那里具有积极的意义。

当然，如此理解的"智性"与"直观"是无缘的，因为一旦"智性"试图提供感性领域以外的直观，即"非感性直观"或"智性直观"，那么这时的"智性直观"对象便是所谓**非直观的**"本体"或"悟性"了。所以，在严格的意义上，"智性直观"更应当是"悟性直观"（intelligible Anschauung）⑤，而这个概念本身就是一个语词矛盾，类似于胡塞尔所说的"木质的铁"⑥。康德在《未来形而上学导论》中认为它既"毫无用处"，也"毫无意义"⑦，在《纯粹理性批判》中认为它"不是我们所具有的方式，我们也无法明察它的可能性"⑧。

这是"智性直观"在康德那里所包含的**第一个因素**。在这个

---

① 但康德原则上区分"智性"（intellektuell）和"知性"（Verstand），参见 Kant, *Kritik der reinen Vernunft*, B 313。

② 以上参见康德:《未来形而上学导论》，庞景仁译，商务印书馆 1982 年版，第 88 页。

③ 虽然康德并不认为"物自体"、"本体"或"超越论对象"是同义词。

④ 至少是从《纯粹理性批判》B 版起，在康德那里，唯有认识才被称作"智性的"，而这个或那个直观方式的对象则被称作"悟性的"。（参见 Kant, *Kritik der reinen Vernunft*, B 313）也就是说，"智性的"与认识活动有关，"悟性的"与认识对象有关。

⑤ 康德本人也的确在这个意义上使用过这个概念。参见 Kant, *Kritik der reinen Vernunft*, B 836。但他更多还是用"intellektuelle Anschauung"这个词。

⑥ 胡塞尔在《逻辑研究》中是针对"普遍直观"这个表述而言："这个表述对于一些人来说听上去并不比木质的铁这种表述更好"（《逻辑研究》第二卷第二部分，倪梁康译，上海人民出版社 1999 年版，A 634/B$_2$ 162）。

⑦ 参见康德:《未来形而上学导论》，庞景仁译，第 88—89 页。

⑧ 参见 Kant, *Kritik der reinen Vernunft*, B 307。

意义上的"智性直观"是康德所拒绝的。他力图使自己有别于哲学自古以来就有的那种传统,即把世界分为感性的存在者或"现象"(Phänomena)与知性的存在者或"本体"(Noumena)并把前者看作是感性直观的对象,把后者看作是知性思维的产物。① 他自己认为,《纯粹理性批判》曾对此进行了两方面的"枯燥探讨":其一,感性直观并不提供"本体"意义上的对象;其二,知性思维只能规定已有的直观,而无法思维经验以外的东西。至于"本体"概念,它虽然是"必需的",但充其量只是一个"界限概念"(Grenzbegriff),它被用来"限制感性的骄横,因而只有消极的用途"②。

后人对康德"智性直观"概念的理解,基本上依据康德这方面的论述,即把"智性"理解为"知性"(在经验范围内对**现象**的连结)或"悟性"(超出经验范围以外的"**本体**")。例如海德格尔在讨论"智性直观"时便指出:"对于康德来说,并不存在什么离开感性直观的东西,只有那些通过感官被给予的对象才是可认识的。"③

三

然而在康德那里,"智性直观"概念还包含着**第二个因素**。这个因素在《纯粹理性批判》中的出场顺序甚至被排在第一个因素之前。与这个因素相关的"智性直观"被康德等同于"对自身行动(Selbsttätigkeit)的直观"④。这个说法初看起来有些费解,但只要与康德对与"智性"相关的"智识"(Intelligenz)概念的理解相联系,事

---

① 参见康德:《未来形而上学导论》,庞景仁译,第88页,以及 Kant, *Kritik der reinen Vernunft*, B 311。
② Kant, *Kritik der reinen Vernunft*, B 311.
③ 海德格尔:《谢林论人类自由的本质》,薛华译,第68页。
④ Kant, *Kritik der reinen Vernunft*, B 68.

情就变得清楚起来："智识"在这里就是指"**自我**"（Ich）或"心灵"（Seele）。康德在《纯粹理性批判》中对这个意义上的"智识"有不同的表达，例如，"我是作为智识而存在"① 以及"智性的实体"就是"心灵"②，如此等等。他还进一步说明，我们之所以能够把自己称作"智识"，乃是因为我们意识到自己的思维活动具有自发性："正是这种自发性才使我把自己称作**智识**"。换言之，我的此在（智识）是通过"我思"的行为而被规定的。③

这样，"智性"的第二个含义便涉及思维的自发性④，或者说，主体的自身活动。简言之，它涉及笛卡尔以来主体性哲学的基本原理，涉及"自身意识"这个"最高的哲学点"。康德极为重视这个意义上的"自身意识"，他认为，"所有对知性的使用本身，甚至全部逻辑学，以及超越论哲学都必定与这个最高点相联结，其实，这个能力也就是知性本身"⑤。

而与这个意义上的"智识"相关的"智性直观"主要是对主体自身的"直观"。如果第一个意义上的"智性直观"意味着"以知性方式进行的直观"，那么第二个意义上的"智性直观"还应当是指并且主要是指"智识对自己的直观"。

这第二个意义上的"智性直观"概念显然也影响了康德以后的哲学家如费希特和谢林，他们把"智性的本质"理解为"观看自己"，把"直接的自身意识"理解为"智性的回返运动"或"智性直观"。⑥ 牟

---

① Kant, *Kritik der reinen Vernunft*, B 68, B 158, 还可以参见 B 156："我自作为智识和思维主体"。
② Kant, *Kritik der reinen Vernunft*, B 403.
③ 参见 Kant, *Kritik der reinen Vernunft*, B 158。
④ Kant, *Kritik der reinen Vernunft*, A 158.
⑤ Kant, *Kritik der reinen Vernunft*, B 135.
⑥ 例如参见 Fichte, *Wissenschaftslehre nova methodo*, Hamburg: Felix Meiner, 1982, S. 34, 以及费希特：《费希特著作选集》第二卷，梁志学等译，商务印书馆1994年版，第761页；还可以参见 W. Windelband, *Lehrbuch der Geschichte der Philosophie*, Tübingen: J. C. B. Mohr, 1957, S. 500。

宗三以及西田几多郎的"智性直观"概念也含有这个方面的意思,或者是在"生命直观"的标题下,或者是在"意志直观"、"良知直观"等标题下。

然而康德本人实际上还没有走那么远。在他对作为"智识"的"自我"的进一步思考中,他区分**对自身活动的意识**和**对自我的思维**。严格地看,前者属于直观,后者属于思维,换言之,自身活动(思)是"感性直观地"被给予我的,但自我(我)只是"知性思维地"被设想,却并未显现出来。这样,在"我思"(cogito)中,作为现象的"自身活动"与作为本体的"自我"便被分离开来。"思"的活动**被意识到**,但"我"的主体却**未被认识到**。在这个意义上,康德说:"自身的意识还远远不是自身的认识。"①

于是,在外感知中的感性直观与知性思维之对立现在以变换了的方式又被引入到内感官中。自我与世界同属非直观的自在者。用康德的话来说:"如果关于外感官的确定,我们承认只在我们外部受到刺激的限度内才认识对象,那么关于内感官,我们也得承认只在我们内部受到我们自己刺激时,我们才由内感官直观到自己;换句话说,对于内感官而言,我们只是把自己的主体认识为显现,但却不是根据它自己本身之所是(nach dem, Was es an sich selbst ist)来认识它。"②

按照这个说法,对思维的自身活动的直观可以是严格意义上的直观,是对现象的经验,而对这些活动背后的主体自我的直观,即"智性的自身直观",同样也是一个语词矛盾,它同样也是"悟性直观"(intelligible Anschauung),是对并不显现出来的本体的思维。这时我们便可以理解,为什么康德把"主体"的特征定义为"悟性的"③,它意

---

① Kant, *Kritik der reinen Vernunft*, B 158.
② Kant, *Kritik der reinen Vernunft*, B 156.
③ Kant, *Kritik der reinen Vernunft*, B 566-567.

味着，就像自在的客体世界不是在感官对象上自身显现出来，从而是**形而上的**一样，自在的主体自我也不是在感官对象（思维活动本身）上自身显现出来，从而是**心而上的**（meta-psysisch）。所以康德说，"在我思中的自我概念"，即在被我意识到的我的所有表象中的"自身"概念，"并没有告诉我们任何东西"，因为严格地说，"在这个自我表象中的我的自身意识根本不是直观"，它"丝毫不具有直观的谓项"；也就是说，对自我的表象或自身意识所提供的并不是关于客体的知性概念。①

但主体作为"思维主体"亦即"智识"，在他看来仍还具有"经验的"特征，即我们意识到、直观到的思维自身的活动，它被看作是属于主体的：思维是**我的**思维。

据此，**自身思维**意义上的**自身意识**和通过**自身直观**进行的**自身认识**在康德这里已经泾渭分明：前者是自我的**显现的存在**，后者是自我的**客体的存在**。我们还可以说，自身意识只是将一些相关的行为看作是"我的"，而自身认识则涉及"什么是我"的问题。

后一个问题，亦即对本体的认识问题，在康德看来是无法通过人类知性来解决的。但他并不排除解决这个问题的可能性。我们只是无法明察这种可能性。②而用文德尔班的话来说就是，"[智性直观]这样一种能力的可能性几乎是无法否认的，正如它的现实性几乎是无法承认的一样"③。

四

康德最终是把这个可能性归给了上帝。这便是"智性直观"在他

---

① 参见 Kant, *Kritik der reinen Vernunft*, A 401, B 278, B 407。
② 参见 Kant, *Kritik der reinen Vernunft*, B 307。
③ W. Windelband, *Lehrbuch der Geschichte der Philosophie*, S. 470, 487。

那里所具有的**第三个因素**:"本原直观。"① 所谓"本原直观"(intuitus originarius),是指"本身就能够给我们以其对象的存在的直观"②。与"本原直观"相对立的是"派生直观"(intuitus derivativus)。康德认为,无论是内直观还是外直观,在严格的意义上都是不是"知性直观"或"悟性直观",而是感性直观,因而也都是"派生直观"。而"智性直观"是"属于原存在者(Urwesen)的直观",是"本原直观"③。"本原"在这里是"本原地构造着的"意思。我们也可以把这种直观称为"创造性直观",因为它一方面并不是一种被动接受的直观,而是在直观的同时也通过直观而确定了被给予对象的存在;另一方面,它也不是主动自发的思维,因为它不像对本体的思维那样仅仅是单纯的预设并且不告诉我们任何经验以外的东西,而是在创造着它的相关项。这也是牟宗三对康德"智性直观"概念的主要理解:"它不是个认知的能力,而是个创造的能力","是个兴革的能力"。④

这里还需要注意的是:康德时而也把这种"本原直观"意义上的"智性直观"解释为处在感性与知性之间的"想象力"(Einbildungskraft),更严格地说,"创造性的想象力"⑤。由于"想象力"的基本定义在于"在直观中表象一个哪怕不当下存在的对象的能力"⑥,因而它被康德(至少在《纯粹理性批判》的 A 版中)纳入到"智性直观"范畴中,它意味着一种将知性概念与感性直观联系在一起的"人

---

① 康德在其他地方也将它称作"本源的知性"(intellectusarchetypus)或"神的知性"(göttlicher Verstand),"它不仅表象不被给予的对象,而且通过它的表象,对象自身同时也被给予"(参见 Kant, *Kritik der reinen Vernunft*, B 723, 145)。

② Kant, *Kritik der reinen Vernunft*, B 72.

③ Kant, *Kritik der reinen Vernunft*, B 72.

④ 牟宗三:《四因说演讲录》,卢雪昆录音整理,第 195 页。

⑤ "创造性的想象力"不同于"再造性的想象力",前者是纯粹的,后者是经验的,前者属于超越论哲学的领域,后者属于心理学的领域。参见 Kant, *Kritik der reinen Vernunft*, B 152。

⑥ Kant, *Kritik der reinen Vernunft*, B 151.

类灵魂的基本能力"①。

当然，这里的问题在于：想象力在何种意义上是直观？如果像康德所说，正是通过想象力，知性的概念才与感性的直观发生联系，那么想象力本身就不应当是真正意义上的"直观"，而更多是间于知性与感性之间的东西。它既不是一种知性盲目的"思"，也不是一种感性空泛的"观"。它毋宁说是一种"精神的观看"以及通过这种观看而进行的创造，或者说，一种观看的创造和创造的观看，类似于梅洛-庞蒂所说的"第三只眼"以及相关的"精神图像"②。在这里，"智性直观"仍然是"创造的"、"本原的"，但不再是"神"的活动，而是"人"的活动。

尽管康德本人以及后来的费希特都在"想象力"概念上做足了文章，他们的相关阐释都不能说是充分清晰的。但这恰恰为后人提供了解释的余地。到了谢林那里，这个意义上的"智性直观"已经与"艺术直观"没有区别了。在康德那里几乎丧失了的"艺术直觉"与"智性直观"的联系，在谢林这里又得到了恢复。以后的西田几多郎把"智性直观"理解为"美术家和宗教家等所具有的那种直觉"③，恰恰是受到了谢林的影响。

如果我们现在来总结一下，那么康德的"智性直观"概念至少含有以下三个基本因素：

（1）在外直观方向上对某种非对象的、不显现的"超越论对象"的"悟性直观"，例如对"世界"或"自在之物"的直观。"智性的"在这里首先意味着"朝向客体本体的"或"与客体本体相关的"；这个意义上的"智性直观"可以简要地诠释为**"形而上的直观"**。

---

① Kant, *Kritik der reinen Vernunft*, A 124.
② 对梅洛-庞蒂、胡塞尔、海德格尔、叔本华在这方面的相关思想论述可以参见本书"图像意识的现象学"一章。
③ 西田几多郎：《善的研究》，何倩译，第30页。

（2）在内直观方向上对某种非对象的、不显现的"超越论对象"的"悟性直观"，例如对"自我"或"意志自由"的直观①；"智性的"在这里首先意味着"朝向主体本体的"或"与主体本体相关的"；这个意义上的"智性直观"可以简要地诠释为**"心而上的直观"**。

（3）在"本原直观"意义上的创造性直观或创造性的想象力。"智性的"在这里被理解为"具有创造能力的"。但原则上只有神才具有它。在人这里，它相当于"想象力"。这个意义上的"智性直观"可以简要地诠释为**"创造的直观"**。

在这些不同含义中，前两个"智性直观"的概念都是限制性的，也就是消极的概念。唯有第三个才是积极的概念。以后在东西方思想中对"智性直观"的接受和展开，基本上都立足于它在康德这里所获得的这三个原本含义之上，例如胡塞尔和海德格尔的"范畴直观"与"智性直观"的第一、第二个含义相关；谢林的"智性直观"则涉及第三个含义；牟宗三对康德"智性直观"的理解主要基于它的第二个和第三个含义；而西田几多郎的理解则与它的第三个含义有关；如此等等，不一而足。②

五

如上所述，"智性直观"（intellektuelle Anschauung）概念通过康德而获得了三个不同的基本含义。我们可以将它们概括为：**形而上的直观、心而上的直观和创造的直观**。紧随康德之后的几位德国古典哲学家所理解和关注的首先是"智性直观"的前两个含义。这或许是因为，它们在主体主义方向上的实证论和形而上学之间以及

---

① 关于对"意志自由"的智性直观可以参见 Kant, *Kritik der praktischen Vernunft*, Hamburg: Felix Meiner, 1985, S. 56。

② 笔者会在后面对此问题做进一步的论述。

在客体主义方向上的实证论与形而上学之间划定了一条明确的界线，从而使以往隐而不现的问题得以暴露出来，最先成为后人关注的焦点。

费希特对康德的批评便主要是针对这两个含义而发。他反对康德把"智性直观"视为"语词矛盾"的做法："康德否认智性直观，他如此地规定直观概念，以致它只能是感性的，因此他说，这种感性直观不可能是智性的。"但费希特同时也敏锐地看到："康德具有智性直观，只是没有去反思它；康德的整个哲学都是这种直观的结果，因为他申言，必然的表象是理性生物行动（Handeln）的产物，而不是理性生物受动（Leiden）的产物。他只能通过直观来获取这一点。自身意识在康德那里已经形成；在时间中的直观意识；他如何达到这一点的？只能是通过一种直观，而这显然就是**智性**直观。"①

费希特在这里是通过推理而得出康德主张并运用了"智性直观"的结论：由于康德在原则上区分主动的思维和被动的直观，因此对这种**区分本身**的把握（自身意识）应当指示着另一种既不同于思维，也不同于直观的可能性。我们可以在类似的意义上理解海德格尔的说法："德国唯心论不久便有理地指出康德使时间和空间在直观中给予我们，这种直观决非感性的，决非感觉，而是如康德自己说的'纯粹的'直观，亦即非感性的直观。"②

这个意义上的"智性直观"的确与康德的理解相当接近，尤其是与康德赋予"智性直观"的第二个含义相关③。它意味着一种非感性的，但却是直接的对自身的直观方式。黑格尔对此评论说："费希特哲学体

---

① Fichte, *Wissenschaftslehre nova methodo*, S. 31f.
② 海德格尔：《谢林论人类自由的本质》，薛华译，第 68 页。
③ 即在内直观方向上对某种非对象的、不显现的"超越论对象"的"悟性直观"，例如对"自我"或"意志自由"的直观。对此可以参见拙文《康德"智性直观"概念的基本含义》的具体论述。

系的基础是智性直观,纯粹自身的思维,纯粹自身意识'自我=自我,自我存在'"①。而用费希特的原话来说则是:"我们再直接地直观我们的直接直观本身;这也就是对直观的直接直观。因而,一种对作为主体—客体的自我的纯粹直观是可能的。由于这样一种直观自身不具有感性材料,因此它合理地叫作**智性直观**。"②

这个意义上的"智性直观",与康德赋予它的第二个含义相近。但康德基本上把它理解为一种"心而上"的直观,它只具有消极的意义。这里的"心",是指无法直观到的主体—本体。当然,康德并非不愿意接受这样一种"智性直观"的概念,而是他从一开始就意识到,一旦采纳这个概念,他就必须面对一系列的问题。这也是他在此问题上犹豫不决、反复琢磨的原因。而在发掘和采纳康德的"智性直观"概念的同时,费希特也不得不继承康德所面临的两难问题:"智性直观"所要把握和所能把握的究竟是什么?

从上面费希特的引文来看,答案在他那里可以有两个:就智性直观是对自身的直接的把握而言,费希特所说的**智性直观**是一种"**自身意识**",即对自身活动的意识到,这种意识到是对显现(现象)活动的非对象的意识;而就"智性直观"是对直观自身的直观而言,这种**直观**又相对于**反思**而没有本质差异,它是对直观者的关注的、对象性的反思。这个趋向在费希特所特别强调的一个定义中得到明确的表露:"所有意识都为一个直接的自身意识所伴随,它被称作智性直观,而且只有在这个自身意识的前提下人们才思维。但意识是行动,而自身意识尤其是智性的回返行动,或者说,是纯粹反思。"③

今天我们已经可以明白无疑地确定一个事实:"自身意识"与"反

---

① 黑格尔:《费希特与谢林哲学体系的差别》,宋祖良、程志民译,商务印书馆1994年版,第34页。
② Fichte, *Wissenschaftslehre nova methodo*, S. 31.
③ Fichte, *Wissenschaftslehre nova methodo*, S. 34.

思"并非一回事。除了上面提到的区别以外，它们之间的另一个主要区别在于：前者是"直接的"，后者是"回返的"，两者不能同日而语；除非我们赋予"自身意识"或"反思"以另一种新的意义，换言之，除非我们把"自身意识"理解为一种"反思"，或者我们反过来把"反思"理解为一种"自身意识"。从总体上看，费希特基本上选择了第一种可能性，即是说，他基本上是从康德赋予"智性直观"的第二个含义出发来运用和展开这个概念：它意味着对自我的一种反思的审视。

这样，费希特在"智性直观"概念上所面临的两难实际上便与他在"自身意识"概念上所遇到的问题别无二致。而所有这些问题最终都会归结到"自我"概念的含义上去，或者说，在"自身意识"和"智性直观"概念中包含的问题最终都会与费希特对"自我"的理解和规定发生关系。"自我"能否意味着一个在智性直观或自身意识中被把握到的对象？

费希特本人对此的回答应当是否定的。他一再强调，作为他的整个知识学体系之起点的"自我"，是只能直观而不可说明的："我想告诉人们的是一些既不能言传，又不能意会，而只能被直观的东西"①；它"并不是**某个东西**（它没有任何谓词，并且不能有任何谓词）；它直截了当地就是它**所是的东西**，而这个东西是不能进一步说明的"②；如此等等。他甚至也像康德一样，把这种"直观"（"智性直观"或"反思的直观"）等同于"想象力"："我的哲学的入口始终是不可理解的，这使得我的哲学很费解。因为它只能用想象力去把握，而不能用理智去把握。但这正保证了它的正确性。任何可理解的东西都以一个更高的

---

① 费希特：《激情自我——费希特书信选》，洪汉鼎、倪梁康译，经济日报出版社 2001 年版，第 141 页。

② 费希特：《全部知识学的基础》，王玖兴译，商务印书馆 1986 年版，第 26—27 页。中译文根据德文原文有所更动。

领域为前提，它在这个领域中被理解。所以正因为它可以理解，它才不是最高的。"①

在这里，费希特显然面临某种程度的困境：如何用理论来解释和说明作为其哲学入口与基础的"原现象"？它是否真的是黑格尔所说的"黑夜"，"在它之中所有的牛都是黑的"②？费希特本人最终已经看到，他至少无法从一个唯一的原则出发去无矛盾地展开整个"自我"，所以从他一生对其知识学所做的论述中可以发现各种不同的原则及其论述。

就此而论，"自我"在费希特哲学中与其说是一个知识学的起点，不如说是一个本体论的起点，或者说，一个本体论上的假想点。它应当与自我的自身意识还没有发生任何联系，换言之，它是一个**空泛的、自己尚未意识到自己的自我**。用谢林的话或许还可以说：一个无意识的自我。但一个未意识到的东西如何会成为反思的对象或课题，这个问题仍然是悬而未决的。

正因为如此，费希特的这个观点受到谢林的反驳，后者认为"自我不可能在直观的同时又直观它进行着直观的自身"③。而在费希特这方面的反批评则是：谢林不像康德那样合乎理性，他属于这样一类人，"他们先是将智性直观**演绎**出来，而后又对它加以否认"④。但从总体上看，费希特与谢林在"智性直观"问题上的分歧并不是原则性的。

六

谢林属于弘扬"智性直观"的哲学家行列。毫无疑问的是，谢林

---

① 费希特：《激情自我——费希特书信选》，洪汉鼎、倪梁康译，第142页。
② 黑格尔：《精神现象学》上卷，贺麟、王玖兴译，第10页。
③ Schelling, *Ausgewaehlte Schriften*, Frankfurt am Main: Suhrkamp, 1985, Bd. 1, S. 471.
④ Fichte, *Wissenschaftslehre nova methodo*, S. 32.

并不像费希特在上面所说的那样否认"智性直观",而只是否认康德赋予它的某个含义。

然而谢林与费希特一样没有看到康德在实践理性领域中对"智性直观"的特别规定。持相同做法的还有黑格尔,他把"智性直观"概念的提出完全归诸费希特和谢林,并且指出,"哲学的绝对原则、唯一实在的根据和坚定立场,不仅在费希特哲学中而且在谢林哲学中都是智性直观,……即主体和客体的同一性"①。以后的海德格尔似乎也接受了谢林和黑格尔的说法,认为谢林超出康德的步骤就在于他提出的"智性直观"②。总的看来,海德格尔的说法具有一定的合理性,这主要因为海德格尔在谢林那里还看到"智性直观"的另一层含义。

我们先来看"智性直观"在谢林哲学中的第一层含义。在 1800 年的《超越论唯心主义体系》中,谢林将"智性直观"理解为一种**把握绝对本原的行为**。他在该书结尾处的"附论"中做过一段概括的论述:"整个哲学都发端于、并且必须发端于一个作为绝对本原而同时也是绝对同一体的本原。一个绝对单纯、绝对同一的东西是不能用描述的方法来理解或言传的、是绝对不能用概念来理解或言传的。这个东西只能加以直观。这样一种直观就是一切哲学的官能。但是,这种直观不是感性的,而是智性的;它不是以客观事物或直观事物为对象,而是以绝对同一体、以本身既不主观也不客观的东西为对象。这种直观本身纯粹是内(inner)直观,它自己不能又变成客观的:它只有通过第二种直观才能变成客观的。而这第二种直观就是美感直观。"③

在谢林的这段论述中,"智性直观"的含义与费希特所提出的"智

---

① 黑格尔:《费希特与谢林哲学体系的差别》,宋祖良、程志民译,第 83 页。
② 参见海德格尔:《谢林论人类自由的本质》,薛华译,第 66—68 页。
③ 谢林:《先验唯心论体系》,梁志学、石泉译,第 274 页。中译文根据德文本有所更动。

性直观"概念基本上是一脉相承的①。就这一点而论,海德格尔的说法具有一定的合理性,他认为德国唯心主义思想家所理解的哲学就是:**"哲学是对绝对之物的智性直观"**②。

实际上,如果说谢林对"智性直观"的理解的确与前人的理解有所不同的话,那么这种变化与其说是**"智性直观"的含义的改变**,不如说是谢林对"智性直观"所把握的**"绝对之物"**的理解有所变化。因为在《超越论的观念论体系》中,谢林把"绝对之物"理解为"绝对的主体—客体的同一体"或"绝对的自身意识",亦即绝对活动的原始起点;而两年之后的谢林则把"智性直观"的相关项扩展到**人的本质(自由)**上③,然后进一步扩展到**上帝**、**世界**上,即扩展到存在者的整体上。谢林在 1802 年的著作《从哲学体系出发的进一步阐述》中甚至说,"智性直观""是在特殊东西中见到普遍东西,在有限东西中见到无限东西,并见到两者结合为有生命统一性的整个能力。……在植物中见到植物,在官能中见到官能,简言之,在差别中见到概念或无差别,只有通过智性直观才是可能的"④。这个意义上的"智性直观"显然已经不再是对"绝对同一体"的直观,而几乎就是胡塞尔意义上

---

① 实际上也是与康德赋予"智性直观"的第三个含义有相通之处。
② 海德格尔:《谢林论人类自由的本质》,薛华译,第 66 页。中译文根据德文有所更动。海德格尔在这里特别把康德排除在"德国唯心主义"以外,他认为,正是在"智性直观"问题上,"我们会认识到体系问题以何种方式与康德相区别而变成了德国唯心论"。在此之前他还明确地说,"康德很少占有德国唯心主义本身的基本地位,德国唯心主义曾远远超过康德"(海德格尔:《谢林论人类自由的本质》,薛华译,第 55 页)。海德格尔对康德的贬低,很可能在相当大的程度上是针对当时盛行的新康德主义而发。
③ 正是借助于"智性直观"概念,谢林认为,"只有唯心主义才把关于自由的学说提高到了这一学说唯一可理解的境况"。Schelling, *Über das Wesen der menschlichen Freiheit*, Frankfurt am Main: Suhrkamp, 1975. 中文本:《论人类自由的本质》,作为"附论"载于海德格尔:《谢林论人类自由的本质》,薛华译,第 301 页。中译文根据德文有所更动。
④ Schelling, *Fernere Darstellungen aus dem System der Philosophie*, in ders., *Ausgewaehlte Schriften*, Bd. 2, Frankfurt am Main: Suhrkamp, 1985, S. 77-168. 转引自海德格尔:《谢林论人类自由的本质》,薛华译,第 69 页。

的"本质直观"了!

海德格尔在"谢林论人类自由的本质"的讲座中正是根据这个理解而将谢林的"智性直观"解释为"本质直观"。他认为"智性直观"的知识是与数学知识相对应的,并以此来说明"智性直观"的特征:思维(被思考的概念)与存在(对象)的相即性[1]。但这实际上并不适用于谢林在《超越论唯心主义体系》中曾加以纲领性论述的"智性直观"。海德格尔实际上也看到了谢林"智性直观"概念所具有的前一种含义:一方面,"智性直观"的相关项,亦即它的直观对象是绝对之物,另一方面它"本身表明自己为绝对的本质,绝对之物的同一性的本质"[2]。这个意义上的"智性直观"是符合谢林在《超越论唯心主义体系》中所赋予"智性直观"的基本含义的:他认为"智性直观"就是"自我":它不是别的,只是"一种同时创造它自身(作为客体)的知识行为","只是一种**把自身变成自己的客体的创造行为**"。[3]

这样一种意义上的"知识行为"在谢林看来至少具有三个基本特征:(1)它是**绝对自由的**(原本的、起源的)行为;(2)它是**创造自身的**(同一的、独立的)行为;(3)它是**智性的**(非感性的、非对象的)行为。[4]

而一旦将"智性直观"理解为"本质直观",那么它的含义便要发生根本的改变。首先是"自身意识"因素将消失殆尽,这在前面所引的谢林文字中已经体现出来。其次,它的相关项将会有相当大的扩展。海德格尔的一段解释指明了这一点:"如果说由看到所设想的理念(上帝、世界、人)不应是纯粹的梦幻,它们的真理性除了通过一种知识

---

[1] 海德格尔:《谢林论人类自由的本质》,薛华译,第69页。
[2] Schelling, *Fernere Darstellungen aus dem System der Philosophie*, in ders., *Ausgewaehlte Schriften*, Bd. 2, S. 77-168. 转引自海德格尔:《谢林论人类自由的本质》,薛华译,第69页。
[3] 谢林:《先验唯心论体系》,梁志学、石泉译,第34—35页。
[4] 参见谢林:《先验唯心论体系》,梁志学、石泉译,第34页。

[智性直观]外还能通过另外什么来证明呢,且是这样一种知识:它自然必须知道它在那里不应是认识对象,**而是认识那样一种非对象的东西,但却终究不是无的东西**。"① 这样一种"智性直观"所把握的对象与其说是**非对象的自身**,不如说是**非感性对象的理性理念**。所以海德格尔也把这种"智性直观"标识为"理性直观"②。

除此之外还显而易见的是,这个意义上的"智性直观"的基本特征已经不在于"原本性"和"同一性",而是更多地在于它与其对象的"相即性"和"统一性",具体地说,智性直观所思考的对象与存在的对象的"相即性",在智性直观中的思维与存在的"统一性"。

从这个角度来看,虽然谢林赋予"智性直观"的第二个含义远不能代表它的主导概念,但它却指明了一个的确有别于康德哲学的新方向:这个方向指向一个在知性思维和感性直观之间的**间域**。康德在现代哲学中所受到的一个主要批评便是他对这个间域的忽略。他曾经描述过"超越论理念"及其把握方式的基本特征。他虽然认为这些理念"具有一种极好的、实在是必需而不可或缺的限定性使用,即指导知性指向一定的目标",并且"除了给知性概念以最大的扩展以外还可以给它们以最大统一";但是它们在康德看来最终不过是"理性臆构的概念"(vernünftelnde Begriffe),是"想象的焦点"(focus imaginarius),因而最终是一种"欺瞒"(Täuschung)或镜子中的"幻象"(Illusion)③。

而谢林本人在《从哲学体系出发的进一步阐述》一文中则把这种"智性直观"所把握到的东西称为"一切明晰性中的明晰性"、"一切真

---

① 海德格尔:《谢林论人类自由的本质》,薛华译,第68页。
② 参见海德格尔:《谢林论人类自由的本质》,薛华译,第68页。
③ 参见 Kant, *Kritik der praktischen Vernunft*, B 672.

理性中的真理性"和"一切被知东西中的纯粹被知东西的统一性"。①当然,谢林在多大程度上领悟了这第二个意义上的"智性直观"并将它付诸运用,这是一个需要进一步讨论的问题。我们现在还没有充分的理由把作为20世纪现象学运动之标志的"本质直观"的原本性追溯到谢林哲学的最初创作上。②

但通过谢林的分析和理解,"智性直观"的特征得到了进一步的充实,这是毫无疑问的。这里同时还需要指出的是:除了前面提到的三个特征以外,"智性直观"的另一个基本特征在于:"智性直观"本身不是客观的,即不是客体化的行为,它自己没有对象,并且"只有通过第二种直观才能变成客观的。而这第二种直观就是美感直观"③。我们后面还会回到关于美感直观或审美直观的问题上。

七

德国唯心主义哲学对"智性直观"的不断提升趋势似乎很快就在黑格尔哲学中遭到了遏制。黑格尔十分清楚"智性直观"在费希特和谢林哲学体系中的核心地位。他认为,"在以自我为超越论哲学的基础这一点上,谢林是和费希特一起工作的","谢林哲学是与费希特相联系的较高的纯正形式"。④ 这里所说的"自我"并不是通常意义上的"主体",而是主体和客体的同一性。它在费希特和谢林那里都意味着

---

① Schelling, *Fernere Darstellungen aus dem System der Philosophie*, in ders., *Ausgewaehlte Schriften*, Bd. 2, S. 77-168. 转引自海德格尔:《谢林论人类自由的本质》,薛华译,第69页。
② 现象学运动的创始人胡塞尔在本质直观问题上以及在整个哲学思想上几乎没有受到谢林的影响。对此可以参见 Iso Kern, *Husserl und Kant. Eine Untersuchung über Husserls Verhältnis zu Kant und zum Neukantianismus*, Den Haag: Martinus Nijhoff, 1964, S. 37f.
③ 谢林:《先验唯心论体系》,梁志学、石泉译,第274页。
④ 黑格尔:《哲学史讲演录》第四卷,贺麟、王太庆译,第340、346页。

"纯粹活动"、"纯粹行动"①。对这个"同一性"或"纯粹活动"的直接意识就是他们所说的"智性直观"。黑格尔也把这个意义上的"智性直观"称作"使自身成为客体的产生作用"或"一种产生它的对象的作用"。②我们在谢林所确定的"智性直观"的三个特征中可以发现这个含义,它显然也与康德赋予"智性直观"的第三个含义相关:它是"创造性的"。

但黑格尔恰恰在这一点上批评费希特和谢林,尤其批评后者的"智性直观"概念。首先是在《精神现象学》中,黑格尔把"智性直观"称作是"空洞的可能性",是"知识空虚的一种幼稚表现",是"所有的牛在其中都是黑的那个黑夜"③;此后我们在《哲学史讲演录》中还可以读到黑格尔的另一批评:"就智性直观的形式而论,它是以最方便不过的方式来设定知识——把知识设定在任何偶然碰巧想到的东西上"④,如此等等。

这个导致了黑格尔与谢林关系破裂的批评实际上涉及黑格尔与费希特—谢林在哲学风格上的根本差异。从某种程度上看,黑格尔对"知识"的理解远比费希特和谢林更为严格。他曾经说:"如果智性直观真正是智性的,那就要求它不仅仅是像人们所说的那种对永恒事物和神圣事物的直接的直观,而应是绝对的知识。"⑤这种绝对的知识在他看来不应该只是"在绝对中一切同一"这样一个空洞的命题,而应具有丰富、具体的内容。而谢林等人的"智性直观"不是知识,并且不能告诉我们知识,在它之中,"区别与规定被抛入于空虚的无底深

---

① 在康德本人那里也已经可以发现类似的思想,例如"智性的概念就是行动"(AA XVIII, 447)等等。
② 黑格尔:《哲学史讲演录》第四卷,贺麟、王太庆译,第347页。
③ 黑格尔:《精神现象学》上卷,贺麟、王玖兴译,第10页。
④ 黑格尔:《哲学史讲演录》第四卷,贺麟、王太庆译,第347页。
⑤ 黑格尔:《哲学史讲演录》第四卷,贺麟、王太庆译,第376页。

渊"①。也正是在这个意义上，黑格尔指责它是"知识空虚的"。

确切地说，黑格尔的"知识"概念还基本上保留着近代认识论意义上的"知识"特征，即对象性认识意义上的"知识"。在这种知识中包含着各种具体明确的区别和规定，因此它绝不应当是"单调和抽象的普遍性"，不应当是"非现实的空洞形式"或"无差别的可能性"。②所以，康德在"智性直观"上面临的问题此时依然有效：如果它的相关项并不显现出来，那么它究竟还有没有权利被称之为"直观"或"知识"？

在这个问题上，黑格尔本人在他的第一篇哲学论文《费希特与谢林哲学体系的差别》中曾在某种程度上认可"智性直观"，他认为"思辨就是直观"③，但以后他越来越偏离这个看法，最终还是把"智性直观"界定为"美的思想，但不是知识"④。

我们在这一点上可以比较清楚地感觉到东西方思想之间的一个基本差异。黑格尔对"智性直观"概念的批评，事实上典型地代表了西方理论—知识传统的思维方式和思维角度。这个批评与他对东方哲学的总体评价也是一致的。他认为东方哲学的一个基本特征就在于，它是"渺茫无限的崇高境界，在这境界中一切事物都消失于无形了"，因而没有能够达到科学的理解，缺乏持久性。⑤以后的胡塞尔也出于与黑格尔基本相同的立场而把东方思想看作是"非哲学的"。当然从东方思

---

① 黑格尔：《精神现象学》上卷，贺麟、王玖兴译，第10页。
② 这个思想实际上也为早期的马克思所接受，他原则上也否认"非对象的存在物（Wesen）"："非对象的存在物是一种［根本不可能有的］怪物（Unwesen）"（马克思：《1844年经济学—哲学手稿》，刘丕坤译，人民出版社1979年版，第121页）。
③ 黑格尔：《费希特与谢林哲学体系的差别》，宋祖良、程志民译，第27页。
④ 黑格尔：《哲学史讲演录》第四卷，贺麟、王太庆译，第376页。这个观点与谢林对"艺术直观"的理解有相应之处。但如前所述，谢林是把"艺术直观"视为有对象的"智性直观"，即客体化的、制作着客体的直观。
⑤ 参见黑格尔：《哲学史讲演录》第一卷，贺麟、王太庆译，第118页。也可以参见《哲学史讲演录》第四卷，贺麟、王太庆译，第374—376页。

维的角度来看，这种看法恰恰有可能反映出一种过于执着于形相事物，过于执着于现象界的思维态度。对这个问题，我们后面在阐释牟宗三时还会进一步说明。

然而，如果"智性直观"真的像黑格尔所说的那样不是知识，或至多只是一种"无论怎样说来说去，都不能离开原地而前进一步"①的知识，那么为什么仍然有如此多的哲学家（包括西方的哲学家）在锲而不舍地谈论它呢？它是否恰恰表明了一种在许多思想家那里都或多或少保留的"诗学残余"，一种对人类理性之有限性的确认，以及对处在理性彼岸的虚妄之境的本能向往呢？

对这个问题，黑格尔对"智性直观"的另一种理解——也可称作"积极的理解"——为我们提供了一个可能的答案。众所周知，黑格尔试图将他自己的哲学体系构建为科学与哲学的统一。因此他所理解的"哲学"，不仅仅是希腊意义上的"对**知识**的爱"，而就是"**真实的知识**"②本身。而所谓真正的"知识"（Wissen），在德文中也就是"科学"（Wissenschaft），亦即知识的体系。黑格尔哲学所具有的强烈历史意识和体系意识，使他最终得出"真理"是"全体"这样一种真理观。这里的所谓"全体"，是指"通过自身发展而达于完美的那种**本质**"③。因此，"绝对之物"在费希特—谢林那里是知识学和哲学的出发点和开端，是抽象而单一的绝对；而在黑格尔这里，"绝对之物"则"本质上是个**结果**，它只有到达终点才真正成为它之所以为它"④，因此它是丰满的、完美的、充实的。这也说明了在黑格尔眼中哲学家为何不是清晨报晓的公鸡，而是在一天结束后在傍晚才起飞的猫头鹰的缘故。

据此，黑格尔所追求的哲学知识，除了在内容的丰富性方面不同

---

① 黑格尔：《精神现象学》上卷，贺麟、王玖兴译，第20页。
② 黑格尔：《精神现象学》上卷，贺麟、王玖兴译，第3页。
③ 黑格尔：《精神现象学》上卷，贺麟、王玖兴译，第12页。
④ 黑格尔：《精神现象学》上卷，贺麟、王玖兴译，第12页。

于费希特—谢林的知识以外,还有一个最根本特征:它是一种历史的知识、发生的知识,是将各个发展阶段纳于一身的**总体**。他认为《精神现象学》所描述的,就是"一般的科学或知识的形成过程"①,而在《哲学史讲演录》中他也再一次说明,"我曾试图发展出一系列的哲学精神形态的进展过程,并指出它们之间的联系,提供你们思索参考"②。

正是因为黑格尔赋予"哲学知识"以这样一个基本含义,才使得他能够在现代思想中也占有一个重要位置。而与这种与历史、发生的哲学知识相关的是另一种"智性直观"的概念,即积极意义上的"智性直观"概念。它在黑格尔那里只是偶尔出现,例如当他认为,"智性直观是被认识到的,首先由于对立的东西,尽管每一方面是从另一方面分离开的,一切外部的现实是被认识到作为内在的。如果每一个[外在对立中的]东西是按照它的本质像它本身那样被认识到,那就会表明它是没有持久存在的,它的本质就是向对方过渡的运动,这一认为无物静止的赫拉克利特或怀疑论的原则应该表明为对每一事物都是适用的"③。这也是黑格尔所说的"真正的智性直观"。后来的海德格尔也看到了黑格尔哲学体系的这个特征,他把黑格尔的整个《精神现象学》都看作"智性的直观,决非梦幻,而是精神本身在其自身进行劳作"④。

简言之,"智性直观"在这个意义上不再被看作是主体对客体或主体对自身的**横向的认知**;而更多被看作是一种对理性或观念或精神本身运动过程和发展脉络的**纵向的把握**。用牟宗三的话来说,它是一种**"纵贯的知"**。在这一点上,黑格尔可以说与东方哲学思想取向已经相当贴近。或许正是出于这个理由,叔本华和海德格尔都把黑格尔看作

---

① 黑格尔:《精神现象学》上卷,贺麟、王玖兴译,第17页。
② 黑格尔:《哲学史讲演录》第四卷,贺麟、王太庆译,第379页。
③ 黑格尔:《哲学史讲演录》第四卷,贺麟、王太庆译,第377页。
④ 海德格尔:《谢林论自由的本质》,薛华译,第71页。

是"智性直观"的倡导者而非抵御者。①

八

"智性直观"问题在世界思想史上所引发出来的最大效应,至今为止无疑是在牟宗三的思想体系中表现出来的。牟宗三较晚时期完成的《智的直觉与中国哲学》和《现象与物自身》两部著作,对康德的整个哲学体系做了总体的阐发,尤其是对"智性直观"问题做了深入的分析。②他看到康德之全部洞见的重大意义,同时认为"此中重要的关键即在智的直觉之有无"③。

牟宗三相信,"智性直观"概念是"构成中西文化差别的一个重要观念"④。他试图由此出发来进一步接受、理解和改造康德的"智性直观"。牟宗三希望,"我们由中国哲学传统与康德哲学之相会合激发出一个浪花来,见到中国哲学传统之意义与价值以及其时代之使命与新生,并见到康德哲学之不足"⑤。而实现这个希望的首要依据就在于对康德的"智性直观"概念的理解和展开。

---

① 所以海德格尔怀疑黑格尔对"智性直观"的拒斥是否出于真心(参见海德格尔:《谢林论自由的本质》,薛华译,第16—19页)。而叔本华也不无合理地把黑格尔哲学看作是宣扬"智性直观"的所谓"江湖法术"(参见叔本华:《作为意志和表象的世界》,石冲白译,第13页)。但叔本华与海德格尔在这个评价上有别于卢卡奇,后者为了维护黑格尔的理性主义形象而不惜牺牲他的积极的"智性直观"概念。

② 对此可以参见牟宗三在《智的直觉与中国哲学》(台湾商务印书馆2000年版,第145—146页)以及《现象与物自身》(台湾学生书局1996年版,第102—103页)中对康德的"智性直观"概念的四个特性和三种表述的详尽说明。

③ 牟宗三:《现象与物自身》,第3页。牟宗三不赞成将德文的"Anschauung"译作"直观","因为中国人使用'观'字很神妙,观照也是观,玄览也是观,所以他主张用"直觉":"直觉就是直接觉到,不管是我看到、我听到、我嗅到、我尝到、我触到,都是我直接觉到的。"(牟宗三:《四因说演讲录》,卢雪崑录音整理,第196页)但"直觉"的译法和用法会误导读者把"直观"仅仅理解为"知觉"(Wahrnehmung),而忽略了其中的"想象"和"回忆"的成分。

④ 牟宗三:《四因说演讲录》,卢雪崑录音整理,第196页。

⑤ 牟宗三:《现象与物自身》,第3页。

如今我们已经有理由说，"智性直观"概念是牟宗三借助于康德来诠释中国传统思想的一个根本切入点。正因为此，它也为我们把握牟宗三思想体系提供了一个根本切入点。

牟宗三在《智的直觉与中国哲学》中的相关考察，主要基于康德赋予"智性直观"概念的第二个和第三个含义。从第二个含义（即"心而上的直观"）来看，康德的定义是消极的。因此牟宗三也把自身不显现的主体自我或心灵等同于"物自体"，把主体的被意识到的活动看作是"现象"或"心象"。在他看来，这里形成的二元对立在于：一方面是"心象观"，它意味着"思时思起，不思时思灭"；另一方面则是"自体观"，它是"动而无动，思而无思"。①"心象"与"心自体"这两者是通过何种方式而得到沟通的呢？康德认为没有办法回答。因而牟宗三指出，"全部困难就是关于一个主体如何能内部地直觉它自己"②。

对于这个困难的解答，牟宗三寄希望于一种特殊的认识方式，即被康德所否定的"智性直观"。他赋予这个概念以积极的意义，并认为用这个概念可以解释全部中国哲学的精妙所在："如若人类不能有智的直觉，则全部中国哲学必完全倒塌，以往几千年的心血必完全白费，只是妄想。"③而西方哲学，由于缺乏积极意义上的"智性直观"的传统，"所以虽以康德之智思犹无法觉其为可能"④。

这种"智性直观"的认识方式，或者被牟宗三以莱布尼茨—康德的概念称作"统觉"、"神感神应"，或者以中国哲学的概念将它称作

---

① 牟宗三：《智的直觉与中国哲学》，第132、136—137页。"自体"实际上是无法做任何规定的，但牟宗三在这里仍然试图去规定它，因而犯了与康德同样的错误。但这里并不是批判牟宗三相关思想的合适地点。需要捎带说明的只是：牟宗三对"自体"所做的这些描述很容易使人联想到佛教唯识学中所说的禅定时的"定中意识"，即没有感觉意识（前五识）的伴随，而只有缘境的意识。

② 牟宗三：《智的直觉与中国哲学》，第132、142页。

③ 牟宗三：《现象与物自身》，第3页。

④ 牟宗三：《智的直觉与中国哲学》，第2—3页。

"乾知大始"、"知体明觉"等等。显而易见，牟宗三在"智性直观"的标题下所理解的内容是纷繁杂多的，它几乎包含了中国哲学所有方法特质，因而除了上面的表述以外，他还把"智性直观"称作是"无知之知"、"静观"、"独觉"、"圆觉"，有时也说成是"彻知"、"证知"，如此等等。

如果将这些内涵加以概括和整理，那么在牟宗三所理解的"智性直观"概念中大致可以获得几个不同的基本成分。尽管他自己对此似乎并未明确地做出区分，但我们从他的阐释中至少可以看到这样三个虽然相互联系但却最终无法再被还原的本质因素：

（1）"**本原直观**"，或"根源直观"（相对于作为"次级直观"的"感性直观"）①。牟宗三认为这个意义上的"智性直观"也就是《易传》中所说的"'乾知大始'那个'知'"，是"对万物之大始的直观"。在对这个"智性直观"概念的含义解释上，牟宗三借助于王阳明的"良知"概念，即所谓"良知是乾坤万有之基"。换言之，"乾知"被看作是"良知"，而"大始"则意味着"天地万物之基"。②

这个意义上的"智性直观"也就是指对康德所说的"道德形而上学基础"的把握。这种把握既是"天心"也是"神发"，即所谓"天心之神发也"。中国哲学中的"天"与西方哲学中的"神"在这里达到了一致。它们都指明一个"超越的根据"。牟宗三也将它说成是孟子的所谓"性善"的"性"，或康德的"自由自律"③。通过这个意义上的"智性直观"所获得的是"天命、天性、天心、天人"，用康德的话来说则是"神圣的命、神圣的性、神圣的心、神圣的人"。④——与此相关的

---

① 参见牟宗三：《智的直觉与中国哲学》，第146页；《中国哲学十九讲》，台湾学生书局1983年版，第421、431页。
② 牟宗三：《四因说演讲录》，卢雪昆录音整理，第196页；《现象与物自身》，第93页。
③ 牟宗三：《中国哲学十九讲》，第431页，《现象与物自身》，第101页。
④ 牟宗三：《现象与物自身》，第97页。

"智性直观"的基本特征可以概括为：**源始的**、**原生的**，或者说，**神造的**、**天性的**。

（2）"**纵贯直观**"（相对于作为"横列直观"的"感性直观"）①。"智性直观"的这个含义常常被牟宗三等同于前一个含义，或至少被他与前一个结合在一起来阐释。②但在"纵贯"中明显含有不同于"本原"的意思。在《现象与物自身》中，牟宗三曾谈及"彻天彻地、贯古贯今。要皆一知以显发而明通之者也"③。在以后的《四因说演讲录》中，牟宗三说，"这个'知'是纵贯意义上的'知'，通过它贯下来"，而"认知意义的知是横列的，有主客对立"。④

这里的"纵贯"，首先是**创造生成**的意思，所以牟宗三说"智性直观"是"创造原则，而非认知原则"⑤。他认为儒家的学说在纵贯系统上最具代表性："从人这里讲起，开出'性体'的观念"⑥。其次，"纵贯"还包含"发展"、"贯通"的意思，即所谓"存在的呼应"、"慧命之相续"。这个意义上的"纵贯"，主要意味着"我们的生命之源、智慧之源、道德创造之源"的流通贯彻。虽然牟宗三对黑格尔的思想体系评价甚低，但在历史发生意识方面却有相合之处。与此相关的"智性直观"的基本特征可以概括为：**历史的**、**发生的**、**生命的**，也可以说是**时间性的**、**存在着的**。

（3）"**如相直观**"，也可以说是"真如直观"（相对于作为"对象

---

① 参见牟宗三,《四因说演讲录》，卢雪昆录音整理，第196页。
② 例如他认为："假如我们对儒、释、道三家的基本观念有确定的了解，知道其最后的问题所在，便知道这三个系统都指向最后的、究竟的层次。""我们笼统地说它们都是纵贯系统。"他还说："凡是指向终极的形态这个层次的，都属于纵贯系统。"（牟宗三：《中国哲学十九讲》，第421—422页）
③ 牟宗三：《现象与物自身》，第96—97页。
④ 牟宗三：《四因说演讲录》，卢雪昆录音整理，第196页。也可参见《中国哲学十九讲》，第441页。
⑤ 牟宗三：《四因说演讲录》，卢雪昆录音整理，第195页。
⑥ 牟宗三：《中国哲学十九讲》，第435页。

直观"的"感性直观")。牟宗三主要是用海德格尔的"内生的自在相"来说明这个意义上的"智性直观"。但此做法并不合适,它与海德格尔的基本立场不符。或许用胡塞尔的"本质直观"来解释更妥帖些,因为胡塞尔正是用这种方法来把握纯粹意识的基本因素和结构。而牟宗三也认为:"我们由'统觉'作用意识到一个常住不变的'自我',此即灵魂心体之自己,亦可以说是真主体、真我。"[1] "要想直觉到这真我自己,这直觉必须是理智的,而不是感性的。"[2] 这里还应注意牟宗三与胡塞尔相通的另一点,即他主张这里所说的"真我"并不是个体自我,而是胡塞尔所说的"绝对自我"或"纯粹自我":"'心'主要是指绝对普遍的心,万古长存,只有一个。"[3]

牟宗三把这个意义上的"心的自在相"称作"如相"[4]。它并不显现出来,不是"心象",而是佛教意义上的"实相"。或者也可以说,是"如在"(Sosein)而非"此在"(Dasein)。如果"智性直观"有"对象"的话,那么这个对象是一种"无直觉相"、"无认知相"。牟宗三认为"知性之存有论的性格之不可废"[5]。但此种"存有"并不一定是可以直观到的存有。因此所谓"智性直观",乃是"无对象的直观":"盖此种直觉只负责如如地去实现一物之存在,并不负责辩解地去理解那已存在者之曲折之相。此后者是知性、感性之事。"[6]——与此相关的"智性直观"的基本特征可以概括为:**本质的**、**如在的**,是**无相的**,同时又是**实相的**。

当然,从总体上看,所有这三种"智性直观"的相关项在牟宗三眼里都代表了同一个东西,因此他并不对这些相关项做进一步的区分,

---

[1] 牟宗三:《智的直觉与中国哲学》,第145页。
[2] 牟宗三:《智的直觉与中国哲学》,第145页。
[3] 牟宗三:《中国哲学十九讲》,第443页。
[4] 牟宗三:《现象与物自身》,第98、100页。
[5] 牟宗三:《现象与物自身》,第3页。
[6] 牟宗三:《现象与物自身》,第100页。

至多只把它们看作是同一个东西所具有的三种性质而已。这种做法显然奠基在他的儒家立场上。他认为:"在中国,儒家以道体代替上帝,心体和道体又通而为一,结果只剩下一个。你要说上帝,这就是上帝;你要说自由,这就是自由;你要说不灭的灵魂,这就是不灭的灵魂。"①

因此,如果总结一下"智性直观"概念在牟宗三哲学思想中的作用,那么我们可以说,这个概念的确为牟宗三考察中国哲学乃至全部中西哲学提供了一个全新的视角,或者如前所说,提供了一个新的切入点。它使牟宗三能够在视域的开阔以及分析的缜密方面大大地超出许多不谙西学的思想家。但牟宗三根本上所采取的仍然是一种以中学为体、西学为用的方法。"智性直观"概念只是方便的工具,是指明道路的路标,而不是道路本身。②

最后还应提到的是,如前所述,牟宗三对"智性直观"的阐发带有两个基本的目的:一方面试图用它来重新阐释中国文化中儒、释、道思想的基本特征;另一方面则是意欲依此来弥补康德哲学乃至整个西方哲学之不足。③ 后一个意图略有牵强,因为在西方思想中,"智性直观"的思想虽不占主导,却并不缺失,例如在费希特—谢林那里,我们已经可以略见一斑。西田几多郎对"智性直观"的理解便是主要基于谢林的阐释。

九

在论述谢林的一节中已经提到,"智性直观"的一个基本特征在

---

① 牟宗三:《中国哲学十九讲》,第433页。他同时认为,这也是黑格尔哲学所含有的倾向。

② 如牟宗三所说,"我们承认了智的直觉,我们也未扩大我们的知识"(牟宗三:《中国哲学十九讲》,第441页)。

③ 牟宗三认为,康德哲学若不接受中国的传统,再进一步,则"不能通畅,西方的文化生命中终不能落实,它将始终摇摆不定"(牟宗三:《中国哲学十九讲》,第437页)。

于：它本身不是客体化的行为，它自己没有对象，因为"绝对的同一"不是对象或客体。并且我们可以说，一旦"智性直观"具有对象，它便不再是"智性直观"，而是"艺术直观"或"美感直观"了。谢林自己认为："智性直观的……客观性就是艺术本身。因为美感直观正是业已变得客观的智性直观。"① 在这个问题上，卢卡奇也曾指出："谢林比费希特更进一步地把美学和以智性直观为基础的哲学联系起来了。"②

西田几多郎就是在这个将美学与哲学相结合的方向上展开他对"智性直观"的理解。从总体上看，西田在这个问题上所受的影响更多是来自谢林，而不是来自康德。康德对直观与思维的严格区分在谢林那里虽然被接受下来，但也通过"智性直观"而得到了调和。这一点也体现在西田对"智性直观"的理解中。他在《善的研究》中认为"智性直观"与普通的知觉属于同一种类，"在它们中间不能划出明显的界限"③，因为它们都是构成性的。也就是说，"智性直观"在他看来与一般直观一样，是客体化的、对象化的意识活动。这个观点与胡塞尔现象学的构造分析有许多相近之处，可能是受胡塞尔影响所致。按照胡塞尔的分析，无论是感性直观，还是本质直观，都具有构造的性质，即"意识总是关于某物的意识"。在这个意义上，感性直观与本质直观在胡塞尔那里的确带有共同的特征。而用西田的话来说就是："所谓智性直观，和知觉一样，是意识的最统一的状态。"④

但西田同时认为，"智性直观"要比一般知觉更丰富。他所理解的

---

① 谢林：《先验唯心论体系》，梁志学、石泉译，第273—274页。中译文根据德文本有所更动。

② 卢卡奇：《理性的毁灭》，王玖兴等译，第131页。卢卡奇认为，谢林可能在这点上受到费希特的影响，因为费希特在《伦理学体系》中说过："艺术'把超越论的观点变成了普遍的观点。哲学家煞费苦心所得到的东西，美学家却并不想去规定它'。"（参见卢卡奇：《理性的毁灭》，王玖兴等译，第130页）但我们在这里同样无法深究这个思想的原创性究竟属于谁。

③ 西田几多郎：《善的研究》，何倩译，第30页。

④ 西田几多郎：《善的研究》，何倩译，第32页。但《善的研究》初版发表于1911年，此时胡塞尔的构造思想尚未公开表露。

"智性直观"，确切地说是指一种"理想的，即通常所说的经验以上的那种直觉，也就是对可以辩证地加以认识的东西的直觉。例如美术家和宗教家等所具有的那种直觉"①。他举例说，音乐家对一个长的乐谱的总体直观、画家在作画时所感受到的动力、宗教家对彼我合一的直觉，均与"智性直观"认识方式有关。

西田显然是在"智性直观"概念中读到了他想读的东西。作为东方思想家，他所循的思路与牟宗三有所不同。我们在他这里可以看到东方思想的另一个基本特质：把建基于艺术—宗教直观上的美学—宗教与建基于"智性直观"上的哲学紧密地结合在一起。从这个立场出发来理解的"智性直观"，具有"直觉"或"灵感"的基本含义。事实上它也是康德之前的哲学浪漫派代表人物所理解的"智性直观"。西田对它的解释，最终是把康德所力图摒弃的东西重又恢复了起来。当然，这个恢复的趋向无论在谢林那里，还是在同时代的叔本华那里，都已经有所表露。例如虽然叔本华曾蔑视"灵感"之类的说辞，并在《作为意志与表象的世界》的序言中把"智性直观"称作是"瞎吹牛和江湖法术"的代名词②，但他在该书的正文中却以"纯粹直观"的标题重又肯定了**有对象的智性直观**或**客体化的智性直观：艺术直观**。③

但西田所主张的"客体化的智性直观"，并不是对主客体认知模式的重新确立。他在这里强调的是一种"我构造对象—对象为我所构造"，意向活动—意向相关项完全同一的状态，或者说，"主词中包含宾词—宾词中含有主词"的状态。西田将它们称之为一种"主客合一"、"彼我合一"、"物我相忘"、"知意融合"的境界。④ 从这个角度

---

① 西田几多郎：《善的研究》，何倩译，第 30 页。引文中"理想的"一词，应当是指"观念的"。还须指出的是，西田在这里对"智性直观"的"辩证"解释，也是与康德本意不符的。

② 叔本华：《作为意志和表象的世界》，石冲白译，第 13 页。

③ 参见叔本华：《作为意志和表象的世界》，石冲白译，第 273—279 页。

④ 西田几多郎：《善的研究》，何倩译，第 31—33 页。

来看,"智性直观"又**不是客体化的行为,不是对象性的行为**。

这种看似矛盾的说法可以通过西田多次使用的"辩证的认识"概念而得到消解:西田几多郎所说的"构成",并不是一般所理解的"实在客体通过直观而得到构造",而是在"对生命的深刻把握"意义上的"构成"。① 西田曾描述说:"我现在正在看着的事物,并不是看着它现在的样子,而是借助于过去经验的力量,有说明性地看着。这种理想的因素不是单纯来自外部的联想,而是构成知觉本身的因素,知觉本身就是通过它而变化的。"② 正是在这种"理想地看"的意义上,主客体的对立被化解为物我的一体。

当然,这种对"直观"乃至"智性直观"的理解并不与西方近代的思维传统的发展同步,因为在近代西方哲学中,主客体关系的确立是通过反思完成的,在主体性哲学与反思哲学之间存在着内在的联系,笛卡尔的主体理论已经清晰地表明了这一点。西田对"统一的直观"以及"浑然一体"的强调,乃是要求回返到反思前的境界,这个主张当然同时就意味着:要求苏醒后的主体意识重新回到沉睡的状态。

我们在这里并不想对这个基本主张做出评判,因为这个评判将会涉及当代一大批思想家的努力。我们在此需要指出的只是,由于反思立场的放弃,康德"智性直观"中的"心而上的直观"之含义在西田几多郎这里不复存在,而"形而上直观"的含义则得到特别的突出。它也导致西田几多郎对"体悟"、"领会"、"慧觉"方法的重新启用与强调。例如在被描绘的事物中不是感知到事物,而是体悟到绘画所要表达的精神;在宗教音乐中不是感知到声音,而是领会到神圣的和谐与情操;等等。西田甚至认为,"学者之得到新思想,道德家之得到新

---

① 西田几多郎:《善的研究》,何倩译,第33页。
② 西田几多郎:《善的研究》,何倩译,第30—31页。

动机，美术家之得到新理想，宗教家之得到新觉醒"，都是以这个意义上的"智性直观"为基础的。①

西田几多郎的这个"智性直观"概念，与前面提到的谢林对"智性直观"的理解还有几分相似之处，后者意味着"在特殊东西中见到普遍东西，在有限东西中见到无限东西，并见到两者结合为有生命统一性的整个能力"②。但在西田几多郎所认同和主张的"智性直观"与牟宗三的相关看法之间，就明显存在着本质差异。更确切地看，实际上无论是在认同和倡导"智性直观"的思想家之间，还是在对这种直观持有怀疑态度的人之间，以及这两组人彼此之间，对"智性直观"的理解都不尽相同。

十

我们在这里似乎可以对至此所做的讨论做一个**总结**：西方哲学发展到康德，两条基本的线路已经得到清晰地显露，一条是形上学说的线路，一条是实证理论的线路。康德通过消极的"智性直观"概念的提出，将这两条线路梳理得泾渭分明。正因为如此，近代东方思想家能够依据康德的这个概念，明确地看到问题之根本所在。康德哲学的魅力也正在于清楚地指出问题之所在。

一方面，对形上学说的坚持，最终会导致神秘主义，这曾经是几乎所有形而上学家的最终归宿。而另一方面，对实证学说的贯彻，最终会导致任何道德形上理论的崩溃，这正是人类目前面临的困境。康德曾竭力要避免这个两难。以后的西田几多郎认识到了这一点，牟宗

---

① 这里显然可以看到叔本华"纯粹直观"概念的影子。这里可以参见西田几多郎对叔本华的相关诉诸（西田几多郎：《善的研究》，何倩译，第32页）。

② Schelling, *Fernere Darstellungen aus dem System der Philosophie*, in ders., *Ausgewaehlte Schriften*, Bd. 2, S. 77-168. 还可以参见海德格尔：《谢林论人类自由的本质》，薛华译，第69页。

三也清楚看到了问题的根本。他们都以各自的方式对这个问题做出了自己的抉择，或是偏向形上学说，或是偏向实证理论，但他们都没能消解掉这个两难。

在"智性直观"问题上的最近一次较有成效的尝试是由现象学家提供的。当现象学家接手这个问题时，他们已经可以看到自己所面对的任务：如果积极的"智性直观"概念能够成立，如果在形上学说和实证理论之间的第三条道路是可能的，那么它必须能够满足三方面的要求：其一，它必须具有立法者的功能，即具有自己提供本原基础的功能；其二，它必须超越主客体认识模式的束缚，即必须放弃经验实证的立场；其三，它又必须是明晰的洞见，即必须摆脱神秘主义的色彩。

现象学的创始人胡塞尔首先在《逻辑研究》中触及这个问题。他仍然愿意在"直观"的标题下进行工作，但把"直观"从"素朴的"扩展到"普遍的"。具体说来，胡塞尔区分"感性直观"和"超感性直观"，后者也被称作"本质直观"或"范畴直观"。现象学的意识分析方法，使胡塞尔有可能在所有直观行为中都区分出"含义指向"和"含义充实"这两个本质因素。他也形象地将这两者称作"瞄向"和"射中"。当我们的意识接收到一定的感觉材料时，它总是会具有将它们加以综合、统摄的意向，把它认作是一个对象，例如一张桌子。而这种意向会在进一步丰富的感觉材料中得到充实。感性对象的构造始终循着这个路径进行。

现在，在涉及"智性直观"时，情况将会如何呢？胡塞尔在这里进一步区分"含义指向"中的"感性材料"的因素（材料意向）和"范畴形式"的因素（形式意向）。他认为，"**单纯的感性永远无法为范畴意向提供充实，更确切地说，永远无法为含有范畴形式的意向提供充实**"（LU II/2, A 477-478/B$_2$ 5-6）；他所指明的这个事实可以解释范畴直观为什么是没有对象的行为，这是因为：在范畴意向如"存在"、"和"、"或者"等在进行的同时，它们总是无法在感性材料中得到充实。即是说，范畴直观或形式直观仍然是奠基在感性直观之中的直观，但却是无法在感性材料中得到充实的直观。就像符号 A，它虽然必须借助于写出的文字或发出的声音这类感性材料，但它的含义却永远无法在这些材料中得到充实。

于是我们可以这样来定义"智性直观"：它是**一种其范畴意向须以感性材料为基础，但却无法在感性材料中得到充实的直观**。换言之，在智性直观中是有某种形式的东西直接被意指，但它并不能够在感性材料中得到充实。事实上我们的确无法想象一种脱离开任何感性材料而存在的范畴形式，即使这些形式范畴像"存在"或"时间"、"空间"那样抽象。胡塞尔此后也把这种范畴直观扩展到一般的本质直观的领域。像"一"、"红"、"桌子"等本质或观念，都涉及一些从感性材料出发，但不能在感性材料中获得充实的观念意向。至此，胡塞尔有理由申言："对素朴直观与感性直观与被奠基的直观或范畴直观的划分使**感性**与**知性**之间的古老认识论对立获得了我们所期待的最终澄清。"（LU II/2, A 477-478/B$_2$ 5-6）

这个意识分析的结果也影响了以后的另一位现象学家海德格尔。他看到了胡塞尔所指明的"范畴直观"的特殊性质，并把它与时间直观和存在直观联系起来。依据对康德之后的哲学家的分析，海德格尔就已经明察到，康德虽然区分感性和知性，并且否认"智性直观"，但他对时间、空间之直观形式的确认本身，却既不是知性的，也不是感性的，因为时间和空间是无法感性地被直观的，但同样不属于知性的范畴。故而必定存在着一种可以称作"智性直观"的东西。正是出于这个理由，海德格尔在《康德与形而上学》书中极为强调康德的"想象力"概念，把它看作是一种构建的力量（bildende Kraft），既是"接受的",也是"创造的"能力。① 同时,从胡塞尔《逻辑研究》对这种直观的解释中,海德格尔获得对他毕生关注的存在问题的一个切入角度:"这里所发掘出的感性直观与范畴直观之间的区别在其对于规定'存在者的多重含义'的作用方面向我揭示出自身","通过现象学态度的昭示,我被带上了存在问题的道路"。②

海德格尔对胡塞尔"范畴直观"思想的接受具体表现在,他认为,一方面,"在理念中被表象的东西不可能是自由想出的,它自身必定是在一种知识中被知道";这种知识从根本上说是"直观","是在其存在着的自我在场性中对被意谓东西的直接表象",它"朝向上帝、世界、人的本质(自由),即朝向存在东西的整体"。③ 而另一方面,这些知识,例如关于"自由的事实"的知识,又不是实证的知识,它并不能够像"透视片上胃溃疡的病灶"那样得到指证;对于这个事实,我们既看不到,也听不到,既触不到,也嗅不到和尝不到。④ 这种知识因而是一种"非对象的知识",它"所欲知的不是别的,而是存在者的结构,这种结构现在不再作为一种对象在某处与知识对立,而是在知识中形成本身,这种形成为其自身,是绝对的存在者"。海德格尔的这个说法很容易使我们联想到牟宗三在"智性直观"上的观点。同样是在这个意义上,海德格尔说:"理念只是发现的指导,但本身不是发现

---

① 参见 Heidegger, *Kant und das Problem der Metaphysik*, Frankfurt am Main: Vittorio Klostermann, 1991, S. 44ff, 129. 甚至可以说,海德格尔的这本所谓"康德书"主要是在讨论这个与"智性直观"或"纯粹直观"相关的"知识"问题。此外还可以参见海德格尔:《谢林论人类自由的本质》,薛华译,第 68 页。海德格尔在这个 1936 年讲座中延续他 1928 年接替胡塞尔讲座教席后的一贯作风,只字不提"现象学",但我们可以看出,他对"智性直观"的分析仍然遵循胡塞尔《逻辑研究》第六研究所指明的路径。

② 参见海德格尔:《面向思的事情》,陈小文、孙周兴译,商务印书馆 1999 年第 2 版,第 95—96 页。

③ 海德格尔:《谢林论人类自由的本质》,薛华译,第 66—67 页。

④ 海德格尔:《谢林论人类自由的本质》,薛华译,第 25 页。海德格尔同样依此来理解"世界直观"的概念。参见海德格尔:《谢林论人类自由的本质》,薛华译,第 28—30 页。

物。"① 这种分析和描述同样出现在海德格尔对存在与存在者关系的把握上：存在无法离开存在者，它"总是某种存在者的存在"，但存在本身却又并不是存在者，也不是存在者的整体。②

我们在这里还可以提到另一位现象学代表人物舍勒。他对"人格"的规定也是在同一个方向上进行的：人格（Person）永远不能是"对象"，永远不能作为客体被给予我们，但它却又是伦理学讨论的最高问题。③ 舍勒甚至比胡塞尔更明确地对"直观"一词做了新的界定：它所指的"并不必然是内容的形象性"，而是指"在对象的被给予状况中的直接性"④。这种意义上的"直观"，无异于一种在生活中对生活本身的直接体悟。按照这个理解，中译名中"直观"一词的重音就应当是在"直"，而非在"观"上。舍勒也将它称为"对生活的'生活体验'"（Er-leben）"，它与对"活过的生活"（gelebtes Leben）的"感知"相对立，前者的相关项是第一性的，后者的相关项是第二性的⑤，以及如此等等。舍勒在这里对"情感的生活体验"（Er-leben）与"感知的生活体验"的区分也很容易使人联想到牟宗三对"纵向直观"和"横向直观"的区分。可以说，"智性直观"在舍勒这里正是以"生命直观"的形式出现的。正如海德格尔在后期曾公开承认他自己在存在问题上受到胡塞尔"范畴直观"分析的启示一样，他也在早期的《存在与时间》中明确指出，舍勒在这个"非对象的人格"问题上所强调的就是胡塞尔所提示的东西。⑥

---

① 海德格尔：《谢林论人类自由的本质》，薛华译，第64、68—69页。
② 参见海德格尔：《存在与时间》，陈嘉映、王庆节译，生活·读书·新知三联书店1999年版，边码6—9。
③ 参见 Scheler, *Formalismus in der Ethik und die materiale Wertethik*, Bern/Muenchen 1980, S. 103.
④ Scheler, *Formalismus in der Ethik und die materiale Wertethik*, S. 176.
⑤ Scheler, *Formalismus in der Ethik und die materiale Wertethik*, S. 206-207.
⑥ 海德格尔：《存在与时间》，陈嘉映、王庆节译，边码46—47。除此之外值得注意的是，海德格尔本人所受的舍勒的影响也不可低估，这种影响不仅表现在思想内涵中，而且也表现在语言表达形式中。

我们对此无法再展开详细的论述，这里只需首先确定一点："智性直观"问题在现象学中得到了进一步的澄清，并且也成为贯穿在整个现象学的血脉之中的基本因素。

从以上的分析来看，现象学在"看"和"描述"的方面的确比德国古典哲学前进了一步。对于在"智性直观"方面存在的两难问题，它提供了一个较有说服力的解决方案，这个方案既没有放弃直观的明察，也没有将形上学说神秘化，并且以此而指出了一条在形上学说和实证理论之间可能的中间道路。同时，胡塞尔现象学的构造分析，还赋予了"智性直观"的相关项以与感性直观的相关项同等的权利：它们都是原本的被构造者。换言之，即使例如自由的事实无法在感性材料中得到充实，它也仍然具有知识的地位，甚至是第一知识的地位。就此而论，现象学对"智性直观"的解释能够在一定程度上满足前面所说的三个方面的要求。

当然，"智性直观"至此仍然不是一个可以解决所有哲学难题的秘诀，这样的秘诀也根本不可能存在，但现象学的分析表明，它已经成为一个沟通形上学说与实证理论的可能桥梁。因而莱维纳斯（E. Lévinas）有理由说，"由于放弃了描述的方法、类别的构成和概念的持守，传统的思辨方法跳越过了许多研究领域。现象学的无可争议的贡献在于要求，在'回到实事本身'的过程中进行系统而耐心的、当然只是暂时的描述。因此，现象学既有利于实证主义者，也有利于形而上学家"①。

---

① E. Lévinas, *Die Spur des Anderen. Untersuchungen zur Phänomenologie und Sozialphilosophie*, übersetzt, herausgegeben und eingeleitet von Nikolaus Krewani, Freiburg/München: Alber Verlag, 1983, S. 53.

分析篇

意识现象学的意向分析

> 这就是现象学分析的特性：向前迈出的每一步都会提供新的观察点，从这些新的观察点来看，已经发现的东西又显露在新的澄明之中，以至于原初可以被看作是简单无异的东西，后来却常常表明是复杂有别的。
>
> —— 胡塞尔

一、引论

在20世纪众多的哲学文献与哲学术语中，"意向性"（Intentionalität）概念无疑是一个引人注目的哲学范畴。它在某种程度上是一个使20世纪的哲学研讨得以与以往任何时代的哲学探索区别开来的重要标志。

现象学研究，尤其是胡塞尔现象学研究的中心课题便是意向性问题。意向分析构成现象学最初得以成立的最重要基石。在胡塞尔的术语中，随使用场合、分析领域的不同，以及随胡塞尔的思想发展的阶段不同，意向性概念伴有众多基本等值，但仍含细微差异的同义词，诸如"意指"（Intendieren, Meinen, Bedeuten）、"意义给予"（Sinngeben）、"含义赋予"（Bedeutungsverleihen）、"立义"（Auffassen）、"统摄"（Apperzeptieren）、"构形"（Formen）、"赋予灵魂"（Beseelen）、

"激活"（Beleben）、"释义"（Deuten）、"意向活动"（Noesis）、"认同"（Identifizieren），以及如此等等。下面的分析当然会在接触这些概念的过程中对它们做出区分性的说明，但本章的目的并不局限于阐述胡塞尔意向性概念的实际内涵以及再现他的意向性分析之深度与力度，而且还试图展示意向性分析在狭义的现象学领域之外，即胡塞尔所建立的理论现象学领域之外所发挥的功用与效力。

实际上，现象学的意向性分析始终是新、老现象学哲学家所必须具备的看家本领，它是现象学方法的具体操作对象，无论这里所说的现象学是现象学心理学意义上的，还是超越论现象学意义上的现象学，无论它是指舍勒意义上的本体现象学，还是指海德格尔意义上的此在现象学。直至今日，许多新兴的人文学科之所以将自己或能够将自己称之为"现象学的"，也正是由于借助了这种形式的意向性分析。

二、意向分析之一：主体的自识

我们必须通过现象学的案例分析来一步一步地说明意识的意向性结构。为了对胡塞尔的意识构造理论有一个大致的总括性把握，并且避免在进一步展开的细微分析中丧失主要思路，我们至少可以在这里先给出一个简单的概括：胡塞尔对意识整体结构层次或奠基顺序的把握可以大致分为五步：

（1）其他所有意识行为（如爱、恨、同情、愤怒、喜悦等等）都以客体化的意识行为（如表象、判断等等）为基础，因为在客体通过客体化的行为被构造出来之前，任何一种无客体的意识行为，例如无被爱对象的爱、无恐惧对象的恐惧等等，都是不可想象的。

（2）在客体化行为本身之中，表象性客体化行为（看、听、回忆）又是判断性客体化行为的基础，任何判断性客体化行为最后都可以还原为表象性客体化行为。例如，对"天是蓝的"所做的判断可以还原为"蓝天"的表象。

（3）在表象性行为本身之中，直观行为（感知、想象）又是所有非直观行为（如图像意识、符号意识）的基础，因为任何图像意识（如一幅照片所展示的人物）或符号意识（如一个字母所体现的含义）都必须借助于直观（对照片、符号的看或听）才能进行。

（4）在由感知和想象所组成的直观行为中，感知又是想象的基础。因此可以说，任何客体的构造最终都可以被归溯到感知上，即使是一个虚构的客体也必须依据起源于感知的感性材料。例如对一条龙的想象必须依赖于"狮头"、"蛇身"、"鹰爪"等在感知中出现过的对象，并且最终还必须依据色彩、广袤这样一些感性材料。

（5）虽然感知构成最底层的具有意向能力的意识行为，但并非所有感知都能代表最原本的意识。感知可以分为内在性感知和超越性感知。在超越性感知之中，我们可以区分原本意识和非原本意识：例如，当桌子这个客体在我意识中展现出来时，我看到的桌子的这个面是原本地被给予我的，它是当下被给予之物；而我没有看到的桌子的背面则是非原本地被给予我的，它是共同被给予之物。超越性的感知始终是由原本意识与非原本意识所一同组成的。

我们在这里允许自己不做更进一步论证就将这个奠基顺序作为不言自明的前提接受下来，尽管弗雷格以及舍勒和海德格尔会竭力反对我们这种做法。①

我们的分析据此而必须先从感知开始，因为在胡塞尔那里，它是

---

① 因为一方面，从弗雷格的角度来看，语词只有在语句中才能获得其意义。因此，最基本的意义命题不是语词，而是语句。他一定会否定胡塞尔将复杂的判断内容还原到简单的表象内容上去的做法。而另一方面，舍勒和海德格尔则认为，现象学的研究更多地表明，人们原本可以说是忘却自身地在一个共同的自身中生活，他们从这种共同性中脱身出来之后才作为他人甚至作为他物而相互相遇。因此，在他们那里，最具奠基性，即最原本的行为并不像胡塞尔所说的那样，是单个主体的感知或客体化的行为，而是非客体化的行为，即主体间的关系行为，如爱（Liebe）、烦（Sorge）以及如此等等。

最具奠基性的意识行为，也就是说，所有其他意识行为都植根于感知，即使在感知本身中也包含着一些非原本的东西。

当我在进行一个外感知时，我会获得各种感觉：A_1，A_2，A_3，A_4……它们可能是色彩、软硬、冷暖、声响等等感觉。这些杂乱的感觉材料几乎从一开始就受到我的意识的加工，它们被分配给各种我无法感觉到，但却为我所意识到的对象，例如这里的这张讲台。尽管我所具有的只是各种原始材料，它们是最为内在、最为可靠的东西，但我几乎从第一眼起就可以将它们，即 A_1，A_2，A_3，A_4……这些感觉材料理解为是讲台 A。可以看出，A_1，A_2，A_3，A_4……的总和并不等于 A。例如我始终只能看到讲台的某一个面，但我从一开始就不把它看作是单纯的面，而是看作整个讲台。A 因此是一个远比感觉材料之总和更多的东西。这个多余的部分可以说是一个超"感"的，但又在某种程度上为我们所"知"的东西。它无疑就是我们在"感—知"意识的加工过程中加入进去的东西。确切地说，它就是我们赋予这些感觉材料的意义，即我对它们的统摄，对它们的立义。"立义"（Auffassen）是在现象学的奠基之作《逻辑研究》中常常出现的一个概念，胡塞尔用它来标志意识的意向性特征，它意味着一种将某些东西理解为某物的能力（etwas als etwas auffassen）。上面的分析表明，立义就是一个赋予含义的（Bedeutungverleihen）或给予意义（Sinngeben）的活动，即一个带着意义或含义指向材料的活动，胡塞尔又将它简称为意指（Bedeuten, Meinen, Intendieren），所有这些概念在胡塞尔那里都是基本同义的。① 如果我们分析得更细微些，那么立义活动还可以说是由两部

---

① 从总体上看，含义（Bedeutung）与意义（Sinn）在胡塞尔那里显然是同义词。胡塞尔自己也多次声言："'含义'对我们来说是与'意义'同义的"（LU II/1, A 53/B₁ 53）；"'意义'——这个词一般与'含义'等值使用"（Hua III/1, 256）。虽然胡塞尔在研究手稿中也曾流露出区分"含义"与"意义"的想法（参见 Hua XXVI, 178），但那只是偶尔的一闪念，不足以代表胡塞尔的主导思想。

然而，值得注意的是，胡塞尔在对这两个概念的使用上始终各有偏重。由此而引出一个并非

分组成：一是给予或赋予的行为，二是被给予或被赋予的含义或意义。我们在后面就可以看到，这个划分并不是一个无关紧要的多余，而是解决某些问题的关键。

通过立义，一堆死的材料被激活，成为面对意识而立的（Gegenstand）一个对象、一个客体。就外感知而言，这个对象是超越意识的对象。起初最内在的材料内容通过这种形式的立义而成为超越的对象。据此，我们可以理解，为什么胡塞尔要将"立义"等同于"超越的统摄"（参见 Hua XI, 17，以及其他各处）。传统哲学中的主、客体的关系以及随其引发的问题实际上正是发源于意识所具有的这种立义功能。由于立义是一个对象或客体得以形成的先决条件，因此，在胡塞尔哲学中，立义活动的原本性地位是确定无疑的。[①]它构成了意向性概念的基本内涵。

这里所说明的当然只是典型的外感知（即超验感知）的本质状况，它对内在感知并不具有普遍有效性。[②] 所谓外感知是指在感知过程中

（接上页）无关紧要的论点：例如图根特哈特（E. Tugendhat）指出，含义概念在胡塞尔那里更适用于语言逻辑分析，意义概念则更适用于意识行为分析。与含义相关的是表述（Ausdruck），而与意义相关的是行为（Akt）。（参见 E. Tugendhat, *Der Wahrheitsbegriff bei Husserl und Heidegger*, Berlin: De Gruyter, 1970, S. 36, Anm. 44）这一确认的意义实际上已经超出了单纯概念定义的范围。因为，正如我们在后面中将要提到的那样，胡塞尔并不把语言逻辑分析看作是与意识行为分析相并列的研究课题，而是认为前者奠基于后者之中。由此，图根特哈特认为，任何含义都是有意义的，但并不一定任何意义都具有含义。胡塞尔本人在《逻辑研究》中偏重使用含义概念，因为在那里首先要解决的是"逻辑"问题；在《纯粹现象学和现象学哲学的观念》第一卷中，含义概念则退到后台，取而代之的是"意义"概念。（参见 E. Tugendhat, *Der Wahrheitsbegriff bei Husserl und Heidegger*, S. 36, Anm. 44）

① 在海德格尔那里，胡塞尔的这一主张遭到怀疑乃至摒弃。胡塞尔的"立义"概念在海德格尔哲学中相当于海德格尔的"释义"（Auslegen）概念，其第一性的地位已经为"理解"（Verstehen）概念所取代。笔者在拙著《现象学及其效应——胡塞尔与当代德国哲学》第12节"胡塞尔的'直观'、'立义'与海德格尔的'理解'、'释义'"中对此有较为详细的论证。

② 关于外感知与内感知、超越感知与内在感知的关系问题，胡塞尔在《逻辑研究》第二卷第二部分最后的附录"外感知与内感知。心理现象与物理现象"中有详尽的讨论。概括地说，所有外感知都是超越的感知，但并非所有超越感知都是外感知，因为超越感知中还包括部分内感知；所有内在感知都是内感知，但并非所有内感知都是内在感知，因为有些内感知是超越的。

对外在于或超越于意识的对象的构造，内感知相应地就是对内在于意识的对象的构造。纯而又纯的内感知在胡塞尔哲学中也就是现象学反思或哲学反思的同义词。在内感知中，完全得到原本充实的意义与对象是相互一致的；构造的能力与构造的结果完全符合；对象所包含的内容不比意义更多，也不比意义更少，它就是意义本身。(Hua III/1, 298) 这实际上是从理论上奠定了现象学反思的明见性基础，使胡塞尔"哲学作为严格的科学"的理想从原则上成为可能。我们在这里无法对这个问题做更多的展开，因为我们更多地是要关心通过感知和其他意识行为所表现出来的立义功能。但我们在这里至此所做的分析已经为这种现象学反思提供了例证，这种分析基本上是在纯粹内在感知意义上的反思中进行的。

在上面所举的例子中，我们已经涉及的两个意识要素分别是：(1) 需要被立义的内容 (aufzufassender Inhalt，即原始材料，包括感觉材料和想象材料)，以及 (2) 立义的质料 (Auffassungsmaterie，又被称为"立义意义"或简称为"质料"或"意义")。感觉材料通过立义而被赋予一个意义，或者说，需要被立义的内容被赋予一个质料，于是，一个意向相关项得以产生出来。然而，当问题进一步关系到立义形式时，我们就必须迈出感知的范围。

尽管所有其他的意识行为都直接或间接地以感知为基础，但如前所述，最直接奠基于感知之中的意识行为是想象。而一旦我们引入想象行为作为例证，我们就会发现两个新的，即在感知中遭遇不到的意识本质要素。

第一个本质要素在于立义形式 (Auffassungsform)：在立义质料相同的情况下，两个意识行为会由于立义形式不同而导致意识行为种类的差异。例如，我看这张讲台和我回忆这张讲台。我所给予的意义：这张讲台，在两个行为中是相同的。但它们立义的形式显然不同，前者是感知性的 (perzeptiv)，后者是想象性的 (imaginativ)。此外还有符号性（signitiv）立义以及混合性立义。①

第二个本质要素是质性（Qualität）。例如我想象一条龙；我想象拿破仑。撇开这两者在质料上的（龙、拿破仑）差异不论，它们之间还存在着质性的区别。拿破仑或多或少是真实的；我相信拿破仑的存在，当然也可以不相信他的存在，这都是我对他的存在的表态或执态（Stellungnahme）。但我对龙的存在与否却通常不做表态：我知道"龙"是什么，但我不知道它是否存在。在读一篇小说或一篇论文时，我们往往都无意识地持这种不表态的心境。胡塞尔也将这种心境称之为"单纯的理解"或"单纯的表象"。（参见 LU II/1, A 452/B_2 487，以及其他各处）在这里，对被想象物的存在表态与否，决定了一个意识行为的质性。我们还可以更进一步：对所有意识对象的存在是否表态，决定了一个意识行为的质性。胡塞尔将所有质性分为两种：带有存在设定的质性和不带有这种设定的质性。我们之所以在讨论质性时要引入想象行为，最重要的原因在于：质性的差异并不表现在感知中。换言之，所有感知行为的立义都是带有存在设定的立义。用索默尔（M. Sommer）的话来说，我们在感知一个事物时总会同时感受到"有一股特殊的、从内部产生的压力"，"这个压力迫使人们将所有这些在我之中的感觉理解为在我之外的对象的质的体现"。② 胡塞尔在几年之后才意识到，实际上，如果没有这种压力，对象意识或客体意识便不会产生，"客体化的立义"或"超越的统觉"也无从谈起。而与感知相反，想象行为则可以划分为两类，即带有存在设定的想象和不带有存在设定的想象。我们可以粗略地概括说：所有回忆性想象都必然带有存在

---

① 当然，这里还与此相应地存在着另一个差异，一个在需要被立义的内容本身的内部差异。确切地说，在感知中需要被立义的内容是感觉材料，在想象中需要被立义的内容是想象材料。究竟是需要被立义的内容的不同决定了立义形式的不同，还是恰恰相反，这个问题犹如鸡生蛋，还是蛋生鸡的问题。胡塞尔本人也未能——并且依我看来也无需——做出一劳永逸的答复。

② Manfred Sommer, „Fremderfahrung und Zeitbewußtsein. Zur Phänomenologie der Intersubjektivität", in *Zeitschrift für philosophische Forschung*, Bd. 38, H. 1 (Jan. - Mar., 1984), S. 4.

设定；所有自由想象都可能不带有存在设定。

至此，胡塞尔的意向性分析已经把握到了以下几个基本的意识要素：

（1）立义内容；

（2）立义质料；

（3）立义形式；

（4）立义质性。

我们在某种意义上（例如在康德先天综合判断的意义上）可以说，在这四个要素中，第一个要素是后天的，其他三个要素则是先天的。① 胡塞尔自己则用"立义内容—立义"这样一个范式来标识它们，前者指的是材料（Hyle）；后者指的是对材料的构形（formen）或激活（beleben），胡塞尔在《纯粹现象学和现象学哲学的观念》第一卷中又用意向活动（Noesis）这个术语来标识立义，即意义给予。② 胡塞尔在

---

① 索默尔曾通过时间意识分析来论证立义内容和形式（即立义内容—立义）的可分性，并由此而引出立义内容的后天性（对每一个主体而言各不相同）和立义形式的先天性（为每一个主体所共有）。他认为，感知是当下的，而回忆是对过去的感知的回忆。如果我们向越来越早的感知不断地回忆下去，那么我们最后就会接近一个点，在这个点上，我们只有立义的可能功能而没有具体的立义内容。他将这个点称为："一个空泛的保留、一个无任何感觉的意识、一个无任何体验的结构、一个无任何内容的功能构造。"（Manfred Sommer, „Fremderfahrung und Zeitbewußtsein. Zur Phänomenologie der Intersubjektivität", in *Zeitschrift für philosophische Forschung,* Bd. 38, H. 1[Jan.-Mar., 1984], S. 15）尽管这种分析在我看来已不再是现象学的，因为它更多地是一种逻辑推理而不是一种直观描述，但这并不意味着他的分析因此就不是清楚明白的。我们在后面还要回溯到这个命题上。

② 但与此同时，在《纯粹现象学和现象学哲学的观念》第一卷中出现的与意向活动相对应的意向相关项（Noema）这个概念，则为后来的胡塞尔解释者们制造了相当大的困难。从"Noema"的希腊词源来看，它无非意味着"意义"。因此，最简单的解释是："Noesis"是指意义给予的行为或立义，"Noema"是指意义或质料。尽管许多迹象表明，胡塞尔本人不会同意这种解释，但要想从他本人的诸多说明中找出一个对"Noesis"和"Noema"，尤其是对"Noema"的一以贯之的定义，也几乎是一件难而又难的事情（贝耐特对此曾有专门论述：博士论文，收藏在比利时卢汶大学胡塞尔文库，未发表。也有大致的说明：R. Bernet, I. Kern, E. Marbach, *Edmund Husserl: Darstellung seines Denkens,* Hamburg: Felix Meiner, 1989, S. 91-96）。我们在这里权且采用这个最简单的、但却不甚精确的解释，因为放弃这个解释必将意味着进行更为细微的论证，而这不是本章的目的和权能所在。

这里概括说,"现象学的存在之流具有一个材料的层次和一个意向活动的层次",并且同时认为,"对意向活动的分析要重要得多、丰富得多"。① 这无异于说,对意向性的分析是现象学的主要研究课题。实际上,我们至此为止对意识行为的分析便主要集中在对意向活动的分析上,下面也将仍然如此。

在意向活动中,我们可以划分出立义质料、立义形式和立义质性这三个要素。其中,立义形式决定了一个意义以何种方式被给予,以感知的或想象的方式以及如此等等;而立义质料和立义质性则规定了何种意义被给予,例如,一个在回忆中真实存在的世界或一个在想象中存在的艺术世界。胡塞尔在《逻辑研究》中曾强调:立义质性和立义质料的统一构成"意向本质",或者简言之,构成意向。(LU II/1, A 392/B$_1$ 417, A 405/B$_1$ 431)严格说来,立义质料与立义质性这两者实际上是不可分的,因为我给予材料的每一个具体意义都不外乎设定性的或不设定的,它们分别意味着具有立场的质性或中立性的质性。所以胡塞尔有理由说,"质料与质性之间的区别并不标志着一种在行为的抽

（接上页）此外还需注意：我们一般将"Noema"译作"意向对象"或"意识对象",这种译法现在看来并不妥当,因为"意向对象"在胡塞尔那里有一个更为恰当的对应表述,即"intentionaler Gegenstand"。胡塞尔在《逻辑研究》中,尤其是在第二版中,即在提出"Noema"概念的同时,明确地区分"行为的意向对象"和"行为的意向质料"(LU II/1, B$_1$399)。由于"Noema"实际上相当于"质料",即"意义",因此将之译作"意向对象"会造成理解上的混乱。在严格意义上,意义以及 Noema 都不是与意向活动相对立的东西,而只是与意向活动相关的东西。因此,也许对 Noema 比较恰当的译法应当是"意向相关项",这一译法可以在德译中找到印证:在上面提到的那本书中,贝耐特便将 Noema 译作"intentionales Korrelat"。我们在这里采纳这个译法。关于"Noesis"和"Noema"各自的定义,它们与"意义给予"一方面,以及与"意义"另一方面的关系问题,可以参见 Hua III/1, 174, 181f, 185, 等等。

① Hua III/1, 175. 当然,一方面是后天的材料内容,另一方面是先天的立义能力,这样一种两分法常常或是被人批评为保留有感觉主义的痕迹,或是被人指责为是笛卡尔二元论在意识领域之内的再现。这与人们对康德的"先天综合判断"所做的批判几乎是一致的。笔者在博士论文《胡塞尔现象学中的存在信仰问题。与胡塞尔一同进行的尝试》(德文)中对此范式曾有较为详细的说明。笔者同时认为,胡塞尔后期并不像人们所说的那样放弃了这个"立义内容—立义"的范式,而仅仅是对它的有效性做了限定,即限定在感知的范围内。对此问题首先可以参见波姆《内时间意识的现象学》(载于 Hua X)以及马尔巴赫为《想象、图像意识、回忆》(载于 Hua XXIII)所写的"编者引论"。

象因素的根本不同种类之间的区别。自在和自为地看，质料本身无非就是'质性'而已"（LU II/1, A 403/B₁ 430）。由此可见，我们甚至更应当将质料与质性的统一称为"意义"。

无论如何，通过以上的分析，我们已经获得了立义内容（材料）和立义（意义给予）这两个要点。这是胡塞尔在《逻辑研究》第一版（1900—1901年）中所获得的基本分析成果。意识行为的对立极，即意向相关项在此时尚未作为主要课题进入胡塞尔的视域。在该书的第五和第六研究中可以看到，胡塞尔在这一时期将其研究的主要方向朝向意识行为，即研究意识行为本身的本质要素及其本质结构。他本人还曾为这个时期现象学分析所获得的"现象学关系"能够"摆脱任何意向相关项之杂物"而感到自豪。（LU II/1, A 12）这种做法与胡塞尔毕生坚持的一个信念密切相关：科学家的目光是直向的，它朝向认识对象、意识对象；而哲学家的目光则是反思的，它回过来朝向意识行为、意向活动。哲学观点因而是一种区别于自然观点的反思性观点。前者与后者处在不同的维度上。胡塞尔的这个信念与笛卡尔赋予内感知以优于外感知的地位、康德赋予哲学以回答科学如何可能问题之功能的做法实际上一脉相承。而作为科学之对象的意识对象与作为哲学之对象的意识行为的区别在胡塞尔看来首先在于：前者是被动的，后者是主动的。胡塞尔强调了一个包含在所有意识之中的本质结构：意识总是关于某物的意识，它总是指向某物。相反，意识的对象便不具有意向性，它只能被意指而不能意指它物。这便是著名的意向性原理的早期形态，它归根到底还是一条心理学的原理。

这时胡塞尔必定会面临一个困难，一个他所不愿见到的结果：如果哲学研究的是意识活动或行为主体，科学研究的是意识对象或外在客体，那么，如果我们说，科学是广义上的物理学，哲学是广义上的心理学，这就应当是一个合乎情理的和难以反驳的结论。胡塞尔自己也一度主张在为自然科学奠基的数学与为精神科学奠基的哲学之间的分工合作。然而这明显是一种科学和哲学的二元论。哲学实际上已经沦落为一门具体科学，从而无法逃避心理主义的归宿。这是与胡塞尔哲学的主旨，也包括《逻辑研究》的主旨正相背离的。哲学在他看来始终应当是对绝对认识的最终论证，因而不能回落到任何形式的相对主义之中，无论是个体的（个体心理的），还是种类的（人类心理的）相对主义。这个困难导致胡塞尔在1907年前后做出从"本质现象学"向"超越论现象学"的突破。在1908年夏季的关于含义学说的讲座中，他便与"超越论突破"相一致地意识到了自己在意向性分析上的片面性，并开始引入意向相关项概念。直至1913年出版《逻辑研究》第二版并同时发表《纯粹现象学和现象学哲学的观念》第一卷时，意向相关项问题已经成为胡塞尔现象学分析的中心课题之一。① 它公开表明胡塞尔的思想已经进入一个新的阶段。这样，胡塞尔从《逻辑研究》时期的"本质现象学"或"现象学的心理学"向《纯粹现象学和现象学哲学的观念》时期的"超越论现象学"的过渡便得以完成。

根据胡塞尔在完成向超越论现象学的转变之后对现象学所做的新的规定：现象学"可以被称为关于意识一般、关于纯粹意识本身的科学"，在这里所说的"意识一般"或"纯粹意识本身"不仅仅是指意识中的意识活动，而且还包括作为意识活动之结果的意识对象部分。原先的具有主动性的心理本质和具有被动性的物理本质的二元现在被一个超越论的一元所取代：超越论的构造能力（意识活动）与被构造的结果（意向相关项）。胡塞尔曾用一个德文词来概括这个双重的一元：intentionale Leistung。Leistung 这个词既具有"能力"的含义，又具有"成就"的含义。这样，意向性便不仅仅只是一个意识主动性的代名词，而且它还意味着意识的"意向构造能力和成就"。哲学的大全要

---

① 我们在这一节的开首已经说明胡塞尔这一转变的必然性，对这一问题较为详细的论述还可以参见笔者的《逻辑研究》第一卷译后记（胡塞尔：《逻辑研究》第一卷，倪梁康译，上海译文出版社1994年版，第282—286页）。

求在这里也得到了满足。① 直到此时，胡塞尔自己的哲学意向性理论才与他的老师布伦塔诺的心理学意向性学说最终区别开来，至于在意识（意向活动和意向相关项）之外是否还有康德所说的物自体存在的问题，胡塞尔用加括号、还原的方式将它排除掉。在这个意义上，我们可以理解利科对胡塞尔意向性概念所做的一个诠释："意向性可以在现象学还原之前和之后被描述：在还原之前时，它是一种交遇，在还原之后时，它是一种构成。它始终是前现象学心理学和超越论现象学的共同主题。"②

哲学的意向性概念的提出以及对它的分析，意味着胡塞尔对客体及其"自在"如何形成的问题已经有了成功的解答。它说明了，一个他物之所以能够与我相对地产生，并且被我意识为是外在于我的东西，是因为我的意识具有立义的能力，即超越地指向对象并因此而构造出超验对象的能力。同时，这种意向性分析还为以后的现象学分析的展开提供了坚实的基础。

如果我们根据胡塞尔在完成超越论突破后的意向分析结果，在立义内容和立义之外再加上它们两者组合的结果——立义对象③，那么我

---

① 施贝曼（R. Spämann）这样来看待哲学的这种大全要求："每一门哲学都会提出实践上的和理论上的大全要求。不提出这种要求，也就意味着不从事哲学。"（R. Spämann, „Der Streit der Philosophen", in H. Lübbe [Hrsg.], *Wozu die Philosophie? Stellungnahmen eines Arbeitskreises*, Berlin: Walter de Gruyter, 1978, S. 96）哈贝马斯也在一定程度上赞同这一主张（可以参见 J. Habermas, *Moralbewusstsein und kommunikatives Handeln*, Frankfurt am Main: Suhrkamp, 1983, S. 24）。因此，尽管时代精神目前处在"后现代"的氛围中，我们还是可以看到，这种大全的要求为许多哲学家所公开倡导或私下默认。它不同于体系哲学家对系统性的维护，而是一种对描述、解释、分析方法的普遍有效性的追求。

② 保罗·利科：《〈纯粹现象学和现象学哲学的观念〉第一卷法译本译者导言》，载于胡塞尔：《纯粹现象学通论》，李幼蒸译，第 476 页。

③ "立义对象"也就是指"意向相关项"。关于"意向的"（intentional）一词，胡塞尔认为："实际上，'实在的'（real）听起来要比'意向的'更好些，但它过于明确地带有事物之超越性的思想，而这种超越性恰恰应当通过向实项的体验内在性的还原而被排斥掉。"（Husserl, LU II/1, B_1 399）在这个意义上，我们可以将"意向相关项"这一概念理解为经过现象学还原的"实在对象"，它就是指在现象学反思中显现出来的对象本身，而不是指自然观点中的自在客体。

们就有了一个完整的意识总体三分结构：立义材料、立义、立义对象，它用图式来表示就是：

（a）材料——（b）立义〈立义质性 立义质料〉——立义形式（意义）——（c）立义对象

这三者之间的一般关系在前面的阐释中已经得到了或多或少的说明。它们粗看起来似乎并不费解。但只要我们进一步深入到分析之中，许多问题便会涌向我们并压迫我们。在下面将要展开的分析将会证明这一点，并且，胡塞尔对现象学分析本身所做的一个描述在这里也将会得到印证："向前迈出的每一步都会提供新的观察点，从这些新的观察点来看，已经发现的东西又显露在新的澄明之中，以至于原初可以被看作是简单无异的东西，后来却常常表明是复杂有别的。"（Hua XXIII, 18）

如前所述，在《逻辑研究》第一版中，胡塞尔首先确定的是，除了以上所提到的立义——立义内容之区别之外，还需要对意义概念本身做出严格的界定。撇开其他因素暂且不论，我们在划界过程中将首先面临两个关键性的问题：其一，意义与立义活动的关系是怎样的；其二，意义与对象的关系又是怎样的。

第一个问题在胡塞尔那里又被称作是含义（Bedeutung）与意指（Bedeuten）的关系问题，即给予意义的行为与所与的意义的关系问题。这个问题涉及我们在第一个分析中所做的对"立义"在"给予"和"意义"这两方面的划分：立义是一种给予意义的活动，它由"给予"（立）和"意义"（义）这两个部分组成，或者用胡塞尔的话来说，"意义给予的行为"和"作为观念统一的意义本身"这两个部分组成。胡塞尔在《逻辑研究》时期已经对这两个部分有过明确的界定："我们将含义本身（Bedeutung selbst）与作为行为的意指（Bedeuten als Akt）区分开来，含义本身是相对于各种可能行为之杂多性而言的观念统一性。"(LU II/1, A 77/B₁ 78)"含义显然不是指赋予意义的体验"(LU II/1, A 47/B₁ 47)。这个区别可以通过举例来说明：我在不同的场合、不同的时间意指"2 的四次方"，或者意指"狮子"，每一次具体的意指都是一个不同的给予意义的行为，即立义行为，但"2 的四次方"的含义却始终相同。同一的含义与杂多的意指在这里形成鲜明的对照。

第二个问题是指含义（Bedeutung）与对象（Gegenstand）的关系问题。这两者在胡塞尔那里同样是大相径庭的。我们在前面已经说过，只有在内在感知中，原本充实了的意义才与对象相一致。而在超越感知中，尽管每一个意义都指向一个对象，但同一个对象却完全可以具有不同的意义。胡塞尔曾在这个意义上夸张地说，"对象永远不会与含义完全一致"（LU II/2, A 43/B₂ 43）。①含义与对象的不等性同样可以举例说明："耶拿的战胜者"和"滑铁卢的战败者"是两个不同的意义，但它们所指的是同一个对象，即"拿破仑"；"等边三角形"和"等腰三角形"也是不同的意义，但它们指的也是同一个对象；"a + b 的长度"与"b + a 的长度"在含义上相异，所表达的事态（胡塞尔也将它称为"对象性"）却相同；如此等等。（LU II/2, A 47/B₁ 47, A 389/B₁ 414, 以及 Hua XXVI, 44f）

一方面是含义与赋予含义的行为的不等性，另一方面是含义与含义所指的对象的不等性，这两个对子造成了我们对"意义"（"含义"）概念的理解困难。意义在这种状态下似乎是一个处在"主"、"客"观夹击之中的中心点，在这里，"主观"是指意指行为的"主观性"，"客观"则意味着所指对象的"客观性"。那么意义本身究竟是什么呢？它

---

① 必须指出，在当今解释学讨论中，一些作者不断地试图从胡塞尔的意识分析中发现消解解释学怀疑主义的秘方，这种意向在总体上的确符合胡塞尔的哲学主张，但他们对胡塞尔的具体阐释却往往与他本人的原意相距甚远。例如，赫施（E. D. Hirsch）将胡塞尔立义理论中的意向客体笼统地等同于含义，便是对胡塞尔的一个严重曲解。（参见赫施：《解释的有效性》，王才勇译，生活·读书·新知三联书店 1991 年版，第 251—253 页）

本身究竟是客观的还是主观的呢？它如何会具有这种在意识体验的两极之间提供中介的能力呢？

回答这些问题的前提首先在于对"意义"或"含义"概念所具有的"多层歧义"进行区分。

胡塞尔对"含义"或"意义"概念的理解经历了两个阶段：《逻辑研究》第一版发表的时期（1900—1901年）和完成向超越论现象学之突破后的时期（1907年）。胡塞尔第一阶段的意义理论阐述体现在《逻辑研究》第一版中；第二阶段的变化与发展则首先并主要在1908年夏季的关于含义学说的讲座中，此外也在《纯粹现象学和现象学哲学的观念》第一卷以及《逻辑研究》第二版中得到总体的说明。

胡塞尔在《逻辑研究》第一版时期对含义的理解在总体上偏向于含义的意向活动（noetisch）方面，即含义与意指的关系。[①]胡塞尔在《逻辑研究》第一版中对含义的理解是："含义是观念的统一。"（LU II/1, A77/B₁78）后来他也将这一时期含义概念相应地定义为"含义作为意指的种属"（Hua XXVI, 31-35）。

在1908年夏季的关于含义学说的讲座中，胡塞尔已经意识到了《逻辑研究》第一版中含义概念的片面性。他引进了一个相关的

[①] 如前所述，这与胡塞尔当时对现象学之纯洁性的理解是一致的：现象学反思地面向意识行为，纯粹地摆脱任何意向相关项之杂物。潘策（U. Panzer）曾对胡塞尔这一时期的含义概念做过如下概括："观念单一的含义的杂多个别化是个体含义意向的相应本质要素，料（作为对象性立义的意义）和质性（作为一般的行为特征）。杂多的意指行为因而具有同一的含义，如果这些行为以同一个完全确定的方式关涉到同一个对象。这意味着，《逻辑研究》中的含义概念仅仅以认识构架的认识体验方面为取向。"（U. Panzer, „Einleitung der Herausgeberin", in Hua XXVI, XV-XVI）除了在最后一句中"仅仅"一词最好用"主要"来取代以外，潘策的概括基本上是准确的，我们在前面的阐述已经或多或少证明了这一点。尽管胡塞尔也注意到了认识构架中的认识对象方面，亦即"客观方面"，但由于胡塞尔对含义的理解缺乏意向相关项的概念，因此他对含义的探讨大都是从含义与意指的关系方面展开，他自己后来也承认，《逻辑研究》中所运用的含义概念，"其第一性的兴趣处处都朝向行为的本质，即朝向那些对客体性来说具有构造能力的行为的本质"（Hua XVI, 35）。

含义概念来加以补充。这个含义概念偏重于含义与对象的关系，即偏重于含义概念的意向相关项（noematisch）方面。胡塞尔对这个含义概念的定义是："含义作为与被意指的绝然对象性相区别的范畴对象性"[①]。

至此，含义具有两个相互对应的概念："物候学的含义概念"和"现象学的含义概念"。对"物候学的"和"现象学的"这两个定语，胡塞尔有一个简单的说明："所有起源于一般行为方面、体验方面的概念，所有在这个领域中进行的研究都可以被标志为物候学的，而相关的方面，即被构造的对象方面，则可以被标志为狭义上的现象学的"（Hua XXVI, 38）。这个说明提供了理解"物候学的含义概念"和"现象学的含义概念"的基础。

所谓"物候学的含义概念"，强调的是同一个含义可以在不同的偶然性、时或性、机遇性意指行为中个别地实现，例如在不同主体、不同时间、不同地点、不同方式的意指中，简言之，在不同境况的意指中达到个别化。"物候"在这里是指：含义在意指中的个别实现受意指行为的境况变化影响。尽管含义本身"不是行为，不是行为中的一个实项因素"，而是"一个种类的统一"，"一个观念的统一"，它像观念一样，无时间性，"自身同一"，而"赋予含义的行为"则"仓促易逝"、"变动不居"；但含义要想得到个别化的实现，却必须借助于给予意义的行为。（Hua XXVI, 31-32）胡塞尔认为，含义与意指的关系就像红的种类与红的因素的关系：含义在意指行为中得到个别化，例如"耶拿的战胜者"在一个表象或一个陈述中得到个别化，红的种类在红的因素中得到个别化，例如在红旗的"红"或在红绿灯的"红"中得到个别化。

---

① Hua XXVI, 35-38. 所谓"对象性"（Gegenständlichkeit），在胡塞尔那里是指广义上的对象，包括事态、特征、形式等（LUII/1, A 39/B$_1$ 39）。

另一个含义概念，即"现象学的含义概念"①或"本体的含义概念"则涉及含义与对象的关系。在这个意义上的含义"不仅不切中行为，也不切中行为中的种类，而是相关地切中对象方面的对立之物"（Hua XXVI, 35）。在这个意义上的含义与对象的区别对于胡塞尔来说也就意味着"绝然对象"（Gegenstand schlechthin）和"如此被意指的对象"（Gegenstand, so wie er bedeutet ist）的区别，前者可以被简称为"对象"，后者则是指"意向相关项本身"或"范畴对象"。相对于前者而言，后者在这里似乎难以理解一些。胡塞尔本人在《逻辑研究》第一版中便对"意向相关项"有过规定："对象是一个意向相关项，这意味着，在此有一个行为，它带有一个具有确定特征的意向，这个意向在这种确定性中构成了我们称为朝向此对象之意向的东西。"（LU II/1, A 388）。从这个规定来看，所谓意向相关项，无非是指绝然对象在意向行为中被意指的，并在某种程度上得到充实的那个部分或那个范畴。意向相关项（或范畴对象）与对象的关系是一个分有与被分有的关系。我们可以继续以"拿破仑"这个对象为例：当我们在意指中给出"耶拿的战胜者"和"滑铁卢的战败者"这两个含义时，它们所涉及的对象是同一个，即"拿破仑"，但它们却并不是以同一个方式涉及对象。正是由于这种意指方式的不同，"拿破仑"这个对象才可以在不同的意向活动中被不同地构造出来。

更严格地说，对双重对象（意向对象和绝然对象）的区分不仅是理解"现象学含义概念"的关键，也是理解"物候学含义概念"的关键。胡塞尔认为："这个区分并不只是在于，同一个对象性能够在不同

---

① "现象学的含义概念"并不是一个恰当的用语。实际上，胡塞尔在《逻辑研究》第一版中更多地是用"现象学的"这个定语来规定与意识活动有关的事态。"现象学的"更多地意味着"描述心理学的"或"实项的"。而胡塞尔在这里（即在1908年夏季关于含义学说的讲座中）却突然又用它来表述与意向活动完全对立的方面，即意向相关项方面，这显然是在术语运用方面的一个失误。

的意指方式中,即能够在这个对象性的特定种属中被意识到,而是更多地在于,随着那个被我们称为不同的意指方式的意识方式的改变,在由此而构造出的对象性中也同时发生着变化。"(Hua XXVI, 38)

为了说明这个问题,我们可以将整个意指活动放在一起考察。"歌德"这个对象可以被赋予不同的意义:"《浮士德》的作者"、"《少年维特之烦恼》的作者"、"青年时期失恋的歌德"、"中年时期得意的歌德"、"魏玛枢密顾问"……同时,这其中的任何一个意义,例如"《浮士德》的作者",可以在我今天的或明天的、你的或他的,简言之,在各种不同的意指中得到个别的体现。再以对"房子"的感知为例:我对"房子"正面的观看、侧面的观看、后面的观看、内部的观看,以及如此等等,它们是各不相同的,并且严格地说,在每一次表象(意指)中所赋予房子的意义也不尽相同,但"房子"作为对象是同一个。最后我们还可以举一个常常会遇到的例子:《贝多芬第九交响曲》不等于某个演奏者或指挥家所赋予它的特定的含义,不等于某个特定的理解;它同样也不等于某一次具体的演奏或倾听,不等于对它总谱的某次阅读或吟唱。

由此可见,每一个对象都可以通过无数不同的意义被构造出来,而每一个意义又都能够在无数不同的意指中被给予。前一个意义与后一个意义所展示的东西实际上是一致的,"确切地看,现在的这个含义概念[现象学的含义概念]也就是原先的含义概念[物候学的含义概念]"(Hua XXVI, 38),它之所以具有两个概念只是因为对它的考察角度有所变化而已。但胡塞尔同时也强调,在两个含义概念中,现象学的含义概念是"给定方向的,因为我们在自然状态中总是朝向对象性",而达到物候学的含义概念则需要通过对意识体验的反思(Hua XXVI, 38),也就是说,需要进入哲学状态,将目光反思地朝向意识活动。

以上的分析从一开始便被冠以"主体的自识"的标题。这意味着,这些分析是在现象学反思中进行的，是现象学操作者通过意向分析而对自身意识结构的认识。当然，这些分析远远没有穷尽胡塞尔通过意向分析所得出的众多细微但却极具力度的成果，它只是有选择地再现了其中的一部分。选择的标准带有随意性或主观性，即这些成果是否能够对当今的哲学问题与研究具有现实的指导意义。

三、意向分析之二：主体间的互识

在胡塞尔对主体自识的问题提供了上述至今仍被认为具有约束力的分析之后，描述主体间的互识和主体间的共识应当是现象学意向分析的下一个任务。与这个任务有关的关键概念是"交互主体性"。

"交互主体性"的可能性以及它们的超越论功能是胡塞尔自20世纪20年代起探讨的中心问题之一。所谓"交互主体性"的问题，笼统地说，就是本己自我在构造出事物和由这些事物所组成的自然视域之后，如何再通过立义构造出他人以及由他人所组成的社会视域的问题。它是意向性分析在社会历史领域内的运用。

"交互主体性"课题的提出是胡塞尔思想内在发展的一个必然结果。由于在《纯粹现象学和现象学哲学的观念》第一卷中所探讨的纯粹意识及其相关物归根到底只是单个的意识及其相关物，或者说，是"纯粹意识单子"和它构造的世界，因此，关于这个纯粹意识单子的超越论现象学在这个意义上仅仅是一门"超越论的自我论"。胡塞尔自己也认识到这一点，他认为这种超越论自我论"只是最底层的超越论现象学，而不是完整的超越论现象学，一门完整的超越论现象学显然还包含着由超越论唯我论通向超越论交互主体性的进一步途径"（Hua I, 12）。胡塞尔如果不想在他本人已达到的超越论自我论的现象学中停滞不前，"超越论交互主体性"以及由此而产生的"超越论社会性"就是他必须关注和解答的问题。①

与胡塞尔的其他重要哲学概念,如意向性、明见性、本质等概念相同,"交互主体性"的概念在胡塞尔那里也具有"世间的"(mundane)和"超越论的"两层含义。胡塞尔在 1925—1928 年间为《不列颠大百科全书》所撰写的"现象学"条目中曾把"交互主体性"分为"纯粹—心灵的交互主体性"和"超越论的交互主体性"。胡塞尔认为,它们两者相互对应,处于这样一种奠基关系之中:"只要纯粹—心灵的交互主体性服从超越论的悬搁,它就会导向与它平行的超越论的交互主体性",相对于"纯粹—心灵的交互主体性"而言,"超越论的交互主体性是具体、独立的绝对存在基础,所有超越之物都从这个基础上获取其存在意义"。(Hua IX, 12, 294-295)根据胡塞尔的这种划分,"纯粹—心灵的交互主体性"便与人类的"生活世界"有关,它属于"心理学的现象学"(本质心理学)的研究范围,它与"超越论的交互主体性"问题的关系是"心理学"对象与"超越论哲学"对象之间的关系。而"超越论交互主体性"与"超越论自我"之间的关系则涉及"第二哲学"与"第一哲学"之间的关系:"完整的现象学可以分成两部分:一方面是作为'第一哲学'的本质现象学(或普遍本体论),另一方面是'第二哲学',即关于事实总体的科学,或者说,一门综合地包含着所有这些事实的超越论交互主体性的科学。"(Hua IX, 298-299)在这种划分的基础上,我们可以把胡塞尔"第一哲学"的概念理解为"超越论自我论"或"超越论本质论",把"第二哲学"的概念理解为"超越论交互主体论"或"超越论事实论"。这两者之间的奠基关系在于:"第一哲学构成第二哲学的方法总体,它在其方法论证中只与其自身有关。"(Hua IX, 299)这就是说,第一哲学自身可以

---

① 关于胡塞尔在"超越论交互主体性现象学"方面的思想发展,可以参见笔者在拙著《现象学及其效应——胡塞尔与当代德国哲学》第 8 节和第 10 节中的较为详细的论述。

成立，而第二哲学的成立还须依据于第一哲学。①

正如笔者在本书的"绪论"第5节中已经谈及的那样，无论是"超越论的交互主体性"，还是"世间的交互主体性"，交互主体性的问题至少有两个方面的现象学意义：

从一方面来说，"交互主体性"意味着相对于自我（ego）而言的他我（alter ego）以及自我与他我的关系，就是说，它又涉及"我"与"你"或"我"与"他"的关系问题。另一个主体的存在如何对我成为有效的事实，这是第一个层次上的"交互主体性"问题，我们可以将它称为主体间的互识问题。——它是我们在这一个分析中所要讨论的课题。

而从另一方面来说，"交互主体性"又涉及"我"与"我们"的关系，即涉及我们的共同认识的"客观"②有效性问题。这是第二层次上的"交互主体性"问题，我们可以将它称为主体间的共识问题。——它是我们在下一个分析中将要讨论的问题。

在前一个问题上，现象学的领域与行为学、社会学以及交互文化哲学等领域相交接；后一个问题则涉及现象学与解释学、语言哲学、符号学等的共同研讨课题。当然，这两个问题彼此密切相关，甚至彼此相融。对它们的区分在这里只是一种出于分析的目的而进行的理论抽象而已。

从这些简单的介绍中已经可以看出"交互主体性"问题在本体论和认识论中可能具有的重要地位。而在胡塞尔的超越论现象学中，"超越论交互主体性"问题也与此相应地包含以上这两方面的含义，对它

---

① 关于第一哲学、第二哲学、本质心理学、经验心理学这四门学说在胡塞尔哲学系统构想中的相互关系问题，可以对照参见本书方法篇中"意识现象学的基本方法——通向超越论本质现象学之路"的第3节"两个还原的关系和科学总体结构"中的相关阐释。

② 这里的"客观"基本上与康德哲学中狭义的客观概念相等值，即指对每一个主体都普遍有效。以下如无特别说明，均与此同。

的研究也与此相应地具有两个目的。

　　无论对这个问题的探讨和解决具有多么大的困难,它都是超越论现象学所必须完成的一项工作,我们在某种程度上可以说,它是一项事关超越论现象学成败的工作。黑尔德(K. Held)认为:"交互主体性"这个问题,"对于胡塞尔来说具有特别突出的意义,因为只有回答了这个问题才能阻止现象学的失败";因为,"只要我尚未在对构造的分析中证明,一个对所有人来说共同的、在狭义上的'客观'世界是如何可能的,那么,这门不仅是由我独自一人'唯我论'地来从事的,而且还应当与许多人一起共同来从事的超越论现象学就始终还悬在空中"。①

　　如前所述,在胡塞尔对感知和想象所做的现象学分析中,他已经成功地描述了意识的意向性本质,描述了一个客体如何在意向活动中被构造出来:构造的过程也就是一个自我超越出本己的(原本的)领域而达到陌生(意向)领域的过程。"意识总是关于某物的意识"这个命题因而可以被改写为"意识总是在构造着它的对象(客体)"。现在,在对交互主体性问题的分析中,意识所具有的一种特殊构造功能成为中心的课题,这个特殊的构造功能是指:一个单个主体的意识如何能够从自身出发并且超越自身而构造出另一个主体。这里须注意:被构造的对象不再单纯是一个客体,一个他物,它同时还是一个主体,一个他人。胡塞尔本人这样来阐释"他人"作为意识对象的特殊性:"我经验到他人,他们现实地存在着,具有可变的、一致的经验多样性。并且,他们一方面是作为世界客体被我经验到,而不仅仅是作为自然事物。他们作为在他们各自具有的自然身体中的心理管理者被经验到。他们与身体奇特地交织在一起,作为心理—物理的客体存在

---

① K. Held, „Einleitung", in *Phänomenologie der Lebenswelt. Ausgewählte Texte Husserls II*, hrsg. von K. Held, Stuttgart: Reclam, 1986, S. 32.

于这个世界之中。另一方面，他们同时又作为对于这个世界而言的主体被我经验到，这些主体在经验着这个世界，经验着我所经验着的同一个世界，并且同时也在经验着我，就像我在经验着他们一样。"（Hua I, 123）显然，对"他人"的经验或构造较之对单纯"他物"的经验或构造要复杂得多。至少，一眼看上去就很明显的是：与主体对客体的单向构造相比，主体对主体的构造意味着一种双向的活动，一种"交互的"活动。

但是，胡塞尔坚信，尽管"他人"这个意识构造物具有特殊性和复杂性，对它的分析仍然可以依据于对"他物"的构造分析方法。他与以往一样，仍然"坚定不移地首先回溯到原本意识与非原本意识的区别上，其次回到感知的基础体验上"①。

这里所说的"与以往一样"是指：胡塞尔的这一做法与我们在前一个分析中所讨论的他对意识整体结构层次或奠基顺序的五个步骤的划分是一致的。它也是胡塞尔在对交互主体性的分析中所把握的原则。

在胡塞尔所做的与交互主体性有关的意向分析中，"他我"在"本我"中的整个构造过程，或者说，其他陌生主体被本己主体经验的整个过程可以分为四个"统摄阶段"，或者，我们也可以用胡塞尔较为偏爱的术语"立义层次"（Auffassungs-schichten）来称呼它们。

对"交互主体性"及其超越论功能问题的分析和解答首先从"原初性还原"（primordiale Reduktion）或"原初性抽象"这个概念开始。所谓"原初性还原，是指在超越论的普遍领域中进行的一项类似于'超越论还原'的"特殊悬搁"："我们现在将所有可疑的东西从我们的课题范围中排除出去，这就是说，我们不去考虑所有那些与陌生主体有直接或间接关系的意向性的构造成就，而是将范围限制在这样一些现时的和可能的意向性的总体联系上，在这些意向性中，自我是在

---

① K. Held, „Einleitung", in *Phänomenologie der Lebenswelt. Ausgewählte Texte Husserls II*, S. 34.

它的本己性之中构造出自身，构造出与它不可分割的，即属于它的本己性的综合统一。"（Hua IX, 124-125）

简单地说，胡塞尔对这个还原的理解是排除所有那些在超越论构造中对我来说陌生的东西，还原到我的超越论的本己领域上去；被排除的是对我而言的"陌生之物"，被保留下来的是对我而言的"本己之物"。超越论的唯我论因而是胡塞尔为超越论交互主体性分析所设定的一个阿基米德之点。黑尔德将这个被设定的阿基米德之点称为"超越论的鲁宾逊"，它意味着"意识史上的一个无其他主体的阶段"。[①] 他认为："胡塞尔必须在方法上以这样一个鲁宾逊的体验视域为出发点，这个鲁宾逊从未听说过其他的主体和其他主体对世界的看法。"[②] 其他的主体和其他主体对世界的看法对于本己的自我来说是陌生的，也是可疑的。因为，只要回想一下笛卡尔普遍怀疑的结果——我思，我们便可以理解，这里的我思是指"自我"在普遍怀疑或超越论还原之后所能把握的最确定无疑的东西。"思"（cogito）是以第一人称的形式进行

[①] U. Claesges und K. Held (Hrsg.), *Perspektiven transzendental-phänomenologischer Forschung. Für Ludwig Landgrebe zum 70. Geburtstag von seinen Kölner Schülern*, Dordrecht/Boston/London: Kluwer Academic Publishers, 1972, S. 49: "处在意识开端上的是一个超越论的鲁宾逊。"

这里必须注意的是，黑尔德的这个说法近来遭到批评。伦普（G. Römpp）在《胡塞尔的交互主体性现象学》一书中写道："我们认为，黑尔德在这里将一种发生构造的观点强加于胡塞尔的意向中，这是不合理的。关于陌生主体性的可经验性的现象学所要做的工作在于把握住这种现象的结构，它们使人们能够理解对陌生的自为存在的经验。但这里完全没有必要来谈论这种结构在意识中的发生形成。此外，这种做法会在很大程度上降低胡塞尔哲学的超越论要求。"（G. Römpp, *Husserls Phänomenologie der Intersubjektivität. Und ihre Bedeutung für eine Theorie intersubjektiver Objektivität und die Konzeption einer phänomenologischen*, Dordrecht u. a.: Kluwer Academic Publishers, 1991, S. 37）简单地说，对他人的经验或陌生经验本身结构的发生形成是一回事，为了阐述这个结构的目的而采取的还原和展开方法是另一回事；前者与结构本身形成的时间顺序有关，后者则只是对此结构之阐述的逻辑顺序。我们必须避免将这两者混为一谈。

但我认为，黑尔德的从发生构造观点出发的阐述方法有其可取之处：对于一个不具备超越论观点的读者来说，它所具有的在引导读者进入现象学之门这方面的意义是显而易见的。实际上，舍勒在 20 世纪初也曾以"鲁宾逊"为例来说明"你之存在"（Du-Existenz）的明见性。（参见 Scheler, *Wesen und Formen der Sympathie – Die deutsche Philosophie der Gegenwart*, Bern/München: Francke-Verlag, 1973, S. 228）

[②] K. Held, „Einleitung", in *Phänomenologie der Lebenswelt. Ausgewählte Texte Husserls II*, S. 32.

的，尽管"我"在这个拉丁文的动词"思"中并没有直接地表现出来。他人以及他人的思维在还原的过程中则作为不确然的东西而遭到排斥，它们在超越论交互主体性的分析中不能成为前提，不能受到任何方式的运用。

对这个阿基米德之点的把握意味着一个开端，在这里，"本己之物"和"陌生之物"、"内在之物"和"超越之物"、"原本之物"和"非原本之物"得到划分。剩下的问题是，我如何从本己的、内在的体验领域出发，通过意向性而超越出这个领域，构造出他人或其他的主体，并进一步构造出对于我这个主体和其他主体来说共同的社会世界、精神世界、文化世界以及如此等等。①

第一阶段是自我对自身躯体（Körper）的立义或统摄。在还原到本己的、内在的体验领域之后，与"他人"构造有关的意向活动过程必然首先以我的躯体之构造为开端。所谓"躯体"，在胡塞尔的术语中不同于"身体"（Leib）。前者只是一个类似于"他物"的自然物体，后者则是"心"、"物"的结合体。在这个阶段上，对自身躯体的立义原则上与"他物"或客体在意识中的构造相同，也就是说，"躯体"在意识中的构造也必须回溯到原初感知之上。原初感知将"感性材料"，如头部、四肢、躯干，统摄为一个整体——"躯体"，将它们的活动（动感）统摄为连贯的"举止"等等。

第二阶段是自我对自身身体（Leib）的立义或统摄。这个阶段与前一个阶段在发生的时间上是同时的，第一、第二的划分主要是就逻辑顺序而言。当自我赋予"我的躯体"之意义时，也就将它理解成"身体"，即我的意识与这个躯体的结合。我可以通过我的意识来操纵和指挥这个躯体。胡塞尔将这个意义上的"躯体"称为"身体"："每

---

① 这里的阐述部分采纳了笔者在拙著《现象学及其效应——胡塞尔与当代德国哲学》第10节中的研究结论。

一个自我都有一个身体"（Hua XIV, 243），身体"不仅仅只是一个事物，而且是对精神的表达，它同时又是精神的器官"（Hua IV, 96）。因此，所谓统摄或立义，在这里的特殊含义是指对"意识与身体的联结"（Hua III/1, 103）。

这是一种自识，一种与我们在第一个分析中所获得的对我的意识体验结构之自识相符合的自识。后面我们可以看到，这种自识是他识的前提。

第三阶段是自我对他人躯体的立义，这个立义还必须借助于第一联想，即低层次的联想来完成。"他人"同样是先作为一个躯体被我感知到、经验到，这个躯体也由当下被给予之物（我看到的人的躯体的这个面）和非当下之物（我未看到的人的躯体的其他各个面）所组成。"他人的躯体"对我显现出来，这意味着我已经完成了一次统摄。这个统摄与对一个自然事物的统摄（例如对一个动物、一个木乃伊、一个蜡像的统摄）没有什么不同。它也是一个超越内在的过程，即一个将内在的感觉材料综合为一个超越的意向相关项的过程。这时，我在我的原初性领域中仅仅知道这是一个躯体，一个具有物质性的东西，但还不知这是"他人"的躯体，即具有一个其他自我的躯体，一个具有精神性的东西。

第四阶段是自我对他人身体的立义，即对陌生意识与他人身体的联结。这个立义必须借助于第二联想，即高层次的联想来完成。胡塞尔也将这个阶段上的立义称为"类比的统觉"（Hua I, 138）。我之所以能够把一个自然事物理解为一个"躯体"，即承认他人的肉体存在，并且进而把一个"躯体"理解为一个"身体"，即承认其他自我的存在，意识中的"联想"能力在这里起着双重的关键作用。"某物引起对某物的回忆"是联想的基本形式，它使意识有可能进行双重的超越：

首先，显现给我的这个陌生的躯体通过它的"举止"、它的"行为"而使我联想起我自己的躯体。我的躯体实际上是先于其他的躯体被意向活动构造出来的东西，否则联想便无从谈起。而我的躯体具有一个特殊性：它同时也是我的身体；它是我的自我的居所，是我的精神性的器官。这样，在众多的被感知到的躯体中，最先只有我的躯体同时也是身体，"这是唯一的一个不仅仅只是躯体的身体"（Hua I, 128）。换言之，在进行第二次联想之前，只有我的躯体具有自我，其他的躯体都可以说是没有自我和灵魂的行尸走肉。

其次，既然在我的躯体中包含着自我，那么在其他的躯体中必定也包含着其他的自我。这样，"他人躯体"便被赋予"他人身体"的意义。这个从"躯体"到"身体"的过程是意识在构造"他人"的过程中所进行的第二次统摄，第二次意义给予（立义）。胡塞尔将这个统摄称为"结对"（Paaren）。它的具体进行过程是这样的：

我由其他的躯体而联想到我自己的躯体，因为我的躯体同时也是我的"身体"。我的"身体"是某种处在"这里"的东西。可以说，在我的身体中，我始终存在于"这里"。无论我到哪里，这个身体的"这里"都一直随我流浪，它是我始终无法放弃的绝对空间关系点，它"具有其中心的'这里'的被给予方式"。相对于我的身体—躯体的"这里"而言，任何一个其他的躯体对我来说都是"那里"，"具有'那里'的方式"。（Hua I, 146-147）

我的躯体在"这里"，另一个躯体在"那里"，并且，这两个躯体是相似的。这个相似性意识可以引发我的想象力：那里的那个躯体的显现方式使我回忆起我的躯体的外表；如果我在那里的话，它会是什么样的。在胡塞尔所说这种想象情况中实际上包含着两种想象的可能性，或者我们也可以用胡塞尔自己的话来说，在我之中引起了两种"权能性"的动机：（1）实在的想象。我首先可以在期待中想象，我以后也可以运动到另一个躯体现在所处的位置上去，并且我在那里可以表现出它所表现的那些举止；尽管我具有实现这一想象的能力，但是，我当下是连同我的身体躯体一起处于"这里"，而不是"那里"。（2）虚构的想象。我现在就可以在想象中将自己置于那另一个躯体的举止之中，并且设想，我是在"那里"。这样，我当下就已经以一种虚构的、"仿佛"的形式处于"那里"。

这两种想象的可能——实在的和虚构的想象——可以相互补充，共同发挥作用。通过这两种想象力，我有可能在那里的那个躯体的举止后面认识我自己的躯体的本质。这就是说，我不仅可以赋予那个躯体以"躯体"的意义，而且可以赋予那个躯体以"身体"的意义。也就是说，随着我的自我的想象力变化，一个新的统觉得以成立：首先在两个躯体举止的"结对联想"的基础上，其次在我的身体意识的基础上，我将这个其他躯体的举止理解为一个陌生的自我的显现，理解为一个他人的身体的行为，"因为身体不只是一个物质事物，它的反应不仅仅是物理性的。它还具有超越出单纯物理（实在—因果的）的存在和变化的行为"（Hua XIII, 376）。这样，对我而言，他人的存在便原本地构造起了自身。胡塞尔将这个构造性的统摄的过程称为"相似性统觉"、"类比的统觉"或"联想统觉"等等，这些概念所表达的是同一个含义。（参见 Hua I, 138, 140f, 以及其他各处）如前所述，胡塞尔在早期曾用"赋予灵魂"（beseelen）以及"激活"（beleben）的概念来形容"立义"和"意义给予"的过程：一堆死的感觉材料通过统摄而被构造成一个意向相关项，这个意向相关项由此而作为我的对立面站立起来。现在我们可以看到，"赋予灵魂"或"激活"这两个概念实际上更适合于对作为"他人"，而不是作为"他物"的意向相关项的立义：一个躯体通过立义而被赋予灵魂，被激活，成为一个对立于我的，具有同样灵魂本质或自我本质的他人。

当然，必须注意，这个他人的自我与我的自我之间的同一性只是一种想象的或虚构的同一性，因此你的实在自我与我的实在自我永远不会同一。正如在想象与感知之间有根本区别一样，在虚构的自我与实在的自我之间也有天壤之别。这同时也就意味着，"他人"不是在原初的原本性中被给予我。"陌生主体原则上是无法被原本地经验到的。"

（Hua XIII, 374）因此，"他人"的构造与"他物"的构造一样含有超越本己领域的成分。陌生经验因而是一种在自身经验中被构造，但又超越出自身经验的经验。

我们还可以参考黑尔德对这个区别的出色概括："我从根本上说永远不具有将共同当下的被给予方式变成一个由我自己进行的被给予方式的可能性（权能性）：那里的那个躯体对于那另一个自我来说是作为它的身体而被给予的，这个情况尽管对我来说是共同当下的，但我却永远无法成为那另一个自我，就是说，这另一个躯体永远无法作为我的身体被给予给我，即它对我来说永远无法成为我的绝对的'这里'，它对于我来说始终在'那里'。所以，胡塞尔交互主体性理论的各个主体最终只是作为'他人'而相互发生联系，因为他们在世界中的此在被束缚在他们身体的绝对'这里'之上，并且也因为这些身体同时作为躯体而永远无法同时占据'那里'。这里便是陌生经验的原真的源泉所在。"[①] 因此，尽管我构造并设定了他人的存在，尽管我可以设想和同感这个存在的本质，但这种构造、立义、统摄并不是以直接的方式进行的，而需借助于间接的扩展和转换功能，所以，"他人"对我来说永远是在或大或小的程度上的"陌生人"，是不同于"我"的"他"，是不同于"本己自我"的"陌生自我"。

对"他人身体"的统摄和认同也就意味着在我的自我之外其他自我的构成与存在。至此，对我来说，一个与我的"周围世界"（Umwelt，自然）有关的"共同世界"（Mitwelt，社会）便得以形成。当然，必须承认，胡塞尔对"共同世界"的构造分析在今天并不具有与他早期对"周围世界"的构造分析同样的约束力。[②] 他本人也对自己

[①] K. Held, „Einleitung", in *Phänomenologie der Lebenswelt. Ausgewählte Texte Husserls II*, S. 37.
[②] 胡塞尔在对"他人"构造的意向分析上是否达到了与对"他物"构造之分析相应的明见性，在这个问题上后人始终众说纷纭。笔者在本章关于"主体间的互识"分析的结尾处对此有概括的说明和评价。

在这方面几十年研究的成果不甚满意。我们在下面还会再接触到这个问题。

对"他人"在意识中的构造的描述分析,并不意味着"交互主体性"问题的解决,而仅仅意味着把握到了一个解决问题的开端,寻找到了一个问题领域的入口。这个新的现象领域实际上就意味着社会现象学研究的领域。主体间的互识属于这个领域中的认识论范畴。

舒茨(A. Schütz)曾在理解社会学的标题下将胡塞尔的"交互主体现象学"加以拓展与发挥。他的社会学理论与胡塞尔的意向性学说之间的关系问题是一个十分奇特而值得研究的课题:一方面,舒茨在他所起作用的那个时代(20世纪30—50年代)还不可能发现,或者说,还不可能认为胡塞尔已经解决了超越论交互主体性的问题(胡塞尔关于交互主体性现象学研究手稿直到70年代才得以发表)。因此,他对胡塞尔交互主体性理论的批评是可以理解的:"如何超越论地推导出所有认识与思维的交互主体性……这是任何一门认识现象学都具有的极为困难的基本问题,胡塞尔在他的著作《形式的与超越论的逻辑学》中尽管指出了这个问题,但还绝没有解决这个问题。"[1] "我们的主要资料——胡塞尔的《笛卡尔式的沉思》的第五篇——并不显示他人是如何被构成为一超越论的主体性,而只显示他是如何被构成为世间的心物统一体。"[2]

另一方面,舒茨从一开始对胡塞尔在这方面的努力所抱的态度就与海德格尔、舍勒和萨特基本相似,即主张交互主体性本身实际上是先于单个的主体性而被人意识到的,因而较之于后者是更原本的东西。因此便可以理解,尽管舒茨认为胡塞尔没有完全解决超越论交互主体

---

[1] Alfred Schütz, *Der sinnhafte Aufbau der sozialen Welt: Eine Einleitung in die verstehende Soziologie*, Frankfurt am Main: Suhrkamp, 1981, S. 43.

[2] 舒茨:《马克斯·舍勒三论》(原译为"休茨:《马克斯·谢勒三论》",引文根据大陆通用译名做了更动),江日新译,台北东大图书公司1990年版,第123页。

性的构造问题，尽管他认为这种与交互主体性有关的意向分析"对于一般认识论以及因此而间接地对于社会科学来说极为重要"，但他并不打算在这个方向上继续努力，他无意探问"你究竟是如何在我之中构造出来的；对自身的考察从可能性上看是否先于对他我的考察；心理物理的主体性'人'是否要回归地依赖于一个在其中已经构造出超越论他我的超越论自我；借助于超越论他我在超越论自我中的构造，一种交互主体的普遍有效的认识是否可能并且以何种方式可能；以及如此等等"，而是认为，"对于我们的问题状况来说，我们可以对这些分析不做考虑"。①

我们在这里无意并且也无法进一步展开在胡塞尔现象学的基本意向与他的后继者的改造企图之间的分歧，因为我们的主要任务更多地在于探讨这两者之间的承接关系。况且，胡塞尔与后来的现象学家的分歧并不会妨碍我们以下将要进行的研究。交互主体性在他们那里都具有明见的有效性，例如舒茨认为："对于我们的目的来说，明察到这一点就够了：你也有意识一般，这意识也在持续着，它的体验流也表明具有我的体验流所具有的原形式"②。这与胡塞尔通过交互主体性的构造分析所得出的明察并行不悖。他们之间的区别实际上仅仅在于，舒茨将交互主体性看作是超越论意识构造的第二性结果，胡塞尔将它看作是不言自明的前提，是生活世界所具有的原本明见性。

在确认交互主体的有效性的情况下，舒茨运用胡塞尔的意向分析方法来展开他的社会学研究。

只要回顾一下我们在第一个和第二个分析中的阐释，我们便可以看到，在胡塞尔对与客体构造有关的意向活动的分析中，"意义给予"

---

① Alfred Schütz, *Der sinnhafte Aufbau der sozialen Welt: Eine Einleitung in die verstehende Soziologie*, S. 138.

② Alfred Schütz, *Der sinnhafte Aufbau der sozialen Welt: Eine Einleitung in die verstehende Soziologie*, S. 138.

首先表明自身为一种单向的活动：我赋予材料以意义，从而将它们统摄为一个对象。而在胡塞尔对与其他主体构造有关的意向活动的分析中，意义给予实际上已经具有了双重含义：一方面，我在对他人进行统摄的过程中把握他的"行为"、"举止"，从而赋予他以"他我"的意义，使他成为一个与我的自我相并列的另一个自我，这是一个意义给予的过程。另一方面，与此相对，我的自我也是其他自我的构造对象，它也在被其他的自我统摄着，被其他的自我赋予意义。正如我对其他自我的立义建立在"他的行为、举止"的基础上一样，他人对我的自我的立义也建立在"我的行为、举止"的基础上。因此，我总是在有意或无意地通过我的行为赋予我的自我以某种意义，否则，自我与自我的沟通便无从谈起。

"意义给予"所具有的这种双重含义引出两个新的概念：第一种意义上的"意义给予"实际上也可以被称为"意义解释"（Sinndeutung），即对"陌生行为"的解释。这个概念在胡塞尔的术语中也的确出现过，他基本上将它与"立义"、"构形"、"激活"等概念同义使用，用它们表示一种给予材料以意义的活动。舒茨也在这个意义上运用"意义解释"这个概念。意义解释的本质特征在于，它是一种被动的、接受性的活动，即所谓"被动综合"的行为，因为只要我们睁开眼睛，甚至只要我们的感官还在起作用，我们就在接受各种感觉材料并对它们进行解释，无论我们自己是否愿意。在确切的意义上，它并不是在"行为举止"意义上的"行为"（Verhalten），而只是"意识活动"意义上的"行为"（Akt），就像在非客体化行为领域中，如情感意愿领域中，对一种疼痛的被动感受不是行为一样。

与此相反，第二种意义上的"意义给予"则是一种"行为"（Verhalten），因为它与"意义制作"（Sinnerzeugung）有关，即对"本己行为"的制作。这个概念虽然也可以在胡塞尔的著作中找到，但相比之下，它在舒茨的术语中的出现则要频繁得多。这表明交互主体行为的研究在舒茨那里获得了比在胡塞尔哲学中更为重要的地位。"意义制作"本质上是一种主动的、建设性的活动。例如，挤眼表示会意，撇嘴表示不满。同样，在情感意愿领域中，例如我对一种疼痛做出抵抗或对此疼痛放弃抵抗，这也是确切意义上的我的行为。意义制作与意义解释一样，可以是有意识的，也可以是无意识的，问题取决于意义制作者是否想通过意义制作来进行传诉，亦即是否带有互识的目的。

主体之间的互识必须通过意义解释和意义制作来进行。一个主体及其行为要想被另一个主体认识，就必须进行赋予意义（制作意义）的活动。用舒茨的话来说，"通过你对你的体验的展示，你便赋予它们以意义，并且是'被意指的'意义"[①]。这种情况对我、对他、对任何一个主体都有效。反之，一个主体要想认识另一个主体及其行为，同样必须进行赋予意义（解释意义）的活动。"'把握陌生的被意指的意义'，这个要求意味着，他我的体验可以通过一个自我以某种方式得到解释，这种方式与他我对他的体验进行自身阐释的方式是相同的。"[②] 一旦承认自我与他我、本己体验与陌生体验具有相同的原形式（Urform），那么主体之间互识的可能性便已经在某种程度上得到说明：这种可能性建立在所有自我所共有的先天形式上，即建立在它们所共有的意义给予方式上。

但从另一方面看，意义给予（意义制作、意义解释）方式的相同并不意味着被给予（被制作、被解释）的意义在互识的过程中的必然一致性。分析所表明的更多是在此过程中意义的可能不一致性。进一步说，意义制作者所制作的意义并不一定与意义解释者所解释的意义相一致。这种不相合的状况也可以从胡塞尔的意向分析结果得到说明：

---

① Alfred Schütz, *Der sinnhafte Aufbau der sozialen Welt: Eine Einleitung in die verstehende Soziologie*, S. 139.

② Alfred Schütz, *Der sinnhafte Aufbau der sozialen Welt: Eine Einleitung in die verstehende Soziologie*, S. 139.

意义制作者和意义解释者所获得的后天材料的主观性、时或性、偶然性决定了他们各自所赋予的意义可能具有主观色彩。于是我们在这里面临一个早已潜在着、现在更无法回避的问题，即意义的主观性和客观性问题。

如前所述，对这个问题的回答已经具备了两个前提：（1）自我所拥有的原始材料是主观的、经验的；（2）自我所具备的立义能力是客观的、先天的。因此，上面的问题严格地说应当这样来表述：自我所赋予的意义，无论是指制作而言，还是指解释而言，是主观的还是客观的？

胡塞尔本人没有直接运用"主观意义"和"客观意义"这样的概念。我们在后面将会看到，他仅仅将"主观"和"客观"这样的定语用来规定含义的特例："表达"（Ausdruck）。明确做出主、客观意义划分的是舒茨。意义的客观性和主观性在他的社会学理论中是一个至关重要的问题，甚至是一个规定了他所理解的社会学的本质的问题："科学永远是客观的意义联系，所有关于社会世界的科学的课题就在于，构造出在各种一般的主观意义或某些特殊的主观意义联系之间的一个客观意义联系。因此，任何一门社会科学的问题都可以概括为这样一个问题：关于一般主观意义联系的科学是如何可能的？"①

对主观意义，舒茨给出的定义是："如果我们看到的是这样一种意义关系，在这种意义关系中，制作品所证明的那个制作者的体验代表着或曾代表过制作者，也就是说，如果我们能够在同时性中或在拟同时性中仿效进行那些多式命题的行为，而这个制作品的设定者的体验便建构在这种行为之中，那么我们所谈的便是主观意义。"② 这就是说，主观意义意味着，在它之中所包含的主要是意义制作者本人在制作过

---

① Alfred Schütz, *Der sinnhafte Aufbau der sozialen Welt: Eine Einleitung in die verstehende Soziologie*, S. 317.

② Alfred Schütz, *Der sinnhafte Aufbau der sozialen Welt: Eine Einleitung in die verstehende Soziologie*, S. 187.

程中所纳入的东西。尽管这些东西在相同的条件下也可以被他人所重复造出，但条件或机遇在这里成为必要的前提。

客观意义的性质则与此相反："我们只能将一个制作品本身，即那个已经完成构造的被制作物本身的意义关系称为客观意义，在陌生意识内的多式命题的建构行为中对这个被制作物的制作始终未被我们注意到。"[①] 如果在主观意义中，制作者的制作是一个重要因素的话，那么客观意义的标志则在于，制作者的制作这个因素是非本质的，它可以为我们所忽略不计。因此，舒茨强调说："客观意义仅仅处在一种对于解释者的意识来说的意义联系中，主观意义则除此之外还指出了一个对于设定者意识而言的意义联系。"[②]

如果我们回顾一下胡塞尔在1908年夏季关于含义学说的讲座中对"物候学含义概念"和"现象学含义概念"的划分，我们就可以发现它们与舒茨对"主观意义"和"客观意义"的规定之间的惊人相似之处："物候学含义概念"和"主观意义"所表示的是意义与意识活动这一方面的联系；"现象学含义概念"和"客观意义"则相反，指出了意义与意识对象那一方面的联系。可以看出，尽管舒茨没有读到过胡塞尔的这个讲座（它作为《胡塞尔全集》第二十六卷出版于1987年），但胡塞尔在《逻辑研究》中所奠定的意向分析和意义理论的基石已经足以使舒茨在进一步的分析中得出殊途同归的结论。

四、意向分析之三：主体间的共识

我们在上一个分析的结尾处已经涉及了"制作物"的概念。它可

---

① Alfred Schütz, *Der sinnhafte Aufbau der sozialen Welt: Eine Einleitung in die verstehende Soziologie*, S. 187.

② Alfred Schütz, *Der sinnhafte Aufbau der sozialen Welt: Eine Einleitung in die verstehende Soziologie*, S. 188.

以被定义为一种与"自然物"相区别的"人造物"。这两者合在一起便构成了意识对象或意识客体的整个范畴。而所谓主体间的共识，便是指两个以上的主体对某个意识客体的共同认识。

我们将这个问题称为交互主体现象学中的共识问题，即诸自我获得共识的可能性问题：我们是否以及如何能够通过互不相同的、主观的、随机的行为达到对同一个对象的共识，并且甚至还能够得出对更高层次的对象以及对作为对象之总和的世界的共识？这个问题当然与胡塞尔之前和之后的解释学讨论密切相关，例如它将解释学中作者与读者对文本的共识这样一类问题也包纳在自身之中。我们是否能够继续在胡塞尔奠定的意向分析和意义学说的基础上来解答这一问题呢？这里的关键似乎仍然在于对"意义"在意识行为与意识对象之间的特殊关系的理解。

我们首先需要把握在这里所说的共识之对象的种类。因为，共识是否可能以及如何可能，这个问题在涉及不同的共识对象时会有不同的回答方式以及不同的答案。我们大致可以将除意向活动主体本身之外的整个意向相关项领域都看作是可能的共识对象[①]，并且可以把这个领域大致地称为"世界"。对这个意向相关项的博大领域可以有许多种划分具体区域的方法，除了"人造物"和"自然物"的对立之外，我们还可以根据不同的角度来规定意向相关项的不同种类。因此我们在这里还有几对概念可以探讨，它们分别组成不同的对象范畴。这些范畴包含了所有相对于交互主体而言的可能对象，从而也构成了相对于交互主体的意向活动而言的整个意向相关项的领域。

[①] 当然，单个的意向活动主体本身也可以作为意向相关项而有可能获得其他主体的共识，但我们既然已将这个问题归在主体互识的范畴内，在这里就必须对它置而不论。

（1）"自然物"与"人造物"。

这是我们刚刚接触到的一对概念。

我们先回到在上一个分析中所讨论的"制作物"及其"制作"的概念上去。严格地说，当一个主体做出一个行为、一个举止、一个动作，从而使另一个主体对它的认识或解释得以可能时，这个行为本身就是一个带有被制作意义的制作物、一个行为主体的"产品"。所以交互主体的共识与互识的问题实际上密不可分。我们在这里只是为了阐述方便的缘故才将主体本身的行为归入到前一个分析所讨论的交互主体的"互识"领域中去，在那里，对于一个认识主体来说，另一个被构造的主体及其行为同时也就意味着一个特殊的被构造的客体。而在这里所要讨论的交互主体的"共识"领域中，情况则略有不同：这个领域所涉及的仅仅是各个主体所共同面对的客体，这也就是我们在前面所指的"自然物"以及"人造物"，即狭义上的"制作物"，它们很容易使人联想起海德格尔对"现存之物"与"在手之物"的著名划分。

就自然物方面而言，共识问题比较简单。它意味着：我们在材料不同的情况下所给予的意义，亦即所做出的意义解释如何能够相合？而人造物的情况则要复杂得多。这种复杂性一方面表现在，人造物不仅与意义解释有关，而且还涉及制作者对意义的制作。因此问题不仅仅在于，不同主体的意义解释如何能够相合，而且还在于，解释者所解释的意义与制作者所制作的意义如何能够相合。另一方面，人造物概念的复杂性还表现在，它的内涵不仅包含像布匹、房屋、桥梁、纪念碑等一类具体的物质产品，而且还包含抽象的精神产品，如语言、符号、判断、理论，甚至家庭、社会、国家、意识形态、文化等等。因此很显然，如果我们能够回答对复杂的人造物意义的共识如何可能的问题，那么与自然物意义有关的、较为简单的共识可能性也就不言自明了。

在这里我们已经暗示了另一对概念的存在，即：

（2）"周围世界"（Umwelt）与"共同世界"（Mitwelt），胡塞尔也将它们称之为"自然化的世界"与"人格化的世界"。①

这是一对我们在前面已经提到过的概念。我们在第一个分析中所涉及的是周围世界中的最基本单子——"他物"，以及它在意识中的构造过程。第二个分析则已经涉及"共同世界"中的基本单子——"他人"以及它在意识中的构造过程。在胡塞尔术语中，"周围世界"基本是指由所有具有广袤的物质物体所组成的那个自然世界，"共同世界"则大致意味着由所有社会历史的精神成分所组成的那个社会世界。它们也令人联想起波普"三个世界说"中的前两个世界，即物质世界和精神世界。如果人们直向地朝向这两个世界，将这两个世界作为自己的研究对象，那么他们的研究就可以称为"自然科学的研究"和"社会科学的研究"。但我们在这里所要达到的目的是回答这些对象是如何交互主体地被构造起来，或者说，它们如何能够被各个主体所共识。因此，我们的研究是与直向的科学研究相区别的现象学反思性研究。

"周围世界"和"共同世界"的概念显然与"自然物"和"人造物"的概念不相等，但却相切、相容。这种相切和相容表现在：一方面，"周围世界"是由"自然物体"（山、水、树木、天体等）和"人造物体"（家具、房屋、城市等）所组成；另一方面，"共同世界"也是由"自然社会"（家庭、民族等）和"人造社会"（部落、国家等）所组成的。

最后还有一对比较容易理解的概念，即：

（3）"实在对象"与"观念对象"。

这对概念与前两对概念也具有相切、相容的关系。一般说来，实在对象是指在具体的时、空中存在的直观对象。观念对象则是指超时、空存在的思维对象。单个主体对观念对象的构造属于与观念直观有关

---

① 参见 Hua III/2, 3. Abschnitt, 1. Kapitel。

的讨论范围①，我们在这里将对此构造的分析过程置而不论，只将分析结果作为现有的前提接受下来。因为我们在这里的主要任务是说明对这些对象的共识如何可能的问题，它意味着各个主体如何能够通过意向活动构造出相同的甚至同一的实在对象和观念对象。

在划定这些共识对象的范畴之后，我们回过来反思地考察意向行为本身的进一步特征。

我们在前两个分析中已经说明了意向活动的一个最基本特点：它具有统摄的能力，具有赋予意义的能力。杂乱的感觉材料通过意向活动的整理，通过意识的认同性综合而成为一个有意义的统一，成为一个对象。所以胡塞尔在论述中也常常运用"综合"（Synthesis）和"认同"（Identifikation）这两个术语来描述意向构造中的"立义"过程。这是我们至此为止对"立义"的主要理解。但这种认同性综合的活动还具有我们尚未把握到的深层意义。

1. 意向活动的静态分析

我们在前面第一个分析的开始便已经提到了"共现"的概念：感知本身是由原本意识和非原本意识所组成的。原本的东西是指以感性、体现的（präsentativ）方式直接显现给我的东西，非原本的东西则是指以非感性的、共现的（appräsentativ）、间接的方式一同被给予我的东西。以对"躯体"（人的躯体或物体）的感知为例：某人的正面（甚至只是他正面的表面）在感知中原本地显现给我，他的背面则非原本地在感知中共现出来。统觉（即立义）不仅是对正面的感觉材料的综合认同，而且这种认同还将背面也纳入到"这个躯体"的意义之中。因此，胡塞尔也称这种立义为"共现的'感知'"（Hua I, 378）。

---

① 关于胡塞尔现象学中观念直观或本质直观的问题，可以参见笔者在拙著《现象学及其效应——胡塞尔与当代德国哲学》第 5 节中的阐述与评论。

在第二个关于陌生感知分析中,我们又接触到"统觉"或"共现"的另外两种功能:

首先,它是指在作为陌生感知之前提的本己感知中,意识活动对自身的"意识与身体的联结"(Hua III/1,138)能力:将自己的躯体不仅单纯地统摄为"躯体",而且还赋予它以"身体"的含义,即一个具有灵魂的躯体,一个心、物结合体。在这种统摄中,原本的部分是直接显现给我的物体的部分及其运动的部分,亦即动感部分,以及自我的自主性、主动性和随意性能力。其余的部分则是共现的被给予性,它意味着将"我的"意识与"我的"躯体综合为一个活的统一的能力。

其次,在陌生感知中的统觉还意味着"联想的统觉"(Hua I,138),它表明统觉能够在联想的基础上,即在实在想象和虚构想象的基础上,由事物感知的原本性过渡到陌生感知(对他人的感知),并且构造出超越原本性(无论是事物感知的原本性,还是本己经验的原本性)范围的"他人"。共现的成分在这里比在事物感知和本己感知中所占的比重更大。胡塞尔说,"同感①是一种统觉,它将一个主体连同一个显现的世界与一个被体现的身体共现出来"(Hua XIII,378)。可见,在这里,只有身体是被体现的,陌生主体及其意识都是共现性的。而且我们在上面已经看到,即使对陌生身体的感知也含有很大的共现成分。

与对陌生主体之统觉相同的情况还表现在"世界统觉"上:单个主体对世界的直接直观是极为有限的,"由于我通过回忆和期待不能走得很远,不能超越出我的本己自我及其所属,因此必定存在着另一种当下化的经验方式",这个当下化的方式指的就是统觉:"通过与一个被经验物的联结,一个未被经验物被设定为是共同当下的,而这就是

---

① "同感"(Einfühlung,又译作"移情")是指对他人的意识,即陌生意识的感知。与它相对的是对本己意识的自感,即反思。

共现的作用。"（Hua XIII, 374）"共现"将一个单个主体的有限世界经验扩展为在时、空上无限的世界统觉，在这个统觉中虽然包含着极多的、占有极大比例的间接成分，但它们通过共现的联结都被设定为共同当下的。未被经验的世界就像未被看到的房屋背面一样，都被纳入我赋予这个世界或赋予这个房屋的意义中去。

显而易见，无论哪一种意义上的统觉，它们都包含着极大部分的共现因素或共现能力。实际上，意识中被共现的部分以及意识共现的能力是无限的，而意识中的被体现的部分和意识的体现能力则是相当有限的。共现是一个在现象学意向分析中需要受到特别关注的成分。这是我们通过静态意向分析所得出的一个首要结论。

另一个结论也很显然：意识活动的统摄能力越强，在各种感知中共现的成分也就会越多，但感知的原本性特征也就会丧失得越多，换言之，通过感知而获得的明见性就会越来越少。从自识到他识，从对自己身体和本己意识的感知到对他人身体和陌生意识的感知，它们所展示的就是这样一个过程。

随着下面分析的进一步深入，这些结论还会得到愈来愈有力的证实。

2. 意向活动的发生分析

与至此为止的认同性综合相关的仅仅是对意向活动静态分析，它所代表的只是意向活动的一个瞬间，换言之，是连续不断的意识流中的一个横切面。如果我们对意向活动进行发生的考察，我们会发现，认同性综合还包含着另一层发生含义：例如，我们在看的过程中感知到一张桌子，在经过一段时间之后，我们在同一个地方观看到相似的东西时，我们会认为这是同一张桌子；我们甚至还在以后可能发生的一再回忆中做出这种认同。这说明，认同不仅包含着相对于杂多而言的统一的认同，而且还意味着对被构造的对象在时间流的前后相序中的统一的再认同。如果没有后一种认同，对象也就无所谓对象，因为，作为一种随主体体验一起稍纵即逝的东西，它无法与持续的主体自我相对峙。正因为意向活动具有这种双重的认同能力，即静态的和发生的认同能力，意向相关项才能被构造出来，并且持续地作为意向活动的相关物存在下去。在这个意义上，胡塞尔在 1917 年前后开始区分"静态的和发生的现象学"（Hua XI, 336ff）。如果我们将意识看作是一条生生不息的河流，那么发生现象学是对此河流的河床的研究。

与静态现象学一样，发生现象学的研究也必须关注意向活动和意向相关项的两极：一方面，发生现象学需要探讨"意识的历史（所有可能的统觉的历史）"（Hua I, 339），这也就是意向活动的历史；另一方面，对意向相关项，"对每一个意义构成物，我们都可以探问它的本质意义史"（Hua XVII, 215）。

随着对意向相关项的不断构造和不断积累，主体的视域也相应地在时间和空间上得到积累和扩展，一个在时间和空间上连续伸展的"世界视域"对我显现出来。① 例如，我先看见桌子，然后回转身来面对黑板，最后走出教室，走出校园。在这一系列的活动中，被构造的意向相关项都在一定程度上被纳入我的视域之中并在那里占有一个位置。而每一单个主体的最大可能视域也就是我们日常所说的世界。对此，胡塞尔在《纯粹现象学和现象学哲学的观念》第一卷中曾有明确的论述，他认为正是通过"这个可变化的，但始终一同被设定的视域，世界的命题才获得其本质的意义"（Hua III/1, 90）。在他的后期著作《欧洲科学的危机与超越论现象学》中，他又概括说："正是由此人们才能看到：每一个世界性的被给予性都是在一个视域的如何之中的（im Wie des Horizontes）被给予性，在视域中还隐含着进一步的视域，而且，这些视域作为世界性的被给予之物最终都会带有一个世界视域

---

① 笔者在拙著《现象学及其效应——胡塞尔与当代德国哲学》第 18 节"胡塞尔与伽达默尔的'视域'概念"中对视域在时间上和空间上的扩展与积累状况有较为详细的说明。

并因此作为世界性的而被意识到。"（Hua VI, 276）这个由主体构造出来的并且始终与主体有关的世界视域也被胡塞尔称为"生活世界"，它是所有客观世界的基础。现象学的世界概念与客观科学的世界概念在这里形成一定的对立。①

由此可见，"视域"概念在胡塞尔那里的最重要意义首先在于，它说明了单个对象与作为这些对象之总和的世界之间的过渡关系，说明了具体、充实的视域与抽象、空乏的视域之间的过渡关系。

我们可以从两个方面来考察这种关系：从个别对象这方面来看，对对象视域的构造始终具有一种进一步规定的特征，因而这种构造不断超越出自身，最终达到对普遍世界视域的构造；所以伽达默尔说，胡塞尔的"这个无所不包的世界视域是通过意向性而被构造出来的"②。从作为对象之总和的世界这方面来看，世界是通过各个对象视域的连续构造而被构造出来的一个总体视域；正如芬克（E. Fink）所说，在胡塞尔那里，"世界本身被理解为各种被构造的对象所具有的被构造的视域"③。在这个意义上，我们可以说，"视域"概念在胡塞尔哲学中所起的作用与"理念"概念在康德哲学中、"筹划"概念在海德格尔哲学所起的作用是相同的。

但所有这些都还仅仅与视域构成的直接性有关，或者说，与直观的世界视域有关。如果我们把视域概念扩展到相对的间接经验的范围，使它不仅包括作为客体化行为的时空直观，而且也包括通过图像、符号、判断而获得的间接时空视域，那么我们首先面临的一个问题便是：

---

① 关于"生活世界"概念的详细说明可以参见拙著《现象学及其效应——胡塞尔与当代德国哲学》第 9 节"胡塞尔的'生活世界'概念"。

② H.-G. Gadamer, *Hermeneutik I, Wahrheit und Methode. Grundzüge einer philosophischen Hermeneutik*, Tübingen: J. C. B. Mohr, 1986, S. 251.

③ Eugen Fink, „Welt und Geschichte", in Van Breda, H. L. and Taminiaux, J. (eds.), *Husserl et la pensée moderne. Husserl und das Denken der Neuzeit. Actes du deuxième Colloque International de Phénoménologie. Akten des zweiten Phänomenologischen Kolloquiums*, Krefeld 1.-3. Nov. 1956, Den Haag: Martinus Nijhoff, 1959, S. 150.

既然我能构造视域,你能构造视域,那么我如何能够超出我的视域而达到你的视域?因为,各个意识活动的主体所构造的视域肯定不是完全相异、互不相通的,否则人际间的交往和沟通便无从谈起。因此胡塞尔在这里所说的世界视域实际上不是某个人的视域,而是一个匿名的、对多数人有效的世界视域。这个世界视域在时间上的延伸构成了我不能直接经验到的历史世界和未来世界,在空间上的延伸构成了我不能直接经验到的整个现实世界。

现在需要回答的问题在于:我如何可能进入到他人的视域中去,进入到这个比我的直接世界视域更为普遍的间接世界视域中去,并在或大或小的程度上与他人一起形成对这个世界的共识。如果我们用胡塞尔的话来表述,那么这个问题就应当是:"作为我的周围世界的主体、作为体验着这个现象杂多性并且经验着它的客观世界的主体,我是否能够以原本的方式拥有另一个主体,或者说,拥有它的现象杂多性、它的客观世界?"(Hua XIII, 372)

胡塞尔在这个问题上依然回溯到"统觉"分析,尤其是对"共现"的分析上去。

在胡塞尔看来,"以共体形式第一个被构造出来的东西以及所有其他交互主体的共体性基础是自然的共同性"(Hua I, 149),因为随着陌生主体性的被给予,它的具体主体区域,即陌生的世界也一同被展示出来。对陌生主体的认同同时也意味着在某种程度上对陌生世界的认同。因此我们首先要对这个自然共同体进行分析,然后才有可能进一步把握其他的共同体形式。胡塞尔也将这个自然称为"交互主体的世界"或"交互主体的自然"。(Hua I, 149; Hua XIII, 370)

使这个交互主体的世界得以可能的前提首先在于各个单个主体及其各自世界的构成。换言之,交互主体的世界必须奠基于各个单个主体的世界之中。这个前提对我们来说已经存在:我们至此为止已有的认识是自我连同它的世界以及各个他我连同它们各自的世界。这些已有的认识可以概括为意识主体的自识和互识。随着陌生主体的被感知，随着他人在本己意识中的被构造，他人的世界也一同被纳入我的统摄范围中来。这个统摄的方式是一种单纯的表象，一种"在纯粹中立性中进行的表象"（Hua XIII, 371）：这是被他人感知到的事物和世界。它们是否与我所经验的事物和世界是同一个东西，对此我不做表态。我可以像看待一个童话世界一样来看待他人的世界。既不假设它，也不反驳它。但有一点对我来说很明显，我可以通过反思来确定我的实在世界的构造过程，但却无法通过反思来将他人对其世界的构造变成自身的感知。"对一个主体的中性表象不可能转变成关于此主体的原初经验（感知）……除非这个感知主体本身就已经是这个自我主体，并且被中性表象之物已经被这个主体所体验过，而这就意味着，中性表象仅只是对自身经验的中性化而已。"（Hua XIII, 374）这也就是说，这个单纯被想象的世界与我的感知世界不是同一个世界，我也不可能将它转变成我的感知世界。换言之，陌生主体的周围世界对我来说从未成为，也永远不可能成为感知的对象。它当然也就不可能出现在我的回忆和期待中。反过来说，我这个主体以及我的世界相对于其他的陌生主体而言也是如此。因此可以确定，"两个唯我论的主体可以作为两个时空世界的主体被构造出来，这两个世界本身虽然完全相同但各自互不相干，谈论在这两个世界中的共同事物是毫无意义的"（Hua XIII, 376）。这一事实的确定，在某种程度上是对客观主义世界观的一个反驳：每一个人的世界最根本地都是生活世界，都是主观的世界。

但另一方面，我们随时随地都可以看到，在自我世界和他我世界之间有着沟通的可能和现实。一个交互主体的、对各个主体共同有效的世界的存在实际上是一个明见的常识。对此，胡塞尔的解释首先诉诸莱布尼茨所主张的"单子之间的前定和谐"："只有当两个主体在其发生方面处于一种特别的'前定和谐'之中，以至于每一个主体在自身中都必须构造出'陌生身体'，而且每一个主体都能够并必须将它们立义为陌生主体的身体,并且,与此相一致,只有当事物显现的过程在两个主体中具有协调作用,这种协调使得相互的同感成为可能,只有在这时,这一个主体的世界才同时也是另一个主体的世界,而另一个主体的世界也同时是这一个主体的世界。"(Hua XIII, 376-377)

当然,一个真正的现象学家绝不会仅仅满足于这种解释。胡塞尔在他的意向分析中试图从各个方面来描述这个"前定和谐"的具体内涵。

首先,各个单子世界对各个单子的相同展示方式是"前定和谐"的一个主要成分。由于他人的陌生世界显然可以被我意识到,但这种意识到(Bewussthaben)又既不可能是以感知的方式,也不可能是以现实想象(回忆、期待)的方式来进行,因此,另一个世界必定是以一种与感知、回忆和期待不同的方式在我对陌生主体的同感中一同被给予我的。这种方式就是胡塞尔在其意向分析的工作中一再关注的"共现"方式,它是当下化行为的一种。①

笔者认为,**意向分析至此为止所能把握到的最具有超越论意义的意识要素就是共现。它贯穿在主体的自识以及主体间的互识和共识的始终**。如果不能明见地看到这个因素,那么意向活动的超越能力和构造能力必定是无法理解的。**整个超越论现象学将陷入瘫痪**。②

陌生的世界通过共现而在我的周围世界中宣报(behundet)出来。换言之,对这个陌生世界的统摄只有通过共现的联结才能完成。只要对这种共现的联结稍做分析,我们就可以看到,在这里被联结的有两方,一方是具体自我在不间断的生动性中发展、前行、积累、沉淀着的自身经验,即具体自我的原初领域、纯感性的原本性领域,即本己的世界;另一方则是在这个领域中通过被当下化的陌生领域、非感性的领域,即陌生的世界。胡塞尔之所以将这种联结也称为"认同性的

---

① 胡塞尔区分两种类型的当下化(Vergegenwärtigung):"再(Wieder-)当下化=回忆;共(Mit-)当下化和先(Vor-)当下化=期待"(Hua XXIII, 290)。

② 参见拙论《现象学意识分析中的"共现"——与胡赛尔同行的尝试》,台北《鹅湖学志》2016 年第 56 期,第 185-233 页。

综合"（Hua I, 156），原因在于它不仅仅是对原初被给予的陌生躯体和同一个只是以另一种显现方式被共现的躯体的认同性综合，而且还是对由此而展开的对那个原初地，同时又是共现地被给予的和被证实的自然的认同性综合。

陌生主体的周围世界是一个通过共现而展示给我的世界，而我自己的周围世界，如前所述，在相当大的程度上也是被共现的世界，而不是一个纯粹被体现的世界。因此，我的大部分周围世界与他的整个周围世界对我来说实际上都是共现的世界，在它们之间很难划出一条明确的分界线。所以，虽然每一个对象都可能以不同的显现方式展示给不同的主体，但是，"随'同感'的进行，一种与一个共同的世界、一个以不同的展示方式展示给不同主体的世界的关系便得以形成"（Hua XIII, 376）。这个世界是共同的，所谓共同，是指它基本上是通过共现的方式被给予各个主体，因而带有相当的未被充实的和完全空乏的视域。这些视域相互交融，通过间接的以及更间接的共现而联结在一起，由此而构成我们共同拥有的那个交互主体的世界。究其根源，"这个交互主体的世界的同一性就建立在那个角度和感官事物（它们是杂多角度的统一）的较低级客体性的基础上，这种客体性是在每一个主体性中构造起来的"（Hua XIII, 377）。而主体间相互理解的条件"就在于不断地回溯到同一个在相同的感知系统，但却在不同的个别感知和感知序列中展示着的世界上去"（Hua XIII, 376）。就是这样，一个与作为自然科学研究对象的客观世界以及与单纯唯我论的主观世界相区别的交互主体的世界被构造出来。可以说，它是"可能的（有动机的）角度的无限杂多性"之总和，"在某种程度上是所有主体的共同财富"（Hua XIII, 377）。

这个世界绝非是纯客观的。因为我们已经看到，使客观性成为可能的前提起源于主体所共有的共现能力之中。"显而易见，每一个由我在底层所经验到的和可经验到的自然客体都由此而获得了一个共现的

（尽管还没有被清晰地直观到的）层次，这个层次与那个在原初的原本性中被给予我的层次是综合的同一统一：在他人的可能被给予方式中的同一个自然客体。这个过程带着可能的变化而不断重复，作为人的世界和文化世界，对我们来说始终在此存在着的那个具体的客观世界，它所具有的更高阶段的世界性便不断地被构造出来。"（Hua I, 153）但另一方面，这个交互主体的世界也不是纯主观的，尽管它最终可以被还原到纯主观的东西之上，即还原到那些在各个主体那里被体现出来的东西之上。而这个共同世界的其余部分，它的绝大多数领域是通过共现而得到展示的。我认为可以将这里的，即在这个功用上的"共现"定义为一种联结相对于个体而言的主观被体现之物和相对于共体（交互主体）而言的主观（准主观）未被体现之物的能力。

此外，对共体世界的构造分析还可以再进一步深入到对个体世界的发生分析之中。这也是胡塞尔在《笛卡尔式的沉思》中所把握的一个主要方向。单个主体各自具有其通过意向活动而被逐步构造起来的时空世界。"每一个这样的世界都是在其主体的发生中作为它们的现象统一而被构造起来的，每一个这样的世界都是作为带有过去和将来这两个开放视域的时间世界而被构造起来的。对于每一个这样的世界来说，它们的客观时间都是如此被构造起来的，以至于这种客观时间在现时经验所能达到的范围内以一种在现象学上可理解的方式与主体的现象学时间相合。"（Hua XIII, 371）所谓在现象学上可理解的方式，是指对客观时间与主观时间的这种相合性的理解。分析将会表明，这种客观时间奠基于各个主体的相同的时间形式之上，亦即奠基于交互主体的共同时间之上，它们的相合基本上是以牺牲主观时间为代价的。客观的时间形式一旦成立，那么主观时间便成为依附，"每一个原初的时间性都仅只意味着客观时间的一种个别主体的原本显现方式"（Hua XIII, 156）。客观时间的构造同时又意味着："我的自我（我的整个具体自我）与陌生自我的共在、我的意向生活和它的意向生活的共在、我的实在和它的实在的共在被原构造出来（urstiftet）"。"在构造上相互关联的单子的时间共体是不可分的，因为它们与同一个世界、同一个时间形式的构造有着本质的联系"，如此等等。（Hua XIII, 156）

我们在上面所涉及的世界从广义上说是包含了物质自然和人类社会的总体对象视域，从狭义上理解则仅指前者。无论对此概念做何种理解，我们现在都有必要特别提一下与人类社会有关的世界视域的构成问题。如前所述，人类社会一方面属于与"自然物"相区别的"人造物"范畴，另一方面又可纳入与"周围世界"相对立的"共同世界"的范畴中去，因此在这里尤其需要得到关注。① 从"社会历史"的概念中同样可以分解出从个别到一般的许多不同层次。由于它们是在各个主体的意义给予过程中随主体视域的扩大而逐步被制作出来的，因此，无论这些意义构成物，如历史、社会、文化、精神等等，多么抽象、一般，它们都奠基于最为简单、素朴的意义元素之上，因而对它们的分析最后都必须还原到最底层的意义单子的分析上去。由此可以得出，诸如交互文化哲学、理解社会学的讨论最终还需要依据交互主体性现象学的意向分析。正是因为"随本真的、社会的共体化的进行，各种类型的社会共体作为特别的精神客体性在客观世界之内以可能的梯级顺序构造起自身"，所以，胡塞尔对现象学所提出的"一项重要的任务"在于："仔细地研究各种形态的社会行为，并且由此出发来说明所有社会性的本质。"（Hua XIII, 159）

在这点上，舒茨的目光同样是敏锐的。他很早就看出，在社会学的研究领域中，狄尔泰（W. Dilthey）对"客观精神世界"的考察，斯潘（O. Spann）对作为精神之总和的"社会现有整体"的考察，西美尔（G. Simmel）对"相互作用"概念的研究，A. 韦伯（A. Weber）

---

① 笔者在此必须舍去对观念对象的交互主体构造问题的论述，因为，尽管本章力图不拘篇幅的限制而将一条思路贯彻到底，但意向分析的复杂迫使笔者不能不满足于对最主要轮廓的勾画。

对"文化整体联系"的研究，维泽（L. v. Wiese）从个体之间关系出发对群体本质以及社会构成的描述，奥本海姆（F. Oppenheimer）将总体社会过程看作是群体行为，曼海姆（K. Mannheim）对历史进程中意识形态发展的探讨，以及如此等等，所有这些尝试"都是将在社会世界之内现有的意义构成物作为考察对象"，然而，"所有这些意义构成物都可以在那些处在社会世界中的行为者的意义设定过程和理解过程中（它们正是在这个世界中构造起来的），也就是在对陌生行为的阐释过程和对本己行为的意义给予过程中得到进一步的解明"。①在这里，现象学研究对于其他社会科学所具有的奠基功能便得到了表明：只有通过对意义构造各个层次和阶段的详尽分析和对这个层次和阶段之间的奠基关系的明确澄清，社会学、文化学以及所有与这些意义构造物有关的精神科学的真正研究对象才能得到确定，它们的真正研究领域才能得到划定。舍勒的"知识社会学"、舒茨的"理解社会学"以及目前由黑尔德等人所代表的"交互文化现象学"等设想，都在这个意义上将自己理解为对现象学纲领的贯彻和对现象学意向分析的实施。

在这里所展开的意向分析和论述中，我们以对主体的自识可能性分析为出发点，然后过渡到对主体间的互识可能性分析，再进一步进入对交互主体的共识可能性分析，整个思路进程大致相当于一条被胡塞尔称为"超越论演绎"②的道路，尽管这里最基本的依据始终在于直观的明见性。

对于这条论证分析的道路以及它所达到的目的地，当代哲人所持的一个较为普遍的评价是：胡塞尔所走的这条路没有达到他预期的目的。在第二个分析中，我们已经提到了舒茨的批评："如何超越论地推

---

① Alfred Schütz, *Der sinnhafte Aufbau der sozialen Welt: Eine Einleitung in die verstehende Soziologie*, S. 19.

② 参见 Hua XIII, 375, 尤其是 Hua XIII, 376, Anm. 1："这一切显然都是超越论可演绎的。"

导出所有认识与思维的交互主体性……这是任何一门认识现象学都具有的极为困难的基本问题，胡塞尔在他的著作《形式的与超越论的逻辑学》中尽管指出了这个问题，但还绝没有解决这个问题。"①"我们的主要资料——胡塞尔的《笛卡尔式的沉思》的第五篇——并不显示他人是如何被构成为一超越论的主体性，而只显示他是如何被构成为世间的心物统一体。"②。除此之外，哈贝马斯也是一例，他认为："胡塞尔本人（在《笛卡尔式的沉思》中）曾试图从自我的单子论成就中推演出主体之间的交互主体关系，这些主体在它们视线的相互交叠中得以相互认识并且构造出一个共同的世界视域，但这个尝试失败了。"③ 卢曼则干脆批评说："交互主体性"根本就不是一个概念，而是"一个尴尬的用语，它表明，人们无法再坚持主体，无法再规定主体"；它是一个悖谬的概念，其作用仅仅在于，"在一个以意识的主体性为开端的理论中引入某些从这个理论出发无法被思考到的东西"。④ 而且，即使在现象学哲学家的阵营内部，持这种观点的人也不在少数。

当然，我们可以注意到，这些批评都带有合理的谨慎性：无论是舒茨，还是哈贝马斯，他们都划定了批评的范围——这些批评或者是针对胡塞尔的《形式的与超越论的逻辑学》而言，或者是针对他的《笛卡尔式的沉思》而言。因为，胡塞尔生前发表的著述与他的毕生研究相比，就好似冰山露出海面的一角。在没有看到被埋没在海水下的冰座之前，任何对整个冰山的估价、评论都将会是草率而片面的。

因此，正如笔者在拙著《现象学及其效应——胡塞尔与当代德

---

① Alfred Schütz, *Der sinnhafte Aufbau der sozialen Welt: Eine Einleitung in die verstehende Soziologie*, S. 43.

② 舒茨：《马克斯·舍勒三论》，江日新译，第 123 页。

③ J. Habermas und N. Luhmann, *Theorie der Gesellschaft oder Sozialtechnologie. Was leistet die Systemforschung?* S. 176f.

④ N. Luhmann, „Intersubjektivität oder Kommunikation: Unterschiedliche Ausgangspunkte der Theorie der Sozialwissenschaften", *Archiv di Filosofia*, No. 54, 1986, S. 42.

国哲学》中已经指出的那样：胡塞尔在交互主体性分析上所做的努力是否以失败而告终，对这个问题的回答只有在对胡塞尔的研究手稿做出深入的研究之后才能给出。本章中的研究，只是在这个方向上所做的初步努力。主编胡塞尔《交互主体性现象学》三卷本（海牙，1973年）的瑞士现象学家耿宁（Iso Kern）曾对笔者阐述过他的思想历程：初读《笛卡尔式的沉思》一书时，他曾认为胡塞尔在这部著作中没有能够达到他所预期的目的，但在主编过这三卷本手稿之后再读《笛卡尔式的沉思》，他便可以很有把握地说，胡塞尔已经解决了交互主体性的问题。与此相同，主编《笛卡尔式的沉思》一书的施特拉塞尔（S. Strasser）也指出：耿宁主编的胡塞尔《交互主体性现象学》三卷本为人们提供了全面和重新理解胡塞尔的可能，这些著作表明，"所有那些关于我们这位伟大哲学家的流行看法都是不切实的。胡塞尔既不是逻辑主义者，也不是生存主义者。他既不仅仅是孤独的意识生活的细腻分析家，也不仅仅是一个认识构成物的仔细描述家。……所有这些看法都建立在一些零碎的印象的基础上，这些印象与胡塞尔事业的某些部分以及他思想发展的某些阶段有关。但这些印象都没能把握住这位伟大哲学家所真正关切的东西。谁要想确证一下胡塞尔思维努力的整个范围，他就必须花力气仔细阅读这三卷著作，它们展示了胡塞尔'交互主体性现象学'的发展"[①]。近年发表的、由伦普所著的《胡塞尔的交互主体性现象学》（1992年）正是在这个方向上所做的努力。他为自己提出的任务是："根据胡塞尔关于交互主体性问题的遗稿整理出一门哲学的理论，它可以超出历史的兴趣而获得系统的意义。"[②] 在对

[①] Stephan Strasser, „Grundgedanken der Sozialontologie Edmund Husserls", in *Zeitschrift für philosophische Forschung*, Bd. 29, H. 1 (Jan. - Mar., 1975), S. 33.

[②] G. Römpp, *Husserls Phänomenologie der Intersubjektivität. Und ihre Bedeutung für eine Theorie intersubjektiver Objektivität und die Konzeption einer phänomenologischen*, Dordrecht u. a.: Academic Publishers, 1991, S. IX.

胡塞尔的交互主体性方面的努力进行了深入的研究之后，伦普得出这样的结论："在陌生主体性的可经验性现象学中得到分析的构造联系不仅展示了哲学的可能性条件，而且也使哲学的要求得到合法化，这个要求便是：在绝对主体性的自身阐释中获得对一般主体性的明察，因为任何一个对陌生主体性的经验，只要它可以成为有意义的课题，就都始终依赖于绝对自我的自身陌生化功能。由于他人只能'从我出发'而成为课题，因此，任何一种将其他主体作为课题来研究的做法都带有一种普遍性的标志，这种普遍性是连同陌生主体性的可经验性一起被构造出来的。在这种构造联系的基础上，胡塞尔有权主张：哲学所提出的那种超越于所有文化之上的要求是合法的，哲学'对于整个理性人类以及任何一个普遍的理性人类'都具有意义。"[1]

五、结语

相对于胡塞尔的意向分析任务而言——这几乎是一个具有无限广阔视域的任务范围，我们在这里仅只接触到其中的一个极小部分，尽管是一个最基本的部分：最原本的、最底层的意义构成物如何能够被单个主体构造出来，并且能够最终成为一个交互主体有效的制作物。

纵观意向性研究的现状，笔者赞同海德格尔在七十年前[2]所做的一段评述，它在今天依然具有其现实意义：胡塞尔的意向性分析研究已经提供了"对意向性一般的不断发展的原则性澄清"和"原则性阐释"。尽管如此，"意向性这个表述即使在今日也仍然还不是一个口令，而是一个中心问题的称号"[3]。

---

[1] G. Römpp, *Husserls Phänomenologie der Intersubjektivität. Und ihre Bedeutung für eine Theorie intersubjektiver Objektivität und die Konzeption einer phänomenologischen*, S. 215f.

[2] 本章内容首次发表于 1995 年。——编者

[3] Heidegger, „Vorwort des Herausgebers", in Hua X, XXV.

当然，如果按照胡塞尔的设想去完成整个现象学的意向分析任务，那么这几乎就意味着一个对整个人类理性发展的再反思、再批判的工作。而且这种反思和批判将宏观的考察与微观的分析聚于一身，从而要求它们的实施者具有相当的素质和耐力。历史很难再造就一个像胡塞尔那样的思想家，既具有为此付出毕生心血的志向和勇气，同时也具有严格的意向分析的天才工作能力。以后在现象学方向上的进一步努力之企图，如果不借助于一批人的合作，现象学的意向分析研究恐怕就永远也无法再达到胡塞尔已达到的那个层次，更不用奢谈去超越它。

现象学背景中的意向性问题

一

这里准备讨论的意向性，首先应当是作为哲学问题的意向性。当意向性作为哲学问题被提出来时，它的日常含义在哲学讨论中就退回到背景里。"意向"此时不再是指"意图"或"倾向"意义上的意向，而是指意识构造或指向对象的活动或能力。

虽然早在中世纪哲学中就有对"意向"（intentio）问题的最初讨论，例如托马斯·阿奎纳就用它来定义有意图的精神行为，但真正将它作为哲学术语加以运用的首先是深谙中世纪哲学的布伦塔诺。他将"意向的"、"意向的内存在"这样一些概念引入哲学和心理学中，并赋予它以一种特殊的哲学或心理学蕴涵。"意向的"一词，在他那里并从他开始代表着心理现象的一个基本特征：所有心理现象都"在自身中意向地含有一个对象"。他认为可以通过对意向性或意向内存在（Inexistenz）的指明来区分心理现象与物理现象。"意向性"是心理现象所独有的一个基本特征。以后他的学生胡塞尔曾对此评价说："在描述心理学的类别划分中，没有什么比布伦塔诺在'心理现象'的标题下所做的，并且被他用来进行著名的心理现象和物理现象之划分的分类更为奇特，并且在哲学上更有意义的分类了。"（LU II/1, A 344/B₁ 364）

二

意向性对胡塞尔之所以具有哲学意义，乃是因为他在其中看到了解决传统哲学问题的契机。此后，无论是在他 1907 年完成的超越论转向之前还是之后，意向性都构成胡塞尔意识分析的核心课题。法国哲学家保罗·利科曾对此精辟地概括说："意向性可以在现象学还原之前和之后被描述：在还原之前时，它是一种交遇，在还原之后时，它是一种构成。它始终是前现象学心理学和超越论现象学的共同主题。"① 就交遇而言，意向性所体现的自然观点中的心物二元的原则，是自我与他人、内心与外界、主体与客体、心理与物理的关系问题；就构成而言，意向性所体现的是哲学观点中的或超越论的主体性原则，是意向活动与意向相关项、显现活动与显现者、构造与被构造的关系。

在此双重方向上的意向性问题，通过胡塞尔的意识现象学而得到了淋漓尽致的展开。意向性成为现象学的不可或缺的起点概念和基本概念。因此，胡塞尔的整个哲学工作，即对意识体验的分析工作，都可以合理地，但不尽全面地被称作"意向分析"。

无论如何，意向性分析的工作主要是从胡塞尔的现象学研究开始的。具体地说，胡塞尔在布伦塔诺对心理现象三分（表象、判断和情感活动）的基础上，用"客体化行为"和"非客体化行为"的两分来开始自己的意识体验分析。这样，布伦塔诺的"心理现象或者本身是表象，或者以表象为基础"的命题，就被胡塞尔改造为"任何一个意向体验或者是一个客体化行为，或者以这样一个行为为基础"（LU II/1, A 458/B₁ 494）。在这个意义上，胡塞尔提出一个著名的命题："意

---

① 保罗·利科：《〈纯粹现象学和现象学哲学的观念〉第一卷法译本译者导言》，载于胡塞尔：《纯粹现象学通论》，李幼蒸译，第 476 页。

识总是关于某物的意识。"这也意味着,意识就是意向体验。意向性标志着所有意识的本己特性。

但若仔细分析起来,"每个意识都是意向的"这个说法有两重含义:一个含义在于意识构造对象;另一个含义是意识指向对象。意向性既意味着意识构造客体的能力,也意味着意识指向客体的能力。前者专指客体化的意识行为,后者可以指所有的意识行为,即是说,非客体化的行为虽然不构造对象,但也指向对象。例如,爱是一个非客体化的行为,但它仍然有自己的对象。被爱者作为对象首先是通过表象的客体化行为被构造出来,而后才有可能被爱,即成为爱的行为的所指。

这样我们就可以理解胡塞尔为什么要说"任何一个意向体验或者是一个客体化行为,或者以这样一个行为为基础"。非客体化行为(如爱、快乐、悲哀等等)自己不具有构造对象的能力,因此必须倚赖于客体化行为(感知、想象、符号行为等等),更确切地说,倚赖客体化行为构造的对象。即便是像"无名的悲哀"、"莫名的喜悦"这样一些现象,在胡塞尔看来也有其确定的对象。

据此,客体化行为是奠基性的,非客体化行为必须建立在客体化行为的基础上。这样一种对客体化行为和非客体化行为的区分与定性,事实上为自古代哲学以来就有的并在近代哲学中得到极度弘扬的一个基本取向提供了依据:将哲学首先视为理论哲学,视为知识论。而情感活动、意愿活动作为非客体化行为只有在表象和判断等知识行为得到分析和探讨之后才有可能获得解释和澄清。这个将理论哲学定位为第一哲学,将实践哲学定位为第二哲学的意图,与笛卡尔、康德、布伦塔诺等人的思想是一脉相承的。当然,它通过胡塞尔的细致扎实的意向分析而获得了更为严格缜密的依据和更为令人信服的实施。

因而海德格尔在为胡塞尔《内时间意识的现象学讲座》所写的"编者引言"中有理由说,通过胡塞尔的分析,意向性获得了"一种原则性的揭示"。但是，海德格尔同时挑明："意向性"这个表达即便在胡塞尔之后也仍然"不是一个口令，而是一个中心问题的称号"①。这几乎是海德格尔对胡塞尔的思维方式和思想立场进行颠覆的一个暗示性预告。

三

正因为胡塞尔的工作为理论哲学的第一性地位奠定了一个意识哲学的基础，因此要想对理论理性和实践理性的顺序做革命性的变革，也就需要对这个奠基做出实质性的解构。这个解构首先是在现象学内部进行的，主要是通过舍勒和海德格尔的——同样冠名为现象学的——分析工作。

由于舍勒在其哲学思考之初便把"精神"（不是胡塞尔的"意识"）视为一种存在形式，一种内在于行为之中的对某物的指向关系活动，因此，当他在布伦塔诺和胡塞尔那里发现意向性学说时，他立即予以积极的评价与附和。以后的研究者也用"精神的意向性"来标示舍勒所发现的"精神的结构"。

尽管舍勒不会否认意向性分析是现象学哲学的主要工作，并且自己也以现象学的方式进行了大量的意向分析，但这些分析并不像胡塞尔那样被用来给理论哲学的第一性地位做论证，恰恰相反，他用这些分析来论证的是他的价值哲学。

与胡塞尔的结论不同，在舍勒的意向分析中，感受行为不等于非客体化行为，因为它有自己构造出来的对象。这个对象不是借助于客体化的直观行为而被构造出来的各种实在对象和概念对象，而是通过感受行为构造出来的各种不同价值。

---

① Heidegger, „Vorwort des Herausgebers", in Hua X, XXV.

因此，在舍勒看来，感受活动所依据的并不是由表象活动提供的对象，而是它本身所特有的对象，或者说，是由它自己原初地构造出来的价值对象。也就是说，感受有其自己的对象，表象也有其自己的对象。他写道："我们把这个对价值的接受的感受称作意向感受功能的类别。这样，我们就全然不能说，这种功能乃是通过所谓表象、判断等'客体化行为'的中介才与对象领域发生联结的。这样的中介**唯有**状态的感受活动才需要，而意向感受活动却不需要。在意向感受活动的进程中，毋宁说对象本身的世界向我们'开启'自身，只是恰恰从它的**价值**方面向我们开启。在意向感受活动中常常缺少形象客体，这正表明，这种感受活动自身原本就是一个'客体化的行为'，它不需要以任何表象为中介。"①

由此可见，舍勒意义上的"感受"具有比胡塞尔的"感受"概念宽泛得多的外延。它甚至把表象和判断的活动，即舍勒所说的"认知的功能"（也是胡塞尔所说的"客体化行为"）也包含在自身之中，例如对真假的判别等等。这在一定程度上是由"感受行为"的对象或意向相关项所决定的。

如果在舍勒这里也谈论第一性和第二性的关系问题，那么这就首先要取决于被感受到的价值的等级秩序。感受价值的意向行为是不感受价值的非意向行为的基础；感受较高价值的意向行为是感受较低价值的意向行为的基础。由于最高的价值是神圣的价值，因而对这个价值的"极乐"感受便构成所有其他价值感受（如包括对"纯粹真理认知"价值的精神感受）的基础。将这个分析结论推演下去，就必然会引出取消理论哲学第一地位的结论。

概而言之，由于胡塞尔和舍勒赋予意向感受和一般感受行为的奠

---

① 舍勒：《伦理学中的形式主义与质料的价值伦理学》上册，倪梁康译，生活·读书·新知三联书店 2004 年版，第 264—265 页。

基意义的不同,它在整个现象学意向性分析中也就占有了根本不同的位置。感受行为的位置变更进一步导致理论哲学与实践哲学在胡塞尔和舍勒现象学体系中的位置变更。

四

海德格尔对此问题的思考努力属于另一个方向。他在意向性问题上是否受舍勒的影响,以及在多大程度上受舍勒的影响,这仍然是一个值得讨论的问题。但海德格尔可以被纳入主张实践哲学是第一哲学的现代哲学家的行列中,这一点是毫无疑义的。他当然也有超出这种理论—实践二分的意图。但从总体上看,这个意图还没有如此被实施,以至于我们可以将他看作是凌驾于理论哲学家和实践哲学家之上的另类思想家。

与舍勒相似,海德格尔也是从一开始就看到了意向性的意义与问题。虽然在1925年的"时间概念历史导引"的讲座中,他已经把意向性看作是现象学的三个决定性发现——意向性、范畴直观和先天的原初意义[①]——之一和之首,但他似乎并不满足于此。他还想询问它们在本质上是何以可能的。因此,在其随后的代表作《存在与时间》中,他已经将意向性问题置而不论,而是用作为此在结构的"烦"(Sorge)或"超越"(Transzendenz)来取代之。这种取代并不意味着用自己的此在结构分析来排斥胡塞尔的意识结构分析(意向分析),而更多是把前者看作是后者的基础。在公开发表的文字中,他刻意地避免对相关问题做明确的表态。但在私下的讨论中,他对自己的立场表露再清楚不过了:"从其根本上透彻地思考意向性,这就意味着,将意向性建立

[①] Heidegger, GA 20, Frankfurt am Main, Vittorio Klostermann, 1979, S. 34.

在此-在的超越性基础之上。"① "意向性建立在超越性的基础上,并且只是在这个基础上才成为可能——人们不能相反地从意向性出发来解释超越性。"② "从作为此在的基本结构的烦的现象出发可以看到,人们在现象学中用意向性所把握到的那些东西,以及人们在现象学中用意向性来把握这些东西的方式,都是残缺不全的,都还只是一个从外部被看到的现象。"③

所有这些说法想要表达的都是海德格尔的一个基本意图,这个意图用他的话来说就是:此在的基本结构分析所开启的那个层次与意向性分析所揭示的那个层次相比,是更为原本的和本真的。

如果胡塞尔说,所有意识都是关于某物的意识,那么海德格尔会批评说:真正的基本情绪是没有对象的。烦作为此在的基本结构是非客体化的、非意向的。畏(Angst)作为基本情绪也是无意向对象的,否则它就不是畏,而是怕(Furcht)了,如此等等。以此方式,海德格尔"暗示了一个对现象学的提问方式的原则性批判是从哪里起步的"④。

五

对上面这些可以称作"现象学意向性分析历史导引"的概述,我们可以再做一个扼要的总结:布伦塔诺和胡塞尔通过意向分析所确立的是表象和判断在心理活动或意识活动中的首要地位;舍勒则通过意向分析而得出价值感受活动在精神生活中是第一性的结论;海德格尔认为意识的意向性结构不是最根本的,而是应当建立在此在的基本结

---

① Heidegger, *Vier Seminare*, Frankfurt am Main: Vittorio Klostermann, 1977, S. 122.
② Heidegger, GA 24, Frankfurt am Main: Vittorio Klostermann, 1975, S. 230.
③ Heidegger, GA 20, S. 420.
④ Heidegger, GA 20, S. 420.

构之上。所有这些分析结果，在很大程度上是由出发点和立场的分歧所导致的。

无论如何，意向性概念及其分析在现象学中发端和展开的历史，清楚而典型地折射出西方哲学在20世纪的变化史，它是一个从以知识论为主的理论哲学向以伦理学、政治学、社会学为主的实践哲学过渡的历史。这个过渡或隐或显地贯穿在所有哲学和人文社会科学的学科中。但在现象学哲学中，它是以一种细致的意识分析的方式昭示于世人的。

在结束本章之前或许有必要指出一点：这种现象学意识分析的方式已经可以在两千年前的印度佛学中发现。撇开时代精神的差异不论，小乘—大乘佛学通过意识分析（更确切地说，关于心识的讨论研究）所得出的结论，不是与舍勒、海德格尔的相关主张，而是与布伦塔诺、胡塞尔的分析结果更为相近。具体地说，小乘有部与大乘唯识宗都把六识或八识的识体称为"心王"（citta），即心的主体或主作用；这里的"识"，是了别的意思，主要是对外境而言。而与心王同时和相应发生的精神活动，在小乘有四十种，在大乘有五十一种，如感受、烦恼等，都不是心本身，而是心王之所有，是心的别作用，因此称作"心所"（caitta）。这个"心王—心所"的分类与奠基层次确定，与胡塞尔"客体化—非客体化行为"的分类和奠基层次确定，基本上只有术语上的差异。

但我们并不想依据历史思考的案例来得出一个对现象学内部各种不同分析结论的价值判断和取舍，而只是想——借用海德格尔的口吻来说——暗示一个对意向性问题的原则思考还可以从哪里起步。

文化篇

交互文化现象学略论
——关于两种文化问题的讨论

"文化"概念也许是人类语言中最为含糊不清的范畴之一。它可以窄到如酒文化、茶文化、食文化、性文化等等,也可以泛到如原始文化和高级文化、东方文化和西方文化等等。究其本源,无论在西方还是中国,"文化"概念起初都是一个动词,它意味着一种动作或过程。西方思想史上的"文化"一词源于拉丁文 *cultura*,其意是指对土地自然的开垦和利用;而古汉语的"文化"概念则意味着对人之精神的"文治与教化"。因此,中西方早期的文化概念虽有相通之处,却并不完全对应。而今天通行的"文化"概念则已经逐渐发展成一个哲学范畴,受到各种不同的规定,其中较为公认的定义是将文化标志为一种习得的行为方式、沿袭的观点观念、有效的价值系统和认知范畴。在这个意义上,文化已经不再是一个动词而是一个名词。

我在这里所要讨论的所谓两种文化首先不是指通常所理解的东方文化与西方文化,而是指自然科学和人文精神的文化。最初提出这一划分的是英国的作家兼科学家查尔士·斯诺(C. P. Snows),他在1960年前后做过两次讲演:"两种文化与科学革命"、"再谈两种文化"。以后这两次讲演的演说稿被集成一册书出版,题为《两种文化》,这本书还有一个副标题:"文学的和自然科学的智慧(也可译作为"智识")"。这里的"文学"应当从广义上去理解,即是指相对于自然科学而言的、不能给人带来物质财富或实在收益的精神科学，包括哲学、历史科学、文学、社会哲学或其他以人而不是以自然为研究课题的学说。这种文化的载者常常被我们称为"文人"。

斯诺在《两种文化》中提出了一个日后引起广泛争议的命题：文学—精神科学的智慧与自然科学—技术的智慧分别体现了西方工业社会中的两种根本不同的"文化"。它们相互疏远、相互不理解、相互漠不关心、相互厌恶，以致它们之间的鸿沟如今已达到了无可忍受的地步。他认为，"整个西方社会的精神生活被分裂成两个相互对立的方面"，"一方是文学知识分子，另一方是自然科学家，并且尤以物理科学家最具代表性。双方之间存在着一个相互不理解的鸿沟，有时——主要是在年轻人那里——还存在敌意和反感，但首先是缺乏理解。他们彼此间的看法是如此奇特地扭曲。即使是在情感的层次上，他们也难以找到共同的基础"[①]。由此而造成的视域的限制不仅在两方面造成文化的贫乏，而且还超出这个范围而导致在政治—社会方面的最严重后果。因而斯诺一再强调："拥有两种不能沟通或不愿沟通的文化是危险的。"如果一个民族不去设法消除这两种文化的对立，那么它就是在拿它的未来当儿戏。自斯诺之后，"两种文化"已经成为一个哲学术语，人们用它来标志当代人文科学和自然科学的分离和疏远。当然，我们在后面将会知道，这个术语的含义远远不止于此。

两种文化的冲突在工业革命以前并不很明显。我们所熟知的许多一流哲学家同时也是出色的自然科学家，反之亦然：例如古代的亚里士多德、赫拉克里特，近代的笛卡尔、伏尔泰、莱布尼茨、康德，等

---

① C. P. Snows, *Die zwei Kulturen. Literarische und naturwissenschaftliche Intelligenz*, Stuttgart: Klett-Cotta im Deutscher Taschenbuch Verlag, 1969. 中译本可参见斯诺：《对科学的傲慢与偏见：查·帕·斯诺演讲集》，陈恒六、刘兵译，四川人民出版社 1987 年版，第 9 页。引文根据德译本有所更动。

等。然而在现代史上，两种文化冲突的著名事例可以说是俯拾皆是。[①]确切地说，自工业革命以来。两种文化的分裂便越演越烈。据斯诺在20世纪60年代的说法，在20世纪30年代，"这两种文化就已经停止相互间的对话，但它们至少还可以通过严肃的微笑来越过这条鸿沟。而今天这种斯文已经荡然无存，人们只是在相互做着鬼脸而已"[②]。实际上，这种文化分离现象不是一个理论性的假设，而是每一个知识分子随时都能切身感觉到的。

这种文化分裂之所以在工业革命之后愈演愈烈，其原因很简单，因为自然科学是在工业革命之后才获得了长足的发展。工业革命按斯诺的说法发生于18世纪中叶至20世纪初，而自然科学革命的发生则不早于20世纪30—40年代。自然科学的文化实际上在18、19世纪之后才能够成为人文科学文化的对立面；换言之，人文科学的文化在此之前还没有真正的对手。因此，在这个意义上可以说，人文科学文化与自然科学文化的对立是一种传统文化与现代文化之间的对立。在一些人看来，这种对立已经不再是文化与文化之间的对立，例如，从著名德国历史哲学家施本格勒（O. Spengler，又译斯宾格勒）的观点来看，每一种文化都有各自的形成、成熟和衰落期。文化的不可避免的归宿是文明。施本格勒本人明显地重文化而轻文明。他用"歌德的活

[①] 仅举几个较为著名的例子：第二次世界大战前夕，爱因斯坦（尽管他对休谟、康德都有研究并且非常推崇）由于无法理解著名哲学家雅斯贝尔斯的"醉汉胡言乱语"，因而不愿举荐这位当时已被迫离开海德堡大学的讲台并受到纳粹威胁的著名哲学家去英国谋职，以致雅斯贝尔斯和他的犹太妻子最后险些用自杀来摆脱纳粹的迫害。当今著名哲学家伽达默尔的父亲是一位化学家，他曾极力劝说伽达默尔不要去从事精神科学，不要去当"废话教授"。伽达默尔在回顾他的哲学历程时特别提到这个一直被哲学教授们背着的"废话教授"的恶名，当然，尽管如此，他年青时还是决定选择哲学为自己的事业。我们还可以回忆一下尼采在《致达尔文的信徒们》的诗中对自然科学家们的近乎恶毒的攻击："这些循规守矩的英国人／这些智力平庸的大脑／你们把这也称作'哲学'？／把达尔文与歌德相并列／这真是亵渎尊严——／亵渎天才的尊严啊！"两种文化之间的相互陌生、相互轻视在这里都历历可见。

[②] C. P. Snows, *Die zwei Kulturen. Literarische und naturwissenschaftliche Intelligenz*, S. 25.

生生的自然"来体现文化;用"牛顿的死板板的自然"来标志文明。①由此可见,斯诺意义上的两种文化的冲突在他那里已经有所表现。至于西方文化,施本格勒认为,它在19世纪已经完成了从文化到文明的过渡。现代西方对文明的通常理解就是舒适的生活,就是消费可能性的不断增长和不断实现。如果从施本格勒的观点来看,那么所谓两种文化的对立无非就是文化与文明的对立,它相当于西方思想史上"希腊的心灵"与"罗马的才智"的对立。现代文明究竟能不能称得上是一种文化?在这个问题上,斯诺在他的讲演发表后也多次遭到人们的反驳。

但是,西方在现代究竟有没有文化可言,这在某种程度上仅仅是一个概念定义的问题。如果我们也像斯诺那样,将文化定义为一种"共同的态度、共同的行为准则和模式,共同的探讨方式和前提"②,那么我们就必须承认,自18世纪以来获得长足进步的自然科学的确代表着一种文化,而且这种文化的有效性领域愈来愈大,以至于我们可以预料,它在未来会获得全球范围的普遍有效性。因此,我认为,问题并不在于自然科学的文化究竟是不是一种文化,而是在于自然科学的智慧是否只是一种西方的文化或文明。

现在我们从对两种文化问题的时间角度的考察过渡到空间角度的考察。斯诺在提出两种文化的命题时,眼光虽然并不仅仅局限在英国,而是指向了整个西方世界,但他的视域仍然是狭隘的。这种狭隘性在我看来是出于一种偏见,即认为自然科学文化是西方社会的特产,因而两种文化的问题不存在于其他社会中。

另一位英国学者李约瑟则早已明确地指出过,现代科学无论在其形成、发展,还是在其内容形式方面都带有普遍性,它不是一种像文

---

① 斯宾格勒:《西方的没落:世界历史的透视》,齐世荣等译,商务印书馆1993年版,第39、73页。

② C. P. Snows, *Die zwei Kulturen. Literarische und naturwissenschaftliche Intelligenz*, S. 15.

化那样具有各自历史特性和区域特性的东西。实际上，现代科学本身的诞生就已经是一个全球性的事件，用李约瑟的话来说，它"经历了几个世纪的准备时期，在这个时期内全欧洲曾经吸收了阿拉伯的学术知识，印度的思想意识和中国的工业技术"[1]。因此，虽然现代科学产生于文艺复兴后的欧洲，但并不存在"欧洲科学"或"西方科学"这样一类东西，而只存在世界科学。据此可以说，全世界都面临着，或将会面临两种文化的问题。换言之，无论我们今天将自然科学的智慧定义为文化还是文明，目前世界现存的各种文化，包括西方传统文化，都会感觉到并且会越来越清楚地感觉到它的挑战。在各种传统文化之间也许早已存在或不存在对立和冲突，也许这种对立和冲突还会或不会继续存在下去，但有一点却对所有传统文化都毫不例外，它们现在面临一个共同的对手——作为"自然科学文化"的现代科学。这就是斯诺命题给我们带来的一个启示。

回过头来讨论另一对文化概念，这也是读者先会联想到的"两种文化"，即中国文化与西方文化。从上述意义上说，中西方文化的差异与对立可以有两种含义：其一，它是指中国传统文化和西方传统文化之间的差异与对立，它包括语言、伦理、宗教、教育、艺术、哲学等方面的不同人文背景；其二，它是传统文化（中国文化是世界上唯一仍有生命力、唯一存活至今的古老文化）与现代文明的差异与对立。后者也就是斯诺意义上的"两种文化"的对立，为区别起见，我们将它称为"文化与文明的对立"[2]。中西文化方面的研究和交流据此而面临双重任务：一项任务是在文化间，更严格地说，是在各传统文化之间搭起桥梁；另一项是在文化与文明间，或者说，在传统文化与现代文

---

[1] 李约瑟：《四海之内：东方和西方的对话》，劳陇译，生活·读书·新知三联书店 1987 年版，第 6 页。

[2] 这并非是在施本格勒意义上对文明的贬低，因为即使从大众语言习惯来看，人们也大都只用"现代文明"，而不用"现代文化"来标志今日的科技时代或"科学革命时代"。

明、人文精神与自然科学之间搭起桥梁。如前所述,前者只是一个个体与个体之间的沟通问题,后者则是一个个体与共体之间的沟通问题。我个人因此认为,中西文化研究交流的任务应偏重于后一方面。我所说的"偏重"在这里仅仅意味着,对各种传统文化的比较研究所具有的最重要的实践意义在于,为中国文化向现代化的过渡指明一条合理可行的道路,指明在文化桥梁建设方面的充分可能性。例如,西方传统文化向现代文明的过渡大致完成于 19 世纪,这个过渡为我们展示了众多的经验与教训。[①] 具有悠久文化传统的中华民族在文化转型的时期将会面临自己特有的问题(如价值观念的转变、由文化的内向性向文明的外向性转变问题等),并且必定需要自己特有的解决方式。谁意识到这一点,谁就会承认,在新的视域和机遇中对中国传统文化的进一步深入发掘以及对它与现代文明之间的关系进一步深入研讨将是首先摆在我们面前的现实任务。[②]

文化沟通的任务是深重而艰难的。可以设想,如果"文化"与"文明"之间的对立继续发展,那么我们便会面临"不是东风压倒西风,就是西风压倒东风"的两种可能性:其一,各种文化的个性被现代文明的共性所压抑,科学理性的大全主义最终将所有个体强行纳入

[①] 西方社会从文化向文明的过渡不能算作成功的范例,西方文化与现代文明的矛盾现在表现为一种生态学思想与经济学思想、科技悲观主义与乐观主义、人类社会无进步与有进步论之间的冲突,以至于人们甚至认为:"在社会—政治生活中的最现实的活动力量不再是资本主义与社会主义的联系,而是生态学与经济学之间的关系。"(参见 Helmut Kreuzer, „Vorwort", in C. P. Snows, *Die zwei Kulturen. Literarische und naturwissenschaftliche Intelligenz*, S. 7)社会学家和教育学家菲尔泽(F. Filser)在解决生态危机的问题上建议:"必须从政治上采取行动:1. 世界共同体必须进行转向,放弃将个人主义的、狡诈性的并且会造成生态混乱的掠夺行为,用一种合理的经营来取代我之。2. 必须对功用在于掠夺的'自然科学'加以生态化的变革。3. 社会科学和精神科学,包括社会学,必须用范畴分析来支持这个变革过程。4. 教育学必须摈弃对工业、物质的神圣化,选择在轴心时代以及后期人类价值所体现的人格发展方向,即内在和外在都趋于'中庸'的伦理地步的方向。"(参见 Franz Filser, „Fortschritt wohin? Aus der Sicht deutscher Geschichts- und Kultursoziologie", in *Ökologie: Zeitschrift der Pädagogischen Hochschule Freiburg*, 1992/2, S. 19-20)无论我们在这场争论中持何种态度,它们在文化转型过程中都是现实的或将会成为现实的问题。

[②] 笔者认为,这方面的研究,海外汉学界已经在一定程度上超前于我们。

自身之中，丰富多彩的文化间的差异不复存在，取而代之的便将是单一的"世界政府"领导下的苍白的"大同世界"；其二，杂多的文化个性排斥现代文明的共性，各种个性以"后现代"的方式解脱所有规范的束缚，人类回复到新的无政府（无世界政府）时代。

当然，除此之外，还可以有第三种可能存在，这就是在文化与文明之间找到一条中间道路，维持在前两种可能性之间的必要的张力，使人类在走向理性大同的统一体的同时不牺牲各自的个性和自由，各种文化仍然保持自己固有的特色。虽然实现这种可能性的前景难料，但至少有一点可以确定，没有文化和文明之载者——文化人与文明人两方面的共同努力，即在文化与文明、文化与文化之间进行有意识的沟通和交流的努力，这种可能性几乎等于零。

施本格勒在文化沟通的前景上是悲观的，他将20世纪标志为"一个单纯讲究广泛效果、排斥巨大的艺术成就和形而上学成就的世纪"，因而"是一个没落的时代"。他感叹说："但是我们并没有选择这样一个时代。我们生在饱满的文明初冬，而不生在成熟的文化的金顶，我们自己是无可奈何的。"他告诫聪明一些的年青人，应当"委身于技术而不委身于抒情诗，委身于海洋而不委身于画笔，委身于政治而不委身于认识论。他们所能做到的，仅此而已"。否则，在一个以文明为主流的时代，他们将只会自寻烦恼。① 施本格勒最终只能寄希望于在西方文化没落后会有一个新的文化来取而代之。

斯诺的观点是积极的，他主张通过教育改革来解决教育中过度专业化的趋向，从而达到沟通两种文化的目的。他认为美国的教育制度已经在从事或经历这种变革，例如，"在耶鲁、普林斯顿、密歇根和加利福尼亚，有名望的科学家们正在同非专业阶层的人们交谈；在麻省理工学院和加州理工学院，学科学的学生们正在接受一种严肃的人文

---

① 斯宾格勒：《西方的没落：世界历史的透视》，齐世荣等译，第66、67页。

教育"①。但总的说来斯诺并不很乐观:"单单依靠在教育中的变革不会解决我们的问题,但没有这些变革,我们甚至不会认识到问题究竟是什么。"②

的确,作为教育工作者,我们首先所能做的也许只是在教育上进行变革,这种变革的具体内容在于从人文精神和自然科学两方面开拓教育者和受教育者的视域,避免大学教育、人才培养方面的过度专业化。用斯诺的话来说,"如果幸运的话,我们能够将很大一部分人出色的头脑培养教育成这样的人物:他们既不对精神科学的想象力,也不对自然科学的想象力感到生疏,除此之外,他们也能重视应用科学的奉献,了解同他们一样的人类的大部分所经受的可以治愈的苦难,了解那些一旦承认便无法逃避的责任。"③也就是说,我们的教育变革的理想在于培养出一大批既具有文化气质和人文精神修养,又能够精通自然科学的理论和方法的青年,他们既注重运用自然科学的理论和方法去造福人类,尤其是造福于他们的尚未温饱的同胞,又能懂得自然科学的成就并非万能,自然科学的发展必须与人类的道德力量和文化精神同步进行。我们甚至可以进一步希望通过他们去进一步影响社会,去影响更为基础性的中小学教育。因为教育的社会影响虽然始终是间接而又间接的,但同时却也是根本而又根本的。

当然,要想使两种文化在尽可能短的时间内恢复对话与交流,还有更多的工作有待于政治和社会来同一完成,前提是:这里所提出的问题能够被大多数人意识到,首先能够为两种文化之载者所共识。

以上这些,可以被看作是一门"交互文化哲学"④所要探讨的一个

---

① C. P. Snows, *Die zwei Kulturen. Literarische und naturwissenschaftliche Intelligenz*, S. 83.
② C. P. Snows, *Die zwei Kulturen. Literarische und naturwissenschaftliche Intelligenz*, S. 119.
③ C. P. Snows, *Die zwei Kulturen. Literarische und naturwissenschaftliche Intelligenz*, S. 119f.
④ 关于"交互文化哲学"的详细阐述可以参见德国"交互文化哲学学会"主席马尔的著作:R. A. Mall, *Philosophie im Vergleich der Kulturen. Eine Einführung in die interkulturelle Philosophie*, Bremen: Universitätsverlag, 1992。

主要问题范围,当然交互文化哲学的内涵较之于这个问题范围还要广泛得多,我们这里只能大致勾画出这门哲学的轮廓,而无法对它进行更细致的展开。

所谓"交互文化哲学"是指文化比较的哲学。但它所涉及的不只是从哲学上对各种文化传统进行比较研究,而且它还尤为关注文化的交互性这个基本事实,强调在文化之间和文化之内进行翻译和解释的必要性。它是一种哲学态度、一种哲学观念、一种哲学信念:如果确实存在一种真正的理性、一门永恒的哲学(philosophia perennis),那么它绝不会是属于某一个特定的理性传统和哲学传统的东西。实际上,在交互文化哲学的概念中已经包含着在前面所说的那个当代哲学的努力方面:严肃地对待相对主义,否认有所谓唯一纯粹的文化、唯一纯粹的哲学、唯一纯粹的理性存在,但同时也不陷入极端相对主义的泥潭中。简言之,交互文化哲学力求在现代文化的"一"与后现代主义的"多"之间寻求一种积极意义上的中庸之道。

最先为交互文化哲学提供方法手段和技能的或许是胡塞尔的现象学。正是因为胡塞尔要求现象学分析排斥所有成见,面对实事本身,根据现象(无论是意识现象,还是社会现象以及其他等等)自身所显现的那样来描述它们,从而把握住各种特殊现象的特殊本质。所以,当我们用现象学分析的方法来处理各种文化现象和传统时,我们才不至于重蹈文化中心主义或文化虚无主义的覆辙。这两种错误在人类历史的过去和今天都不乏例证。前者将某一特定时期、特定地区,以及特定历史、社会、经济、政治条件下形成的文化看作是绝对的文化本身,在这里,文化的交流与沟通无从谈起,有的只是一种文化对另一种文化的歧视、压迫和侵略;后者则根本否认绝对文化的可认识性和可理解性,片面地强调各种文化的相对性,或者否认绝对文化的可认识性和可理解性,片面地强调各种文化是一个转瞬即逝的浪花,缺乏恒定的、持久的意义。

运用现象学方法进行的文化比较研究，则可以防止我们将文化的交互性简单地等同于各种文化之间的绝对同一性或绝对差异性，同时可以促使我们将文化的交互性理解为各种文化的相似性、可比性、交通性、互补性等等。因为很显然，对文化的这种理解首先需要以对种种文化的深层本质要素和本质结构的透彻认识为前提，而现象学的长处正是在于通过本质直观的方法来达到对各种现象（包括文化现象）的本质要素和本质结构的深刻认识。当代交互文化哲学的倡导者有许多是现象学家或谙熟现象学方式的哲学家。这也从另一个方面说明了交互文化哲学与现象学的内在相关性。

胡塞尔本人在《逻辑研究》和《纯粹现象学和现象学哲学的观念》第一卷中曾以主客体关系的成功分析而开创了20世纪现象学运动的先河。在他的思想发展后期，尤其是在《笛卡尔式的沉思》一书中，他又专注于主体之间的关系研究，即"交互主体性现象学"的研究，并令人钦佩地提供了"本己意识"和"陌生意识"的出色分析案例。这种分析表明，每一个经验自我所具有的感性材料和体验积累的不同会导致他们之间丰富多彩的差异的产生。但每一个经验自我自身所承载的超越论自我则规定了各个经验自我的本质要素和本质结构，从而为各个经验杂多的单子之间的相互理解和相互沟通创造了可能。胡塞尔之后，在尤其是在20世纪80年代以来，一批现象学家将这种现象学方法运用在更为广泛的交互文化的领域中，对"本己文化"与"陌生文化"进行了为数众多的交互文化分析尝试，发掘出各种文化所具有的共同本质结构和不同历史、地域特性，说明了各种文化所具有的必然相关性和必然相异性，为我们奠定了扎实的研究基础，以至于我们现在甚至可以谈论一门"交互文化的现象学"了。在这个方向上的研究代表了现象学发展的最新方向，它与胡塞尔在其后期著作《欧洲科学的危机与超越论现象学》中所提出的设想是基本吻合的。

最后，我们还可以借用德国现象学学会主席黑尔德的话来概括现象学与交互文化哲学之间的关系,"胡塞尔一开始便把现象学理解为一种理性说明(逻各斯),它的意义在于澄清并维护所有现象的固有本质和固有权利。所以,欧洲的理性传统可以与一种无保留的、交互文化的开放性结合为一体"[1]。这种无保留的、交互文化的开放性不仅对于欧洲的理性传统是开放的,而且对于整个人类的优秀文化遗产来说都是开放的。它可以并且应当取代绝对独断论和极端的怀疑论而成为我们在世纪转折和时代转折时期的追求。

---

[1] 黑尔德:《致中国读者》,载于胡塞尔:《现象学的方法》,黑尔德编,倪梁康译,上海译文出版社 1994 年版。

交互文化理解中的"格义"现象
——一个交互文化史的和现象学的分析

各种不同思维视域或文化背景的相互交融是一个古老而现实的精神努力之趋向。就中国而言,在她漫长的历史上曾出现过两次最重要的文化交流现象。

第一次交融是指印度佛教与中国本土文化的交融,它大致发生在西汉末叶(首次佛经翻译)至宋代前后。在此期间和在此之后,儒释道三教形成鼎立之势,一同构成中国文化的基本核心,意味着这次文化交融已基本完成。佛教已成为中国本位文化;它或多或少地加入到中国此后的任何一次文化争论和发展之中。

第二次重要的文化交融则发生在西方思想与中国文化之间,这个交融过程大致以鸦片战争为始,在我看来可以说是一直延续至今。

由于前一次的交互文化过程已经显得相对完善,并且不像后一次的文化交融那样带有强制性和由此而来的仓促性,因而常常被用作交互文化研究的一个经验范例。基于这个原因,我在这里所要讨论的尽管是在这两次文化交融过程中都得到运用的方法,即"格义"的方法,但我将偏重于依据早期中印文化交流的例子来展开自己的研究。

一、历史研究

（一）狭义的与广义的"格义"

"格义"并不是一个日常概念，而是一个哲学概念。我认为有必要从一开始就区分**狭义的**和**广义的**"格义"。

狭义的"格义"是指早期的格义，即在佛教进入中国的过程中具体得到运用的"格义"方法。

从文献上看，狭义上的格义方法最早出现于晋代初期。它的最基本含义用汤用彤的解释来说不是指"简单的、宽泛的、一般的中国和印度思想的比较"，而是指"一种很琐碎的处理，用不同地区的每一个观念或名词作分别的对比或等同"；"'格'在这里，联系上下文来看，有'比配'的或'度量'的意思，'义'的含义是'名称'、'项目'或'概念'；'格义'则是比配观念（或项目）的一种方法或方案，或者是不同观念之间的对等"。①

根据已知的史料研究，"格义"概念首见于梁代慧皎所著《高僧传》卷四"晋高邑竺法雅"："时依雅门徒，并世典有功，未善佛理。雅乃与康法朗等，以经中事数，拟配外书，为生解之例，谓之格义。及毗浮、昙相等，亦辩格义，以训门徒。"②与"格义"基本同义的是"连类"。在《高僧传》卷六"晋庐山释慧远"中有记载说：慧远"年二十四，便就讲说。常有客听讲，难实相义，往复移时，弥增疑昧。远乃引庄子义为连类，于是惑者晓然"③。陈寅恪便认为："讲实相而引

---

① 汤用彤：《论格义——最早一种融合印度佛教和中国思想的方法》（发表于1948年），载于汤用彤：《理学、佛学、玄学》，中华书局1991年版，第284页。
② 释慧皎：《高僧传》卷第四，汤用彤校注，中华书局1986年版，第152页。
③ 释慧皎：《高僧传》卷第六，汤用彤校注，第212页。

庄子义为连类，亦与'格义'相似也。"①冯友兰也采纳了这个看法。②对狭义上的"格义"最具说明性的例子是有人用老庄的概念"无"去比配佛教的概念"空"③，也有人用孔孟学说范畴中的"五常"（仁、义、礼、智、信）来解释佛教的"五禁"（不杀生、不偷盗、不邪淫、不妄语、不饮酒）④，如此等等。

广义上的"格义"则可以意味着所有那些通过概念的对等，亦即用原本中国的观念来对比外来的思想观念——以便借助于熟习的本己中国概念逐渐达到对陌生的概念、学说之领悟和理解的方法⑤。这个意义还可以再扩大，超出中国文化的区域：我们可以将所有运用新旧概念的类比来达到对新学说之领悟的方法都称为"格义"；甚至每一个从一种文字向另一种文字的翻译在这个意义上都是"格义"。

具体地说，在狭义的"格义"方法被运用之前，如魏晋的新道家何晏、王弼等便用老庄解释儒学⑥；又如据汤用彤所言⑦，早在汉代就已有人运用格义的模式，借用古代阴阳家的思想来解释儒、道学说；而且这种解释模式是以后晋代狭义的格义之主要来源。而且在狭义的格义产生并衰亡之后，广义上的格义仍一再可见，例如，陈寅恪在《支愍度学说考》一文中，虽认为"格义"乃"鸠摩罗什未入中国前事也"⑧，但又举出《颜氏家训》以儒学"五义"比拟佛教"五禁"等例，

---

① 陈寅恪：《支愍度学说考》（发表于 1933 年），载于《陈寅恪史学论文选集》，上海古籍出版社 1992 年版，第 90—116 页。
② 参见冯友兰：《中国哲学史新编》第四册，人民出版社 1992 年版，第 213—214 页。
③ 参见吴汝钧：《佛教大词典》，商务印书馆 1994 年版，第 373 页。
④ 参见《颜氏家训》卷五，中华书局 2016 年版，"归心篇"。
⑤ 参见汤用彤：《论格义——最早一种融合印度佛教和中国思想的方法》，载于汤用彤：《理学、佛学、玄学》，第 282—294 页。
⑥ 参见韦政通主编：《中国哲学辞典大全》，台北水牛出版社 1983 年版，"格义"条目。
⑦ 参见汤用彤：《论格义——最早一种融合印度佛教和中国思想的方法》，载于汤用彤：《理学、佛学、玄学》，第 286 页。
⑧ 陈寅恪：《支愍度学说考》，载于《陈寅恪史学论文选集》，第 114 页。

说明"格义""其名虽罕见旧籍,其实则盛行于后世"①。两相看似矛盾,而实际上只是陈寅恪未对"格义"的窄、宽两义做出明确划分所致。再有,在第二次文化交流过程中,中国第一个真正了解西方文化的思想家严复也有意识地运用了"格义"的方法,当然已经是广义上的格义方法:他是"站在西学的立场,以西学为主,从西学看中学,对于中学做格义"②。例如严复认为,演绎法从一般到特殊,这就是《周易》之学;归纳法从特殊到一般,这就是《春秋》之学。③最后,我们还可以举冯友兰为例,他在《中国哲学史新编》中将"格义"理解为所有以今释古、以古释今、以中释西、以西释中的做法,例如:程、朱是客观唯心主义,陆、王是主观唯心主义,等等。④

因此,以上对宽、窄两个意义上的"格义"的划分实际上已是一个在历史上既定的事实,即使这个事实在此之前没有得到明确的认定。

（二）关于格义的特征规定

"格义"作为一种文化交流的方法,早在古代便已受到关注和论述。而近代以来,由于西学的侵入,交互文化方面的问题日显突出,因而更加受到有关学者的重视。

对"格义"和"连类"之方法的较为详尽论述,应最先始于陈寅恪。⑤他的研究带有考证的性质。他认为:"'格义'之为物,其名虽罕见于旧籍,其实则盛行于后世,独关于其原起及流别,就予所知,尚未有确切言之者。以其为我民族与他民族二种不同思想初次之混合品,在吾国哲学史上尤不可不纪。故为考其大略,以求教于通识君子

---

① 陈寅恪:《支愍度学说考》,载于《陈寅恪史学论文选集》,第100、103页。
② 冯友兰:《中国哲学史新编》第六册,人民出版社1992年版,第153页。
③ 参见严复:《严复全集》第一卷,福建教育出版社2014年版,第76页,"译《天演论》自序"。
④ 参见冯友兰:《中国哲学史新编》第六册,人民出版社1992年版,第152—156页。
⑤ 陈寅恪:《支愍度学说考》,载于《陈寅恪史学论文选集》,第90—116页。

焉。"① 对陈寅恪的回应是在十五年之后，即在汤用彤的英文专论《论格义——最早一种融合印度佛教和中国思想的方法》中。如题所示，他在此文中将"格义"称为"中国学者企图融合印度佛教和中国思想的第一种方法"②。冯友兰在以后的《中国哲学史新编》中也将"佛学在中国发展的第一阶段"命为"格义"。③ 这里的"初次的"、"最早的"或"第一"是同一个意思，它们都可以包含双重含义：

（1）"格义"是一种**开启性的**、**起始性的**，因而也是**必然的**方法。

冯友兰认为，"格义"是"两种文化初遇时互相理解的一个必然过程"④。就像一个人初学外国语时，必须先把一句外国话对应地翻译成一句本国话，然后才能理解它一样，"一个国家的哲学，传到别国的时候，也要经过类似的过程。佛教初到中国的时候，当时的中国人听到佛教的哲学，首先把它翻成中国哲学原有的术语，然后才觉得可以理解"⑤。这实际上恰恰揭示出了"格义"方法的正面特征。但冯友兰并未对这个观点做进一步说明，即**没有论证这个过程的必然性**。这是本章所要补充完成的一项工作。本文试图证明，"格义"在占取、融合外来文化的过程中是一个必然的、无例外的出发点，它是不同文化之间交遇、对话的本质性开端；它并不像一些研究者所认为的那样，只应归功于中华民族的一个特性甚或精神气质，即归功于它特别强大的同化外来文化的能力。⑥

---

① 陈寅恪：《支愍度学说考》，载于《陈寅恪史学论文选集》，第103页。
② 汤用彤：《论格义——最早一种融合印度佛教和中国思想的方法》，载于汤用彤：《理学、佛学、玄学》，第282页。
③ 冯友兰：《中国哲学史新编》第四册，第213页及以后。冯友兰将中国佛教和佛学的发展分为三个阶段：1.格义；2.教门；3.宗门。
④ 冯友兰：《中国哲学史新编》第六册，第152页。
⑤ 冯友兰：《中国哲学史新编》第四册，第213页。
⑥ 例如刘康德在他的《阴性文化》（上海人民出版社1994年版，第232—236页）中便执此观点。

（2）"格义"是一种**初步的、不成熟的和过渡性的**方法。

这是对"格义"方法的背面规定。它与霍伦斯坦（E. Holenstein）所提出的命题实际上基本一致："使陌生文化历史化地服从于本己文化，这是本己文化发展的早期残余物"①。陈寅恪和汤用彤都对这个特征有过妥切的描述。陈寅恪认为："'格义'与'合本'皆鸠摩罗什（Kumarajiva）未入中国前事也。什公新译诸经即出之后，其文精审畅达，为译事之绝诣。于是为'格义'者知新义非如旧本之含混，不易牵引传会，与外书相配拟。为'合本'者，见新译远胜旧文，以为专据新本，即得真解，更无综合诸本参校疑误之必要。遂捐弃故技，别求新知。所以般若'色空'诸说盛行之后，而道生谢灵运之'佛性''顿悟'等新义出焉。此中国思想上一大变也。"②汤用彤在这方面的论述则更为详细："大凡世界各民族之思想，各自解途径。名辞多独有含义，往往为他族人民，所不易了解。而此族文化输入彼邦，最初均抵捂不相入。及交通稍久，了解渐深。于是恍然二族思想，固有相通处。因乃以本国之理义，拟配外来思想。此晋初所以有格义方法之兴起也。迨文化灌输既甚久，了悟更深，于是审之外族思想，自有其源流曲折，遂了然其毕竟有异，此自道安、罗什以后格义之方法所由废弃也。况佛法为外来宗教，当其初来，难于起信，固常引本国义理，以申明其并不诞妄。及释教既昌，格义自为不必要之工具矣。"③"道安以后……'格义'就不再为人们所提到了。"④

根据史料来看，在鸠摩罗什（344—413）之后，"格义"方法的确开始受到批评。如道安（314—385）批评说："先旧格义，于理多

---

① E. Holenstein, *Menschliches Selbstverständnis: Ichbewusstsein, intersubjektive Verantwortung, interkulturelle Verständigung*, Frankfurt am Main: Suhrkamp, 1985, S. 121.
② 陈寅恪：《支愍度学说考》，载于《陈寅恪史学论文选集》，第115—116页。
③ 汤用彤：《汉魏两晋南北朝佛教史》，中华书局1983年版，第167—168页。
④ 汤用彤：《论格义——最早一种融合印度佛教和中国思想的方法》，载于汤用彤：《理学、佛学、玄学》，第292—293页。

违"①。以后,鸠摩罗什的(也是道安的)弟子僧睿(355—439)也指责"格义迂而乖本"②。

二、现象学分析

如本章副标题所示,此项研究的目的并不仅仅在于对"格义"这个交互文化方法或现象进行历史考察和经验研究。这里更重要的任务在于,从这个经验的事例出发,导向现象学的描述分析,通过这种现象学的操作,我们会有可能把握到在所有同类的交互文化理解过程中所蕴含的本质因素及这些因素之间的本质联系。

(一)关于格义的现象学分析之可能

在进行这个尝试时,我们很快便可以在胡塞尔对交互主体性或交互文化性的现象学分析中找到依据。换言之,我们可以在他的这个分析中发现一些与"格义"概念具有相近含义的表述,首先是"类比"(Analogisierung)和"共现"(Appräsentation)。虽然胡塞尔本人主要是在对象构造和人际交遇的领域运用这些表述,但他同时也将它们称作是"超越论领域(以及与此平行的意向—心理学领域)的普遍现象"③,它们在交互文化的关系中也起着重要的作用,并且必须被看作是这个关系中的本质要素。

因此,除了"格义"与"类比"或"共现"这几个概念之间的平行性之外,我们还应当关注另一方面的平行性。在胡塞尔对通过本己

---

① 释慧皎:《高僧传》卷第五,汤用彤校注,第195页,"晋飞龙山僧先"。
② 僧睿:《毗摩罗诘经义疏序》,载于《出三藏记》卷八,《大正藏》卷五十五,第59页。
③ Hua I, 142. 在涉及陌生经验时,胡塞尔实际上偏重于使用"结对"这个术语,它表明在感知领域内通过本我而对他我进行的类比之特征。但是,胡塞尔所强调的"本我与他我……是在原初的结对中被给予的"(Hua I, 142),这一必然性并不适用于交互文化的过程,即不适用于通过本己文化而对陌生文化进行的类比。

世界与陌生世界之交遇而形成的同一个世界之构造的现象学分析中，我们常常可以找到对这种平行性的指明，**这个平行性是指在交互主体的生活世界的第一构造阶段和第二构造阶段之间的结构平行性**[①]：

（1）与他人（准确地说，与文化同仁）共有的世界＝家乡世界。相对于自我的世界而言，这个与他人共有的世界是第二本原性。这里所涉及的是对**交互主体性**的分析（我们在这里可以回想一下胡塞尔所陈述的"结对联想"的样式："就像我在那里一样"）（Hua I, 147）。

（2）在与陌生世界的相遇中超越家乡世界。这个超越实际上已经意味着第三本原性的形成（我们在这里可以将它标识为这样一种"相似性联想"的样式："就像它是我的家乡世界一样"）（参见 Hua XV, 625）。这里所涉及的是对**交互文化性**的分析。

在下面的研究进程中，我们将会一再地诉诸这些平行性。

同时还需要提到的是，这里所说的第二层次上的本原性和第三层次上的本原性最终可以回溯到第一本原性之上。据此，就整个周围世界的构造次序来看，首先发生的是"自我自为地，并且是在它的本原本己本质性中进行的自身构造"，然后才是"从这个本己本质性的源泉出发而进行的各个阶段上的所有陌生性的构造"。（Hua I, 164）因此，对于胡塞尔来说，明晰无疑的是，"通过将意识与身体联结为一个中性的、经验直观的统一"，不仅"有可能在属于同一个世界的动物生物之

[①] 胡塞尔在他生前发表的著作中，包括在《笛卡尔式的沉思》中所讨论的课题几乎仅仅局限在交互主体性上。他在《笛卡尔式的沉思》中尽管"不得不放弃"对这样一些意义层次的更详细的研究，这些意义层次给予人类世界和文化世界本身以其特殊的意义，因而也使这个世界成为一个带有特殊精神谓语的世界"；但他同时也强调这样一个必要性，"对陌生文化人类及其文化的同感，……这种同感也需要得到意向性的研究"（Hua I, 162）。在他关于交互主体性课题的研究手稿中（《交互主体性的现象学》，第一、第二、第三部分，Hua XIII-XV），我们已经可以确定，胡塞尔在澄清交互文化理解方面曾做过大量的工作。黑尔德在《家乡世界、陌生世界，一个世界》文章的第一部分对这个问题领域进行了极为妥切的"再构"；这个"再构"也包括刚才所提到的在交互主体性和交互文化性之间的结构相近性，它贯穿在《胡塞尔全集》第 15 卷的始终。（参见 K. Held, „Heimwelt, Fremdwelt, die eine Welt", in *Phänomenologische Forschungen* 24, 1991, S. 308-324）

间形成相互理解",而且借助于此,"每一个认识的主体能够发现与它和其他主体同在的完整世界,并且将它同时认识为一个共同属于它自己和所有其他主体的周围世界"。(Hua III/1, 103)

(二)格义作为类比

如果我们现在回到格义的事例上,那么我们在这里可以发现,刚才提到的两个要素"类比"和"共现"是它的本质核心。

就**第一个要素"类比"**而言,不同文化之间的交遇和理解在初级阶段上毫无例外地是一种对本己之物与某些与它相似之物的联想性类比,无论这种类比的对象是一个概念,还是一个判断等等。这种类比在胡塞尔那里恰恰被标识为"相似性联想",亦即"陌生经验的联想构造因素"(Hua I, 141)。我们可以明见无疑地看到,如果在完全不同的文化之间根本不存在任何相似性,那么交互文化的理解也就不可能形成。

从交互主体性问题的分析中我们已经可以得知,在这里的我的躯体与那里的其他躯体之间的相似性,这是将后者统摄地立义为另一个身体(具有灵魂的身体)的前提。这对陌生世界的构造也以改变了的方式有效。在这个构造中,"自我和我的文化相对于任何一个陌生文化都是本原之物"(Hua I, 162)。通过一定的改写,我们可以将对他我(alter ego)构造的研究结果接受下来,运用到陌生文化构造的领域之中:**只有一种在我的本原领域之内将陌生文化与我的本己文化联结在一起的相似性才能为陌生文化的立义提供动机基础,这种陌生文化的立义是指将一个陌生文化类比地立义为是一种文化。**

现在的问题在于,在不同的文化人类及其不同的文化之间是否存在着交互理解的原则可能性。对这个问题的回答必须是肯定的。一些与此问题有关的研究已经指明了这样一个明晰性:从家乡文化出发而进行的对陌生文化的相似性联想完全有可能建立在一个共同的基础之上。

一方面，如黑尔德所指出的那样，这个共同的基础是由**人类共同具有的原生成之物**（Urgeneratives）所提供的。这个原生成之物是一个起点，通过它才可能进入陌生世界之中，或者说，才可能同感陌生意识。胡塞尔在他的后期手稿中常常使用"生成性"（Generativität）的概念。黑尔德认为在生成性现象中首先包括"吃与喝、醒与睡、情爱、繁殖与生育、维持生命的斗争、青春与衰老、各代人的同代性（Zeitgenossenschaft）、疾病与死亡"。在所有文化人类那里都可以找到这些现象①，因而它们为这些文化人类之间作为文化人类的相互认同提供了一个第一性的基础。所以黑尔德能够做出确定："如果那些来自各种从未相遇过的文化的人们能够相互理解，那是因为他们知道，这些现象在'陌生人'那里也具有一定的含义。"（Hua I, 162）他的这一确定实际上不仅对交互文化理解方面的研究具有有效性，而且同时，或者说首先对关于交互主体之认同的探讨具有有效性：一个那里的躯体之所以可以被立义为另一个自我的身体，这不仅是因为那里的那个躯体看上去与我自己这里的躯体相似②，而且更多地是因为，他在吃、喝、行、睡、传达、接受等方面有相似的行为举止，以致在它和我本己的躯体（后者不仅是躯体，而且同时也是身体）之间可以有一种相似性联想被唤起。

另一方面，与生成之物密切相关，在对最终奠基之物的更深入发掘中，我们还需要注意到另一个十分重要的因素，即**文化人类所共同具有的原确然性**（Urgewissheit）。这是一种面对文化人类生活于其中的世界所抱有的原确然性，是一种对每一个陌生的文化世界都可以被纳入其中的时空实存的原信念。它在胡塞尔那里是意识的"原立义样

---

① 实际上在动物世界中也可以找到这些现象，它们是自然中普遍存在的事实，但我们在这里只能关注文化人类而必须将其他问题忽略不计。

② 胡塞尔曾以蜡像陈列馆的女士像为例。这个例子表明，在对一个他人的统觉立义中起决定作用的不仅是他我（alter ego）的外表，而且主要是他的行为。

式、基本样式"（Hua XXIII, 222）；即使在人们处于一个至此为止完全陌生的、从未交遇过的文化世界中，这种原确然性也永远不会丧失。在这里，文化世界"作为文化的世界是定向地，即根据普遍自然的基础以及根据它的时空通道形式而被给予的，它一同作用于杂多文化构成物与杂多文化的通达性"（Hua I, 162）。这一观点与胡塞尔关于各个构造之间奠基关系的命题是一致的，这里所说的奠基关系是指在自我的本己周围世界之构造，与文化同仁共同具有的共同家乡——周围世界之构造以及与文化陌生者共有的交互文化陌生——周围世界之构造之间的奠基关系。在这样一个奠基的顺序中，"**周围世界有可能通过同感而形成直至无限的连锁**"（手稿，C 11 III, 15）。

很明显，在这同一个无限的，即包罗万象的世界中也包含着精神的世界——连同语言符号的世界，它是通过更高阶段上的交互文化理解而被构造成的。关于格义的说法便与这个理解相关。我们在这里可以以在对一个陌生的文化对象，如一个陌生概念的理解过程中发生的联想为例。

从所谓**意向作用**的方面来看，这个陌生文化对象原则上是通过对这个对象之意义与本己对象意义的类比而被立义的。换言之，这个陌生对象被赋予了一个意义，而这个意义必然是在本己的或熟悉的文化视域中已有的并且原本产生于其中的意义。胡塞尔合理地将这个意义给予称作"远距递推"（Fernüberschiebung）（Hua I, 147），即从我的本原性出发，在这里是指，从我的本己文化背景出发，将意义转渡给一个陌生文化对象。

从所谓**意向相关项**的方面来看，这是必然的：陌生的文化对象能够在我之中唤起一个联想，这个联想在它和我的文化世界之间建立起一种联系。没有这个联系，理解的过程就无法开始。在这种情况下，各种文化对象或是被理解为无意义的，或是根本没有被理解。与此相反，**只有当一个相似性联想被唤起时，一种交互文化的理解才是可能**

的，即使这是一种肤浅的理解，甚或是一种完全的误解。

（三）格义作为共现

我们在这里已经接触到了**在"格义"中所包含的另一个要素"共现"**，我们在前面已经多次暗示了这个要素，它在格义中是一个不可或缺的成分。

"共现"这个概念在胡塞尔那里一般是指"一种对原初不能被当下拥有之物（Gegenwärtigendem）的共同的当下化（Mitvergegenwärtigung）"（Hua XIV, 513）。但在这里首先必须注意到一个前面在提及"立义"概念时已经在某种程度上起作用的事实，即：正如胡塞尔在《逻辑研究》中所指出的那样，统觉（Apperzeption）这个概念在术语上带有与感知（Perzeption）的错误对立，因而不是一个合适的术语；同样，共现（Appräsentation）这个概念由于在术语上带有与体现（Präsentation）的对立，因而无论是在陌生经验领域，还是在交互文化理解的领域中都是不太合适的。就第一点而言，很明显，如果在陌生经验中通过对两个物理躯体的类比而被共现出来的东西，亦即他我的心理方面"永远不可能成为现前（Präsenz）"（Hua I, 142），因而"共现"这个表述与"现前"这个表述不再相符合，那么这两个概念也就失去了它们原初的、相互对应的意义。

就第二点而言，如果我们想在交互文化研究的领域中继续使用共现和现前这对概念，那么这里就有必要对胡塞尔的"共现"概念以及与此平行地对"体现"概念做一术语性的补充解释①：在交互文化研究的情况中，"体现"这个词并不像胡塞尔通常所做的那样，可以等同于那种奠基性的，甚至是最奠基的经验，即被胡塞尔称作当下拥有、感

---

① 笔者在胡塞尔本人那里尚未发现他曾做过这类显然十分必要的术语性解释，尽管他在交互文化的研究中也常常使用"共现"这一概念。

知、知觉的行为；它毋宁是指一种根据对特定文化或文化对象的类比而进行**体现性的理解**。与此相应，"共现"在这里所指的无非是"**素朴共现性的理解**"（Hua XV, 436），亦即"陌生经验的间接意向性（类比统觉）"（Hua, 139-140）。

　　这种共现性的理解与体现性的理解相比是空泛的、未被充实的，它虽然一同被包含在相似性联想之中，但仅仅是背景性地、隐涵地在其中一同发生作用。更确切地说，在交互文化理解中的被体现之物是指直接唤起联想的因素，而被共现之物则是尚与相似性联想无关，但为进一步的理解充实提供可能的因素；前者指明在两种文化之间所存在的可能共同性或相似性，后者则或者涉及它们之间的进一步可能相似性，或者涉及它们之间的可能差异性。

　　因此，这意味着：就像在陌生感知的情况中可以注意到的那样，"陌生感知只有通过体现才能进行共现；共现在陌生感知那里也只有处在与体现相一致的作用共性中时才能存在"（Hua I, 147），同样，在对陌生文化的经验中也必须区分**体现性的**和**共现性的理解**，它们两者**一同在作用共性中使一个陌生文化经验得以成立**。

　　正是由于对陌生文化的经验与对一个他人的经验一样，"既进行着体现，同时也进行着共现"（Hua I, 150），因此，对一个陌生文化对象的立义实际上在其视域中仅只是部分地具有作为体现的被意指之物，并因此而必然蕴含部分的共现作为其空泛视域。

　　这种空泛的视域不仅以共同当下化的方式，而且也以前当下化（Vor-Vergegen-wärtigung）的方式，或者说，以期待的方式被意指，在陌生文化经验的进一步进程中，随陌生文化的陌生程度之不同，前当下化的意指也在相应的程度上经历着失实或充实：一个陌生文化越是陌生，越是远离本己文化，对被共现领域之期待的失实可能性也就越大。反之，如果一个陌生文化与本己文化较为切近，那么对被共现领域之期待的失实可能性也就相对较小。我们甚至可以这样说，一个陌生文化之所以陌生，乃是因为这些与共现相关的期待意向具有失实的命运。与空间事物意识和陌生意识的情况相似，在陌生文化的经验中，随着对共现领域的期待意向的不断失实和充实（每一个失实都同时意味着一个充实），旧的空泛视域不断被填补，新的空泛视域同时又被产生出来。

因此我们可以随同胡塞尔一起申言，**意向构造的过程就是最本己和最内在的意识不断超越自身的过程**，这个过程从一方面看是一个新的意识对象连同它的背景视域不断被构造出来的过程，从另一方面看又是一个意识连续地将异己的东西化为本己的过程。从感觉材料（hyle）到意向相关物（noema），再从作为客体的意向相关物（事物性对象）到作为主体的意向相关物（他人），然后再从这些相关物到它们的背景视域，即具体的客观世界，"就像它作为人类世界和文化世界而对始终为我们而在此的那样"（Hua I, 153）。——在这整个过程中，意识不断地远离自己的原本（das Primordiale），远离在场的东西（das Präsente），以至于在意识中似乎处处都充塞着被共现之物（das Appräsentierte）；但意识同时又可以一再地回溯到最本己之物或最源之物之上，从中获取最终的确定性，以抵御由越来越多的陌生之物所引起的不解与怀疑。因此，**意识所进行的构造始终既是自我本身的不断占有，同时又是对自我本身的不断远离**。正如我在前面已强调过的那样①，在这里可以毫不夸张地说：**意向分析所能把握到的最重要的意识要素就是共现**。

当然，我们在术语方面必须小心谨慎。胡塞尔实际上常常将"类比"与"共现"用来指示陌生经验的同一通道形式的不同角度。但对这里所进行的研究来说，我们最好是用这两个概念来标示两个不同的事态：在交互文化理解的情况中，"类比"概念主要是指对与本己之物相同的东西

---

① 参见本书分析篇中"意识现象学的意向分析"一章关于主体的自识、互识与共识的意向分析。

的追寻趋向，而"共现"概念在这里则指明了，更确切地说，原则上指明了与本己之物不同的陌生之物、差异之物的可能性，这种陌生之物和差异之物本身没有得到体现，但却随着体现而被给予、被共现。

例如道家的中心概念"无"与佛教的中心概念"空"无疑在许多方面具有共同之处，因此在这两个概念之间以及由它们唤起的相应直观之间很容易形成相似性联想。在最初的理解努力中，这两个概念之间的不同之处，亦即它们各自的本己之物会有意无意地被弃而不顾，但这些差异性仍然在视域之内发生作用，即以共现的方式发生作用。

因此，在类比过程中被忽略的，或者说，应当被忽略的东西是一个陌生文化对象或一个陌生文化的差异性与陌生性。但它恰恰又是通过共现而一同被当下化的东西。这便是类比与共现的区别所在。

我们现在再回到刚才提及的、为黑尔德所强调的原生成之物上。黑尔德认为，**我们可以在被称作原生成之物的现象中找到交互文化理解的原则可能性的共同基础，但是同时也可以找到**——这甚至是黑尔德的主要目的所在——**这种理解为何会从根本上遭遇到一个不可跨越的极限的原因**。这个被黑尔德称作"基本情绪"的原因深深地植根于原生成性的现象之中，它代表着一个文化构成的重要因素。易言之，在当今主导性文化中的共同之物是日常表层的东西，其中也包括经济、技术。但基本情绪在不同的文化中却是各不相同的。黑尔德的命题是：正是这种基本情绪的差异性"制约着生成性在不同文化世界中的不同含义，并因此而制约着这些文化世界的个体特性"[①]。

黑尔德所做的这个指明可以澄清，为什么相同的文化材料或意义在不同的文化中会得到不同的立义。例如，对于我们所熟悉的所有文化来说都具有共同性的是，一个骷髅代表着死亡。但对于不同的文化

[①] K. Held, „Europa und die interkulturelle Verständigung", 未刊手稿, 第3页.

成员来说，一个骷髅始终是带着不同的文化背景而被给予的：它在这个人这里引起恐惧，在那个人那里则焕发勇气；它对于一种文化来说可以标志着喜悦、崇敬，对于另一种文化来说则可能意味着恶心、厌恶；如此等等。这就是说，不同的基本情绪导致人们赋予相同的被体现者以不同的含义。我认为，这种基本情绪也可以被标识为在对陌生文化的经验中的不同**意向作用**因素。

这里立即会产生出进一步的问题：由基本情绪状况的差异而产生的交互文化理解的鸿沟现在看上去是无法跨越的，但这个鸿沟原则上是否可能通过意识的本质权能（Vermögen），亦即意识的共现能力而得到弥合呢，借助于这种共现能力，意识表明自身并不只局限在共同的基础之上，并不只局限在相似性联想的阶段之上，而是一再地试图把握差异之物，使被共现之物得以体现，并因此而有可能不断地展开和扩大本己的文化视域。

从前面论述的格义现象（它是相似性联想与共现的本质可能性的具体实现）来看已经相当清楚，我们可以对上面这个问题做肯定的回答。但我们必须注意到这个可能性之实现的前提，黑尔德已经指出了这个前提：**人的意识必须有意愿、有准备在不同文化奠基的基本情绪面前保持一种"世界的开放性"**（Weltoffenheit）。①

我们在胡塞尔那里也可以找到对此问题的肯定回答。他曾谈到"自我的自身改造"。这个并不合适的术语"改造"是指一种"**历史的同感**"（参见 Hua XV, 233, Anm.），或者说"**历史的理解**"。我们在前面曾将这种"同感"或"理解"看作是"**自我本身的不断占有**"以及同时"**对自我本身的不断远离**"。

我们可以回忆一下胡塞尔所举的一个有趣的例子："一个中国人来到欧洲，学习我们的音乐、诗歌等等，他并不能学习到它们本身的真

---

① 参见 K. Held, „Europa und die interkulturelle Verständigung", 未刊手稿, 第 3 页。

正意义,不能学习到欧洲的文化,欧洲文化对于他来说并不是简单可经验到的。他必须先在他自身之中建造起一个欧洲人,他必须从他的经验前提中找到历史理解的途径,在这种历史的理解中才能构造起一个欧洲的自我,他必须学会用欧洲人的眼睛来看,只有用这种眼睛才能经验到此在的欧洲的文化。唯有通过这种不完善地获得的自身改造的迂回道路,通过一种极为间接的方式,我们才能设想一种对于心理之物,对于相距遥远的文化人类的相互理解而言的现实客观性。而在这种情况下,客观性便建立在这样一种理想化的基础上,即:理想地说,每一个人都有可能进行这样一种自身改造。"(Hua XXVII, 163)这种所谓自身改造的理想可能性同时也意味着另一种交互理解的可能性,即:**在不同区域的人类共同成长为一个唯一的世界的同时,各个文化仍然能够保持它们自己的特性。**

这里还需注意一点:我们至此为止始终将共现标识为对文化间隐含差异的可能性之指明。但是,在许多历史的和现时的交互文化理解的具体情况中已经证明,在格义的过程中被共现的部分完全有可能并不意味着文化的差异。也就是说,共现在事实生活中并不必定始终指明有关文化或文化对象间的差异,它同样有可能导向进一步的相似性以及共同性。此外,在对陌生文化的进一步经验中,意向更多地是趋向于对进一步的相似性的期待。

尽管如此,在交互文化理解的过程中,亦即在从本己文化出发对陌生文化进行理解的过程中,共现的特征还是在于:它本质上是与差异性联结在一起的。因为,在那些对于本己之物而言陌生的东西中,必然包含着它与本己之物的差异。故而对陌生文化之经验或理解的本质就在于,那些通过相似性而被共现之物最终会导向对陌生文化与本己文化之差异的认识。易言之,共现本质上是与一种失望联系在一起的,这种失望是其对进一步的相似性或共同性之期待的失望。

但如果情况不是如此,也就是说,如果对进一步相似性的期待得到了满足，那么这里就存在着两种可能性，第一种可能是：我们所经验的是一个较为切近的文化世界，亦即一个非典型的陌生文化，以至于我们在这里所涉及的已经不再能被称作真正意义上的陌生文化经验了。

第二种可能是：这里所发生的是一种误解，这种误解之所以产生，乃是因为对共同性之追求的意愿过于强烈，从而将体现性的理解混同于共现性的理解，而这种误解的结果则在于，它已不再是对陌生文化的经验，而更多地是对本己文化的再造。①

三、结语

我们在本章中所从事的是一种方法研究。"格义"在这里是一个方法论的课题。

一方面，这种方法研究是经验的研究。就像在本章第一部分中所表明的那样，这种经验研究已经可以在中国的古代史和现代史上找到，而且在我看来，这种研究还会随着当今交互文化理解可能性的不断增多而日趋加强。

另一方面，在同一个方向上，但却是以不同的研究方式，即以现象学的方式进行着胡塞尔的努力以及我们与之相衔接的努力。正如本章第二部分所表露的那样，这种努力是一种把握出陌生文化经验之本质结构的努力，它带有胡塞尔曾表述的这样一个信念："在所有这一切中都有本质必然性，或者说，都有一个合乎本质的风格在起着主宰作用，它的必然性源泉就处在超越论的本我之中，而后是处在超越论本我中自身开启着的超越论交互主体性之中，也就是在超越论动机和超

---

① 我们也可以在佛教文化与中国文化的交融过程中找到这方面的例证。参见靳希平在《海德格尔早期思想研究》（上海三联书店1995年版）的引言中对"Bhutatathata"这一概念及其中译的分析。

越论的构造之中。如果我们能够成功地对此进行揭示,那么这个先天的风格就能获得最高级别的说明,亦即一种最终的说明、一种超越论理解性的说明。"(Hua I, 163)

从上面的研究已经可以相当清楚地看到,这两种尝试——经验的和现象学的尝试——在这一点上达到一致:中国文化史上的"格义"现象为我们提供了对一个普遍性认识的具体经验例证[①],这个普遍性的认识是指:通过联想类比的本质可能性,每一个交互文化的陌生经验和交互文化的理解都能够以本己的基础为出发点;而通过共现的本质可能性,它们本质上都有可能最终导向一个陌生文化的视域。这个出发点可以被概括为"求同",这个结果则可以被标志为"致异"。

[①] 如果我们将目光不只是停留在中国文化史上,而是同时也朝向整个世界的交互文化史,那么我们肯定还可以为这个普遍性认识找到更多的例证。当马丁·路德将《圣经》译成德文时,他用德语的"Wort"(语词)来翻译希腊文的"λογος"(逻各斯)。而后,在歌德的《浮士德》中,我们看到,这个翻译先被接受,但随后便展示出更多其他的可能性,如"Sinn"(意义)、"Kraft"(力量)、"Tat"(行动)等等。近代完成的中文本《圣经》也不言而喻地用中国文化的中心概念"道"来解释"λογος"。所有这一切都遵循着前面所描述的交互文化理解的过程。我们可以从中得出这样一个结论:格义的方法在西方文化中同样是一个常常被使用的方法,它在某种程度上也证实了霍伦斯坦(E. Holenstein)的观察结果:"在一个文化中得到强烈表现的结构也可以(至少是部分地)在(几乎是)所有的文化中找到。"(E. Holenstein, *Menschliches Selbstverständnis: Ichbewusstsein, intersubjektive Verantwortung, interkulturelle Verständigung*, S. 133)

艺术篇

图像意识的现象学

众所周知，欧洲近代哲学留给现代思想的一个难题是：主客体关系以及相关的二元思维模式，这个模式在其他的古代文化中（包括在古希腊的文化中）都没有出现过。在黑格尔综合形而上学与科学的努力失败之后，许多思想家都在寻找新的替代模式。例如威廉·洪堡在黑格尔时代便试图从原始语言的分析中找到前主客体关系的状态；布留尔则选择了原始思维作为研究对象[①]；卡西尔竭力从原始神话中找到非对象思维的真实起源；海德格尔也是采取回溯的方式，希望在古希腊的存在范畴中把握克服主客体关系的关键。还有皮亚杰，他认为通过对儿童早期的心理发生的观察研究可以理解人类思维的历史展开。如此等等，不一而足。

当然，除了这种发生研究之外，还有其他的一些努力：如果我们撇开弗洛伊德等人的无意识心理学分析解释以及其他种种实验不论，那么现象学也提供了在这个大合唱中的另一个乐章，例如海德格尔和梅洛-庞蒂，他们便打算通过对视觉艺术的考察来发现非对象化、非客体化思维的精妙所在。另一位现象学家胡塞尔也带有这个趋向。

但是，胡塞尔的主要意图在于：把主客体关系最终回归到意识的

[①] 胡塞尔在晚年曾说布留尔提前完成了自己的最新纲领，这使布留尔大吃一惊。（参见赫伯特·施皮格伯格：《现象学运动》，王炳文、张金言译，商务印书馆1995版，第38页）

原初结构和原初发生上。他把**主体和客体最终还原为意向活动和它构造的意向相关项**。他对意识的描述分析不仅开创了狭义上的现象学，即意识现象学，而且也开创了广义上的现象学，即现象学运动。从胡塞尔1900年发表突破性著作《逻辑研究》至今已有整整一百年[①]的历史。胡塞尔以清晰而细微的意识分析描述见长，而且他生前发表的著述主要是对一门理论现象学的探讨，也就是说，他的主要工作是分析表象、判断等对象行为和逻辑行为。而对于意愿行为和情感行为（包括美感行为），他虽然在手稿中有所分析，但从未考虑过发表这些分析。原因主要有两个方面：一方面，他始终不认为它们已经成熟到了可以发表的程度；另一方面，他相信，处在开端阶段的现象学的首要问题是对客体化行为的分析。至于非客体化行为，由于它需要以客体化的行为为基础，因此在基础没有得到充分研究的情况下，对上层建筑的讨论就要暂且搁在一边。就此而论，胡塞尔与另一位德国哲学大师康德一样，首先关心的是科学认识如何可能的问题，而不是伦理—道德原则与艺术—宗教的判断力如何可能的问题。笔者甚至相信，有许多艺术家或文学家会像著名作家茨威格对待康德那样，把胡塞尔也看作是"所有德国诗人的死敌、蛊惑者和捣乱者"。

笔者在这里已经开始使用胡塞尔现象学的术语，这些术语并不是不言自明的。为了对胡塞尔的意识构造理论有一个大致的总括性把握，并且避免在进一步展开的细微分析中丧失主要的思路，笔者在这里借用前面的一段文字先对这个构造，即胡塞尔所看到的意识基本结构，做出一个简单的概括：

> 胡塞尔对意识整体结构层次或奠基顺序的把握可以大致分为五步：

[①] 本章内容首次发表于2001年。——编者

（1）其他所有意识行为（如爱、恨、同情、愤怒、喜悦等等）都以客体化的意识行为（如表象、判断等等）为基础，因为在客体通过客体化的行为被构造出来之前，任何一种无客体的意识行为，例如无被爱对象的爱、无恐惧对象的恐惧等等，都是不可想象的。

（2）在客体化行为本身之中，表象的客体化行为（看、听、回忆）又是判断的客体化行为的基础，任何一个判断的客体化行为最后都可以还原为表象性客体化行为。例如，对"天是蓝的"所做的判断可以还原为"蓝天"的表象。

（3）在表象性行为本身之中，直观行为（感知、想象）又是所有非直观行为（如图像意识、符号意识）的基础，因为任何图像意识（如一幅照片所展示的人物）或符号意识（如一个字母所体现的含义）都必须借助于直观（对照片、符号的看或听）才能进行。

（4）在由感知和想象所组成的直观行为中，感知又是想象的基础。据此而可以说，任何客体的构造最终都可以被归溯到感知上，即使是一个虚构的客体也必须依据起源于感知的感性材料。例如对一条龙的想象必须依赖于"狮头"、"蛇身"、"鹰爪"等在感知中出现过的对象，并且最终还必须依据色彩、广袤这样一些感性材料。

（5）虽然感知构成最底层的具有意向能力的意识行为，但并非所有感知都能代表最原本的意识。感知可以分为内在性感知和超越性感知。在超越性感知之中，我们可以区分原本意识和非原本意识，例如：当桌子这个客体在我意识中展现出来时，我看到的桌子的这个面是原本地被给予我的，它是当下被给予之物；而我没有看到的桌子的背面则是非原本地被给予我的，它是共同被给予之物。超越性的感知始终是由原本意识与非原本意识所一同组成的。

笔者在这里允许自己不做更进一步论证就将这个奠基顺序作为不言自明的前提接受下来。现象学的意向分析据此而应当先从感知开始，因为在胡塞尔那里，它是最具奠基性的意识行为，也就是说，所有其他意识行为都植根于感知，即使在感知本身中也包含着一些非原本的东西。

如果我们这里要讨论的是图像意识，那么它在胡塞尔那里是第二性的意识，即属于想象的行为类型，它必须奠基在感知之中。但它在宽泛的意义上也是第一性，因为它与感知一起构成直观行为。

胡塞尔在《逻辑研究》中把"图像意识"看作是一种想象行为，甚至把整个想象都称作是广义上的"图像意识"，因为西文中的"想象"实际上更应当译作"想像"（imaginatio）。这里的"像"（image），或者是指一种纯粹的精神图像，例如在自由想象的情况中，或者是指一种物质的图像，例如在图像意识的情况中。这个意义上的想象或图像意识所具有的共同特征就在于，它所构造的**不是事物本身**，而是**关于事物的图像**。从这个角度来说，想象只是一种感知的变异或衍生：感知构造起**事物本身**，而想象则构造起**关于事物的图像**。甚至可以说，想象只是一种**准构造**。①

而狭义上的"图像意识"之所以属于想象，乃是因为它本身是一种借助于图像（图片、绘画、电影等手段）而进行的想象行为。这样，图像意识就可以从根本上有别于符号意识，因为图像意识属于想象，也就属于直观行为，而符号意识则不属于直观。

但胡塞尔在后期的手稿中也趋向于把图像意识与符号意识看作是同一类型的意识活动，即它们都是非本真的表象。而表象的本真性和非本真性关系到双重自我的问题。具体地说，本真的表象是指现实自

---

① 除此之外，另一个西文的"想象"概念，即源自希腊文的"phantasie"一词，也与视觉有关。亚里士多德便曾说过："想象这个名称（phantasia）是从光（phaog）这个词变化而来，没有光就不能看。"（亚里士多德：《灵魂论及其他》，吴寿彭译，商务印书馆1999年版，429a。译文有所改动）

我在**阻碍**想象自我进入想象世界（很少有人在做白日梦）；而非本真的表象则不同，它意味着现实自我在**帮助**想象自我沉湎于想象世界（例如看电影、读小说等等）。

那么现象学所要把握的图像意识的本质结构究竟是怎样的呢？

胡塞尔本人在1904—1905年的"想象与图像意识"讲座中曾有一段表述，它大致地阐述了图像意识的复杂结构。胡塞尔认为："图像表象的构造表明自己要比单纯的感知表象的构造更为复杂。许多本质上不同的立义看起来是相互叠加、相互蕴含地被建造起来，与此相符的是多重的对象性，它们贯穿在图像意识之中，随注意力的变化而显露给偏好性的意向。"（Hua XXIII, 29）这里需要特别说明的是胡塞尔在这里所说的"立义"（Auffassung），它是指意识活动的这样一个过程：一堆杂乱的感觉材料被统摄，并被赋予一个统一的意义，从而使一个独立的对象产生出来。① 任何客体化的行为，即任何构造对象（客体）的行为，都含有这种立义的活动。在上面所引的这段话中，胡塞尔便指出：在图像意识中有各种立义活动相互交织在一起；与此相应，在图像意识中也有各种立义的结果，或者说，有各种对象交织在一起。

我们先来看这里所说的"多重对象性"是什么。

一、图像意识中的三种客体

胡塞尔在他的意识分析中遵循一个著名的"内容（感觉材料）—立义（统摄）范式"：意识活动就意味着将一堆杂乱的感觉材料立义、统摄、理解为一个统一的对象的过程。我们以凡·高的"海滩"、莫奈的"睡莲"、瑟拉的"模特背影"为例，杂乱的色彩点块被组合成一个

---

① 胡塞尔以后部分地放弃了对意识活动的这种解释模式。但他认为用这个模式来说明感知性的意识活动仍然是合适的。实际上，当今心理学的实验已经对这个模式做了量化的证明。

个客体和视域。感知的情况也与此相同。

而在图像意识中可以区分出三种类型的客体。这里且以莫奈的"蓝色睡莲"为例——第一个客体在胡塞尔看来是"物理客体":印刷的纸张、色彩(蓝色基调、白色物体)、点阵(600dpi 或 2000dpi)、尺寸(200/200cm)等等。胡塞尔也把它称为"物理事物"、"物理图像"或"图像事物"(Hua XXIII, 44, 53, 120)。一个完全的画商或鉴定专家所看到的便是这个意义上的客体。

第二个客体是"展示性的客体",例如那些细小的,但"有弹性、有活力的"① 睡莲。胡塞尔早期也将这个客体称作"假象客体"或"假象",但后期则只称作"图像客体"或干脆称作"图像"(Hua XXIII, 32, 120-121)。与前面的"图像事物"意义上的"物理图像"相对应,胡塞尔也将"图像客体"叫作"精神图像"(Hua XXIII, 21)。

第三个客体是"被展示的客体",也就是实在的睡莲,胡塞尔也将它标识为"实事"(有别于"图像"或"图像客体")、"实在"或"图像主题"(Hua XXIII, 120, 138)。

为了在术语上保持清晰,我在下面尽可能放弃其他的概念,而只使用"图像事物"、"图像客体"和"图像主题"这三个术语来表述图像意识中的三个客体。②

这三个客体标志着图像意识中的"图像—本质"(Hua XXIII, 489):如果缺少其中的任何一个,图像意识就不成其为图像意识。例如一个纯粹的画商所具有的意识便很难是说图像意识,而更多是单纯的感知(物理图像)+价值判断,而一个只看到白色睡莲的观赏者所具有的也不是图像意识,而是纯粹感知或纯粹想象。

---

① 胡塞尔显然将图像客体的这种"有弹性、有活力"(plastisch)的形式视作图像意识的最重要特征,并且一再地提到它(参见 Hua XXIII, 44, 51, 143, 488 等),以至于他在手稿中自问道:"为什么这种弹性**必定会**构成图像意识的基础?"(Hua XXIII, 143, Anm.)

② 胡塞尔自己也是这样做的(参见 Hua XXIII, 489)。

简单明确地说，我们在图像意识中有三个客体，它们以这样的逻辑顺序出现：（1）**图像事物**，（2）**图像客体**，以及（3）**图像主题**。胡塞尔这样来阐述它们的前后顺序："物理图像唤起精神图像，而精神图像又表象着另一个图像：图像主题。"（Hua XXIII, 29）我们也可以用一句话来描述图像意识的这个结构：这个印刷的纸或这个加框的油布等（图像事物）是关于这个或那个东西（图像主题）的图像（图像客体）。

二、图像意识中的三种立义

毫无疑问，图像意识不可能是一个简单的意识行为，在它之中的这三个客体原则上必须通过三个客体化过程或立义过程才能成立：

（1）对图像事物的感知立义：胡塞尔在《纯粹现象学通论》① 中把它看作是一个"普通的感知"（Hua III/1, 226），它的相关项是图像事物，例如被画的纸、照片等等。当我们说"这是一幅油画"时，这个感知立义就已经完成了。这里所说的"普通"是指，如果我们滞留在这个感知上，也就是说，如果我们仅仅注意图像事物，而不顾及图像客体，那么这个感知就是一个通常的、素朴的感知，而且与图像意识毫无干系。这种情况常常会发生，例如，每当我们试图去辨别一幅绘画究竟是绘制的还是印刷的时候都会这样——我们更仔细地观察那些笔画，用手去触摸它们，最后说："啊哈，这只不过是印出来的！"如此等等。但在图像意识的情况中，我们的兴趣主要指向图像客体。图像事物始终处在背景中，几乎不被注意到；只要我们没有通过兴趣的变化而注意到它，对它的感知就不能被称作"普通的"。在这个意义上，胡塞尔在他的手稿中写道："但图像事物的显现并非在任何一个方

---

① 以下简称《观念》I。

面都是普通的。"（Hua XXIII, 489）

接下来，另外两个构成图像意识本质的立义形式也不是普通的立义。

（2）对图像客体的立义：胡塞尔早期（1904—1905年）也曾将它称作"图像的立义"（Hua XXIII, 26），以后（1912—1913年）又称作"图像客体显现"（Hua XXIII, 472）或"图像客体意识"（Hua III/1, 226）。我们很难定义这样一种立义。无论如何，就这种图像客体"显现具有被立义的感觉之感性"（Hua XXIII, 489）而言，它配得上感知立义的称号。而且在《观念》I 中，胡塞尔也的确是把这种图像客体意识定义为"感知的意识"（Hua III/1, 226）。但将图像客体意识称作感知显现的做法并不是确然无疑的，理由主要有两个：首先，这个图像立义不同于其他感知立义的地方在于，它"缺少"存在设定的特征，或者说，它"缺少"存在信仰，"缺少"现实性特征（Hua XXIII, 240, 489）。也就是说，图像意识中的图像客体不是被感知为存在（wahrgenommen），而只是被感知（perzipiert）[①]。其次，这个图像客体并不是作为一个感知对象显现出来，而是更多地显现为一个"精神图像"[②]。这意味着，虽然我们具有一个感知立义，但却通过这种立义而具有一个图像形式的非感知对象。我们并不会将画上的睡莲感知为现实存在或不存在的细小睡莲，而是将它们感知为现实存在的睡莲的图像。用胡塞尔的话来说，"这个建立在感性感觉之上的立义不是一个单纯的感

[①] "感知"（Wahrnehmung）与"知觉"（Perzeption）的区别可以参见 Husserl, LU II/2, A 554/B₂ 82。对此还可以参见 Hans Rainer Sepp, „Bildbewußtsein und Seinsglaube", *Recherches husserliennes*, vol. 6, 1996: "如果说胡塞尔开始时还认为，在把握一个物理图像时存在着两个相互蕴含的感知立义（Hua XXIII, 152），那么这个看法在以后讨论图像意识的特殊存在信仰时被相对化了。"

[②] 胡塞尔在 1904—1905 年期间通常采用这样一种说法（Hua XXIII, 17, 21, 29 等）。此外值得注意的是梅洛-庞蒂在考察绘画的时候也同样是用"精神图像"（image mentale）的概念来标识图像客体（M. Merleau-Ponty, *Le Visible et l'invisible, suivi de notes de travail*, Paris: Gallimard, 1964, pp. 23-24. 译文根据黑尔德的德译文译出：*Das Auge und der Geist*, übersetzt von Klaus Held, 法德对照打印稿，1996 年 Wuppertal 大学课堂使用）。

知立义，它具有一种变化了的特征，即通过相似性来展示的特征，在图像中的观看的特征"（Hua XXIII, 26）。因此，我们具有感觉感性和感知立义，但我们把这些感觉感性立义为某种展示性的东西。图像意识中的这个奇特状况使得胡塞尔认为，图像显现"不是'普通的'事物显现"（Hua XXIII, 490），而是一种"感知性的想象"（Hua XXIII, 476）①。

（3）对图像主题的立义：我在解释第二种立义时实际上已经触及了第三种立义，胡塞尔常常将它称为"对图像主题的展示"。对图像主题的立义不是感知立义，而是想象立义。胡塞尔说："这种展示往往是一个与（对图像客体的）不设定感知显现联系在一起的再造性想象。"（Hua XXIII, 474）但需要注意，对图像主题的立义同时也不是普通的再造想象。因为在一个普通的想象中，被想象的东西显现出来，而在图像主题的意识中，胡塞尔认为图像主题并没有自己显现出来。更确切地说，图像主题并不是作为一个与图像客体并列的第二个对象而显现出来（Hua XXIII, 29），然而这个图像主题却作为第二个对象而被意指，"意向指向它"（Hua XXIII, 28），只是没有任何显现与它相符合。胡塞尔说，"它并不是有所分离地处于此，处在一个特有的直观之中"，相反，"它是**在图像中**显现并且**随着**图像而显现，并且是通过图像展示的增长而显现"（Hua XXIII, 28）。而梅洛-庞蒂则说："与其说我看见图像，不如说是我根据图像来看或随着图像来看。"② 这样便可以理解胡塞尔所说的话："图像主题不需要显现出来，而如果它真地显现出来的话，我们所具有的便是一个想象或一个回忆了"（Hua XXIII, 489）。换句话说，如果我们的注意力不再朝向图像客体，而是转而朝向图像主题，那么我们所具有的就不再是图像意识，而是一个普通的想象意识

---

① 确切地看，"感知想象"这个称号在胡塞尔这里是用来标识整个图像意识的，以对应于无感知基点的（纯粹再造性）再现：被再现的是图像主题，但它不是纯粹想象地，而是感知地在图像客体之中被再现。

② M. Merleau-Ponty, *Le Visible et l'invisible, suivi de notes de travail*, p. 23.

了。胡塞尔对这个看法还做了如下的论证:"可以作为立义内容而起作用的现有感性感觉材料已经完全被耗尽了,不可能再构造起一个新的显现,它已经不具备可供使用的立义内容了。"(Hua XXIII, 29)

但这三种立义之间的关系还需要进一步得到澄清。我在下面将这三种立义分别称作"图像事物立义"、"图像客体立义"和"图像主题立义",以便与图像意识中三种客体的名称相对应。这三种立义构成了整个"图像意识",或者说"图像表象"。

通过至此为止的分析,我们所获得的最重要的结果是什么呢?胡塞尔的论述是这样的:"我们只有一个显现,即图像客体的显现。但我们所具有的不只是构造起这个图像客体的立义(或者也可以说,客体化)。否则,被意指的就只能是这个客体了。"(Hua XXIII, 30)以凡·高不止一次画过的农鞋为例:鞋并不仅仅是单纯被缩小了的客体,而是一个在其中可以被看出并且随着它可以被看到其他客体的图像客体。用海德格尔的话来说:"只是一双农鞋,再无别的。然而——"

现在的问题是:其他的两个客体是怎样的一种情况?它们虽然通过立义而得以产生,但却没有自己显现出来。胡塞尔在1904—1905年曾这样来描述这个问题:

在图像(图像事物)与实事(图像主题)之间的关系是怎样的?在图像客体与实事之间的关系又是如何?(Hua XXIII, 138)

但我们这里首先要来考察图像事物和图像客体之间的关系以及相应立义之间的关系。

三、图像事物和图像客体之间的关系以及相应立义之间的关系

(1)图像事物和图像客体作为不同时显现的"双重对象性":随

情况的不同，关于图像事物的意识，例如关于一张照片的意识，可以起着或大或小的作用，例如当照片不清楚时，或者当照片上的东西被扭曲地显现出来时，我的注意力会在一定程度上受到干扰，或者，对照片的感知始终是在背景中，因为我的兴趣主要在于认识图像客体，我并不去关心这个客体是通过什么媒介而显现出来的。观察者可以随时在这两种境况之间跳来跳去，他只要将注意力时而转向此，时而转向彼就可以。但只要对图像事物的感知还属于图像意识，而不是转变为一个独立的感知，也就是说，只要它没有转变成对一个由纸质的或木质的物理事物的感知，那么这个图像事物就只能得到一小部分注意力。如果观察者将他的注意力主要指向图像事物，那么显现出来的就是图像事物本身。在这样一种情况下，我们所具有的就不是一个图像意识，而是一个普通的事物感知。胡塞尔认为，这里的原因在于：图像事物和图像客体具有同一个立义内容，而"在同一个感觉基础上，这两个立义不可能同时成立，它们不能同时提供两个显现。它们或许可以替换出现，但不能同时出现，即不能相互分离地同时出现"（Hua XXIII, 45）。

（2）奠基关系：图像事物虽然几乎不被注意到，但对图像意识来说却是不可缺少的。图像事物事实上起着一个"载者"（Hua XXIII, 491）作用。没有图像事物，图像意识是不可想象的。胡塞尔就此曾说："或许有必要将这里存在的关系在术语上加以确定。图像事物是基质，是图像基质，是在特殊意义上对一个图像而言的基质，它是天生的引发者，引发起一个特定的图像显现，这个显现正是这个图像的显现。"（Hua XXIII, 492）

（3）"非真正争执的"关系：在观察"睡莲"的情况中，图像事物显现为"白色的油彩"，而图像客体显现为"白色的小睡莲"。胡塞尔也曾以一个半身塑像为例来解释这两个客体之间的关系："我们在这里事实上有两个相互'穿透'，在一定程度上相互'争执'，而且是在非真正意义上相互争执的直观。"（Hua XXIII, 487）胡塞尔之所以说"非真正的争执"，乃是因为他想指明，这里所涉及的不是两个建立在同一立义内容上的感知立义，就像在怀疑的情况中一样；这里所涉及的是一个感知立义和一个感知性的，但不设定的立义。"因此，这不是一个在被主张的现实和固守着的现实之间的争执……而之所以不可能，是因为图像客体的显现不是'通常的'事物显现。"（Hua XXIII, 489-490）图像事物和图像客体不发生争执，除非一个图像客体（例如一个蜡像）没有被感知为一个图像，而是被感知为现实，即被感知为一个真人，或者说，被设定为存在着的真人。如果我把蜡像看作是一个展现了某个人的图像客体，那么这里就不会出现争执。

我们再来看另一方面的关系。

四、图像客体与图像主题之间的关系以及相应立义之间的关系

（1）两种立义的相联或相容关系：与图像事物和图像客体之间的关系相比，在图像客体与图像主题之间虽然也存在着双重的对象，但却只有一个对象显现出来：图像客体的显现。胡塞尔说，"我们并不具有两个分离的显现"，"毋宁说，这里是两个立义相互交织在一起"（Hua XXIII, 27），也就是说，图像客体并不是简单地显现出来，而是在它显现时还有某个东西被带出来——图像主题。"随着图像客体立义的进行，我们也一致地具有一个展示。"（Hua XXIII, 474）因此，这里与其说是有两个显现，不如说是一个显现具有两个功能。正是在这个意义上，胡塞尔说："如果我们谈及两个本质上属于想象表象（图像意识）构造的立义，那么在前面阐述的意义上，这当然不是指两个分离的和同级的立义体验，两个仅仅通过某个纽带而被联结在一起的立义。如果被展现的对象（图像主题）通过一个行为而自为地构造起来，而图像（客体）则是通过另一个与此相分离的第二个行为而被构

造起来，那么我们就既不会有图像（客体），也不具有被展现者（图像主题）。"(Hua XXIII, 27)对图像主题和图像客体的立义在这样一种意义上相互联结：它们相互交织并且相互依赖。这种结合因而不是两种立义的相互并列，而是它们的相互蕴含。例如，当我看这些小花（图像）并且把它看作睡莲时，在这里起作用的不仅仅是这些小睡莲，而且还有现实的睡莲。在这个意义上，胡塞尔把对图像主题的立义也称为"对一个在显现者中的未显现者的再现意识"①。这样，图像主题意识便有别于非图像的，即（纯粹）再造性的再现。

（2）图像（客体）与被展现者（图像主题）之间的关系：胡塞尔认为，图像主题是在图像客体之中展示出来的。"如果随着图像而没有给出一个有意识的与被展现者（图像主题）的联系，我们也就不会有图像。"(Hua XXIII, 31)图像客体，或者更确切地说，在图像客体的内容中以代现的方式起作用的东西，"在进行展示，在进行再现，在进行图像化，在进行直观化"(Hua XXIII, 30)。因此，在图像客体和图像主题之间存在着图像与被展现者的关系。例如，一张肖像上的图像客体虽然是"有弹性的"，但同时也是"呆钝的、缄默的"(Hua XXIII, 32)并且因此而有别于我们在这样一个图像意识中真正所意指的那个现实的、活的被展现者（图像主题）。如果我看到我哥哥的一张照片并且确定，"这是我哥哥"，那么我并不是说，这个图像就是我的哥哥，而是说，这是关于我哥哥的一张照片。我的现实的哥哥仅仅是通过照片而被唤入意识之中，并且在这个图像中一同得到展示。胡塞尔是这样表述的："我们用显现的图像而意指实事"(Hua XXIII, 30)。

（3）相似性关系：在两个立义之间的联结一方面受到两个客体（图像客体和图像主题）间的可类比性的制约。它们两个必须是相似的

---

① Hua XXIII, 31ff. 胡塞尔虽然也谈及两种显现："图像客体—显现"和"图像主题—显现"，但这个态度与我们这里所阐述的对此问题的态度相比并无二致；因为，他认为，"在这里，图像主题—显现也是在图像客体—显现中展示出来的"(Hua XXIII, 474)。

才能相互联结在一起。用胡塞尔的话来说,"这个[图像]主题的意识在类比因素方面穿透了图像客体的意识"(Hua XXIII, 32)。而另一方面,图像客体虽然必须与图像主题相类似,但却不能与它完全相同一。胡塞尔认为:"如果显现的图像在现象上与被意指的客体绝对同一,或者更确切地说,如果图像显现在任何方面都与这个对象的感知显现没有区别,那么图像意识也就几乎无从谈起了。"(Hua XXIII, 20)在图像客体和图像主题之间的相似性关系是区分图像意识和符号意识的关键所在。

五、结语:第三只眼与精神图像

最后,我们从一般的图像意识转向与视觉艺术有关的图像意识。这种特殊的图像意识显然也具有一般图像意识的结构,但自身又因为带有与美感的联系而不同于一般图像意识。我们在这里也可以发现"精神图像"(或"图像客体"),也可以把握到对它的立义以及它与"图像主题"的联系。

在对艺术作品的观看中,我们可以从"图像客体"中看到什么?从《艺术作品的本源》中可以看出,海德格尔看到了许多。以凡·高多次画过的农鞋为例,海德格尔看到:"从鞋具磨损的内部那黑洞洞的敞口中,凝聚着劳动步履的艰辛。这硬邦邦、沉甸甸的破旧农鞋里,聚集着那寒风陡峭中迈动在一望无际的永远单调的田垄上的步履的坚韧和滞缓。皮制农鞋上粘着湿润而肥沃的泥土。暮色降临,这双鞋在田野小径上踽踽而行。在这鞋具里,回响着大地无声的召唤,显示着大地对成熟的谷物的宁静的馈赠,表征着大地在冬闲的荒芜田野里朦胧的冬眠。这器具浸透着对面包的稳靠性的无怨无艾的焦虑,以及那战胜了贫困的无言的喜悦,隐含着分娩阵痛时的哆嗦,死亡逼近时的战栗。"① 我们甚至要说，海德格尔在这里看到的太多了，他似乎可以看到他所想看到的一切东西。这个意义上的"图像主题"已经不再是一双单纯的农鞋。

与海德格尔相似，梅洛-庞蒂此后也曾一再地试图"更确切地感受到，'看'这个小词自身究竟带有哪些东西"②。他在"精神图像"中显然也看到了许多。仅以《眼与心》而言，他曾举例说："在许多荷兰绘画中，从镜子中的圆眼珠中可以看到空虚的人物内心。"③

从精神图像中并且随着精神图像而看到什么，这个看被梅洛-庞蒂称为"超人的视力"、"内视觉"或"第三只眼"。实际上另一位思想家叔本华也曾谈起在艺术直观中起作用的另一只眼，即他一再提到的那只"世界眼"④。海德格尔则提出要"擦亮眼睛"去看。⑤ 所有这些表述都在试图描述和刻画一种联系：一种在图像客体和图像主题之间的内在联系，以及对这种联系的特殊把握方式：艺术的把握方式。海德格尔把这个联系理解为艺术作品与存在真理之间的关系："艺术作品以自己的方式开启存在者之存在。"他也把这个意义上的"存在"称为"物的真理"或"物的普遍本质"。⑥ 而现象学美学家杜夫海纳则将这种联系看作是艺术作品与审美对象之间的联系，"我们探寻艺术作品而发现了审美对象"，因此，"如果要我认识作品，作品必须作为审美对象向我呈现"。⑦ 如此等等，不一而足。

但我们似乎已经越说越远了。还是回到胡塞尔这里来！设想一下，如果胡塞尔活到了海德格尔和梅洛-庞蒂以后，那么他会对这两位的

---

① 海德格尔：《林中路》，孙周兴译，上海译文出版社1997年版，第17页。
② M. Merleau-Ponty, Le Visible et l'invisible, suivi de notes de travail, p. 81.
③ M. Merleau-Ponty, Le Visible et l'invisible, suivi de notes de travail, p. 23-24.
④ 叔本华：《作为意志和表象的世界》，石冲白译，第277页。
⑤ 海德格尔：《林中路》，孙周兴译，第22页。
⑥ 海德格尔：《林中路》，孙周兴译，第19—20、23页。
⑦ 杜夫海纳：《审美经验现象学》，韩树站译，文化艺术出版社1992年版，第19—20、23页。

"超人的视力"做何评论？我想，他会说，如果我不是农民，也没有在农村"永远单调的田垄上"生活过，我就没有海德格尔的"第三只眼"，但或许我会有其他朝向的"第三只眼"，例如像梅洛-庞蒂那样，具有可以看到都市人的空虚灵魂的"超人视力"，但我或许根本不具有"第三只眼"。这种第三只眼的拥有以及在何种程度上的拥有，是与人的意识发生事实有关的问题。但是，胡塞尔会说，只要我具有图像意识（而这是每一个正常人都具有的），我便具有三种客体、三种立义。这是一个不会因人、因时、因地的变化而改变的本质结构，因而是与纯粹的意识本质结构相关的一个问题。

事实发生的现象学与**本质描述的现象学**便因此而得到一个大致的区分。胡塞尔本人认为，事实发生的现象学必须以本质描述的现象学为基础。海德格尔与梅洛-庞蒂则否认这一点。谁的看法更接近真理，这是一个需要由每个人自己来决定的问题。我在这里所想做的仅仅是：尽可能如实地再现胡塞尔的图像意识现象学研究的本来意图和本来面目。

艺术直观与理念直观的"纯粹性"

如今无论是在西方还是东方，人们都越来越有兴趣把胡塞尔的超越论现象学，至少是其中的某些部分与审美问题联系在一起考虑，但如前所述，胡塞尔自己从未集中讨论过"审美体验"以及与此相关的"审美观点"。他所感兴趣的是意识理论，而不是艺术审美学或作品审美学。审美意识对他来说只是诸多意识形式中的一种，而且极少被视为基础性的。审美体验或审美现象常常被他用做例子来解释意识现象的结构和奠基层次，但本身却很少得到细致的分析。胡塞尔注意的较多是对审美观点（Einstellung）与现象学观点的比较。① 例如在1907年初给作家胡戈·冯·霍夫曼斯塔尔的一封信中②，以及在关于"想象、图像意识、回忆"的各个时期的手稿中，胡塞尔曾较为集中地谈到了审美直观与现象学直观的关系问题。这种比较研究关涉到两个方面：对所有生存执态的严格排斥，即"现象学的悬搁"和对现象、对"对象的显现方式"的兴趣。

胡塞尔在信中认为，现象学的直观与纯粹艺术的审美直观是相近的。这种相近表现在，现象学直观对"客观性"持一种根本不同于自

---

① 对此较为详细的说明可以参见 H.-J. Pieper, „ ‚Von Schönheit ist hier keine Rede' – Husserl und das Problem der ästhetischen Einstellung", in *Phänomenologische Forschungen*, hrsg. von E. W. Orth/ K.-H. Lembeck, 1998, S. 3-33, 尤其是 S. 3-4。

② 中译文载于倪梁康编：《胡塞尔选集》下卷，上海三联书店1997年版，第1201—1204页。

然态度的态度。它要求我们严格地排斥所有存在性的执态，当然首先是在认识批判中严格地排斥所有存在性的执态。这样，"所有的科学、所有的现实（也包括自我本身的现实）都成了'现象'。剩下要做的只有一件事：在纯粹的直观中（在纯粹直观的分析和抽象中）阐明内在于现象之中的意义，即阐明认识本身以及对象本身根据其内在本质所指的是什么，同时，我们不能在任何时候、任何地方超越出纯粹现象一步，即是说，不把任何在现象中被误认为是超越的存在设定为是被给予的并且不去利用这些超越的存在"①。

与此相同的是纯粹的审美直观。它也是一种与自然态度相对立的感觉状况。在这一点上，胡塞尔与叔本华的"艺术中的无意志直观"的说法是一致的。胡塞尔认为："存在性的世界显露得越多或被利用得越多，一部艺术作品从自身出发对存在性表态要求得越多，这部作品在美学上便越是不纯。"② 因此，胡塞尔认为，现象学直观和审美直观一样，都是在搁置了所有自然观点的情况下研究"现象"这个唯一的被给予性。"艺术家为了从世界中获得有关自然的和人的'知识'而'观察'世界，他观察世界的态度与现象学家对待世界的态度是相似的。就是说，他不是观察着的自然研究者和心理学家，不是对一个人进行实际观察的观察家，就好像他的目的是在于自然科学和人的科学一样。当他观察世界时，世界对他来说成为现象，世界的存在对他来说无关紧要，正如哲学家所做的那样。艺术家与哲学家不同的地方只是在于，前者的目的不是为了论证和在概念中把握这个世界现象的'意义'，而是在于直觉地占有这个现象，以便从中为审美的创造性刻画收集丰富的形象和材料"③。

在胡塞尔的这些论述中，审美直观与现象学直观之间的主要共同

---

① 倪梁康编：《胡塞尔选集》下卷，第 1203 页。
② 倪梁康编：《胡塞尔选集》下卷，第 1202 页。
③ 倪梁康编：《胡塞尔选集》下卷，第 1203—1204 页。

点被看作是对自然观点的排除或对存在判断的存而不论。这种可以说是摆脱了"主—客体模式"的审美观察方式或认识方式后来也在许多现象学家那里得到进一步的展开，例如在海德格尔的《艺术作品之起源》中，在梅洛-庞蒂的《眼与心》中。

胡塞尔之所以对这个共同点津津乐道，可能是因为他 1907 年开始从《逻辑研究》中的描述心理学的立场转向超越论现象学的立场，并提出进入现象学领域的现象学还原方法。由于这个观点和方法上的突破是在给霍夫曼斯塔尔的这封信中第一次得到文字上的公开表露，因此胡塞尔的兴奋之情油然纸上。

但也许正是这种心情妨碍了他，使他在这里没有去关注和表述在审美直观与现象学直观之间可能存在的另一个共同点，即前面所说的"智性直观"上的共同点。他在信中更多地是强调现象学的观念直观与审美直观的不同点：前者是通过论证并在概念中把握世界现象的意义，后者则是以直觉的方式把握世界现象的意义。也就是说，审美直观与现象学直观只是共同地对自然态度进行悬搁，并因此而共同地站在自然观点的对立面，即成为叔本华意义上的两种"非自然的"观点，但在具体的直观方式上，它们之间并不存在可比性。

胡塞尔在手稿中更多地是对审美直观以及在其中将审美直观对象的存在搁置起来、存而不论的现象做了较细的分析。也就是说，审美直观本身的本质结构成为现象学本质直观的考察课题。笔者在前面"图像意识的现象学"一章中曾经论述过在图像意识中的三类客体的问题，即每一个图像意识中都必定含有三种客体：图像事物（物理图像）、图像客体（精神图像）和图像主题。因此，胡塞尔所说的在审美直观中的对存在判断的搁置，可能涉及三个客体：按照胡塞尔的分析，在图像意识中唯一本真地显现出来的是图像客体。

如何才能对这个图像的特征做出描述呢？这个问题也可以这样来表达：图像究竟是什么？胡塞尔在 1912 年再一次提出这个问题并且

提出两种解释的可能性：第一个可能性在于，"我们并不指向图像客体，但它显现出来"（Hua XXIII, 472）；第二个可能性在于，"图像客体不显现出来，但图像意识具有这样一种特性，以至于我可以把想象（Imagination）转变为一个假象—感知（Schein-Perzeption）"（Hua XXIII, 472—473）。

第二个可能性与胡塞尔 1904—1905 年的早期观点有关（参见 Hua XXIII, 40）。而第一个可能性则反映出他当时（1912 年）的摸索思考的一个结果。尽管胡塞尔在他思考的开端上还在这两个作为"后果严重的问题"（Hua XXIII, 473）的可能性之间动摇不定，他还是很快就选定了第一种可能性——图像客体不是假象图像。胡塞尔以他妻子马尔维纳的画像为例分析说："在看马尔维纳的这副小肖像画时，我并不必定把在此被直观到的东西看作是'假象'……它已经是单纯被表象的东西，它不是一个感知地被设定的东西，它的特征不会被描述为假象。"（Hua XXIII, 474）最后胡塞尔得到这样一个结论："我们必须区分图像客体立义和一个感知性假象的意识。"（Hua XXIII, 474）图像客体意识与假象意识不是一回事。胡塞尔认为，将前者与后者区分开来的关键就在于它们所具有的各不相同信仰特征："前者是不设定的，后者是设定的。"（Hua XXIII, 474）

胡塞尔将这个在图像意识中不被设定的或者说中性的图像客体在下列意义上称为"非现实性"（Hua XXIII, 45）：图像客体虽然显现为当下的，但它并不被当作是现实的（Hua XXIII, 40）。在这里我们可以说，一个感知表象可以是不设定的，只要我们把对图像客体的表象看作是感知表象。这个观点以后在《观念》I 中也得到加强："为构像提供中介和可能的关于'图像'的意识现在是一个对感知的中立性变异的例子。这个构像着的图像客体既不以设定的方式，也不以不设定的方式，也不以某个其他的设定样式的方式处在我们面前。"（Hua III/1, 226）。

我们几乎无须讨论图像客体的非设定性：很明显，我们通常对图像客体（如在照片上或在图画上的这个小的人物形象或小的睡莲）的存在不感兴趣。如果我们相信有什么东西存在的话，那么这个东西是由这个图像客体所代现的图像主题（现实的人或现实的睡莲）。

这里需要考虑的仅仅是，我们是否可以将图像客体意识标识为一个在感知表象意义上的不设定的感知性意识行为。图像客体意识本身不是一个独立的表象，而只是总体图像表象（图像意识）的一个部分。图像意识的质性（即设定或不设定）并不取决于我们是否相信图像客体或图像事物的存在，而更多地在于图像主题是否被设定。因此中立的图像客体意识并不是说明感知的中立性变异的典型例子。

图像客体意识是不具有存在设定的。但图像意识却像单纯的再造一样，可以是具有存在设定的，也可以是不具有存在设定的，这要取决于图像主题是否被设定。（Hua XXIII, 475）更确切地说，"有可能存在着一个信仰意识，但它并不涉及这个感知立义的对象，而是关系到这个以图像的方式被直观到对象，关系到这个不是当下的，但却在当下拥有中成为图像表象的、恰恰只是被当下化的人"（Hua XXIII, 40）。因此，图像意识中的存在信仰首先是指那个通过图像客体而被代现的客体的实存。故而我们可以将这个对图像主题的存在信仰称为图像意识中的"本真信仰"。这个信仰事实上是一种当下化的信仰，即类似于回忆中的信仰或设定性想象中的信仰，这取决于在图像中被表象的是什么：如果我看一张我哥哥的照片，那么这里涉及的便是一个回忆信仰或再辨认信仰，而这个图像意识便是设定的。反过来，如果我看的是睡莲的图像画像，并且我此时对睡莲不执态，那么这个图像意识便是不具有设定的。

另外我们还不能忽视对物理图像（图像事物）之存在的信仰。我们可以将这个信仰称作"非本真的信仰"。胡塞尔几乎没有顾及对图像事物的存在信仰和对图像主题的存在信仰之间的关系问题。因此可以说，胡塞尔在信中所说的审美直观中的不执态，基本上涉及的只是图像客体与图像主题之间的关系。但这里并不是展开笔者对于这个关系的思考的地方。

从上面的分析来看，胡塞尔在具体操作中并没有，或许也并不想对审美直观和现象学直观进行相关比较研究，他更多地是在通过现象学直观来分析、描述审美直观（包括其中的图像意识和审美意识），把握审美直观的基本要素及其本质联系。

如果我们要想在"审美直观"和"现象学直观"的具体操作方式之间找到除了终止判断以外其他更进一步的契合点，那么这将是一个极为困难的论题。这不仅是因为，迄今为止的艺术家和艺术理论家在审美直观问题上没有形成一致的看法，他们的唯一共同之处大概就只在于承认有审美直观这种东西；而且也是因为，在哲学家这边，也不存在对各种名义下的理念直观、本质直观、范畴直观所达成的共识。也许这就是人文学说的宿命所在。即便在那些主张理念直观的哲学家那里，对这种直观的理解也各有差异。在这里找到的叔本华与胡塞尔的一致，以及在现象学家胡塞尔、海德格尔、舍勒、梅洛-庞蒂等思想家之间可以发现的一致，是思想史上难得见到的景观。

但细分起来，胡塞尔的本质直观、海德格尔的存在领会、舍勒的伦常明察，都具有迥然不同的直观相关项，一如牟宗三把"智性直观"理解为纵向的生命本质直观、西田几多郎把"智性直观"理解为"审美直观"或"至善直观"一样。甚至在同一个哲学家那里，如胡塞尔，本质直观也被赋予不同的意义，它既可以是对超越的世界，即外部世界的本质把握，也可以是对内在的世界，即内心世界的本质把握。

与此相似，在艺术家的大范畴下面，画家对外部世界和人物内心的刻画，作家、诗人对自然本性和生命本质的揭示，音乐家对外在命运、内在精神的吟诵，也具有千差万别的形式。而且这种审美直观形式并不是一套可以现成拿来使用的工具。许多迹象表明，审美直观不同于意识技巧，它不是一种可传授、可习得的方法，而更多是一种每个人都生来具有的自然能力，用胡塞尔的话来说，是意识固有的本质结构。而且，即便掌握了这种审美直观的具体方式，也并不就意味着对人生真谛的把握。

背景篇

胡塞尔的意向性概念与休谟的信仰概念

每个哲学家都或多或少地受到哲学传统的影响。完全无传统的哲学家在哲学史上尚未出现过。一个哲学家或是接受哲学的传统，或是反抗这种传统，以此方式提出他自己的哲学思想。大多数哲学家是两者兼而有之。

如果承认这一事实，那么休谟与胡塞尔之间的关系就变得易于理解。这种关系一眼看来似乎很狭窄，人们毋宁把它看作是一种对立。这位英国哲学家被视为经验论者，而那位德国哲学家却以其观念抽象的方法（Ideation），或者说本质直观的方法为思想标志；休谟坚持其怀疑论的彻底性，胡塞尔则始终追求一门作为严格科学的哲学。除此之外，在胡塞尔看来，休谟是"极端的心理主义"的创始人（Hua VII, 155），他早在其"突破性著作"（海德格尔语）《逻辑研究》中就与这种心理主义进行过斗争，并且此后从未间断过这一斗争。

尽管如此，在这些对立后面，人们不难发现两位哲学家的相通之处。胡塞尔是一位受到哲学传统影响的思想家，这不仅表现在他不懈地反抗着这种传统，而且也在于他在某种程度上接受这种传统。①在这

---

① 胡塞尔毕生致力于一门无立场、无成见和无理论的哲学。他所提出的"面对实事本身！"的口号恰恰是为了反对当时在"回到康德！"或"回到托马斯·阿奎纳！"的口号下企图在哲学史中找到永恒真理的倾向。但这并不意味着他拒绝哲学的历史遗产。相反，胡塞尔除了是现象学的创始人之外还是一位出色的哲学史家。因为他认为，哲学史尽管不是真正的哲学的历史——真正

个意义上，胡塞尔把休谟看作是两个在哲学史上对他自身哲学思想发展具有最大影响的哲学家之一[①]。

我对胡塞尔与休谟之间关系的研究主要以两个概念为出发点——休谟的信仰概念与胡塞尔的意向性概念。此外，这里的研究与其说是客观的，不如说是带有现象学立场的。在这个意义上我可以将标题改写为：休谟的信仰概念所提出的问题与胡塞尔意向性概念所做的回答。

休谟的信仰（belief）概念是一个相当含糊的概念。它常常混杂着哲学的意义和日常的意义。甚至在哲学的意义中，它也包含不同的含义。在他的《人性论》和《人类理解研究》中，休谟对这个概念做过多次的，然而不尽相同的定义。它的主要含义之一是现实性意识，即我们在获得印象和某些观念的同时所具有的一种对现实的信念。

印象与观念是一切感知中的两个类型，"它们由于各自的强力与活力的程度不同而相互区分"[②]。印象自身包含着所有观念和思想的起源，因而是第一性的；相反，观念则是第二性的。胡塞尔在其对休谟的批判中常常将印象等同于感觉，观念等同于理念（Idee）。（参见 LU II/1, Kap. 5）。

感觉（印象）在休谟那里首先是某种直接、当下地被感觉到的东西，或者我们也可以说，感觉内容。它们是外感知或内感知的内容。而观念则是某种被表象之物（Vorgestelltes），或者说，表象内容。由于观念是感觉的复本[③]，因此观念也可分为对外感觉的表象和对内感觉

（接上页）的哲学的历史是以现象学这门第一哲学为开始的——但它却是哲学思维的历史。通过对这种哲学思维历史的研究，人们可以学到哲学的思维态度和思维方式。在这个意义上，胡塞尔不只是在《纯粹现象学和现象学哲学的观念》中，而是早在《逻辑研究》中就已与哲学传统有了密切的联系。

① G. Berger, „Husserl und Hume", in H. Noack (Hrsg.), *Husserl*, Darmstadt: Wissenschaftliche Buchgesellschaft, 1973, S. 210.

② Hume, *Eine Untersuchung über den menschlichen Verstand*, Hamburg: Felix Meiner, 1986, S. 18.

③ Hume, *Eine Untersuchung über den menschlichen Verstand*, S. 19.

的表象，即外感觉与内感觉的复本①。

休谟的"印象"与"观念"这两个概念的含义大致如上②。

在胡塞尔的哲学中很难找到与"印象"和"观念"相似的概念。胡塞尔在对时间意识的分析中尽管运用了"印象"或"原初印象"的术语，但它们在胡塞尔那里所指的是形式，即当下体验在其中被给予的那个形式（Hua, III/1, 183）。我们同样可以将它们称为"原初的被给予方式"。相反，如前所述，"印象"在休谟那里则大都是指直接当下的感觉内容。就观念而言，胡塞尔虽然把休谟的"观念"称为"理念"，但这个"理念"却不能等同于胡塞尔的"观念"概念。胡塞尔的"观念"应当被理解为"本质"（Wesen）③。胡塞尔认为人们可以具有两种直观，即感性直观与本质直观，以此，他既反对了休谟，也反对了康德。本质直观虽然以感性经验为出发点，但在本质直观的过程中，本质也可以直接当下地被把握，正如在感性直观中，被感觉之物直接当下地被把握一样。因此，理念并非像休谟所说的那样，只是感觉的复本。

这些区别体现了两位哲学家的重要特征。

对于休谟来说，印象（这里指感觉内容）和观念（指表象内容）完全有可能是相同的。例如，我看桌上的一个花瓶。而后，当这个花瓶不在这里时，我想象它。花瓶始终是同一个。这意味着，仅仅根据两个感知的内容（对花瓶的印象和对花瓶的表象）是无法区分这两种感知的。因此必然存在着某种使它们相互区别的东西。休谟认为，如果人们将印象与观念相比较，就会立即发现，"它们之间的唯一区别在

---

① 对外部的和内部的印象与观念的更明确的区分可以在《人性论》中找到（也可参见利普斯［Th. Lipps］的第八个注释）。我们这里放弃对此划分的讨论，因为我们只打算停留在人类理解的课题上。

② Hume, *Ein Traktat über die menschliche Natur*, Deutsch: übers. von Th. Lipps, Hamburg: Felix Meiner, 1973, S. 11.

③ "观念"、"本质"、"埃多斯"和"先天"这些概念在胡塞尔那里基本上是同义词。

于强力与活力的程度不同"①。有时他也说，区别必定在于人们拥有印象与观念时所具有的方式如何。这种强力与活力的程度以及拥有的方式被休谟称为信仰。它是唯一使印象区别于观念，并使真实的观念区别于虚构的东西。

休谟在信仰概念上徘徊踟蹰。这不仅表现在《人性论》中，而且也表现在《人类理解研究》中。在《人性论》中他用几个章节和一个附录来说明信仰，在《人类理解研究》中则花费在第五章的第二部分。他将信仰定义为"某种为精神所感觉到的东西"②，也就是为这位直觉主义者和经验论者所常常诉诸的某种感受。"如果我们试图对此感受下一定义，那么我们会发现，这纵然不是一项不可能完成的，却也是一项极难完成的任务。"③我们只能说，这种感受在每一印象中都为我们直接地感受到或体验到，但它仅仅在某些观念中，如回忆中为我们体验到，在另一些观念中，如虚构中却不为我们体验到。④

所以，意识进行的强力和活力、意识进行中的这种感受、信仰，这三者在休谟那里的含义是相同的。

我们也可以不去诉诸直觉，而将休谟的信仰概念与胡塞尔的信仰概念，即世界信仰和存在信仰做一比较，以便更好地理解前者。胡塞尔的信仰概念与自然观点有关，具有这种观点的人们简单地，往往是无意识地相信，在他的意识之外存在着一个自在的世界。因此，信仰蕴藏着一种对对象之物——不仅是个别的对象，而且是整个世界——的存在的默默设定，尽管人们并不知道，意识如何能超越自身去认识自在的世界，或者，即使人们知道，意识无力做出这种超越。

---

① Hume, *Ein Traktat über die menschliche Natur*, S. 141.
② Hume, *Eine Untersuchung über den menschlichen Verstand*, S. 62.
③ Hume, *Eine Untersuchung über den menschlichen Verstand*, S. 61.
④ 有时，休谟将"观念"分为"回忆观念"和"虚构观念"，有时他却把"观念"与"虚构"区分开来。

如果我们去除我们在自然观点中为被感觉之物或被表象之物所附加的这个存在，那么这便不再是胡塞尔意义上的信仰，而是休谟意义上的信仰了：我们不知道在我们意识之外是否存在着某种自在的东西。但我们"感受到"，我们相信："被感觉之物以较之于被表象之物更现实、更活跃的方式展现在我们意识中，而且，某些被表象之物以较之于另一些被表象之物更现实、更活跃的方式展现在我们的意识中。"在这个意义上，休谟的信仰是现实性意识。"现实"对于休谟来说无非意味着"有力"和"活跃"①，而它在胡塞尔那里却获得了另外一个含义："人们当然不能忽视这一点：现实在这里并不意味着存在于意识之外，而是意味着不仅仅是被意指的。"（LU II/2, A 715/B₂ 244）胡塞尔对"现实"概念的第一个否定规定与休谟相一致。可以说，他们两个都在追求一门内在哲学。但在胡塞尔的第二个规定中，我们发现了两位哲学家的分歧。因为我们在这里已经接触到意向性的问题。

胡塞尔在他的著述和讲座中常常批评休谟的信仰概念。在《逻辑研究》中，他说："我还记得，休谟是如何徒劳无益地在信仰概念上费心尽力并且一再地试图将此意识行为的特征作为力度或与力度类似的东西纳入到观念之中。"（LU II/1, A 186/B₂ 187）在 1907 年所做的"现象学的观念"的讲座中，他反驳心理主义的感受论——胡塞尔认为休谟哲学是此学说的渊源——时曾诘问："但感受在这里能说明什么呢？能做些什么呢？它应当向我们呼唤：停住！这里是真理？但我们为何非相信它不可呢？而这种信仰是否又必须重新具有感受的标志呢？"②休谟以他对信仰的定义的徒劳努力是无法回答这一诘难的。胡

---

① 如前所述，信仰在休谟那里具有自然的或日常的含义。就是说：信仰在休谟那里也可以解释为世界信仰。（参见 Hume, Eine Untersuchung über den menschlichen Verstand, S. 67）

② Hua II, 59. 胡塞尔在这里提出的"这种信仰是否又必须重新具有感受的标志"的问题是合理的。因为信仰在休谟那里具有双重性，它是一个感觉的强力与活力，但它同时本身又是一种感觉，这是休谟所一再重复的。胡塞尔的问题是针对后一种情况而言。

塞尔认为其原因在于休谟对作为意识本质的意向性的盲目。

贝尔格（Gaston Berger）十分正确地看到休谟哲学中的信仰概念与胡塞尔思想中的意向性概念在两位思想家的学说中所起的作用相同。信仰"至少与意向的最普遍形式、理论意向相符合"①。但作为经验论者，休谟将他的目光停留在感受或信仰上，而不去朝向意向性。如胡塞尔所说："'意识形态的'心理学和认识论企图将一切都还原为'印象'（感觉）以及'观念'（作为幻觉、作为'印象'的淡化了的影子）间的联结，它们显然对意识方式、意向体验意义上的意识行为感到不满。"（LU II/1, A 186/B₁ 187）因此，休谟的盲目性的根源又在于他的经验视野的局限性。

休谟认为印象与观念之间的区别要更自明些。因此他花费较多的气力来解释观念与虚构的关系，或者说，带有信仰的观念与不带信仰的观念之间的关系。我想在这里以印象、观念和虚构为例对信仰与意向性做一比较。

对休谟来说，信仰是人们用来认识一个感知是否真实的唯一标准。"在哲学中我们只能声称，信仰是某种为精神所感觉到的东西，它将判断力的观念区分于想象的虚构，除此之外我们无法走得更远。信仰赋予判断力的观念以更重要的地位和更多的影响，使其显得更为重要，它给精神以压力并使观念成为我们行动的主要准则。"②与印象和观念之间的区别相同，一个真实的观念并不是通过其特性，或通过其各部分的特殊排列来显示自身，而是通过它被人们所拥有的方式，即有力而活跃地被人们拥有。休谟本人似乎也对这个解释不尽满意。但他最终所能做的也只是诉诸"每个人的感受"（everyone's feeling）而已。③

---

① G. Berger, „Husserl und Hume", in H. Noack (Hrsg.), *Husserl*, S. 187.
② Hume, *Eine Untersuchung über den menschlichen Verstand*, S. 62.
③ Hume, *Ein Traktat über die menschliche Natur*, S. 132.

而区分的问题仍未解决。

以虚假感知或幻觉为例。我有一幻觉,例如,我现在听到某个旋律。在我听到的同时,我并不知道这不是一个感知,而是一幻觉。因为这个幻觉在当下进行的方式可以和一个一般的感知一样有力和活跃。只是在此后我才确定,这仅是我的幻觉而已。难道人们可以用休谟的信仰论这样来解释:这个幻觉起先是有力和活跃的,即带有信仰的,然后便不再有力和活跃了?那么这句话意味着:这幻觉起初是一个感知,而后又不是了。人们会随休谟而陷入困境。

胡塞尔试图用意向性来解决这个问题。胡塞尔认为意向性是意识的普遍本质。意识是意向的,这就是说,意识始终是关于某物的意识。当然,胡塞尔的这个陈述尚未说出许多新东西。只有当人们进一步考察意向性理论时才会发现,这个陈述更多地意味着:意识在自身之中拥有与某物(在感知的情况中可以说:与某个对象)的意向联系。换言之,意识通过对对象的意指构造出一个对象。意向性同时意味着意识的构造能力,这一点将胡塞尔的意向性理论区别于布伦塔诺的意向性理论。现象学的任务在于描述,意识如何"在自己面前建造出那些在它看来是自在存在之物的诸对象的存在"。另一方面,这种意识的朝向自身还包含着充实的意向。这是说,"所有非接近实事的,即模糊的、以某种方式遮蔽的、不确定的,或多或少无内容的表象由于其体验不能满足意识,因而都具有在相应的对象的原初被给予方式(即感知——笔者)中'充实'自身的趋向"①。

现在我们可以从现象学的立场来解释感知与虚构的区分问题。

李凯尔特曾反对过胡塞尔的意向性理论,他声称,根据此理论人们可以推论出,心理过程必定始终与实在的客体相符合,因为后者是

---

① Husserl, *Phänomenologische Methode. Ausgewählte Texte Husserls I*, hrsg. von K. Held, Stuttgart: Reclam, 1985, S. 10.

通过意向性的作用而为心理过程所产生，即为心理过程所构造出来的。据此看来，根本不应当存在幻觉、虚构以及其他虚假感知。但事实却正相反。没有人会否认，人们时常会具有想象、虚构、幻觉。因此，他认为，意向性作为普遍的意识结构是很容易成为问题的。

这个批评在海德格尔的马堡讲座《时间概念历史导引》中受到了反驳。海德格尔指出，李凯尔特对意向性的误解在于他把意向性等同于心理之物与物理之物之间的联系。[①] 在李凯尔特看来，在虚构、幻觉中不存在物理之物，因此很容易得出这种联系，即意向性也消失了的结论。但事实上意向性不是心理之物与物理之物之间的联系，而是心理体验的本质结构。"并不是说，一个感知只有在物理之物与心理之物发生联系时才成为意向的，并且在这个实在之物不存在时就不再是意向的。而是：感知本身，无论是正确的感知还是虚假的感知，都是意向的。意向性并不是某种被赋予感知，并在某些情况下才表现出来的特征，意向性作为感知原本就是意向的，不论那个被感知之物是否实在地存在。"[②] 这里可以明显地看到休谟的信仰概念与胡塞尔意向性概念的区别。意向性并不像信仰那样，只是与真实的，或者用海德格尔的术语——与合理的观念相联系，与虚构、幻觉无联系。它是所有意识体验的本质结构。虚构同样具有对被虚构之物的朝向，幻觉具有对被幻想之物的朝向，如此等等。

在达到这个问题层次之后，我们可以提出第二个深层次的问题：一个意向的观念是合理的还是不合理的，是现实的还是不现实的？人们如何能够区分各种观念？幻觉、虚假感知与真实感知相比当然是不合理的，想象、臆构显然是非现实的。原因何在？在于意向性的强力

---

① Heidegger, GA 20, S. 39f.

② Heidegger, GA 20, S. 40.

与活力？那样的话，胡塞尔又会回到休谟那里。

胡塞尔在其《逻辑研究》中已回答了这一问题：意向在原初的被给予方式中的充实程度是关键。即是说，一个空泛的意向在何种程度上得到直观的充实。对于感知与幻觉、想象的区分，这是决定性的。我们以对空间事物的感知为例。我们具有各种感觉内容或印象。胡塞尔将它们称为材料，或者称为意识的实项内容（reelle Inhalte des Bewuβtseins）。材料对胡塞尔来说仅仅是"实事"（Sachen），"作为实事，它们不意味着任何东西，不意指任何东西，自身不包含任何意义，不包含任何对意指与被意指之分"（Hua Ⅶ, 163）。因而，当感觉内容尚未在意识中被构形、"被赋予灵魂"（beseelt werden）之前，它们尚与对象无关。它们先提供了出发点，在此基础上，它们被理解、被统摄，这种理解和统摄是以一种特有的方式进行的，以至于某些对象在这些材料中显现出来。胡塞尔将这种构形的意识行为、这种赋予灵魂的和理解的活动称为 Noesis，将这种活动的结果称为 Noema。如果休谟说，当人们例如看一个花瓶和回忆一个花瓶时，关于花瓶的印象和观念是同一个东西，那么这在胡塞尔那里仅仅意味着，在印象中和在回忆中被构形的花瓶这个对象始终是同一个东西，但两种感知的内容却不同。这个区别在于：一个意向在多大程度上得到直观的充实？被意指之物在感知中在多大程度上得到证实？最后，意向的出发点——感觉内容——与意向的结果——对象——在多大程度上相符合？

根据胡塞尔的观点，现实性意识便是感知。它是意识的原初被给予性。在休谟那里始终与信仰相联系的回忆，在胡塞尔看来不属于现实性意识。现实性意识意味着对感觉材料的当下拥有，而回忆仅仅是对感觉材料的当下化。与当下拥有的对象不同，一个被当下化的对象尽管是自身被给予，但却不是真实地被给予。意向没有在原初的被给予方式中，在感知中得到直观的证实，它始终只是一个空洞的意向，一个空泛意指。"现实"不意味着"仅仅被意指",即不意味着仅仅空洞地被意指。一个回忆的、期待的或形象的当下化之所以不是现实的,乃是因为它们的意向没有在直观的充实中得到证实,因而始终可以说是空洞而未被充实的。

证实仅仅是指感知而言。例如我看一座山以及山上许多的墓碑,在此同时我把那些墓碑错误地意指为许多人。这意味着,我在观察这座山时所得到的感觉内容在这一刻对我来说是与我此时通过意向性所构造的对象相符合。很容易注意到,在感知与虚假知觉之间不存在明显的界限。例如,如果我走近一些并获得新的内容,就是说,如果意向得到新的直观的充实,那么我可能在后来会确定,"人"不过是墓碑而已。那么这里涉及的便是与证实相反的"失实"。或用逻辑实证主义的话来说,一次"证伪"。于是我改变我的意指,我赋予被误指的人以墓碑的新意义。于是对象与内容又相符合。但也可能我没有达到这一步,那么这个虚假感知对我来说便始终作为合理感知保留下来。胡塞尔认为,外感知始终伴随着虚假感知。当然,存在着纯粹合理的感知。"一个表象意向通过这种理想的完善感知在哪里得到最终的充实,哪里就产生出最真正的相即性(指感觉内容与意向对象之间的相即性——笔者)和认识:对象之物完全与被意指之物相符合,它现实地'当下'或'被给予';它不含有任何未得到充实的部分意向。"(LU II/2, A 590/B$_2$ 118)用胡塞尔的另一句话来说,在理想的纯粹感知那里,"展示着的内容同时就是被展示的对象"(LU II/2, A 552/B$_2$ 80)。但胡塞尔认为,一个外感知永远不会成为理想的完善感知。在外感知的情况中内容与对象总是在某种程度上有冲突。"内容体现出某种不处于它自身之中,然而却在它之中'展示出来'的东西……"(LU II/2, A 710/B$_2$ 239)就是说,外感知始终蕴含着一个不处于它自身内容之中的存在设定。另一方面,在外感知中,被感知之物每次只展现出它的一面，一个射映；而在感知过程中，人们意指的总是一个事物本身而非它的一个面、一个射映。由于外感知的这些特征，内容与对象在这里永远无法达到完全的一致。(LU II/2, A 711/B$_2$ 240)"只有对自身的体验的感知（即内在感知——笔者）才是无疑的和明见的"，这是笛卡尔的沉思所给我们的教益。在纯粹合理的感知，即内在感知与完全不合理的感知，即完全虚假的感知之间还存在着一系列中间阶段。胡塞尔认为，对各种表象的区分，下列因素是决定性的：

（1）充实的范围与丰富程度，它根据对象内容的或完善或不尽完善的展示而有所不同。

（2）充实的生动性，它是展示与对象的相应内容要素之间原初相似性的接近程度。

（3）充实的实在内涵，它的共现内容的多或少。(LU II/2, A 555/B$_2$ 83)

这样，胡塞尔便以自己的方式对休谟的问题做了相对令人信服的回答。

这里还须提及休谟信仰概念的另一个重要含义。如果信仰的第一个主要含义与现实性意识相符合，那么我们可以把第二个主要含义称为必然性意识，即"由经验，即感知、回忆以及联结经验对象的联想所引起的必然意识"[①]。休谟认为，显然各种观念的联系受到某种原则的支配。他列举相似性、时空的接触、原因与结果等并试图以此概括出所有的观念联系的原则。首先，相似性的联系原则十分重要。因为休谟认为，所有的经验论证都建立在我们在自然对象中所发现的那种相似性的基础上。没有这种相似性也就不可能有任何经验论证。例如，

---

① Hume, *Ein Traktat über die menschliche Natur*, S. 126. 参见利普斯的注释 144。

所有苹果如果不在某种程度上具有相似性，我们甚至就不能说出苹果这个词。在相似性的基础上，因果性的原则也很重要。这意味着，如果我看到一个对象始终伴随着某种结果，那么我便会相信，其他相似的对象也将有相似的结果伴随。例如我常常看到，当水在沸腾时，它的温度是一百度，那么我会相信，当水沸腾时，它必然会是一百度。"所以我们的必然性和因果性的观念完完全全是产生于在自然过程中可以观察到的那种单一性；在这些自然过程中，相似的对象处于持久的联系之中，并且，习惯促使精神从一个对象推导出另一个对象的出现。这两种情况便构成了我们归之于物质王国的那种必然性。"① 据此，我们的自然认识，整个物理学自然科学建立于其上的必然性、因果性的本质在于人类信仰。在这个意义上，休谟对信仰做如下的定义："视之为真或信仰可以完全正确地定义为一种与直接当下的印象有联接或有联系的活跃的观念。"② 就是说，在这个意义上的信仰无非是一种通过联系原则所唤起的必然性意识而已。至于人们为什么会带着信仰和必然性意识去进行期待，一个与以往的对象相似的对象会引起与以往的相似对象所引起的结果相似的结果，这一问题在休谟那里的回答是：所有信仰的唯一根源在于习惯③。"所以人生最大的指导是习惯。唯有这习惯的原则才为我们有益地构造我们的经验并让我们期待未来会有一连串与过去所出现的事件相类似的事件发生。没有习惯的影响，我们根本就无法知道所有那些超出对我们的记忆和感官来说直接当下之物的事实。我们将永远也不知道合乎我们目的的方法，也不会运用我们的自然力量去创造某种结果。那么我们的所有行为以及大部分精神工作都

---

① Hume, *Eine Untersuchung über den menschlichen Verstand*, S. 98f. 更确切地说，必然性在休谟那里同时意味着因果性，即狭义上的必然性，与事实有关的（matters of fact）必然性。

② Hume, *Ein Traktat über die menschliche Natur*, S. 129.

③ Hume, *Ein Traktat über die menschliche Natur*, S. 140.

会成为无稽之谈。"① 这使我们回想起达尔文（Charles Darwin）的进化论：所有现存的生物在长期的过程中以自然的方式通过逐渐的改造而得以发展，其中有的是通过其身躯形态的改造，有的是通过其力量和直觉方面的改造，以至于它们能幸存下来。至于人，用休谟的观点来说，则是借助于其习惯，而非借助其理性才得以生存到今天。

我们看到，休谟至此为止已经做了两方面的还原。首先他把作为存在而附加给物理对象的现实还原为信仰，即意识的强力与活力。而后他又将被人们归之于物质王国的必然性还原为第二种意义上的信仰，即以观念联系方面的习惯。② 更确切地看，在两个还原的结果上不乏共同性：正如休谟试图将第一种意义上的信仰建立在感受的基础上一样，他在说明第二种意义上的信仰时又企图诉诸感受："我们当即感觉到一种新的感受或一种新的印象，即在一个对象和其他伴随着它的那些东西之间所存在的一种在思想中或想象中的习惯性联结。"③ "我们在精神中感觉到的联结，这种从一个对象向它的其他伴随物的想象的习惯过渡便是感受或印象……"④ 感觉一词在这里出现两次，两次都被休谟加了重点号。

正如胡塞尔不同意休谟第一种意义上的信仰一样，他同样也批评第二种意义上的信仰。在《笛卡尔式的沉思》中他写道："联想和联想规律的旧概念尽管自休谟以来一般已被与纯粹心灵生活的关系联在一起考虑，但它仍然只是一种对相应的真正意向概念的自然主义歪曲。"（Hua I, 114）胡塞尔在这里一方面承认了休谟的合理性，但仅仅是有局限的，即在心理发生方面的合理性；休谟以其联想理论揭示了一般

---

① Hume, *Ein Traktat über die menschliche Natur*, S. 57f.
② 如前所述，胡塞尔在这里正确地看到，休谟的心理学和认识论"企图将一切都还原为'印象'以及'观念'间的联想关系"（LU II/2, A 659/B$_2$ 187）。
③ Hume, *Ein Traktat über die menschliche Natur*, S. 95.
④ Hume, *Ein Traktat über die menschliche Natur*, S. 91.

概念构造过程中的发生阶段，这个阶段是不容忽视的。在《逻辑研究》中胡塞尔已注意到所谓"可感受的联系"，即例如当 A 将 B 引入意识时人们所明确感受到的那种联系。根据这种联系，一个事物指明了另一个事物，它作为与另一个事物相属的事物存在于此。但是，说明我们如何能够将个别的观念与其他的印象与观念联结起来，或者说，我们在何种心境中做到这一点，这始终只是发生心理学的任务。而对胡塞尔来说更重要的是理解一般概念，即理解一般概念的逻辑含义。鉴于此，胡塞尔另一方面又认为，休谟对抽象理念含义特征的认识是错误的，他不是去考察含义的特征（含义意向与含义充实），却在被他称为与所属对象的联想关系的发生联系中埋没了自身。胡塞尔一再指出休谟"忽视了现象学的主要之点"，即从逻辑与认识论的角度去考察事物，同时他又高度评价休谟在发生心理学的分析方面所阐述的"一系列极有价值的思想"。

如胡塞尔所说，现象学很迟才发现通向联想研究的通道。在这个领域中，胡塞尔做了详尽细致的工作[①]。无论是他的研究的深度还是广度都受到普遍的公认。我在这里只想集中在现象学的主要之点上，即集中在对作为意向综合的联想的研究上。

胡塞尔首先对休谟关于相似性的陈述提出质疑。休谟在提出如下断言时，他显然是正确的：如果在我们的诸对象与诸观念之间不存在相似关系，那么我们就无法做出任何一般陈述，甚至没有一般观念。而这些一般观念和一般陈述实际上是建立在我们的经验基础上的。就是说，我们只具有关于相似对象的个别图像。但我们从这些个别图像中创造出如红、苹果等这类一般概念，而这些一般概念以后又超越出其自然本性被我们运用于我们的判断中，就好像它们真的是一般的概

---

① 参见 E. Holenstein, *Phänomenologie der Assoziation*, Den Haag: Martinus Nijhoff, 1972. 在这部著作中，胡塞尔对联想的研究得到阐述，并且是从许多角度得到阐述，例如联想作为先验现象学中的先验的、意向的、动机引发的综合，联想作为本质现象学中的现象的、先天的综合等研究。

念一样。一般性产生于我们的联结的感受。休谟在这里运用的是经验一般化的方法。

胡塞尔则试图用他的本质直观的方法来开辟另一条通向一般观念的道路。他和休谟一样以经验为出发点，即以感知的个别情况为出发点。但他并不像经验主义者那样让自己束缚在经验上。他从感知出发，但不想去消极地等待各种被感知的事实的结果，而是在他的想象力中去表象任意多的事例，以此来达到绝对的一般性。

在想象中我们始终能够变化我们对一个意识体验和在其中被给予的对象的表象，例如表象红的各种事例；我们可以对它们进行自由的和随意的变更，直至本质一般性成为原初的被给予性，即直至这个本质一般性对我们直接当下地被给予。

值得注意的是这里的实事状态，它同样也适用于经验的一般化：在把握一般观念时我们不是绝对地自由，而是有局限的，这是指，我们在把握的同时必须并且也能够始终注意，我们可以走到哪条界限为止而被设想的对象或把握这个对象的意识行为才不至于丧失其同一性，或者说，不至于丧失它与其同类的相似性。因此，休谟面临这样一个问题："相似性的范围是如何可能保持住其稳定的一致并且自身在思维中不发生混杂的？"（LU II/2, A 661/B_2 189）

对于胡塞尔来说，问题很明显。我们在把握观念时所发现的界限对于意识来说是现有的。因为我们不是去发明它们，而是遇到它们并发现它们（参见 LU II/2, A 661/B_2 189）。在这个意义上，胡塞尔说："这里表明，只要每个变更在自身中都包含着作为必然性规律的本质，自由的随意性便具有其特殊的束缚性。我们也可以说，可以在想象的随意性中相互变更的东西，自身包含着一个必然的结构，一个本质，因而包含着一个必然性规律。"（Hua IX, 76）

类似的情况也适用于因果性。胡塞尔在这一点上与休谟是一致的，即因果性不可能与超越的实在发生关系。为了区别于机械论和独断论，胡塞尔用 Motivation（动机引发）这个概念来替代因果性概念。"Motivation 在胡塞尔那里并不首先意味着动因与意志决定之间的关系，而是指事物本身在按其存在意义与一个经验主体发生联系时所具有的关系。对此的术语是关于空间事物的透视经验的'动机引发关系'（Motivationszusammenhang）。"①

这样，因果性与动机引发便在如下意义上构成对立：因果性体现了作为自然实在的物与人的关系，而动机引发则意味着人与物之间的关系，而这个物不是指自在存在的自然物体，而是指被经验、被思维，或以其他方式设定地被意指的事物本身，它们是个人意识的意向对象。在这一点上，我们可以说，因果性与动机引发之间的第一个区别在于它们各自的实在性和意向性。

休谟注意到因果关系的实在性给人造成的假象并将它还原为心理的联想，尽管此时他距意向性还很远。他的目光开始转向主体，但他的方法仍然是自然主义的，即归纳法。因此休谟的理论无非只是一种自然科学的心理学，它与 19 世纪末 20 世纪初的心理主义一样，最终必然导致怀疑主义。休谟不得不依赖或然性而牺牲必然性。

在某种意义上，胡塞尔也否认必然性，即否认意识之外的自然物体及自然过程的必然性，但他绝不否认主体成就的必然性。对于胡塞尔来说，首先任何意识体验必然是意向的体验。与因果性的情况相反，在动机引发中，胡塞尔也强调必然性。例如，在对所有前提推理的动机引发情况中，胡塞尔认为："结论是必然的结论，它在其必然性中被给予。这种必然性是无法为那种在以往类似经验的一般性基础上的经验必然性所替代的。"（手稿，E III 2,54）休谟说，人们无法从"太阳晒"的陈述中做出"石头热"的必然推论，在这一点上他是正确的。

---

① B. Rang, *Motivation und Kosalität. Untersuchungen zum Verhältnis von Perspektivität und Objektivität in der Phänomenologie Edmund Husserls*, Den Haag: Martinus Nijhoff, 1970, S. 99.

但他忽略了主体行为的必然性，即判断本身的必然性。就是说——我们仍举同一个例子——如果人们不断地经验到，当太阳晒时石头会热；并且当太阳又晒时，人们必然地会推论，石头要热。只要前提尚未被其他经验推翻，人们的推论便必然地维持下去。在动机引发的其他事例中，也可以看出这一点："如果一个经验促使主体做出某种行为，如果一个经验在意识中唤起另一个经验，一个印象引起一个保留，一个美丽的风景引起一个舒适的感受，一个认识引起一个推论，那么原因关系是会直接地被体验到的。"（手稿，E III 2, 54）因此，胡塞尔只是将因果性称为假设，而将动机引发称为明见的被给予性。

这样，胡塞尔便赋予联想和联想规律的旧概念一个崭新的意义，这个意义在《笛卡尔式的沉思》中得到概括的表述："联想这个术语不仅仅是对心灵材料的集合的经验规律性的说明，或用旧的形象语言来说，一个类似于心灵内的万有引力的术语。联想这个术语极全面地说明了纯粹自我构造的意向的本质规律性，说明了天生的先天的王国，没有这个王国，自我本身是不可想象的。"（Hua I, 114）

笔者以为，休谟的信仰概念是理解休谟哲学的关键，恰如意向性概念是理解胡塞尔哲学的关键一样。休谟将现实性意识和必然性意识还原为信仰，还原为某种心理上的被感觉之物。如胡塞尔在《欧洲科学的危机和超越论现象学》中所说，休谟的哲学根本上以怀疑论、甚至唯我论告终。随着对作为意识的一般本质的意向性的发现，胡塞尔把被休谟以及其追随者，即心理主义所牺牲了的现实性和必然性，或者说客观性又挽救回来。当然，客观性在此期间已获得了完全崭新的意义。它不再意味着独断的客观主义意义上的客观性，即独立于主体之外自在有效的客观性，而是意味着超越论意义上的客观性，即在主观性中构造着自身并且在其中得以成立的那种客观性。

胡塞尔认为，休谟的特殊意义首先在于：他在贝克莱（George Berkeley）的影响下通过对笛卡尔的基本问题的重新提出并加以极端化而最深刻地震撼了独断论的客观主义。世界信仰和自然科学的权威丧失了。"这样，在休谟的《人性论》中，世界、自然、同一物体的宇宙、同一的人的世界连同这个世界所认识的客观科学及其客观真理都变成了臆想。我们可以说：理性、认识，还有真实的价值和各种纯粹的理想——包括伦理的理想，这一切都变成了臆想。因而这实际上是客观认识的破产。"（Hua VI, 90）休谟回到了主观主义上去。如果人们无法对外部世界、对超越说些什么，那么人们就只能去认识我们自己的心灵生活、认识内在。他试图在人类心灵中发现某种具有规律性的东西并建立一门纯粹心理学。"事实上，休谟的这门心理学是一门关于纯粹意识被给予性的科学的第一次尝试……"在同样的意义上胡塞尔将《人性论》称为"对一门纯粹现象学的第一次设计，但却是以纯粹感情的和经验的现象学的形式出现"（Hua VII, 156f）。胡塞尔对休谟在这方面的评价甚至高于康德这位超越论哲学的创始人①。但休谟的失误在于他的不彻底性。

休谟的不彻底性可以概括为两个方面：一方面他虽然踏入了现象学的领域，但却闭着双眼，他没有看到意识的意向性——尽管他曾试图在心理之物中去发现本质的东西，例如印象与观念的特征以及观念的联系原则等等。另一方面，休谟仍然坚持其自然主义立场。

在胡塞尔看来，休谟的自然主义较之于他对意向性的盲目性是一个更具有决定性的错误。例如，布伦塔诺曾跟随休谟甚至超过了他。布伦塔诺发现了意向性，但尽管如此他仍然停留在自然主义立场上。从这一立场出发，他认为，他的描述心理学的任务在于以自然科学的方式来解释心理之物。他最终也没有超越出对意向的意识体验的外在

---

① 例如，胡塞尔在其《第一哲学》第一卷中写道："如果康德不是被休谟的《人类理解研究》，而是被休谟的《人性论》从独断论的迷梦中唤醒，如果他仔细地研究过这位英国怀疑论者的这部巨著，那么情况可能会两样，也许康德会发现在怀疑论的悖谬后面的内在直觉主义的必然意义以及超越论意义及其基本成就的基本观念，即洛克已发现了的那个观念。"（Hua VII, 198）

分类与描述。由此看来，人们可以说，即使休谟认识到意向性，他由于其自然主义的限制也不会走得很远。他根本上是一个主观主义者，但只是一个自然主义的主观主义者，即一个如胡塞尔所说的肤浅的主观主义者。因为休谟虽然将整个世界和自然科学置于问题之中，但却同时也把客观性视为问题。这恰恰意味着，他把客观性仅仅归于意识之外的物理之物。另一方面，他虽然想在内在的心理之物中认识规律性，但却是以自然科学的方法来进行。因而无论是他的观点还是方法都始终是自然主义的。

胡塞尔以其两个还原——本质还原与超越论还原——克服了休谟两方面的不彻底性。他因此达到了主观主义，但却是彻底的主观主义。这个意义上的彻底是指：超越论的现象学无论是在观点上还是在方法上都排除了自在存在的自然连同对此自然的认识，把它们置于括号之中。胡塞尔的目的并不在于像笛卡尔那样推导出超越的存在，而是在于通过对构造的解释将这处超越的存在理解为在超越论主体性中的一个事件。胡塞尔的任务也不在于像休谟那样粉碎关于现实性和必然性的客观认识的理想，而在于解释自在存在和客观性如何对意识成立。

康德哲学中"认之为真"(Fürwahrhalten)概念分析

> 哲学的理性真理断不可被信;它们必须被知;因为哲学不能容忍自身含有任何信念的成分。
>
> ——康德,1800年

任何一门哲学理论都是由各种概念构造而成。某些概念是哲学理论大厦的基石,另一些则不仅是基石,而且同时还是支柱,它们支撑着理论的某一个部分或很大一部分,甚至整个理论。康德的"认之为真"概念应当属于后者。

一、认之为真

康德所选用的德文词"认之为真"(Fürwahrhalten)听起来颇含主观性的成分。它常常令人联想到休谟的"opinion"概念,而这个概念在休谟哲学中又在很大程度上是与"belief"一词同义的,它在休谟那里基本上代表着"现实性意识"。[①] 但康德的"认之为真"概念显然具

---

① 利普斯也用"Fürwahrhalten"来翻译"opinion"一词。参见 Hume, *Ein Traktat über die menschliche Natur*, S. 129 usw。

有更为广泛的含义。它是指一种将某物或某事设想为真的判断，与认识的主体行为有关，与它相对立的概念是"真理"，后者所体现的是认识的客观特性。"认之为真"在康德那里既包含"意见"，也包含"信仰"，这两者对康德来说绝非同义词：前者是"一种被意识到的既在主观上不充分，又在客观上不充分的认之为真"，而后者"只在主观上是充分的，而同时却被认作客观上不充分的"。① 除了这两者之外，康德在认之为真中还确定了第三个层次，即知识。它"意味着既在主观上充分，又在客观上充分的认之为真"②。康德在这里所说的"主观"是"相对于我自己"，而"客观"是"相对于任何人"。③ 整个"认之为真"被康德定义为"我们知性中的一个事件，它可能建立在客观的理由之上，但也需要在做判断的人的情感中的主观原因"④。

　　康德曾用两个例子来说明"认之为真"。第一个例子是针对现象界的："对于与粮食交易无关的那部分公众来说，预见坏收成只是一个意见；而在整个春季经历了持续干旱之后，这种预见便是知识了；但对于商人来说——他的目的和事情在于通过粮食交易来获利——这种预见则是一种信仰，收成坏，他就必须节约库存，因为，由于事关他的事情和生意，他在这里必须做出决定……"⑤ 第二个例子是针对理性理念的："例如，就我们对灵魂不灭的认之为真而言：如果我们只是如此行事而已，就像我们真会灵魂不灭一样，那么这种认之为真是可疑的；但是如果我们真的相信，我们是灵魂不灭的，那么这种认之为真就是断然的；最后，如果我们大家都知道，在这个生活之后还有另一

---

① Kant, *Kritik der reinen Vernunft*, A 822/B 850.
② Kant, *Kritik der reinen Vernunft*, A 822/B 850.
③ Kant, *Kritik der reinen Vernunft*, A 822/B 850.
④ Kant, *Kritik der reinen Vernunft*, A 820/B 848.
⑤ Kant, *Sämtliche Werke*, Bd. V, *Die kleineren Schriften zur Logik und Metaphysik*, Darmstadt: Wissenschaftliche Buchgesellschaft, 1921, Teil III, S. 127.

种生活，那么这种认之为真便是确然的"①。

如此看来，似乎很简单：在康德那里，"意见"与"知识"构成"认之为真"的两极，"信仰"则活动于这两极之间。但这并不完全正确。

二、意见与知识

"意见"与"知识"这两个相互对立的概念很容易使人联想到柏拉图的"意见"（Doxa）和"认识"（Episteme）概念，但它们在康德那里仅仅具有确定性程度上的差异。在某种程度上，例如，就经验认识而言，我们可以说"意见"是一个不可靠的"知识"，而"知识"是一个确然的"意见"。由于康德认为我们的整个认识都是从两个源泉中得到汲取的，一方面是经验，另一方面是理性，因此，所有确定性也都可分为两种，一种是经验确定性，另一种是理性的确定性。"理性确定性或是数学确定性，或是哲学确定性。前者是直观的（intutiv）确定性，后者是推理的（dikursiv）确定性"。"只要我是出于本己的经验而对某物感到确定，那么这种经验确定性就是一种原本的确定性；只要我是出于他人的经验而对某事感到确定，那么这种经验确定性就是一种派生的确定性。后者又通常被称为历史确定性"②。在这两种确定性中，康德偏好理性确定性，它代表着一种确然的确定性，而经验确定性只意味着断然的确定性。

必须注意，如康德所称，在一门确然性科学中——哲学也属于这样一门科学——不含有任何意见。在哲学中应当"或是知道，或是不知"③。所有哲学认识，由于它们是先天的，都应当是知识。"因而意见

---

① Kant, *Werke*, Bd. III, *Schriften zur Metaphysik und Logik*, Darmstadt: Wissenschaftliche Buchgesellschaft, 1983, S. 495.
② Kant, *Werke*, Bd. III, *Schriften zur Metaphysik und Logik*, S. 495.
③ Kant, *Werke*, Bd. III, *Schriften zur Metaphysik und Logik*, S. 499f.

始终只是一种经验认识"①。即是说，康德的意图在于将哲学建立成为一门科学，即一门确然的科学。

如果我们回顾一下整个讨论过程，那么我们可以得出一个结论，即，在哲学中根本没有信仰的地盘，康德自己也声称这一点。这里还可以参照本文文首的引文。但康德常常偏离这个结论。例如他声称："在一门科学中我们常常只知道认识，而不知由这些认识所表象的事物（Sachen）；因此，也可能存在着一门科学，这门科学所涉及的东西对于我们的认识来说不是知识"②。实际上，信仰在康德哲学中扮演着极为重要的角色。

三、信仰

信仰在康德那里是一个多义的概念。他从两个角度来考察信仰，一个角度是实践判断，另一个角度是理论判断。

信仰首先是发生在实践判断中。在这种情况中，康德将信仰称为实践信仰。他将实践信仰分为两类。"就实践方面而言，所有理论上不充分的认之为真都可以被称为信仰。这种实践意图或是历史性的实践意图，或是伦理性的实践意图；前者出于随意偶然的目的，后者则出于完全必然的目的。"③带有前一种意图的信仰被康德称为实用信仰。举例来说，一个病人处于危险之中，他的医生必须采取措施，但他不知道这是一种什么病症。尽管如此，他还是判断说，这是眩晕症或如此等等，因为他不知道还有什么更好的说法。在这种判断中所包含的是实用信仰。康德认为它之所以是实用的，这是因为它具有一个程度，

---

① Kant, *Werke*, Bd. III, *Schriften zur Metaphysik und Logik*, S. 499f.
② Kant, *Werke*, Bd. III, *Schriften zur Metaphysik und Logik*, S. 501.
③ Kant, *Kritik der reinen Vernenft*, A 823/B 851.

这个程度随在这里起作用的兴趣的不同而可大可小①。这种信仰取决于判断者的灵活和聪明。

道德信仰的情况则完全不同，尽管它也应属于实践信仰。康德将它标志为绝对必然的（schlechthinnotwendig），使其区别于实用信仰。道德信仰构成宗教信仰的本质与核心并且具有道德确定性，这种确定性既非经验确定性，亦非理性确定性，而是一种不同于知识的确定性。与其他信仰不同的是，道德信仰是间接的。因为在康德看来，它是一种纯粹实践的理性信仰。

理性信仰在康德哲学中是一个至关重要的课题。在康德看来，这种信仰起源于理性的必然需求并因此而是先天的，它区别于其他的我在后面将谈及的后天信仰，或者说，经验信仰。信仰有各种类型，但是"唯有理性信仰才以包含在纯粹理性之中的材料，而非以其他材料为基础"②。理性的纯粹信仰始终朝向某种超越性事物，这种事物是自在的并且对我们来说始终是不可经验的和不可研讨的。由此可以理解，康德为何要否认有理论理性的信仰存在。他认为，所有形而上学家都必须承认，"他们没有被允许对那些处在所有可能经验的界限之外的东西哪怕是做出估测，更不用说去知道它了。他们只能（不是为了思辨的需要，因为他们必须放弃这种需要，而是为了实践的需要）去设定那些为了在生活中引导知性和意愿而是可能的，甚至是不可或缺的东西"③。

如果说实践信仰可分为实用信仰和道德信仰，那么理论信仰则是由教义（doktrinal）信仰和历史（historisch）信仰所组成。

康德认为，理论的理性信仰是不存在的。但是人类理性会受其需求所迫，这种需求既要求得到实践满足，而且还要求得到理论满足。

---

① Kant, *Kritik der reinen Vernenft*, A 824/B 852.
② Kant, *Werke*, Bd. III, *Schriften zur Metaphysik und Logik*, S. 276.
③ Kant, *Prolegomena zu einer jeden künftigen Metaphysik, die als Wissenschaft wird auftreten können*, Hamburg, Felix Meiner, 1957, S. 29.

于是，人类理性便会竭力去设定超感性事物，例如设定一个最高本质的此在，并且还会试图去论述它。"但是，即使我们在事关一个客体时根本无法做任何事情，也就是说，即使认之为真只是一种理论上的认之为真，我们仍然可以在许多情况中从思想上去行动并且可以想象这种行动，我们误以为有充足的理由来进行这种行动，所以，在单纯理论判断中也存在着一种类似于实践判断的东西，'信仰'一词适用于对这种判断的认之为真，我们可以将这种信仰称为教义信仰"①。例如，关于上帝此在的学说便是这样一种信仰。

属于理论信仰的还有历史信仰。历史信仰非常接近于知识。因为它原则上或迟或早可以被证明为正确或错误。这时，人们便知道，这个信仰是无效的，或者，他的信仰是合理的。例如，"路德维希二世死于谋杀"是一个带有历史信仰的陈述，此信仰随时可以转变为知识。从根本上来说，历史信仰是一个在理论上尚未充分证明，但为了当前的行动而不得不使用的知识。

我们可以这样来标画康德哲学中的信仰结构：

理性信仰

	教义信仰	道德信仰	
理论信仰			实践信仰
	历史信仰	实用信仰	

经验信仰

这里还有必要做几点补充说明：

（1）在实用信仰与历史信仰之间不存在很大差异。这两种信仰的对象属于同类，它们只是从不同角度或出于不同兴趣而受到观察而已。

---

① Kant, *Kritik der reinen Vernunft*, A 826/B 854.

它们之间的区别因而可以说是信仰动机方面的区别，而不是信仰对象方面的区别。它们的可能对象都在经验之中并且依赖于经验。正是出于这个理由，我们才将这两者称为经验信仰。

（2）与此相反，理性生活信仰与经验信仰之间的差异则要大得多。前者是先天的，即先于经验并且可以独立于经验，而后者则如前所述与经验有关，因而是后天的。由此可以得出这样的结论，理性信仰始终与绝对必然性相联系，而经验信仰则永远伴随着偶然性。最后，就这两种信仰的对象之间的差异来看，我们可以说，理性信仰的对象可以被规定为是超越的，而经验信仰的对象则是内在的。

（3）在理性信仰的范围之内，康德特别强调了在纯粹实践理性信仰和用于理论使用的理性信仰的区别。用于理论使用的理性信仰在康德看来只是一种理性的假设（Hypothese），它永远无法在理论上得到证明。而道德信仰，或者说，在实践基础上的理性信仰则应被看作是理性的"假定"（Postulat）。道德信仰作为实践假定是一个直接的公理，一个对于人类行为而言的确然前提。

（4）康德认为，将教会信仰归属于道德信仰的做法是一个错误。教会信仰与所有天启的一样，都属于历史信仰，因为它们可以转变为知识。

四、道德信仰——最狭窄和最真正意义上的信仰

这里可以注意到，我们至此为止从康德那里所获得的关于信仰概念的理解所涉及的仅仅是一般信仰，即最广泛意义上的信仰。更确切地说，康德不仅描述了一般人类信仰看起来如何并且可以划分为不同的类型，而且他还规定了，信仰究竟应当是怎样的。康德对真正的信仰或最狭义上的信仰的定义是：它"涉及这样一些对象，在考虑到这些对象时，人们不仅无法对某物拥有知识，而且也无法对它拥有意见，

甚至连或然性也无法运用，他仅仅对此感到确然无疑，即：无可反驳的是，就像人们思考这些对象那样去思考它们"①。因而，信仰的事物绝不可能是经验认识的对象，同样也不可能是理性认识的客体，而只能是这样一种事物，"在它们那里，认之为真必然是自由的，即是说，它不受客观的，独立于主体的本性和兴趣的真理根据的规定"②：这样一种信仰意味着"一种自由的认之为真，它只是在实践的和先天被给予的意图中才是必要的——作为一种对我出自道德理由而设定的东西的认之为真，并且，这种设定在于，我确然感到，对立的东西永远无法被证实"③。这里几乎无须再指出，康德的这一定义已经将实用信仰、历史信仰和教义信仰排斥在真正信仰之外，真正的信仰不是认识，甚至也不是认识源泉。但康德在他自己的哲学中却容忍信仰，不仅如此，他甚至还认为信仰是如此必要和不可或缺，以至于他愿意为信仰而牺牲知识："这种实践信念或这种道德理性信仰常常比知识更为坚实。在知识那里，人们常常听到相反的理由，但在信仰那里则不是，因为这里的问题不在于客观理由，而在于主体的道德兴趣。"④"因此我必须放弃知识，以便为信仰留下位置。"⑤ 我在第一节中曾说，信仰只构成意见和知识之间的一个中间层次，这一说法对于真正的信仰无效，它在康德那里意味着一个高于知识的层次。

在这个意义上，康德与"冷血的，天生适于判断之公平的休谟"⑥相对立。康德曾说，他被休谟从独断论的睡梦中唤醒并且不再知道超感性事物或超越事物⑦；但他不愿放弃信仰，不愿放弃这个"对于人类

---

① Kant, *Werke*, Bd. III, *Schriften zur Metaphysik und Logik*, S. 496.
② Kant, *Werke*, Bd. III, *Schriften zur Metaphysik und Logik*, S. 499.
③ Kant, *Werke*, Bd. III, *Schriften zur Metaphysik und Logik*, S. 496.
④ Kant, *Werke*, Bd. III, *Schriften zur Metaphysik und Logik*, S. 502.
⑤ Kant, *Kritik der reinen Vernunft*, BXXX.
⑥ Kant, *Kritik der reinen Vernunft*, A 745/B 773.
⑦ Kant, *Kritik der reinen Vernunft*, A 745/B 773.

能予以如此慰藉和如此有益的信仰"①。这种信仰在康德哲学中绝不像在休谟那里一样是一种情感事物,休谟将这种情感事物又回归为习性(习性在康德那里只是主观必然性)。康德甚至强烈地反对这种情感理论,这从康德与一位他的同时代人的争论中可以看出:这位同时代人通过对一篇被误认为是柏拉图著述的解释而声称,人们只能感觉到和预感到超感性事物。"所有人的哲学都只能描画朝霞,而太阳则只能被预感到","哲学具有可感受到的秘密"②。康德立即注意到了这门理论的导向:"一个仅在纯粹理性中才能涉及的对象的可感受性,这种所谓可感受性有如下状况。"至此为止,人们只听说认之为真在其消失成为完全的无知性之前有三个层次:知识、信仰和意见。现在有一个新的层次被提了出来,它与逻辑学根本无一致之处,它不是知性的进步,而据说是对非感性对象的一种前感觉(praevisio sensitiva),即:对超感性事物的预感(Ahnung)③。康德拒绝"预感"这个表述,而坚持用"假设"甚或"猜测"概念,他认为:"但没有人能够预感一个太阳,如果他不是已经看到过一个太阳的话";"然而,一个真正的哲学家在这种情况下虽然不能预感到一个太阳(因为这不是他的事情),但也许可以对此做出猜测,以便能够通过对一个假设的设定来说明这样一个天体现象并且幸运地切中这个现象。"④ 可以看出,康德在这里所做的陈述显然要比"预感"或"感受"这些概念更为确定和可信。他永远不会容忍人们将他的"理性信仰"等同于"感受"或"预感"。这里所涉及的不仅仅是一场术语之争,因为对康德这样一个超越论主义者来说,一个哲学家不立足于真理之上,而仅仅无任何确定性地去感受或预感

---

① 参见 Kant, *Prolegomena zu einer jeden künftigen Metaphysik, die als Wissenschaft wird auftreten können*, S. 6。

② 参见 Kant, *Werke*, Bd. III, *Schriften zur Metaphysik und Logik*, S. 377-396: „Von einem neuerdings erhobenen Ton in der Philosophie"。

③ Kant, *Werke*, Bd. III, *Schriften zur Metaphysik und Logik*, S. 385f.

④ Kant, *Werke*, Bd. III, *Schriften zur Metaphysik und Logik*, S. 388.

真实之物，这是不可想象的，至少是不严肃的。

理性信仰的对象或事情是通过理性概念而得以展示的。理性概念"仅仅是理念"①，即是说，它们只包含在纯粹理性之中。但这绝不意味着，理念不具有客观实在性。情况恰恰相反。只是它们的客观有效性不是理论的，即，它们既不能通过经验，也不能通过逻辑推理而得到证实。这些理念是实践的，它们永远无法被知道。

尽管我们几乎不能说，康德是想将理性信仰变成理性知识。但我们至少可以感到康德确实具有这样的趋向，他在使我们相信超感性事物的存在以及相信这种超感性事物与理念的一致性。所谓不可证明性实际上并不涉及这个超感性事物的在否，而只涉及它的如何：太阳是无疑地在此，只是我们无法在不被灼瞎眼睛的情况下看清太阳。

康德因而出于实践理由而在先设定了某物，但它只是个空泛的东西，康德不能也不应进一步去规定它。在这里，这个某物不应被看作是多余的和空无的。这便是理性信仰的状况。

理性理念，即上帝，灵魂不灭和自由都是实践理念。我们现在撇开这些理念而关注于物自体，即绝对现实的理念。

五、物自体——一个知识事物还是一个信仰事物

在康德那里几乎不存在理论理性观念。在这个意义上，他认为，"只有从知性中才能产生出纯粹的和超越论的概念，理性实际上根本不生产概念，而至多只能使知性概念从可能经验的不可避免的限制中解放出来，并且试图对它们做超越出经验之物界限，但仍与经验之物相联结的扩展"②。而理性批判的任务恰恰在于，纠正理性的狂妄并重建对

---

① Kant, *Kritik der reinen Vernunft*, A 329/B 385.
② Kant, *Kritik der reinen Vernunft*, A 409/B 436.

知性概念之使用的限制。

虽然在康德看来不应存在理论理性的信仰,但他并不否认这类信仰的现实存在——哲学史上充满了这种信仰,而只是认为这种信仰现象本身是一个矛盾,这个矛盾在于,理论理性信仰所朝向的东西,只能是一种它在理论上无力证明的东西。它因而是一个天生的充满矛盾的意识行为,一个从一开始便注定要失败的尝试。

类似的情况也适用于对物自体的信仰。康德在一定程度上将物自体理解为某种现实,但这个现实并不与作为范畴的现实,即现实的现实,具有同等含义①,而是意味着绝对的、独立于可能经验的实在。但我们无法再进一步规定它。因为物自体在康德看来仅只是理念、某种可想象的东西,一个像其他理念一样无法定义的思想本质。如果我们试图说明它,正如我们刚才所做的那样,我们就不得不使用知性概念(例如"现实")。但我们实际上不被允许这样做。在康德那里,我们为接近物自体所能运用的唯一方法是类比方法(per analogiam)。例如我们首先可以将现实概念运用于物自体,但只是在有限的意义上:作为物自体的现实不是那个在现象中展示给我们的现实,或者说,现实之物在我们的现象中所具有的那些显示方式并不能穷尽现实之物的本质。这样,这个为我们所知的、感性的为我现实便与那个不为我们所知的、智性的自在现实区别开来,前者是现实事物的现实,后者是超越论对象的现实。

其次,如果我们相信物自体存在,那么我们便把实在概念附加在物自体上。由于物自体处在我们意识之外,所以我们不知道它如何存在。我们只能说,物自体必然存在,并且是以一种与时空现象界中外在事物不同的、未知的,然而是智性的存在方式存在。

---

① 在这一点上康德区别于休谟。后者的现实意识仅仅与现象的现实有关。对此可参见 Kant, *Kritik der reinen Vernunft*, A 765/B 793。

最后，我们还可以通过类比而将因果范畴运用于物自体。因果的自然知识根据理性批判的原则只能对现象有效，而不能适用于理性，然而这些因果自然知识"又作用于它们的原因，即那个导致它们的理念，并且增强着对最高创造主的信仰，使之成为一种不可抗拒的信念"①。与现象中的原因一样，这个创造主是无法被经验和无法被研究的，简言之，它纯粹是一种假设。这样，物自体便被设定为未知的原因、所有现象的智性"基本力量"。

物自体实际上是康德哲学中的一个薄弱之处，因而往往或是受到后人的批判，或是有各种不同的解释。在这里，我仅仅想联系"认之为真"的概念来评价康德在对物自体的解释中所表现出的奇特的动摇和犹豫。一方面，物自体对于康德来说是一个空泛的、纯粹逻辑的可能性，我们可以将它想象为智性的实在、因果和实体，但这种想象不具有任何客观有效性，或者说，不具有任何可证明的有效性，"因为我不知道，它（超越论对象）自身究竟是什么"②。我们永远无法知道这一点，而且也无须知道这一点。我们可以如此地去想象它，就好像它的确是这样。这里所关系到的是理性的一个纯粹假设。如此看来，物自体应当是一个信仰事物（Glaubenssache）。另一方面，根据康德的理论，物自体又是一个必然的假设。一个尽管空泛，但仍然是逻辑的可能性，不同于随意性的断言。如果我们探问，我们为何有权利声称像物自体这样一类东西，那么康德会回答，这是超越论哲学的一个必然推理。"这是整个超越论感性论的结论，并且这是从一般现象概念中自然得出的结论：必定有某种本身不是现象的东西与它相符，因为现象不可能是自为的东西并且不可能处在我们的表象之外，所以，如果不应出现不断的循环，那么现象一词已经表明一种与某物的联系，对这

---

① Kant, *Kritik der reinen Vernunft*, A 624/B 652.
② Kant, *Kritik der reinen Vernunft*, A 253.

个某物的直接表象尽管是感性的,但即使没有我们感性的属性(我们的直观形式便建立在我们感性的基础上),这个某物自身也必定是某物,即一个独立于感性的对象。"① 在这里不打算检验这个所谓推理的前后一贯性,而仅仅想指明,这里存在着一种解释的可能性:康德的物自体同时也可以被解释为理性事物,或者说,一个带有理性确定性的事物。因为不可证明性在康德那里并不等同于不确定性。"所有确定性都可分为无中介的确定性和有中介的确定性,即它们或者需要一个证明,或者无力和无须进行证明——尽管在我们的认识中许多东西都是间接的,即只有通过证明才能确定,但必定还存在着某些非论证性的或直接确定的东西,而我们的整个认识必须以直接确定的东西为出发点。"②

但在这里要对物自体究竟是什么的问题做出决断仍然为时过早。由于人们很难说是出于某种道德理由才设定了物自体,因而它是否可以说是一个理性信仰的事物但不带有任何确定性? 也就是说,物自体是一个理论理性信仰,一个在康德看来根本不应当存在的信仰——这便意味着康德现在陷入自相矛盾。或者是否可以说,物自体是一个知识的事物,即带有理性确定性,并且是带有直接的、无须证明的确定性? 或者,这里还存在着第三种解释的可能性:物自体既不是信仰事物,也不是知识事物,也不是意见事物,它根本不包含在"认之为真"的概念之内;它是一个纯粹客观的实在,它与主观信念和交互主体的确定性——无论何种确定性,包括哲学的确定性——都毫无关系;对这种实在,人们毋宁应当保持沉默才是。

笔者在这里无法做出决定应当选择何种解释的可能。因为每一种解释都可以在康德哲学中找到证据和反证。问题尚未得到解答。

---

① Kant, *Kritik der reinen Vernunft*, A 251f.
② Kant, *Werke*, Bd. III, *Schriften zur Metaphysik und Logik*, S. 500.

六、休谟、康德、胡塞尔和世界信仰问题

这里所说的世界信仰与康德的物自体信仰基本同义。

休谟将世界信仰直接还原为感觉，即表象的强度和力量，他放弃回答这样的问题：这种感觉是被什么所引起的？我们对绝对现实一无所知，我们只感受到我们的现实意识。对休谟来说，康德关于物自体的学说应当属于那种"可以投到火里去"的"诡辩和幻想"①。与此相反，从康德这方面来看，休谟缺少理性判断的概念。在康德哲学中，现实不仅是范畴事物，而且也是必然隐藏在现象后面的东西。我们虽然不必知道，这个处在我们现象界之外的东西是否具有实在，或者是否是那个引起我们的现象的原因。但我们的理性——在最广泛意义上的理性——具有这样的属性，它使我们能够理性地想象这样一种绝对现实，并且能够——如果我们幸运的话——正确地猜中它。

我们几乎可以说，休谟在这个问题领域中比康德更为彻底。而胡塞尔也正是在这一点上离休谟更近。但休谟和康德的一致之处在于，他们都没有完全解答这个问题：这样一种世界信仰或现实意识究竟是如何在我们意识中形成的，或者说，现实意识与那个独立于所有意识的所谓绝对现实的关系究竟如何？

胡塞尔是第一个详尽而系统地探讨这个问题的哲学家，他的探讨几乎顾及到了所有的细节。由本质直观、超越论还原所构成的现象学方法使得胡塞尔能够在这个问题上远远进步于他的两位先驱②。但这已经超出了本章的论述范围。

---

① 参见 Hume, *Eine Untersuchung über den menschlichen Verstand*, S. 193。
② 对此的详细论述可参见笔者的博士论文："Das Problem des Seinsglaubens in der Phänomenologie Edmund Husserls – Ein Versuch mit Husserl", Dissertation, Freiburg i.Br, 1990。

分析哲学的方法

一、概论——分析哲学作为纯粹的方法

（一）分析哲学的起源和发展

分析哲学运动是 20 世纪西方哲学的最重要思潮之一。它于 20 世纪初起源于英国，而后在中欧和北美获得发展，最后成为 20 世纪具有国际影响的最重要哲学思潮之一。

当代德国著名哲学家哈贝马斯在回顾 20 世纪哲学的发展时曾总结说：分析哲学是 20 世纪英、美哲学的最重要思潮，它在哲学史上已经留下了最深刻的痕迹，并且已经找到了自己的历史学家和对自己的标准说明。分析哲学运动的奠基性著作在他看来是摩尔的《伦理学原理》（1903 年）和罗素、怀特海的《数学原理》（1903 年），而维特根斯坦的《逻辑哲学论》（1922 年）和《哲学研究》（1953 年）则标志着这个运动的转折和突破。[①]

（二）分析哲学的理论背景

尽管还存在着一些不同的意见，但人们一般认为，分析哲学是对以维也纳学派为代表的新实证主义的继承和发展，或者至少认为，新

[①] 参见 J. Habermas, *Nachmetaphysisches Denken*, Frankfurt am Main: Suhrkamp, 1988, S. 11f.

实证主义是分析哲学的最重要思想来源并且为分析哲学提供原则基础。许多分析哲学和实证主义的代表人物都不否认在这两种哲学之间存在着必然的联系。但同样已被公认的事实是：虽然对分析哲学的研究可以回溯到实证主义上去，分析哲学却不能被还原为新、老实证主义。一些人之所以将分析哲学与实证主义混为一谈[①]，是因为有些重要的思想家如维特根斯坦、卡尔纳普等既可以被视为实证主义的代表人物，也可以被视为分析哲学的代表人物。

导致分析哲学产生的另一个重要契机是分析哲学早期代表人物对德国古典唯心主义，尤其是黑格尔绝对唯心主义的反抗。摩尔、罗素等人的思想都经历过从黑格尔主义向反形而上学唯心主义的转变，尽管引起这种转变的动机不尽相同，反驳唯心主义所运用的论据也不尽相同。总的来说，整个分析哲学运动都具有与形而上学和绝对唯心主义相对立的特征，以至于我们可以将这个特征加入到对分析哲学的定义之中。虽然 20 世纪的西方哲学都或多或少地带有这种反传统的时代精神，但分析哲学在这方面无疑是走在前列的。

与分析哲学的形成密切相关的是逻辑学在 19 世纪末的发展。莱布尼茨在 17 世纪所提出的"普遍数学模式"构想由于数学研究在此期间的飞速发展而得到了充实。对传统形式逻辑的变革要求和在现代"数理逻辑"方面的努力在一大批杰出的逻辑学家的工作中融为一体。在这些逻辑学家中，对分析哲学影响最大的是德国数学家和逻辑学家弗雷格，他从逻辑学上奠定数学基础的努力为罗素、卡尔纳普、维特根斯坦等人所接受。此外，由于他的逻辑语言分析思想，弗雷格本人也被看作是分析哲学的先驱。最后还须提到的是，大多数分析哲学代表

---

① 主张分析哲学是实证主义的一个分支的例如荷斯特曼（H. Horstmann），他认为：分析哲学"主要是当代在美国、英国和斯堪的那维亚国家中流行的实证主义的一种表现形态。"（参见 Georg Klaus und Manfred Buhr [Hrsg.], *Philosophisches Wörterbuch*, Leibzig: Verlag des Bibliographischen Instituts, 1976, S. 70）

人物同时都是著名的逻辑学家，这个事实从另一方面说明了分析哲学方法的逻辑学渊源。

（三）分析哲学的方法特征

分析哲学这个名称已经表明方法在这门哲学中所占据的核心地位。以方法命名的哲学思想或流派在哲学史上并非罕见，例如英国有经验哲学、实证哲学，德国有思辨哲学、批判哲学，以及如此等等。但分析哲学这个名称的含义中包含着以往这些哲学所不具备的方法论上的彻底性。分析哲学的代表人物主张，分析哲学的对象不是事物、事件或事态本身，它的任务在于，通过多值逻辑或语言分析来对传统哲学的原理和陈述做出新的解释。用维特根斯坦的话来说，"所有哲学都是语言批判"[①]。同样，用卡尔纳普的话来说，"哲学唯一正当的任务就是逻辑分析"[②]。因此，从严格的意义上来看，分析哲学与其说是一门哲学，不如说是一种方法。至少从哲学的传统意义上来说，分析哲学不是一门哲学，因为，一方面，它不具有自己的对象，它不提出自己的理论和世界观。分析哲学所提供的不是"观点"，而是"观察点"；或者，用分析哲学家自己的话来说，分析哲学不想建造一座新的哲学大厦，而只打算对已有的房间进行清扫。这种以基础研究方法为主导的朴实做法使分析哲学有别于传统的体系哲学并使它有可能摆脱传统哲学在本体论、认识论、伦理学等方面的困境。作为一种方法，它无须再像传统哲学那样对自身做出"论证"，而只需通过消除传统哲学的"困惑"来证明它自己的存在价值。

另一方面，分析哲学之所以在传统哲学的意义上不是哲学，是因

[①] Wittgenstein, *Tractatus logico-philosophicus*, in *Werkausgabe*, Bd. 1, Frankfurt am Main: Suhrkamp, 1988, 4.0031.

[②] 卡尔纳普：《哲学与逻辑语法》，引自怀特：《分析的时代：二十世纪的哲学家》，杜任之译，商务印书馆1981年版，第225页。

为它也不具有自己的封闭的领域。可以说，分析哲学所采用的唯一方法是分析，无论这种分析是逻辑分析还是语言分析，是伦理学分析还是心理学分析，是行为哲学分析还是历史哲学分析乃至社会现象分析。分析哲学力图提供一种普遍有效的方法或方法态度，它可以被运用在所有可能的课题上。

在逻辑学范畴的意义上，分析意味着一种与综合相对立的分解，主要是指对概念的分解，或者说，分析是指将一分解为多。这也就是说，将一个整体分解为各个部分，将一个复合体分解为各个分子，将一个总的发生过程分解为单个的阶段，将一个意识内容分解为各个因素，将一个概念分解为各个特征；这种分解使新的概念定义得以产生。分析的种类至少可以归结为以下几种：要素分析将一个现象分解为各个局部现象，并考虑各个局部现象之间以及它们与整体现象的联系；因果分析对现象的分解着重考虑现象之间的因果联系；逻辑分析对现象的分解则着重考虑现象之间的逻辑联系；以及如此等等。分析的操作方式被称为分析方法。通过分析方法而得出的分析判断在康德看来是先天的，因为它无须依赖后天的经验，在它的主词中已经包含着谓词。正因为如此，一般认为，分析命题不能给我们带来新的知识，它只能给我们带来对一个概念的明确定义。

分析哲学家们所理解和运用的分析概念和分析方法并没有消除或改变传统逻辑学的分析范畴：分析哲学所要做的工作仍然是对现象的分解。这里所说的现象是最广泛意义上的现象：认识现象、语言现象、科学现象、道德现象、社会现象，等等。因此，尽管分析哲学声言要避开传统哲学而去寻找一条新的哲学之路，但它在自身原初的意向中以及在它以后的发展中却仍然或多或少地保留着任何哲学都具有的大全要求。这种要求与它所主张的作为普遍有效形式的方法是密切相关的。正如心理学分析将心理现象作为分析对象并将哲学问题归结为心理问题，精神分析以无意识为分析对象并将哲学问题归结为无意识问题,现象学分析以意识现象为分析对象并将哲学归结为意向性问题一样,分析哲学以语言和逻辑为分析对象,并将哲学问题化归为语言和逻辑问题。并且,正如逻辑实证主义以"国家实证主义"、"法律实证主义"等名义,现象学以"认识现象学"、"宗教现象学"、"伦理现象学"、"社会现象学"等名义将分析的形式与分析内容相结合一样,分析哲学也在"语言分析"、"逻辑分析"、"分析历史哲学"、"分析伦理学"、"分析行为哲学"等标题下提出它的总体哲学要求并行使它的普遍哲学功能。①

(四)对分析哲学运动的界定

在涉及对分析哲学运动的界定问题时,我们可以看出,哈贝马斯关于分析哲学运动已经找到自己的历史学家和标准说明的说法显然带有夸张的性质。因为对分析哲学本身的概念定义至今为止是众说纷纭的。实际上,一个为人们所公认的对"分析哲学"这个概念的定义是不存在的。

如果我们选择历史—发生性的界定,那么分析哲学运动至少可以分为四个阶段:(1)逻辑原子主义阶段。这个阶段从 20 世纪初开始,至 20 年代结束,是分析哲学的雏形阶段。它在内容上以摩尔的概念分析和罗素的逻辑原子主义学说为阶段特征,其中心自然是在英国。(2)新实证主义阶段。这个阶段在时间上横跨 20 世纪 20 年代和 30 年代,在空间上由维也纳(学派)、柏林(学派)、华沙(学派)构成三足鼎立之势,因而分析哲学在这一阶段的中心转移到欧洲大陆。(3)日常语言分析阶段。这个阶段以 20 世纪 30 年代初为始,至 50 年代止,中心又回到英国,以剑桥(学派)和牛津(学派)为根据地。(4)逻辑

---

① 例如可以参见 W. K. Frankena, *Analytische Ethik*, 1972; A. C. Danto, *Analytische Philosophie der Geschichte*, 1973; A. C. Danto, *Analytische Handlungsphilosophie*, 1979。

实用主义和语言分析阶段。这一阶段始于 20 世纪 50 年代，或强或弱地一直延续到今天，其领域从英国进一步扩展到北美洲等地区。

如果我们选择体系—描述性的界定，分析哲学运动也可以分为四个派别。(1)现象主义分析哲学。代表人物有罗素、维特根斯坦、卡尔纳普、石里克（M. Schlick）、艾耶尔（A. J. Ayer）等。(2)物理主义分析哲学。其代表人物有卡尔纳普、莱辛巴赫（H. Reichenbach）、亨佩尔（C. G. Hempel）等。(3)日常语言分析哲学。其代表人物有赖尔、奥斯汀等。(4)实用主义分析哲学。其代表人物有奎因（W. Quine）、普特南（H. Putnam）等。①

此外，值得注意的是，在对以多元化为标志的 20 世纪西方哲学思想的论述中，一般更常见的做法是以各个著名哲学家的思想特征为研究课题和论述对象。我们在这里的论述也将基本按照这种形式进行。

二、分析哲学代表人物的思维趋向和发展

（一）摩尔的分析哲学思想特征

分析哲学的广泛运动的出发点是乔治·爱德华·摩尔（1873—1958）的哲学思想。在他的哲学中几乎包含了分析哲学的所有基本特征和它日后发展的所有萌芽。这一方面是因为摩尔最先揭开了分析哲学运动的序幕并且在总体上规定了这场运动的性质，另一方面是因为摩尔几乎自始至终地参加了这场运动并且亲身经历或引发了这场运动的几个主要转折。

贯穿在摩尔思想始终的一个特征是方法上的特征，即分析性。哲学的任务在于分析，分析哲学的这个主导思想首先在摩尔的哲学中得

---

① 对这两种界定的较为详尽的论述可以参见洪汉鼎:《语言学的转向。当代分析哲学的发展》，三联书店（香港）有限公司 1992 年版，第一章第四节，"分析哲学的历史演变和四种分析类型"，第 40—48 页。

到表达。摩尔发表于 1903 年的主要著作《伦理学原理》便已致力于用意义分析的方法将一些通常被混杂在一起的问题区分开来,从而为解决这些问题提供条件。《伦理学原理》在它所得出的结论上显得并不重要,但它所运用的方法却产生了重大的影响。摩尔在这部书中开宗明义地说:"照我看来,在伦理学上,正像在一切哲学学科上一样,充满历史的困难和争论主要是由于一个十分简单的原因,即由于不首先去精确发现你所希望回答的是什么问题,就试图作答。"因此,摩尔要求对哲学问题进行"分析和区别",力图在回答这些问题之前发现这些问题是什么。"只要做了这种尝试,哲学上许多最触目的困难和争论也就消失了"。① 具体地说,对哲学问题的分析和区分是将一些出于自身的原因而存在的问题与我们为了行动而应当说明的问题。例如,什么是"善"和什么是"善的行为",这是两个不同的问题。摩尔的工作表明,只有对这些问题进行细致入微的概念分析,人们才能清楚地看到,哪些问题是可以通过定义来回答的,哪些问题是可以通过论据来回答的,哪些问题是不能通过定义或论据来回答的。摩尔竭力证明,传统的伦理学,尤其是伦理学中快乐主义所犯的一个"自然主义错误"在于,它们将不可定义的东西与这样或那样被定义的东西混为一谈。

所谓定义在摩尔那里是指对一个事物的属性和特征的列举。定义与分析是相关的,它意味着对事物各个部分的分解和排列,反过来说,对一个概念的分析也就是给一个概念以定义。当分解达到一定程度时,它便不能再进行下去,换言之,有一些最为简单的、终极的概念是不可定义的,它们是定义的内容,但本身却不能被定义,例如,伦理学中的"善"便是这样一个概念,它构成伦理学分析的最终不可分割的原子单位。如果人们试图对这些不可定义之物做出定义,就会犯自然主义的错误,从而导致概念的混乱和哲学问题的混乱。

---

① 摩尔:《伦理学原理》,长河译,商务印书馆 1983 年版,第 1 页。

摩尔的这一思想也被称为"逻辑原子主义"，它与罗素以后提出的"逻辑原子主义"理论在很大程度上是相似的。这种逻辑原子主义的定义论为摩尔反驳唯心主义提供了方法依据。在 1903 年发表的《反驳唯心主义》一文中，摩尔向当时仍处在主观唯心主义影响之下的英国读者表明，以不同形式表现出来的主观唯心主义论证是可以通过纯粹逻辑的分析而被反驳、被消除的。摩尔在这篇论文中所反驳的一个最典型的哲学命题就是贝克莱的"存在就是被感知"。尽管摩尔并不认为他有能力否证这个唯心主义哲学的基本命题，并且其他同时代的哲学家也不认为他的努力已经证明这个命题是不成立的，但摩尔在这篇论文仍然用他独特的分析方法令人信服地指明，在"存在就是被感知"这个哲学命题中包含着一些似是而非的东西，它们可以通过意义分析而得到澄清。

因此，摩尔所提出的一个重要哲学命题在于：哲学的任务不是去揭示我们关于世界的新的知识，它只是对我们已有知识的澄清。如果说摩尔在《反驳唯心主义》一文中所做的是对这个命题的反面证明，那么他在 1939 年所做的《关于外部世界的证明》的讲演则是对这个命题所做的一个正面论证。他以左右两只手的存在为例证明，外部世界的存在是比形而上学的哲学论证更为清楚明白、更为真实的东西。在这个证明中，摩尔的"常识世界观"得到了明确的表露。

诉诸"常识"（common sense）是摩尔哲学中的另一个最重要思想。摩尔将他自己的哲学也称为"常识哲学"，更有人据此而将摩尔的哲学思想概括为"分析与常识的二元论"。摩尔认为，常识的命题是真实的命题并且是可能的逻辑分析真实与否的标准。任何与常识命题相违背的哲学论证在他看来都是不可靠的。在他发表于 1925 年的《保卫常识》一文中可以发现，构成摩尔的"常识世界观"的三个普遍命题是：（1）物质事物存在；（2）心灵现象存在；（3）人知道这两种东西的存在。但这个思想也是摩尔哲学中最受争议的一个观点。至少我们可以看出，这些命题实际上已经建立在一种世界观的基础上，因而超越了摩尔对哲学的分析任务的理解。因此，在涉及诉诸常识的问题时，摩尔无法克服他的不彻底性。这种不彻底性如艾耶尔所说，表现在："摩尔一方面没有追究关于进入常识世界观的那些命题的真实性，另一方面又非常怀疑对这些命题的分析。"[①] 这也是他的哲学被标志为二元论的理由之一：常识与分析在这里各执一端，平分秋色。

可以看出，摩尔的分析哲学思想并不以彻底性和完美性为特征，但他却是一个指明方向的人物。尽管以后的分析哲学思想家对他提出各种批判并且事实上在许多方面超越了他，但他们的努力在很大程度上受益于摩尔所奠定的分析哲学的方法基础。

（二）罗素的分析哲学思想特征

伯特兰·罗素（1872—1970）是20世纪最重要的科学家之一，也是这一时期最重要的哲学家之一。他和摩尔被认为是分析哲学的创始人。在科学与哲学的关系问题上，罗素始终认为哲学必须进入科学并且必须参与对科学基础的改造。他在这方面的一个突出贡献便是与他的老师怀特海合著于1910—1913年的三卷本《数学原理》一书。这部书致力于将整个数学系统都还原为形式逻辑系统，或者我们也可以反过来说，它致力于通过关系逻辑而从形式逻辑的基本概念和公理中推导出全部纯粹数学或推导出可以使这门数学得以成立的足够丰富的算术命题。逻辑与数学在这里达到统一。尽管罗素本人并不认为这个成就属于他在哲学上的主要功绩，但用训练有素的数学思维来进行哲学研究，或者说，他的分析思维的目的在于达到科学性，这是罗素哲学方法的一个特征，也是他有别于摩尔的一个方面。

也许正是这个特征导致了罗素和摩尔在语言哲学方面的分歧。虽

---

① A. J. 艾耶尔：《二十世纪哲学》，李步楼等译，上海译文出版社1987年版，第75页。

然摩尔对常识和日常语言的偏爱在某种程度上也为罗素所接受,但罗素更主张建立人工的演绎系统而不关心他使用的术语是否与日常语言绝对符合。日常语言的合理性在罗素这里不再是确定无疑的,即他开始怀疑它是否有权作为意义标准。必须建造人工的语言,才有可能对哲学问题做出清晰、明白的表述,从而对这些问题做出逻辑可靠的解答,这是以罗素为代表的一批分析哲学家所抱有的共同信念,他们在分析哲学运动的发展史上又被称为"人工语言学派"。

维特根斯坦在《逻辑哲学论》中曾经认为:"罗素的功绩在于,他能够指明,命题表面的逻辑形式并不必定就是它的真实逻辑形式。"[①] 表面的逻辑形式在罗素那里实际上指的是一个命题的语法形式。罗素本人甚至认为哲学的首要任务就在于揭示命题的真正逻辑形式,对这些命题进行分析,并且用"理想语言"来替代"日常语言",在这种理想语言中,一个命题、一个语言表述所具有的易被误解的语法形式已经被转换成明白无疑的真正的逻辑形式。

将语法形式混同于逻辑形式的情况在罗素看来主要有两种:一种是与逻辑悖论产生有关的混乱;另一种与形而上学问题,尤其是关于存在的形而上学问题有关的混乱。罗素提供了可能解决这些混乱的两种逻辑方法,一是他的类型理论,二是他的摹状词理论;并且,他曾认为这两个理论是他对哲学的两个主要贡献,尽管他本人以后又对这两种理论提出异议。

可以看出,在罗素的哲学创作中,分析的方法是决定性的方法。他自己也认为,"我始终是用分析的方法来寻求哲学问题的解决";"我仍然坚信,只有用分析才能有进步"。[②] 通过分析所达到的最终不可分割的逻辑组成部分被罗素称为"逻辑原子",因而罗素将他的哲学也命

[①] Wittgenstein, *Tractatus logico-philosophicus*, in *Wrkausgabe*, Bd. 1, 4.002, 4.003, 4.0031 usw.

[②] 伯兰特·罗素:《我的哲学的发展》,温锡增译,商务印书馆1982年版,第10页。

名为"逻辑原子主义",这与摩尔分析哲学中和维特根斯坦早期分析哲学中的逻辑原子主义思想是密切相关的。

但是,罗素对分析哲学的理解与摩尔的理解显然已经大相径庭。逻辑学和数学在罗素这里构成了分析哲学的科学本质,因此罗素常常给"分析哲学"加上一个定语,将它称为"逻辑分析的哲学"。可以说,在分析哲学的分析概念之本质中现在不仅包含着摩尔所赋予的日常、自然的成分,而且也包含了在罗素意义上的科学、人工的成分。

(三)卡尔纳普的分析哲学思想特征

鲁道夫·卡尔纳普(1891—1970)与石里克、纽拉特(O. Neurath)、莱辛巴赫等一同属于"维也纳学派"的核心人物,是新实证主义理论的大力倡导者。在对科学逻辑学以及逻辑经验主义的创建中,他是一个不可缺少的主力。另一方面,他将弗雷格、罗素、维特根斯坦所提出的逻辑数学概念语言作为工具运用在解决科学逻辑学的问题上。在诉诸"科学语言"或"理想的人工语言"的做法上,卡尔纳普与罗素是一致的,因而卡尔纳普也被看作是"人工语言学派"的代表人物之一。

在卡尔纳普的教授资格论文《世界的逻辑建构》中,他试图从被给予的主观基本体验中获得一个根本性的结构概念,然后从这个结构概念出发推导出其他的科学结构概念,由此而对一个有效的科学"建构体系"进行论证。但在这部著作中已经表明,"维也纳学派"所讨论的经验主义的意义标准问题很难得到满意的解决。因为,如果依据经验主义的意义标准,那么只有当概念和命题被还原为现象主义或物理主义的基本材料时,它们才是有意义的。然而,在科学中经常被运用的素质概念(例如"可溶于水")就无法通过定义或还原而被回归到直接的经验基础上去。在对所谓"记录命题"和理论命题的分析中也有类似的困难出现,这些命题是对自然规律的一般性表述,人们既不能通过证实,也不能通过证伪来使它们与那些经验的意义标准达到一致。

因此，卡尔纳普在他的后期著述中试图从各个不同的起点出发来克服这些困难。

在1934年发表的《语言的逻辑句法》以及在1935年发表的《哲学与逻辑句法》中，卡尔纳普明确提出用科学逻辑学来代替哲学，而科学逻辑学在他那里所指的是科学语言的句法。卡尔纳普试图建立起一门形式的人工语言，用它来精确地表述或重构所有科学理论。他在这里首先将语言严格地区分为两种：一种是我们说的语言，也是经验科学所采用的内容性的表述方式，如"夏天天气热"；另一种是我们所讨论的语言，也是逻辑学所采用的形式性表述方式，如"在'夏天天气热'这个语言中包含着'夏天'这个语词"。卡尔纳普将这两种语言分别称为内容的元语言和形式的客体语言。这个划分至今仍然是语言哲学中的一个根本性划分。卡尔纳普认为，哲学的假问题之所以能够产生，是因为我们混淆了内容的和形式的言说方式。因此，他随后便极力想通过一门形式的语义学来建构一门形式的人工语言理论，这门语义学的目的在于：为了把握住概念的真正含义，必须清楚地说，一个命题在什么样的真值条件下才为真。

在这方面，卡尔纳普所做的三个重要区分尤其值得我们注意。首先，卡尔纳普认为，作为科学语言的人工语言本身具有两个层次：观察语言和理论语言。观察语言虽然与被给予之物无关，但它必须是自明的，即不需借助于任何科学知识就可以自明；而理论语言则必须将自己的概念与观察语言相结合，这样才能获得其经验意义。其次，卡尔纳普区分了属于语用学的证实操作和属于语义学的证实操作。在语义学证实理论方面，卡尔纳普花费了很大的精力，并由此而导致了他对主客观概率论（对逻辑概率和统计概率的区分）和归纳逻辑学（归纳推理）问题所做的出色研究。再次，卡尔纳普对概念的外延和内涵进行了区分：一个概念的外延要通过对包含在这个概念中的对象的计数而得到规定，一个概念的内涵则要通过对它所具有的特性的指明而得到规定。

卡尔纳普一生在语言逻辑问题上所做的这些深入分析和探讨为逻辑经验主义和分析哲学的发展提供了很大的动力。而且，如果没有卡尔纳普的这些努力，现代的科学理论、语言哲学和逻辑学也是不可想象的。一般认为，当代西方哲学的所谓"语言学的转向"是由他和维特根斯坦所发起的。尽管语言学问题在摩尔和罗素的哲学中已经提出，但真正将哲学还归为语言学并由此而引起人们关注的是卡尔纳普和维特根斯坦。

除了对科学与逻辑的肯定之外，对形而上学的否定也是卡尔纳普思想的一个重要特征，可以说，他对形而上学的批判比任何一个其他的分析哲学家都更尖锐。这与他提出的用科学逻辑学来代替哲学的想法是一致的，因为在他看来，传统哲学派别之间所发生的争论都是由于使用不同类型的语言而造成的结果，他将这些争论称为哲学中的假问题。

最后，在卡尔纳普的科学逻辑学理论中还有一个重要的观点需要注意，即他所提出的"容忍原则"：真正的科学语言是不存在的，但有许多可能的语言系统可供我们选择。因此，任何一个语言系统都不能自封为唯一正确的系统，而应当对其他系统持宽容态度。卡尔纳普自己认为，这一原则也适用于他所参与的"人工语言"和"日常语言"学派的争论；他对不同的语言形式持一种中立性态度："只有对至今所用的各种语言形式进行透彻的考察之后，才可能有充分的根据选择一种形式，无论是作为总的科学语言，还是作为用于特殊目的的局部语言。"① 当然，容忍原则并没有能够使卡尔纳普最终超脱出这场争论，因为他在对各种语言形式进行"透彻的考察"之后得出结论，认为对日

---

① 卡尔纳普：《卡尔纳普思想自述》，陈晓山等译，上海译文出版社1985年版，第69页。

常语言的研究尽管可能有用,"但它毕竟只是为更准确地研究人工语言系统所做的一种准备而已"①。所以,当时以赖尔为代表的分析哲学的"日常语言学派"并没有将卡尔纳普看作是分析哲学运动中的一个中立者,而是对他进行了激烈的批评,从而将语言形式问题的争论深入到一个新的层次。

(四)赖尔的分析哲学思想特征

吉尔伯特·赖尔(1900—1976)的主导思想在于发掘概念系统的"逻辑地理学",用赖尔本人的话来说,他的哲学论证并不能增添我们关于心的知识。而只能修正我们已有的知识的地理图。②在分析哲学的运动中,他与罗素、卡尔纳普和早期维特根斯坦相对立,与摩尔、奥斯汀和后期维特根斯坦相一致,是"日常语言学派"的最重要代表人物。由于赖尔和奥斯汀都在英国牛津大学任教,因而他们的哲学圈也被称为"牛津学派",从而区别于以维特根斯坦为核心的"剑桥学派"。

尽管赖尔也将哲学的任务定义为清除概念混乱,但他的基本观点在于:我们不必像罗素、卡尔纳普所认为的那样,首先去构造一种理想语言,然后才能清除概念的混乱;恰恰相反,只要我们回溯到命题的简单语言内容上去,也就是回溯到这些命题在日常用语中所具有的含义上去,我们就可以从中获得对命题、概念、论证的简化表述,也就可以获得足够的手段来完成哲学的任务。

体现赖尔基本思想的代表作《心的概念》发表于1949年。在这部著作中,我们可以看到赖尔所做的一个最重要的努力:揭示那些导致种种哲学误解产生的"范畴混乱",而其中最重要的混乱便是笛卡尔

---

① 卡尔纳普:《卡尔纳普思想自述》,陈晓山等译,第69页。
② 吉尔伯特·赖尔:《心的概念》,刘建荣译,上海译文出版社1988年版,导言。

的身心二元论。这种二元论是从心物二元论引申出来的。心物二元论是指这样一种主张,即世界是由广延的物体和思维的心灵两部分所组成。如果将这种学说运用于人,那么它就意味着:人是由人身和人心两部分所构成,也就是说,人以同样的方式具有一个身(身体)和一个心(心灵)。身体可以被所有人感知到并且受物理学规律的制约,而心灵则是私人的和内在的并且只能被他自己观察到,即通过内省的方法被观察到;人的心灵活动的过程是导致人的各种身体行为发生的潜在原因。

赖尔将这个理论称为"机器中的幽灵"教义或"笛卡尔的神话"。他通过大量的具体分析指出这种理论是不可信的,是由范畴混乱所引起的。赖尔认为,人心与人身的对立并不存在,因为它们不属于同一个范畴:"我主张,'一个心理过程在进行'和'一个物理过程在进行'这两个表达不属于同一个类型,因此,将它们结合成一个联言命题是无意义的。"① 这样一种联言命题在赖尔看来就和这样一句话一样荒谬:"她回家时或是泪流满面,或是坐着轿子。"这两种荒谬性都是由于将不同类型的语词放在一起而造成的。

在赖尔所做的这些分析中,我们可以看出,尽管赖尔不赞同罗素诉诸人工语言的主张,但在具体操作方面却仍然受罗素"逻辑类型论"和"摹状词理论"的影响。赖尔对"范畴错误"的定义明显地表露出这种影响:所谓范畴错误,就在于人们"如此来表述心灵生活的事实,就好像它们是属于某个逻辑类型或范畴的,但实际上它们却应当属于另一个逻辑类型或范畴"②。

与此密切相关的是,赖尔在《心的概念》中也批判了建立在笛卡尔身心二元论基础上的"理智主义传奇"。例如,当我们说一个行为是

---

① 吉尔伯特·赖尔:《心的概念》,刘建荣译,第 13—18 页。
② 吉尔伯特·赖尔:《心的概念》,刘建荣译,第 10—13 页。

理智行为时，这种行为意味着什么？一个以"机器中的幽灵"教义为依据的理智主义代表人物会认为，一个理智的行为表现在，当人们在实施这一行为时，他会事先进行思考和计划，他会事先知道这一行为应当按什么样的规则来进行。在这里，对理智行为的定义是知识，但这个定义并没有能够提供区分一个理智行为和一个较为不理智的行为的标准。这类定义最后往往不得不推辞说，人的精神过程是无法被观察到的，例如：一个人可以无须费力思考就完成一项计算任务，只要他知道答案并且背下整个运算程序；而另一个人在解决同一项计算任务时却必须运用他的理智能力。这样，当我们在观察这两个人的出色计算过程时，我们无法观察到，哪一个人的计算是理智的，哪一个人的计算是不理智的。

赖尔极力反对这种"理智主义的传奇"，他的反驳理由在于：即使我们做出理智的行为，我们常常也必须如此迅速地做出行动，以至于我们不能事先进行计划；我们在进行许多行为时常常无法回忆我们事先制定的计算；此外，我们在说话、游戏时往往并不知道这些行为的规则。赖尔因此认为，理智主义的最大错误在于将理智回归为知识。而判定一个行为是否理智的标准在他看来不在于知识（knowing that），而在于能力（knowing how）。因而，知道一个行为的规则，这大都意味着能够去实施这个行为，这也就是说，行为的实践先于行为的理论并且构成行为理论的基础。赖尔由此得出结论说，理智主义者混淆了标志素质的语词和标志过程的语词。理智主义所犯的也是范畴错误，它要解释的是人的行为，但它探讨的却是心灵的过程。实际上，赖尔或多或少地主张，我们可以将有关心灵过程的表述都转变为有关行为的表述。这种主张也被人们称为分析哲学中的物理主义。在这个方向上，赖尔的确做了很大的努力，他从行为主义角度出发对"意志"、"情感"、"认识"、"理智"等的描述在很大程度上是成功的，但他自己也承认，有些心灵过程无法通过行为描述来说明。需要强调的是，在赖尔所做的所有分析中,他始终诉诸人的先于理论的实践。日常世界和人的正常理智对他来说始终是判断哲学问题的可靠裁判。

显而易见,在对语言进行分析的同时,赖尔已经开始转向行为分析。这是赖尔分析哲学思想的一个重要特征。因此他的哲学也被称为"行为主义精神哲学"或"方法的行为主义",尽管他本人并不同意这种说法。在行为分析问题上,赖尔与后期的维特根斯坦是相近的,并且事实上也受到维特根斯坦的影响。分析哲学运动后期的大趋势在赖尔哲学中已经得到清楚的体现。可以说,一门以分析哲学方法论为基础的现代"精神哲学"或"精神现象学"是由赖尔和维特根斯坦一同开创的。

(五)维特根斯坦的分析哲学思想特征

路德维希·维特根斯坦(1889—1951)被公认为是分析哲学运动的核心人物。在维特根斯坦的天才的哲学创作中,由摩尔和罗素所引发的分析哲学两个基本流派融合为一。当然,这并不是说,诉诸"日常语言"的主张和诉诸"人工语言"的要求在维特根斯坦那里达到了一种无矛盾的统一。毋宁说,维特根斯坦的哲学创作体现了由这两种思想所引起的内在张力,他的分析哲学特征在于将上面这两种方法加以联结和对置。因此,维特根斯坦在分析哲学中所发挥的影响是两方面的:一方面的影响产生于他的早期著作《逻辑哲学论》(1921—1922年)。在这一时期,维特根斯坦的设想与罗素构造"理想人工语言"的主张相互影响,并且共同激发起逻辑实证主义在这方面的努力。可以说,《逻辑哲学论》是分析哲学中"人工语言学派"的经典代表作。维特根斯坦所具有的另一方面的影响则是与他打算出版的后期著作《哲学研究》(1953年)相联系的。在这部著作中,维特根斯坦开始批判他自己在《逻辑哲学论》中的早期立场,并且主张从日常语言中获得相应的语言分析标准。维特根斯坦在这部书中又一次表现出的出色分析才华使它成为"日常语言学派"的经典代表作。①

　　维特根斯坦的《逻辑哲学论》在"维也纳学派"所进行的哲学讨论中有过相当大的影响,尤其是他在这部书中所提出的命题:逻辑命题是分析判断,因而逻辑定律是同语反复,逻辑命题不陈述任何东西;唯一有意义的认识命题是经验自然科学的命题。而大多数哲学命题在维特根斯坦看来虽然不是错误的,却是无意义的;我们无法回答这些问题,这些问题之所以会产生是因为人们不理解语言逻辑。所以,维特根斯坦对哲学的理解是:"全部哲学的任务都在于语言批判。"但他同时又强调:人不可能从日常语言中直接获取这种语言逻辑。②这与罗素所提出的对日常语言进行转换、检验日常语言的合法性的主张是相一致的。维特根斯坦也想建立理想语言。

　　此外,我们在《逻辑哲学论》中还可以找到与罗素的"逻辑原子主义"理论相似的东西,但维特根斯坦赋予这种原子主义以一种特殊的总体化功能,并从这种原子主义之中构造起一门理性的宇宙论。我们在《逻辑哲学论》的第一和第二原理中可以读到:"世界就是所有的事件",而"事件就是事实,就是事态(原子事实)的存在"③。

　　世界是事实的总体,是存在着的事态的总体,维特根斯坦所主张的逻辑分析正是以对这个世界的看法为出发点并由此而发展出他的"语言图像论"。维特根斯坦认为,存在和不存在的事态都属于我们语言所反映出来的一个逻辑空间;世界也就是指逻辑空间中的事实。因此,我们的语言与世界分有这个逻辑空间所具有的逻辑形式;或者说,

---

　　① 罗素因此而把维特根斯坦一分为二,用"维一"来标志《逻辑哲学论》时期的维特根斯坦,用"维二"来标志《哲学研究》时期的维特根斯坦。他承认"维一"对他的影响,但却从"人工语言学派"的立场出发批评"维二",认为他"在积极方面的学说是浅薄的,在消极方面的学说是不能成立的"(参见罗素:《我的哲学的发展》,温锡增译,第199页)。

　　② Wittgenstein, *Tractatus logico-philosophicus*, in *Werkausgabe*, Bd. 1, 4.0031.

　　③ Wittgenstein, *Tractatus logico-philosophicus*, in *Werkausgabe*, Bd. 1, 1, 2.

语言中的基本命题和世界中的基本事实所具有的逻辑形式是一致的。正如命题是由各个基本命题所组成的一样，被描画的事物也是由各个原子事态所组成的；正如在基本命题中的名称可以组合成一个复合体一样，在原子事态中的对象也可以组合成一个复合体。因此，逻辑分析最终会还原为对有意义的基础命题所具有的真值函项的治疗。一个基本命题要有意义，就必须是一个基本事态的图像。在这种同构意义上的图像概念使语言批判和意义批判成为可能。但是，维特根斯坦又强调：尽管逻辑分析提供了明确命题的可能性条件，但一个命题却无法表述它自己的描画形式，这种形式只能在命题上显示出来。因此，维特根斯坦认为，每一个命题都在可说与不可说之间设定了一条界线。所以，最后的结论应当是：凡可说的东西就可以被清楚地说出，而对不可说的东西则应当保持沉默。

所有这些观点构成了维特根斯坦《逻辑哲学论》理论上的丰富多彩，使它不仅被视为分析哲学的基本教材，而且也成为 20 世纪最富于魅力、最耐人寻味的哲学著作之一。

在完成这部不满八十页的小册子之后，维特根斯坦曾经相信，所有根本性的哲学认识问题都已经得到解决。因而他随后便放弃了哲学活动，开始从事其他职业。直到十年之后，他才重新开始哲学研究并且很快便对他自己在《逻辑哲学论》中原有的立场不满。他自己认为，后期准备发表的《哲学研究》一书是对自己早期哲学思想的一个原则性反思和反驳。

这种反驳主要是针对他自己以往所做的"诉诸理想语言"的尝试而发，也就是说，他所反驳的主要是那种在逻辑原子主义和逻辑分析方法论的基础上展示出一种精确的理想语言的条件和结果的尝试。在《哲学研究》中，维特根斯坦明确强调："哲学不能以任何方式干预对语言的实际使用，也就是说，哲学最终只能对语言的实际使用做出描述。所以哲学也不能论证语言的实际使用。哲学对一切都顺其自然。"①这里所表现出的对构造理想的人工语言的否定在维特根斯坦这里同时也意味着向日常语言的转向:"我们使语词脱离开它们的形而上学用法而回溯到它们的日常用法上去。"②

对诉诸人工语言之做法的反驳当然也涉及在人工语言系统中的那些具体原理,例如那些与逻辑原子主义思想密切相关的原理。维特根斯坦不再认为原子事态或原子命题是逻辑空间的最后组成部分,他开始主张,区别简单命题和复合命题、简单事态和复合事态的关键在于提出问题的方式,一个对象或命题由于提问方式的不同而可以是简单的,也可以是复合的。再如,在《逻辑哲学论》中,维特根斯坦曾认为名称与对象是对应的,对象只是名称的载体,对语词的运用就在于为对象命名,以及如此等等,这些论述在《哲学研究》中也遭到了摒弃。

但从另一方面可以看到,《逻辑哲学论》的一些基本思想和重要观点在《哲学研究》中被保留下来:例如在语言批判方面的思想,即划分表面的语言现象与深层的逻辑形式;又如在对奥卡姆(Occam)格言的分析中所贯穿的实用主义观点——具有目的的符号是逻辑等值的,不具有目的的符号是逻辑无意义的;再如关于主体是世界的界限的定理;等等。因此,也有人认为,《哲学研究》并不完全是对《逻辑哲学论》的反其道而行之,它所否认的只是后者的片面性,即过分强调了语言的一种用法而忽略了其他的用法。

必须注意的是,维特根斯坦通过《哲学研究》所发出的影响不仅仅局限在语言学领域,而且它也在社会关系领域和行为理论领域产生出重大效应。这部著作尤其在方法上突出了"语言游戏"和"生活形式"这两个相辅相成的基本概念。因而问题不在于从实在的含义载体

---

① Wittgenstein, *Philosophische Untersuchungen*, in *Werkausgabe*, Bd. 1, Frankfurt am Main: Suhrkamp, 1988, S. 120.

② Wittgenstein, *Philosophische Untersuchungen*, in *Werkausgabe*, Bd. 1, S. 116.

和观念的含义统一方面来分析语言表达的含义,而是在于观察这些含义是如何在一定的行为关系中被运用的。当代分析哲学的一个重要发展趋向就在于突破了"逻辑分析和语言分析哲学"的范围,即不仅注重分析语言的逻辑结构,而且也注重语言的历史分析;不仅致力于语言分析,而且也致力于行为分析,这些新的特征的产生在很大程度上要归功于维特根斯坦的《哲学研究》。

三、分析哲学的方法论共性

分析哲学运动并不意味着有一组已经被这个运动的参与者所确认的教义或一个为他们所认可的共同纲领。在这个运动中,各个代表人物的分歧是如此之大,而且这些代表人物本身早、后期思想的差异是如此之大,以至于我们无法将这里所论述的几个分析哲学代表人物中的任何一个称为"真正的"或"原本的"或"正统的"分析哲学家。但分析哲学之所以能够被看作是一个统一的哲学思潮,必定有其被公认的核心,无论这个核心的内涵有多大,无论它的有效性持续有多久。

(1)尽管分析哲学代表人物的本意并不都在于反抗形而上学,但他们都始终相信哲学不提供传统意义上的理论或知识系统;

(2)尽管分析哲学代表人物对分析的标准理解不一,但他们都坚持哲学只是一种分析活动,只是一种方法;

(3)尽管分析哲学代表人物在对语言的理解上有很大分歧,但他们都主张必须用明确的标准来检验陈述的"意义",确切地说,他们都主张对语言的分析和批判是他们的最重要任务。

四、结语

在写作这篇文章时,20世纪已经接近尾声,而20世纪西方哲学的基本轮廓也已经确定。与在此之前的哲学史相比，20世纪西方哲学对方法的强调显得尤为突出。更进一步说，在方法论上，这一时期的哲学流派又大都带有分析的特征。无论是在英美哲学中占主导地位的分析哲学，还是作为欧洲大陆哲学之代表的现象学、精神分析、结构主义等等，它们在其方法纲领上都打上了分析的烙印。在这个意义上，我们可以赞同 W. 怀特对 20 世纪西方哲学的一个不尽严格的定义：它是一个"分析的时代"，分析是 20 世纪哲学的"当务之急"，是 20 世纪哲学的"一个最强有力的趋向"。① 但可以看出，分析对象以及分析方法的不同导致了在哲学思想方面的各种巨大差异，并且，如我们在这里已经看到的那样，它们甚至导致了在同一个哲学流派中各个代表人物的观点差异以及这些代表人物自身思想发展早、后期的差异，鉴于这一点，我们对 20 世纪西方哲学的更确切定义毋宁说应当是"多元的时代"。

---

① 参见怀特：《分析的时代：二十世纪的哲学家》，杜任之译，第 5 页。

牟宗三与现象学

牟宗三在当代中国思想史上的重要地位已经毋庸置疑。即便许多人或许还不能认同傅伟勋所说"牟先生是王阳明以后继承熊十力理路而足以代表近代到现代的中国哲学真正水平的第一人",但傅伟勋主张的"中国哲学的未来发展课题关涉到如何消化牟先生的论著,如何超越牟先生理路的艰巨任务"①,业已为今日汉语思想界诸多学者所默认,或至少成为他们常常思考的一个问题。这里的研究便是在这个方向上进行。笔者相信,牟宗三的学说思想是中国历史上第二次文化交流成果的主要代表之一,因而对他的深入研究有可能达至两方面的目的:既可以检阅百余年来中西思想交融的基本结果与收获,也可以窥望中国传统文化之发展在全球化趋势下的未来走势与取向。

这里的研究将集中讨论牟宗三与现象学的关系问题。由于对现象学的理解实际上会涉及对整个德国古典哲学的理解,特别是对康德的相关思想的理解,因此这里的讨论并不局限于狭义的现象学,即 20 世纪初以胡塞尔和海德格尔为代表的哲学思潮。这也符合牟宗三本人的相关思想境况,因为他对现象学的把握,基本上是在德国古典哲学,尤其是康德哲学的背景中完成的。

就笔者对牟宗三的有限认识而论,他对现象学的直接理解主要是

---

① 傅伟勋:《从西方哲学到禅佛教》,生活·读书·新知三联书店 1989 年版,第 239 页。

通过对海德格尔著作的阅读，尤其是与康德哲学有直接关系的《康德与形而上学问题》和《形而上学导论》这两本书。而海德格尔的另一部代表作《存在与时间》，由于"的确难读，无谓的纠缠绞绕令人生厌"，所以牟宗三自称"实无兴趣读完"[①]。在胡塞尔与舍勒的现象学著作方面，尚未有迹象表明牟宗三在其治学过程中有过直接的接触。但他对萨特的生存主义（existentialism）思想却显然关注和评论较多。这与当时（20世纪六七十年代）国内外盛行的对现象学思想的理解趋势大致相符。凡此种种，说明牟宗三对现象学的理解，无论在关注范围上，还是在切入角度上，都还是较为有限的。下面我们会看到，这也影响到他对现象学之实质性理解的准确度。但我们同样也会看到，牟宗三深厚的哲学修养和敏锐的感受力使他往往能够在相对较少的文献涉猎中很快地把握住问题的脉络，并对之做出自己的评判与估价。这同样表现在他对现象学意图的解悟上。而他对现象学观念的借鉴、利用与发挥，也常常会给人出乎意料的特别启示。

一、牟宗三与胡塞尔

从牟宗三本人的说法来看，在他的思想与现象学之间并不存在相容的关系，或者说，不存在积极的联系。他总体上认为，现象学方法对于人生哲学来说是"不相应的"，这既是指他所理解的胡塞尔意识论现象学方法，也是指海德格尔的存在论现象学方法。牟宗三实际上是将这两种现象学的方法理解为同一个：胡塞尔所倡导和运用的现象学方法，因而海德格尔在《存在与时间》中对现象学方法所做的描述和定义，也被牟宗三用来说明现象学之方法一般。

牟宗三认为，胡塞尔的现象学方法完全是用来说明纯粹意识结构的，

---

① 牟宗三：《智的直觉与中国哲学》，第367页。

基本上是一种**知识学的方法**，因此，"就准确知识言，这方法也许可以是相应的，就一般采用以作客观的研究言，亦可以是相应的。唯讲人生哲学，现象学的方法则不相应"①。他的这个理解，虽然不是以对胡塞尔主要著作的直接研究为依据，而是建立在他对现象学的基本印象的基础上，但这个理解在很大程度上把握到了胡塞尔现象学方法的重要因素。

胡塞尔毕生哲学研究的主导意向的确是在为知识奠定基础，是对理论理性的"批判"（康德语）或"论衡"（牟宗三语），因而他的哲学努力可以看作是近现代思想的最后一次严肃尝试。尽管胡塞尔在其中、后期（自1905年起）也着力地探讨过实践理性方面的问题，例如身—心、自然—精神（区域的本体论，如生命自然的本体论、精神世界的本体论等）、人生（生活世界）与社会（交互主体）等问题，但总的说来，他一方面认为，他的区域本体论的研究没有成熟到可以发表的地步，故而《纯粹现象学与现象学哲学的观念》第二卷直到他去世也未发表；另一方面，他在《笛卡尔式的沉思》与《欧洲科学的危机与超越论现象学》中，或者是把他人与社会的问题看作是一门第二哲学的任务，或者是把生活世界理解为一个人类理性发展中的一个须待克服的阶段。因此，在胡塞尔这里，现象学的方法首先是用于认识批判、意识分析的方法，而不立足于对人生哲学法则的寻觅或对社会伦理体系的建立。

胡塞尔哲学的这个基本意向和他现象学方法的基本性质在许多方面与康德哲学的体系相接近。或许正是由于这个原因，牟宗三对胡塞尔的现象学明显抱有好感，他并没有用对海德格尔所做的"不彻不透"、"虚浮无根"以及诸如此类的评价来批评胡塞尔的思想特征。他明确承认胡塞尔的现象学方法是卓有成效的，即使这种成效仅限于知识领域。即是说，牟宗三有限地认可胡塞尔现象学的基本方法，包括

---

① 牟宗三：《智的直觉与中国哲学》，第362页。

"面对实事本身"的要求、现象学的还原、无前提性原则等等。① 牟宗三并未对这些方法本身做过专题论述,但从他对近现代西方思想及其卓著代表康德哲学的基本态度来看,牟宗三显然合理地把胡塞尔纳入到了康德的思维传统中,即"识知"的传统。他认为康德只承认一种知识,即"**识知**",却没有看到另一种知识,即"**智知**"。② 因此可以认为,在牟宗三的眼中,胡塞尔与康德都囿于知识论的传统,没有看到真正的知识乃是"**本体界的存有论**",而只关注于"**现象界的存有论**"③,后者也就是康德未曾提出,而由胡塞尔才始创的"现象学"。

从这一点上可以看出牟宗三对西方哲学的基本定位,同时也可以看出西方哲学对他的根本影响所在。笔者在前面"'智性直观'概念的基本含义及其在东西方思想中的不同命运"④一章中已经说明,欧洲哲学发展至康德,人类面临的一个困境已经有所表露,而且这个困境通过康德的梳理显得极为清晰:一方面,对形上学说的坚持,最终会导致神秘主义以及各种各样的独断理论,这曾经是几乎所有形而上学家的最终归宿。而另一方面,对实证学说的贯彻,最终会导致任何道德形上理论的崩溃,并且导致各种相对主义和怀疑主义的产生。康德不仅明确地指出了这个两难,而且想竭力避免这个两难。正是借助于康德的剖析,牟宗三不仅比他的任何一个中国思想前辈都更清楚看到了问题的根本,而且他还掌握了在康德那里所凸现出来的严格的批判

---

① 牟宗三:《智的直觉与中国哲学》,第364页:"属于哲学研究的现象学与其他专学不同,它不划定一特殊的主题以为对象,它是一切科学的基础,它是面对眼前的经验事实而步步向其内部渗透以显露其本质,以期达到一准备的科学,它无如何设定。此是胡塞尔所表象者。"
② 牟宗三:《现象与物自身》,第38页:"我们依'人虽有限而无限'的预设,承认两种知识:(1)智知,智的直觉所成者。(2)识知,感触直觉所成者。"
③ 牟宗三:《现象与物自身》,第39页。他将这两种存有论也称作"无执的存有论"和"执的存有论"。
④ 参见本书方法篇。

与分析的哲学方法。我们可以在这两个意义上理解牟宗三临终前所说的"古今无两"①。后一个意义已经为刘述先所指出过，他认为牟宗三"是把中国哲学**由主观体验变成为客观学问**的关键性人物。从这一个角度来看，他的确'古今无两'"②。

可以说，在哲学之为严格的学问的理解上，牟宗三、康德与胡塞尔是一致的。这也是牟宗三在康德与胡塞尔身上感受到较多的亲和力的原因。当然，牟宗三虽然认为康德指出了上述两难，却并没有解决它。这也构成他对胡塞尔现象学的基本理解。牟宗三在总体上认为西方哲学没有能够解决这个问题，它的发展趋向是以牺牲道德形而上学为代价的。因而他认为，"假如西方哲学以康德作中心，还要向前发展，就不能像现在这样向下坠"，它"必须看看中国哲学的传统"，"否则康德的哲学不能通畅，西方的文化生命终不能落实，它将始终摇摆不定"；而处在这个传统中的现象学亦不例外，"像胡塞尔、海德格尔那种讲法是走不出路子的"。③

这里所说的"中国哲学传统"，主要是指通过对康德"智性直观"（牟宗三译作"智的直觉"）概念的关注与分析而得以揭示的、始终融汇于儒道佛三家思想脉络中的"纵贯直观"和"纵贯系统"。④但牟宗三对胡塞尔现象学方法的理解一直是有偏误的。他没有看到，胡塞尔的现象学并不是将康德未完成的"现象学的存有论"构想加以系统化和细致化，而是一种建立在"本质直观"基础上的全新尝试。胡塞尔并没有像康德那样，把"现象"（Phänomena）归入到感性直观对象的领域，把"本体"（Noumena）归入到智性思维产物的领域，然后把可

---

① 参见蔡仁厚：《牟宗三先生学思年谱》，台北联经出版社1995年版，第90—91页。
② 刘述先：《牟宗三先生临终遗言"古今无两"释》，载于《牟宗三先生纪念集》，台北东方人文学术基金会印行1996年版，第493—498页。黑体为笔者所加。
③ 牟宗三：《中国哲学十九讲》，第437—438页。
④ 对此可以参见笔者在"'智性直观'概念的基本含义及其在东西方思想中的不同命运"一章中的较为详细说明。

能贯通两者的"智性直观"视为"语词矛盾",最终将它看作不是人的能力,而是"神的能力"。恰恰相反,胡塞尔自《逻辑研究》起便一直肯定和运用现象学的"本质直观"或"范畴直观"方法,这个方法也是将以后的现象学运动的各个成员(舍勒、海德格尔、梅洛-庞蒂等)结合在一起的主要因素。通过这种方法而得到强调的是:本质、范畴、存在、实体等通常被认作是在表层的现象后面深藏不露的东西,实际上可以通过直接的直观而被我们把握到。"现象"与"本体"之间的鸿沟,在现象学中被看穿为一个人为的欺罔、一个主观的臆造。

在对现象学的评价上,牟宗三的**偏误**并不在于他拒绝和否认现象学的发现,因为牟宗三对康德"智性直观"的解释与展开,在许多方面与现象学方法的进取方向是相一致的;他的问题仅仅在于没有看到现象学方法的可能价值,他误以为现象学的方法不能用于人生哲学,也不相信这些发现与他对中国哲学传统的认知有任何联系。这种理解在涉及胡塞尔的现象学思想时或许还不会造成很大的妨碍,但在与海德格尔思想的接触中却会带来一定的干扰。我们在后面将会比较清楚地看到这一点。在这里我们只是关注在牟宗三"智的直觉"的思想与现象学"本质直观"方法之间的相通点。

根据牟宗三自己的阐述,他关于"现象"与"本体"以及关于贯通两者的"智的直觉"之思考虽然总体得益于对康德哲学的研究,但真正的提醒则是来自他的老师熊十力的"霹雳一声"。这是指牟宗三年青时所听到的熊十力对冯友兰所说的一段话:"良知是真真实实的,而且是个呈现,这须要直下自觉,直下肯定。"牟宗三认为,"这霹雳一声,直是振聋发聩,把人的觉悟提升到宋明儒者的层次",甚至"直复活了中国血脉"。①

---

① 牟宗三:《五十自述》,台北鹅湖出版社1989年版,第88页。

这里所说的"呈现"和"直下",与牟宗三在康德那里看到的"显现"的"直接性"是一致的。只是康德把这种"直接的显现"仅仅看作"现象界"的特征,而熊十力则将其归给"本体界"。熊十力认为,"本体虽显现为一切事物,而其自身是无形限的"。他主张"破相显性",这里的"相"是"法相"(现象),这里的"性"是"本体"。① 因此,对于熊十力来说,"本体"是可以直接显现出来的。从主体角度来说,对"现象"的认识,被熊十力称作"**量智**";而对"本体"的认识,则被他称作"**性智**"。② 所有这些原则,以后都在牟宗三的思想中以变换了的方式再次出现。当然,熊十力在总体上偏重于把"法相"看作"外在的",而把"本体"视为"内在的"。这样,"量智"也就被等同于"向外的"或"离我的","性智"则被等同于"向内的"或"反求的"。③ 在这种对儒家心学传统的诉诸方面,熊十力与牟宗三并不完全一致。牟宗三从熊十力那里得到的启示更多是在于,"直接的直观"或"直觉"并不是感性对象的特有权利。

可以说,康德的"现象"与"本体"以及与之相关的"直观"与"概念"之对立的主张,在牟宗三这里是通过熊十力而得到了消解。但是,牟宗三没有看到,熊十力的这些思想,即对本体的直接显现与良知的直下自觉的信念,也包括他在心学传统之诉诸方面的立场,事实上也恰恰是现象学创始人胡塞尔为他所设想的现象学所设立的,并且是他毕生也未曾放弃的一个宗旨。在这个意义上,在胡塞尔的"本质直观"与牟宗三的"智的直觉"之间所存在的绝不是一种对立的关系,而更多地是一种相似、相合的联系。这种"不谋而合"的联系当然带有不同的思想背景:胡塞尔是看到了近代之后西方哲学的"**认**

---

① 熊十力:《新唯识论》,中华书局1985年版,第372—373页。
② 参见熊十力:《新唯识论》,第254—255页。这与我们前面曾提到的牟宗三对"识知"和"智知"的划分别无二致,可以相互对应起来。
③ 参见熊十力:《新唯识论》,第254—255页。

识任务的转变"[1]之必要,因而将知识的目光始终集中在各种类型的"本体"、"本质"和"观念"的自身给予、自身显现上;而牟宗三则可以说是看到了中国哲学"**认识方式的转变**"之必要,因而是在尝试用一种客观学问的方式来重新认识和阐释中国文化中的儒、道、佛等流派以及"性体"、"心体"、"仁体"、"诚体"、"道体"、"神体"等本体的范畴。

二、牟宗三与海德格尔

在牟宗三与胡塞尔之间存在的这种亲缘关系,实际上也存在于牟宗三与海德格尔之间。海德格尔后期对东方思想的兴趣,尤其是对老庄思想的关注力度,是内在地发端于他对哲学与思想的基本理解,故而相对于其他不谙东方文化的思想家,包括胡塞尔,海德格尔与东方思想之间的距离要小得多。但很可能由于对海德格尔后期的思想发展缺乏了解,牟宗三没有专门讨论过这个问题。与人们所期待的相反,较之于胡塞尔的意识现象学,牟宗三更不愿意承认海德格尔在基础存在论方面的构想。他甚至是用一门自己的"基本存有论"来直接反对海德格尔的"基础存在论"。他认为:"我由康德的批判工作接上中国哲学,并开出建立'基本存有论'之门,并藉此衡定海德格建立存有论之路之不通透以及其对于形上学层面之误置。"[2] 因此,牟宗三在他与海德格尔之间所看到相似性可以说仅仅是名称上的。

这里提到的海德格尔的两个基本错误只是牟宗三对海德格尔总体

---

[1] 这是伽达默尔的说法。对此参见 H.-G. Gadamer, *Neuere Philosophie I, Hegel, Husserl, Heidegger*, GW 3, Tübingen: J. C. B. Mohr, 1987, S. 13。"'认识任务的转变'是通过现象学而达到的。"("Es ist eine ‚Verwandlung der Erkenntnisaufgabe', die durch die Phänomenologie erreicht ist.")

[2] 牟宗三:《智的直觉与中国哲学》,前言,第 3 页。

评价的一部分。而这个总体批评在《智的直觉与形而上学》中被归纳为以下四点：①

第一个批评在于，牟宗三认为，海德格尔无法通过现象学方法来建立其基本存在论。这也是上面引文中的表露出来的第一点，即海德格尔在方法与道路方面的"不通透"，甚至"他的继承于胡塞尔的'现象学方法'对于基本存有论来说是错误的"②。

从牟宗三自己的说法来看，他似乎没有读过海德格尔后期的有关著述，因此他对海德格尔后期（从发表的文字上看可以说是从1936年到1976年期间）在思想方法、内涵和风格上的变化并不了解。若果如此，那么牟宗三便可以说是正确地预言了海德格尔早期现象学方法与其基本存在论思想的不合适和不匹配。这个论断或许也会为海德格尔本人所赞同③，但它远不能证明牟宗三的一个更为宽泛的观点，即现象学方法不能用来建构道德形而上学。我们后面在论及舍勒时还会回到这个问题上来。

牟宗三的**第二个批评**是：海德格尔没有遵从康德的"超越的形而上学"宗旨，而是犯了"形而上学的误置"的错误，把形而上学建立在人的内在领域中，或建立在此在存有论的分析基础上。

这个看法可能是牟宗三对海德格尔的最大误解所在。后面的两个批评都建立在这个误解的基础上。

对海德格尔的这个批评也涉及牟宗三对西方哲学的总体评价。在发表于1971年的《生命的学问》一书中，牟宗三曾认为，西方哲学

---

① 牟宗三：《智的直觉与中国哲学》，第366页。牟宗三在书中将这个对海德格尔的"衡断"归结为五点，但第二点和第三点实际上可归结为一点，即这里的第二点，故有此四点之说。

② 牟宗三：《智的直觉与中国哲学》，第348页。

③ 只是"或许"，因为我们在后面关于牟宗三对海德格尔的第三个批评中还会看到海德格尔后期并未放弃现象学与存在论之"内在关联"想法的一个例证。

家"有'知识中心'的学问,而并无'生命中心'的生命学问"①。但在 1968 年"偶读《康德与形而上学问题》以及《形而上学导论》两书"时,他在总体上是把海德格尔的基本存在论理解为一种"内在的形而上学"或"人的存在之形而上学",也是一种"人生哲学"。②牟宗三的这两种说法看似矛盾,但实际上是一致的,因为牟宗三并没有把海德格尔的思想看作成功的"生命学问",如前所述,他认为海德格尔的基本存在论缺少正确的方法。

但海德格尔哲学不仅根本不能被看作"人生哲学",而且从许多角度来看,海德格尔的整个思想都是与"人生哲学"正相反的。虽然海德格尔在《存在与时间》中主要遵循了从基本存在论进入一般存在论的通道,虽然他承认此在"在存在论上的优先地位"③,但众所周知,此在的存在并不是海德格尔思考的目的地。这对今天的海德格尔研究者来说已经是一个公认的事实。笔者在此不再赘论。需要指出的毋宁是:在对最终本体的设想方面,牟宗三与海德格尔有一致性,这种一致性甚至大于在牟宗三与他老师熊十力之间的一致性。当然,牟宗三所理解的形而上学的本体,或者是超越的实体,如有神论的上帝,儒家的道体、性体、心体、仁体、自由意志,佛道家如来藏自性清静心,或者是理境,如道家的道心玄照,如此等等④,而海德格尔的"形而上学",讨论的是最普遍和最宽泛的存在问题:"究竟为什么是在者而不是无"⑤。在海德格尔眼中,牟宗三所说的超越的实体还是"存在的东

---

① 牟宗三:《生命的学问》,台北鹅湖出版社 1984 年版,第 35 页。该书初版于 1970 年,但应当早于 1969 年之前完稿。这里不去讨论牟宗三的这个命题是否对柏格森(H. Bergson)、狄尔泰(W. Dilthey)、齐美尔(G. Simmel)等人的生命哲学思想有效。

② 牟宗三:《智的直觉与中国哲学》,第 348 页。

③ 参见 Heidegger, *Sein und Zeit*, Tübingen: Max Neimeiyer Verlag, 1979, §5(中译本参见《存在与时间》,陈嘉映、王庆节译,生活·读书·新知三联书店 1999 年版)。

④ 牟宗三:《智的直觉与中国哲学》,第 366 页。

⑤ Heidegger, *Einführung in die Metaphysik*, Tübingen: Neske, 1976, S. 1(中译本参见《形而上学导论》,熊伟、王庆节译,商务印书馆 1996 年版):"Warum ist überhaupt seiendes und nicht vielmehr Nichts."

西",而非真正意义上的"存在"。对于"存在",事实上不能用"什么"来探问,因为"存在"不是任何意义上的对象。牟宗三与海德格尔的分歧还会在下面第三点上更清楚地表露出来。

牟宗三的**第三个批评**与海德格尔的"时间"概念有关。他认为海德格尔无法通过"时间"概念来了解存在;海德格尔只是借用了"时间"概念,将它"用来表示人在现实存在上表现其真实的人生有发展奋斗的过程而已"①。

这个误解与他前面对海德格尔"人生哲学"的理解有内在联系。仍然是在康德的立场上,牟宗三认为,"时间"只能用来解释人的实践体证,却无法与超越的实体或理境相关联。他没有看到,海德格尔在《存在与时间》中所说的"时间",不再是康德所说的属于人的先天综合能力的"直观形式"或"普全的纯粹直观"②,而是一种被存在所规定并且同时也规定着存在的东西③。"时间"可以说是"存在"的最根本特征,或者说,最根本展露。这乃是因为,"存在",即西文中的"sein/to be"一词,并不是牟宗三所理解和翻译的"实有",而更应当是中文中的"是"。这个"是",并不仅仅具有"存有"的意义④,而更多地应当是一个动词,亦即德国人所说的"时间词"(Zeitwort)。对它的探问和理解,因而——用海德格尔的行话来说——首先并且大都(zunächst und zumeist)必须从时间角度切入。这里所说的"时间",并不是人的此在的时间性(Zeitlichkeit),而是存在一般的自身展开,

---

① 牟宗三:《智的直觉与中国哲学》,第352页。
② 参见 Kant, *Kritik der reinen Vernunft*, B 34-35, B 50 等,同时参见 Heidegger, *Kant und das Problem der Metaphysik*, S. 49.
③ 参见 Heidegger, *Zur Sache des Denkens*, S. 3(中译本参见《面向思的事情》,陈小文、孙周兴译,商务印书馆1999年第2版):"存在与时间交互规定"。
④ 牟宗三把将海德格尔的"是"与佛教的"舍"对立起来,便是基于这种理解。参见牟宗三:《智的直觉与中国哲学》,第339页。"西方的哲学训练我们以这个'是',但佛家则训练我们去掉这个'是'。譬如舍"。

是它的本己状态。

牟宗三之所以对海德格尔的"时间"概念误解较深，一方面的原因固然在于他每每是从康德的立场出发来理解海德格尔的基本思想，把海德格尔看作是对康德的"注解者"（commentator）和"篡窃者"（usurper）①。这与卡西尔（E. Cassirer）对海德格尔的批评是在同一个方向上，牟宗三显然也受到卡西尔的影响②。尽管这种理解对于维护康德的思想或许是有效的，但对理解海德格尔本人的学说则是无益的。因此，我们可以说，牟宗三对海德格尔的"时间"概念之理解，并不是基于海德格尔的《存在与时间》以及其后的论文《时间与存在》③，而是依据了《康德与形而上学》④。否则牟宗三也会看到，他所理解的海德格尔之"时间"（Zeit），应当是海德格尔所说的"时间性"（Zeitlichkeit）。

另一方面，在时间问题上，牟宗三对海德格尔的误解显然也是基于他与海德格尔对"本体"或"存在"的不同理解。处在中国哲学传统和康德哲学影响下的牟宗三，是把"超越的形而上学"视为绝然的，因而也是超时间的（überzeitlich），所以牟宗三也把"transzendente Metaphysik"译为"超绝形而上学"；但在海德格尔这里，形而上学却是"有时间的"，从希腊的时间概念原义来说，它也就意味着"在场的"（Anwesen）。这同样是"存在"的基本含义。我们只要把"在场"

---

① 牟宗三：《智的直觉与中国哲学》，第354页。
② 主要是通过阅读海德格尔《康德与形而上学》一书后面的附录："卡西尔与海德格尔之间的达沃斯论辩"。
③ 载于 Heidegger, *Zur Sache des Denkens*, S. 1-26. 海德格尔在这里回答了"有什么理由把时间与存在放在一起命名"的问题。
④ 这也与牟宗三本人的说法相符："起初我极不了解海德格尔何以用'时间'名其书，在其书中我也找不到时间的特殊意义。及读了他的解释康德的书，也晓得他何以如此标题。"（牟宗三：《智的直觉与中国哲学》，第352页）但海德格尔在其"康德书"中并没有讨论他自己的"时间"（只在最后的第四篇中简略地提及），而更多地是讨论康德的"时间"概念。

翻译成熊十力所说的"直下自觉"或"呈现",那么海德格尔所说的"存在论唯有作为现象学才是可能的"① 这句话在这里便得到了较为清晰的解释:"存在论"的成立,必须依据海德格尔所解释的"现象学"之"让其看见"(Sehenlassen)② 或"让其在场"(Anwesenlassen)③。就此而论,海德格尔之所以把"存在"与"时间"放在一起命名,恰恰是出于把"存在论"与"现象学",把形而上学的内容与形式结合在一起的必需,或者说,是建立一门"在场的形而上学"的必需。从海德格尔1962 年发表的题为"时间与存在"的报告来看,这种将现象学与存在论结合在一起的企图,甚至还隐含地存在于海德格尔的思想后期。倘若现在我们再反过来审视一下牟宗三的第一个批评,就会发现这个批评也存在一定问题。

但现在我们还是来看牟宗三对海德格尔的**最后一个批评**,即海德格尔把人的存在看作是有限的。牟宗三认为,虽然人的感性与知性是有限的,"但通过一超越的无限性的实体或理境之肯定,则人可取得一无限性,因而亦可以是创造的"④。

然而在这个问题上,牟宗三与海德格尔之间并不存在原则性的区别。即使有区别,这个区别最终也应当回溯到两人对"时间"概念的不同理解上。海德格尔对人的有限性的确认,乃是基于此在的存在者性质和它的时间性。海德格尔在很大程度上是用古希腊哲学对"人是会死的动物"之定义来抵御自文艺复兴以来始终占据主导地位的"人是理性的动物"之定义。在这一点上,海德格尔对人的有限性的强调与对近代主体性哲学和人本主义的解构是同步进行的。但对人的有限

---

① Heidegger, *Sein und Zeit*, Tübingen: Max Neimeiyer Verlag, 1979, S. 35.
② Heidegger, *Sein und Zeit*, Tübingen: Max Neimeiyer Verlag, 1979, S. 34: „Das was sich zeigt, so wie es sich von ihm selbst her zeigt, von ihm selbst her sehen lassen."
③ Heidegger, *Zur Sache des Denkens*, S. 5: „Im Hinblick auf das Anwesende gedacht, zeigt sich Anwesen als Anwesenlassen."
④ 牟宗三:《智的直觉与中国哲学》,第 366 页。

性的强调并不会导致对存在论的否定，因为存在论所讨论的恰恰是"时间状态上的"（temporale）存在。当然，在存在者的时间性与存在的时间状态之间还有许多环节有待澄清。但这不是问题所在，因为牟宗三所主张的在人的感性与哲学的有限性与超越的实体或理境的无限性之间的关系，也并非不言自明的。海德格尔便曾指出过相关的现象："人们发现'时间性的'存在者与'超时间的'永恒者之间有一条'鸿沟'，人们试图为二者搭桥。"① 因此，实际上，如果牟宗三与海德格尔在人的有限性问题上有区别，那么这个区别更多是在于：在牟宗三（以及康德）那里并不具有海德格尔意义上的"时间"概念，因而也没有海德格尔意义上的"形而上学"概念。②

总的说来，牟宗三所说"海德格尔的路是思之未透，停止在半途中，两不着边的，既挂搭不上现象学，又挂搭不上理想主义的大路"③，虽然在一定意义上是确切的，甚至可以为海德格尔本人所接受，但终究还是一种外在的批评。他在根子上还是从传统的，也是康德的立场出发，或者说，是按照新康德主义的理路来理解和反驳海德格尔，在许多方面类似于卡西尔对海德格尔的批评。同样因为囿于康德的理解，牟宗三也没有注意到当代现象学对康德二元论的解构与克服。这里所说的"二元"，不仅是指"现象"与"本体"意义上的二元，而且也是指**"认识本体"**与**"道德本体"**意义上的二元。尤其是海德格尔的思想，虽然仍处在牟宗三所说的"半途中"，或者他自己所说的"途中"（unterwegs），却在某种程度上指示出一个可以既避开**"智识主**

---

① Heidegger, *Sein und Zeit*, Tübingen: Max Neimeiyer Verlag, 1979, S. 18.
② 海德格尔在《康德与形而上学问题》中对此的解释，的确篡改了康德的本意，加入了自己的思想："并非因为时间作为'直观形式'在起作用并且在《纯粹理性批判》的一开始就是如此阐释的，而是因为存在理解必须从在人中的此在之有限性的根据出发而向着存在来筹划自身，时间在与超越论想象力的本质统一中才获得《纯粹理性批判》中的中心形而上学功能。"（Heidegger, *Kant und das Problem der Metaphysik*, S. 243）
③ 牟宗三：《智的直觉与中国哲学》，第366页。

义"（Intellektualismus），也可以避开"道德主义"（Moralismus）的方向。笔者将在其他地方对此问题做进一步的展开。

三、牟宗三与舍勒

如果总结一下，那么我们至此为止可以从牟宗三对现象学的基本理解中提取出两个基本因素：其一，胡塞尔的现象学虽然有效，但在方法上受限于知识和现象的领域，因此无法用力于各种形而上学和存在论，包括道德的形而上学和基本存在论。其二，海德格尔的基本存在论虽然涉及形而上学的领域，但缺少准确的方法，而且也有基本立足点的错误，即把形而上学误置于人的内在性层面上，因而也不足以使一门真正的道德形而上学和存在论成为可能。

我们在上面已经看到，这两个基本理解都含有真理的成分，但也都带有原则性的误识，因为一方面，胡塞尔的现象学虽然带有近代知识论的深刻烙印，但已经借助于本质直观的方法而超出了通常理解的"现象"领域；另一方面，海德格尔的形而上学思考，无论是早期通过现象学方法进行的思考，还是后期通过诗学思辨的方法进行的思考，原则上都不具有内向哲学、主体哲学和人本哲学的宗旨。

但无论如何，牟宗三在胡塞尔那里没有看到**共同的形而上学基本旨向**，在海德格尔那里没有看到**共同的方法途径**，因此在牟宗三与现象学之间本应贴近的距离被人为地拉大了。而最能够直接体现这个切近距离的，从现象学方面来说应当是舍勒在伦理学与现象学方面的相关思想。换言之，与牟宗三的**思想意旨**和**思想方法**最为接近的现象学家是舍勒。

当然，由于牟宗三对舍勒没有直接的了解[①]，至少没有做过直接的

[①] 牟宗三对舍勒显然有一些间接的了解，至少从他所阅读的海德格尔《存在与时间》中以及从他所翻译的海德格尔《康德与形而上学问题》的几个章节中。

评论，因此对他们两人之间关系的探讨只能具有某种比较研究的性质。它至少可以在两个基本方向上进行，其一是**在内容上**：牟宗三与舍勒都在追求客观的理念与价值，并且共同耕耘在伦理、宗教等实践哲学领域。在宽泛的意义上，他们从事的是伦常行为与对象的现象学，而不是认识行为与对象的现象学。他们都把伦常行为看作是第一性的，或者说，把实践哲学视为"第一哲学"；但他们同样也相信，虽然伦常行为较之于认识行为是奠基性的行为，但却需要通过认识行为来加以澄清。其二是**在方法上**：牟宗三与舍勒都在追求道德认识的直接性、伦理直观的明见性，反对康德"本体"概念或"物自体"概念的"糊涂"或"隐晦"。而且他们实际上都在运用现象学的本质直观方法，无论是以"智的直觉"（intellektuelle Anschauung）的名义，还是以"伦常明察"（sittliche Einsicht）的名义。①

因此，从以上所指出的各个观察角度来看，在牟宗三与现象学之间即便没有一种完全相合的关系，也绝不存在一个根本对立的关系，而更多是种种可以会通和互补的可能性。本章只是对这个关系的一个初步梳理。笔者相信汉语学术界在这个方向上的研究还会进一步展开。

---

① 有关舍勒的"人格主义"与"伦常明察"思想的较为详细论述，可以参见笔者在《现象学及其效应——胡塞尔与当代德国哲学》下篇第三章以及《自识与反思——近现代西方哲学的基本问题》（商务印书馆 2002 年版）中关于舍勒的第二十六讲。

胡塞尔与维特根斯坦：从意识哲学到语言哲学的范式转换

对维特根斯坦与胡塞尔的关系问题的讨论始于 20 世纪 60 年代中，以后虽然从未成为热点，却也一直绵延不断。这些讨论主要集中在他们两人各自的意义理论方面，此外也包含一些对胡塞尔"生活世界"概念和维特根斯坦"生活形式"概念、胡塞尔和维特根斯坦的直观和描述方法等的比较研究。这里不一而足。而现在我们已经看到，这类研究目前也在汉语研究领域逐渐地展开。

例如最近便读到张庆熊所发表的关于这方面的文章《私人语言的不可能和现象学还原的困境》[①]，从而了解到他在这个问题上所持的一个观点：维特根斯坦在后期《哲学研究》中对他早期在《逻辑哲学论》中所提出的"唯我论"立场的否定，同时也意味着一种对胡塞尔现象学的克服。他认为，"维特根斯坦对私人语言不可能性的论证才真正构成对胡塞尔纯粹现象学的严厉打击"，"私人语言的不可能性证明了在内在意识中建立起确定性的道路是走不通的"。张庆熊试图通过下列步骤来论述他的这个观点：首先，私人语言的可能与否，决定着现象学反思或哲学反思的可能与否。其次，维特根斯坦从两方面证明了私人

---

① 参见张庆熊：《私人语言的不可能和现象学还原的困境》，《开放时代》1998 年第 1 期。也作为第二章"私人语言的不可能和唯我论的破灭"，载于张庆熊：《自我、主体际性与文化交流》，上海人民出版社 1999 年版，第 25—53 页。以下的引文引自《自我、主体际性与文化交流》。

语言的不可能：一方面，他指出了私人语言局限在"内在意识"的范围内；另一方面，他又证明了私人语言不能确立规则。最后，维特根斯坦据此也就证明了现象学反思的不可能，或者更确切地说，证明了在内在意识中寻找确然性的努力无效，从而以此完成了对胡塞尔纯粹现象学的"致命打击"。①

　　这整个论证过程初看起来言之凿凿，类似于自然科学中一个理论被另一个理论所证伪的过程。但仔细分析起来，我认为这些论证的每一个步骤都存在有待解决的难题。不仅如此，整个论证还隐含地预设了一些并非自明的前提。因此，虽然张庆熊以胡塞尔现象学和维特根斯坦语言分析哲学为专长，我仍不揣冒昧，试图在本章中对这些论证提出我的批评。我将在本章前四节中逐一质疑这些论证的步骤并指出其中含有的成见。在第五节中我想表明，本章的最终目的并不在于，在维特根斯坦的语言哲学面前维护胡塞尔的意识哲学，而只是想以此事例具体地说明，在哲学思想的展开过程中，一个范式对另一个范式的取代——无论是近代意识论范式对古代存在论范式的取代，还是当代语言论范式对近代意识论范式的取代，事实上是无法用一个理论对另一个理论的克服或证伪来加以定义的。这或许是哲学与自然科学中范式转换的区别所在。库恩已经说明，范式的转换更多是由社会心理或社会信念，而非由一门理论本身的困境所决定的。这个说法至少对哲学的形变过程有效。

一、维特根斯坦的后期思想是对早期唯我论的克服吗？

　　首先来看维特根斯坦的前后期思想关系。张庆熊在文章中不言自明地设定维特根斯坦后期的思想是对早期思想的克服。虽然这样一种

---

① 参见张庆熊:《自我、主体际性与文化交流》，第二章"私人语言的不可能和唯我论的破灭"，尤其是第 30—40 页。

观点常常可以读到，但这并不能代表一个无可争议的事实。维特根斯坦自己在《哲学研究》的前言中将早期思想称作"旧思想"，以相对于后期的"新思想"。他认为，只有以旧思想为背景，在与前者的对照中才能正确地理解新思想。但是正如江怡（还有另外一些国外的学者）已经指出的那样，"这种对照并不意味着两者的截然对立。维特根斯坦的目的是要表明，只有从这种对照中，人们才能感受到他的后期思想与他的前期有了很大差别"①。而唯我论问题恰恰可以反映这种**对照而非对立**的思想状况。

众所周知，在《逻辑哲学论》发表后十多年，大致是在 1933 年前后，维特根斯坦的思想发生了一个重大的转变，这个转变首先是在他的讲座笔记中表露出来，以后则集中反映在他的《哲学研究》②中。在这个转变中也包含着他对不可言说者之主张的抛弃。或者也可以说，在维特根斯坦思想的中后期，唯我论或主体形而上学（更确切地说：心而上学，Meta-Psychology）的想法不再被坚持，而且受到维特根斯坦自己的批评。

对这个转变的原因，尤其是在唯我论方面之转变的原因，分析哲学家图根特哈特认为有两种可能的理解，一种是"发生的理解"。这也是张庆熊的观点：后期的维特根斯坦超越或克服了早期的思想。但图根特哈特认为还有另一种"系统的理解"，也就是把维特根斯坦的前后期看作是一个系统。对此他提出的例证是，维特根斯坦后期的《笔记》中仍然对唯我论有所褒奖："但唯我论在这里为我们提供了一个学说。它表明了那种**正在将**此谬误加以摧毁的思想。"③从这种"系统理解"的

---

① 江怡：《维特根斯坦》，湖南教育出版社 1999 年版，第 179 页。

② Wittgenstein, *Philosophische Untersuchungen*, in *Werkausgabe*, Band I, Frankfurt am Main: Suhrkamp, 1984. 中译本参见维特根斯坦：《哲学研究》，李步楼译，陈维杭校，商务印书馆 1996 年版。中文引文根据德文原文时有改动。以下在引用时简称《研究》，并标出原书节数。

③ Wittgenstein, "Wittgenstein's Notes for Lectures on 'private Experience' and 'Sense Data'", ed. by R. Rhees, in *Philosophical Review*, 77 (3), p. 297.

角度来看，唯我论即使在后期维特根斯坦那里也仍占有一定的地位。

但是，更为确切的说法也可能是：他在后期只是放弃了关于那种不可言说、只能指明的东西的主张。只要翻阅一下他在这一时期的论述文字，我们便可以找到有关的说法。例如在《哲学研究》中，他在哲学问题上贯穿的思路表现为：首先，"哲学问题具有的形式是：'我不知道出路何在'"（《研究》，123）。但是，他随即又对哲学的任务做出规定："哲学只把一切都摆在我们面前，既不作说明也不作推论。——因为一切都一览无遗，没有什么需要说明。因为隐蔽着的东西，乃是我们不感兴趣的。"（《研究》，126）这里初看起来似乎有矛盾存在。但接下来他又提出："真正的发现是这样的发现：它使我能够中断哲学研究——如果我想这样的话。——这种发现使哲学得到安宁，从而使哲学不再被那些使哲学本身成为问题的问题所折磨。"（《研究》，133）这样，看似矛盾的说法便变得合理，并变得易于理解：传统的哲学（形而上学）问题没有出路。哲学的思考和澄清最终将使这些问题消失。哲学将使哲学不复存在。

这个思路表明，维特根斯坦后期仍然坚持早期的某些观点，尤其是在对哲学的理解上[①]；但他将这些观点加以彻底的贯彻，以至于与这些观点不符合的东西都被纳入拒斥的名单上，这也包括那些唯我论或主体形而上学的成分。因此，如果说维特根斯坦找到了解决唯我论难题的方案，那么这个方案就是：不再去考虑这个难题。"解决"在这里意味着**放弃**或**回避**，亦即将他早期的**沉默原则**彻底化。也可以说，使苍蝇安宁下来的最终办法就是使苍蝇不存在。[②]

[①] 如前所述，维特根斯坦在《逻辑哲学论》中便已提出："哲学的结果并不是某些数量的'哲学命题'，而是使命题清晰。"（4.1121）

[②] 维特根斯坦在两处所说的"使苍蝇安宁"和"使哲学安宁"，所用德文都是"zur Ruhe bringen"这同一个表述。

正是在这个意义上，维特根斯坦不认为在《哲学研究》和《逻辑哲学论》中的新、旧思想是一种克服与被克服的关系，而是将它视为可以相互比较的关系："因为新的思想只有同我的旧的思想方式进行对照，并且以旧的思想方式为背景，才能得到正确的理解。"（《研究》，前言）维特根斯坦的这个自我解释显然与前面所说的"系统理解"更为接近。

上面的论述至少表明一点，维特根斯坦早期思想与后期思想之间的关系问题并不是一个已经公认的定论，还有待于进一步探讨，因而将它作为研究的出发点和前提是不妥当的。当然，我们这里可以先退一步，就是说，我们暂且假设：维特根斯坦后期思想的核心意图的确在于克服早期唯我论的偏误。这样，我们便可以来看张庆熊的进一步观点：维特根斯坦在后期对其早期思想的克服和超越，是通过对私人语言的不可能性的证明来完成的。于是我们这里面临的问题就在于：私人语言的不可能性的证明在这里真的能导致唯我论的破灭吗？

二、在私人语言与唯我论之间是否有内在的关系？

张庆熊把私人语言的不可能的证明等同于唯我论以及现象学反思的不可能的证明，这里面有一个论证过程的断层。姑且不论现象学反思是否必定会导致唯我论，就是在私人语言与唯我论之间是否有内在联系，也是一个没有解决的问题。

维特根斯坦对私人语言不可能的论证，主要集中在《哲学研究》第一部分的第 243 节以后直至第 315 节中。在第 243 节中，维特根斯坦首先提出这样的问题："一个人可以鼓励自己，可以对自己下命令，可以服从自己、责备自己、惩罚自己，对自己提出问题和对之给出回答。我们甚至能够想象只能进行独白的人们；他们的活动伴随着自言自语。"简言之，一个人可以自言自语。"然而我们是否也能想象这样一种语言,一个人可以用这种语言写下或者说出他的内在经验——他的感情、情绪以及其他——以供他个人使用?"在这里,维特根斯坦虽然承认,完全用语言进行自白而不进行对话的情况是存在的,但他对这种自白式的语言是否属于私人语言提出质疑。而且更有甚之,他从一开始便怀疑对**内心经验**或**自身意识**或**私人感觉**的表述是否可能。据此,这里的问题实际上是一个,即我们是否能用**私人语言**来表述**私人感觉**?但它最终也会涉及一个更普遍的问题:我们是否能用**私人语言**来表述**共同感觉**?对这两个问题,维特根斯坦的回答都是否定的。

值得注意的是,维特根斯坦紧接着又进一步提出**私人感觉**是否可能的问题。我们在下一节中还会涉及这个问题。实际上只是在这第二个问题上,即在"私人感觉"是否可能的问题上,维特根斯坦才涉及唯我论的问题。我们很容易看到,在私人语言的可能性与唯我论的可能性之间并不存在直接的联系。因为,即使私人语言不可能,那也只能说明唯我论是一种无法得到表述的学说,一门人们必须对它保持沉默的学说。而这也正是维特根斯坦在《逻辑哲学论》中的原有想法。因而从这个角度根本看不出维特根斯坦后期对早期的"克服"努力。一门无法言说的唯我论并不必然会因此而不被个人所坚信。这也就是说,唯我论因为得不到传达就不能成立的主张原则上是说不通的。

当然,这里还存在另一种可能性,即后期的维特根斯坦像柏拉图一样认为①,思想与语言是一回事。私人语言的不可能同时意味着私人思维的不可能。这样,唯我论既然不可能是在自己的语言中进行,而是必须在共同的语言中进行,即必须以交互的主体或他人为前设,那么唯我论本身也就不攻自破。但维特根斯坦本人在这个问题上是犹豫不定的:"人们是否可以说:虽然小孩子必须学会一个特定语言的言

---

① 维特根斯坦在《逻辑哲学论》中并没有把语言等同于思想。他趋向于把语言看作是思想的外衣:"语言乔装了思想。并且是这样乔装,即根据这件衣服的外部形式,不能推知被乔装的思想的形式,因为衣服外部形式的制作,完全不是为了让人们知道身体的形式。"(4.002)

说,但并不是必须学会思维,即是说,他会自发地进行思维,哪怕不学任何一种语言?但我认为,如果他思维,那么他就会为自己制作图像,而这些图像在某种意义上是任意的,也就是说,其他的图像也可以做同样的事情。而另一方面,语言完全是自然形成的,即是说,首先必定有第一个人,他将某个思想第一次说出来。此外,所有这些都是无关紧要的,因为每一个学习语言的小孩子都只能以这种方式来学习:他开始在语言中思维。突然地开始;我的意思是说:不存在这样一个前阶段,即,这个小孩子在这个阶段虽然已经使用语言,可以说是用来进行说明,但还没有在语言中进行思维。"① 从这里至少可以看出,维特根斯坦并不把语言简单地等同于思维。这也就表明,在唯我论和私人语言的可能性之间并不存在直接的内在联系,因为在此之间至少还存在着这个需要进一步论证和讨论的问题。

但在这里我们同样还可以再退一步,我们假定在私人语言的可能性与唯我论的可能性之间的确存在内在联系,即对前者的否定必然会导致对后者的否定。而即使如此,这里也还有一个问题须待回答:私人语言究竟是否可能?维特根斯坦有没有最终证明私人语言的不可能?

三、私人语言是否可能?

张庆熊把维特根斯坦对私人语言不可能的证明看作是无懈可击的,并用了许多篇幅来阐释它。但他并没有看到,维特根斯坦对私人语言不可能的证明,无论是对私人语言局限在个体意识②中的证明,还是对私人语言不能确立规则的证明,都隐含了一些最基本的前设。它们使

---

① Wittgenstein, *Philosophische Bemerkungen*, in *Werkausgabe*, Bd. 2, Frankfurt am Main: Suhrkamp, 1981, S. 53f.
② 张庆熊用的是"内在意识"一词。但他对"内在意识"或"内感知"的理解相当含混。

维特根斯坦的论证从一开始就失去了他自己所追求的中立性描述的特征。我们下面将会说明这一点。

谈及私人语言，我们首先想到的是某种形式的自言自语或自身对话，柏拉图在《智者篇》中便曾有过论述。他在那里把"思维"称作是"心灵与它自己的无声对话"①。此后的思想家，尤其是语言哲学家，对此多有阐述。例如胡塞尔在《逻辑研究》中也曾专门列出一节来探讨"在孤独的心灵生活中的表述"问题。②一般说来，或者，从语言学家的基本观点来看，语言首先是并且主要是交往的工具。这也是胡塞尔所持的观点。但是，对语言的使用常常也可以不带有交往的目的，例如出声的或无声的自言自语。而且，按照柏拉图的观点，这种自言自语归根结底也就是独自进行的意识活动。

从前面所引的《哲学研究》第 243 节的文字中可以确定，维特根斯坦并不否认这种独自进行的意识活动的存在。但他也不认为这种独白所使用的是私人的语言。所谓私人语言是指："这种语言的单词所指的应该是只有说话的人知道的东西，是他的直接的私人感觉。因此，另一个人是不可能懂得这种语言的。"（《研究》，243）

的确，我们的自言自语在绝大多数的情况下都是在用共同的语言进行，即使是对极为隐秘的情感和思想的表达也是如此。但维特根斯坦在这里论述的是私人语言的原则可能性问题。因此，必须设想，是否可能刻意地制作出一种私人语言。维特根斯坦对此也有考虑，例如他在第 258 节设想一个人在日记中记下某种感觉的重复出现。他用符号"E"来标识这种感觉，即在日历上或日记中用"E"标明这个感觉

---

① 参见 Platon, *Sophistes*, 263e。根据施莱尔马赫的德译本译出。相关的全文是："因此思维与言语是一回事，只是心灵与它自己的内部对话，即那种无声地进行的对话，被称为思维。"（Platon, *Sämtliche Werke*, übersetzt von F. Schleiermacher, Bd. 4, Hamburg 1986, S. 239）

② 耿宁在其《哲学的观念与方法》的论著中专门讨论了"无言的思维"的可能性，并特别参照了胡塞尔对此问题的分析（参见 Iso Kern, *Idee und Methode der Philosophie. Leitgedanken für eine Theorie der Vernunft*, Berlin/New York: Walter de Gruyter, 1975, S. 194f）。

出现的日子。只有他自己知道这个"E"意味着什么。现在，这个"E"是否就意味着一种私人语言的可能性呢？维特根斯坦对此说"不"。他在这一节中提出了许多反驳，但最重要的反驳的根据在他看来是在于：当你对一个词下了一个私人定义之后，你在内心中并没有办法做到以如此这般的方式使用这个词。你并不能确切地知道你用这个词所指的是同一个东西。"人们在这里会说：在我看来是正确的无论什么东西都是正确的。而这只意味着我们在这里不能谈论'正确'。"(《研究》，258) 一句话，这种私人语言没有规则，缺乏正确性。对此他曾做过各种阐释，例如"人们不可能'私人地'遵守规则：否则，认为自己在遵守规则就会同遵守规则是一回事了"(《研究》，202) 以及"私人语言的规则只是对规则的印象"(《研究》，259)，如此等等。

那么规则的真正依据是什么呢？耿宁指出，维特根斯坦把语言规则的建立最终归结到"习惯"(《研究》，198)、"习惯（习俗、制度）"(《研究》，199)、"实践"(《研究》，202) 等这样一些社会实在上[①]，或者也可以说，建立在某种意义的"常识"(common sense)上。他对私人语言不可能的证明，实际上出自这样一个信念：个别的意识或个别的主体无法超出自身去达到客观性。这里的"客观性"无疑是指交互主体的客观性。这样一种理解有些类似于莱布尼茨对人格同一性的论述。他主张，人并不能单靠自身意识来确定自己的人格同一性，他还必须依据自身的外部显现而从他人或社会那里获得同一性的保证。也就是说，单独的个人无法确证他就是他自己，他为此还必须从社会中获得确认。[②] 将社会性置于个体性之先，或者说，将交互主体的客观

[①] 参见 Iso Kern, *Idee und Methode der Philosophie. Leitgedanken für eine Theorie der Vernunft*, S.192f.

[②] 详细说明可以参见此项研究第七讲的第 1 节和第 3 节。莱布尼茨的一段较为明确的原话是："只要这人既保持着内部的同一性的现象（这就是指意识），也保持着外部的同一性的现象，如那些对旁人显现出来的现象，则人格的同一性依然保持着。因此，意识并不是构成人格同一性的唯一手段，而旁人的陈述或甚至其他的标志也能提供这种手段。"(Leibniz, *Nouveaux essais*, II, 27, §10. 参见《人类理智新论》，陈修斋译，商务印书馆 1982 年版，第 244 页)

性置于个体主体的主观性之先，这显然是维特根斯坦后期思想的一个基本出发点。私人规则的不可能或规则的社会性都是由这个出发点所得出的结论。

而他此时思想的另一个根系所在就是耿宁所指出的：将意识视作与身体一样、与感性的意识一样的一个直接的统一，它不会超越出自身，始终只是它自己。这就是维特根斯坦在对私人语言和私人感觉分析中隐含的一个前设或偏见，所以他一开始便把个体性或私人性等同于主观性。耿宁对维特根斯坦的批评也就是从这个根系开始的。他认为，感性的意识固然只能停留在主观印象之中，并且同时也意识不到这种主观性，否则它就成了知性的意识了；然而知性，亦即耿宁所认为的当下化行为（Vergegenwärtigung）却不是这样一种统一，而是自相对立的杂多和差异。例如一个回忆可以与另一个回忆相互冲突，而后，进一步的回忆表明，一个回忆是错的，另一个回忆是对的，如此等等。在这里，相对于知性主体（Verstandessubjekt），相对于"间接的意识"，已经有"正确"和"错误"可言，已经可以发现某种"客观性"。虽然"这种客观性还不是**交互主体的**客观性，但它是相对于各种直接现象的主观性而言的真正客观性"。因此，耿宁认为，"知性主体也有能力从自身出发为一种建立在规则基础上的机制或习惯提供保证"①。当然，这种个体主体的客观性很有可能在进一步的过程中被证明是假象。但这并不是问题所在。因为交互主体的客观性或社会的客观性原则上也随时可能出错，它也不能保证绝对的正确性和客观性。这里的关键只是在于：**早在个体的主体之中**（更确切地说，在知性主体的间接意识之中）**客观性和主观性的区别已经产生了**。从这个角度来看，一种只对自己有效的规则是可以存在的，私人语言的原则可能性因而也是成立的。

---

① Iso Kern, *Idee und Methode der Philosophie. Leitgedanken für eine Theorie der Vernunft*, S.193.

耿宁在这里"辩护"的是**私人语言的原则可能性**，而不是**私人语言本身**。但他对私人语言所持的基本看法也非常值得关注。他认为，"我们的所有语言完全都打上了它们的交互主体的使用的烙印。一种仅只具有私人机制的语言不仅实际上只是一个可怜的构成物，而且它的感性表达结构看起来也会不同。有意思的是：我们可以考虑，我们实际语言的哪些角度和结构完全是从语言的社会性出发而获取其意义的。或者说，有意思的是：我们可以构造一种仅仅具有私人功能的语言，也许那些为小孩子们在或大或小范围内只为自己构造的语言可以为此提供经验的启示。但尽管是这样一种私人语言，它同样会具备语言的基本特征，即作为对某物的客观定义之机制，而且它同样也是语言。"[①]

到此我们至少可以得出，维特根斯坦对私人语言不可能的证明并不是一个无可争议的结论。但与前两节一样，我们在这里仍然可以再退一步，即我们承认维特根斯坦证明了私人语言的不可能。纵使如此，我们仍然面临一个问题：私人感觉或私人经验是否可能？倘若答案是肯定的，那么我们就承认了个体意识的存在，而且我们就完全可以再回到维特根斯坦早期的立场上：坚持一门关于**不可言说、只能指明的东西**的学说，一门**心而上学**。

四、私人感觉或私人经验是否可能？

我们这里对维特根斯坦的反驳基本上是按照他自己的论述顺序来进行的。从逻辑顺序上说，首先探讨的应当是私人感觉是否可能的问题，然后才是对它的私人传达是否可能的问题。但这并不会妨碍我们将问题从头开始提出。这里完全可以借用维特根斯坦自己的一句话来表述这个问题："但是假定我并没有任何对感觉的自然表达而只有感觉

---

① Iso Kern, *Idee und Methode der Philosophie. Leitgedanken für eine Theorie der Vernunft*, S. 194.

呢？"(《研究》，256）

在这种情况下，人们大都会认为，我的感觉只有我会知道，因此感觉必定是私人的。例如，"只有我能知道我是否真的痛，其他人对之只能加以推测"。但维特根斯坦对此说法的评判是："从某个方面来说这是错误的，而从另一方面来说这是无意义的。"（《研究》，246）它之所以是错误的，在他看来乃是因为"对于我，根本不能说我**知道**我痛。这句话除了意指例如我（**有**）痛以外还能意指什么呢？"（《研究》，246）

维特根斯坦的这个论据是很奇怪的。也正是在这里，他受到分析哲学家图根特哈特的批评。后者在其"自身意识与自身规定"讲座的第三讲中提出"φ—状态"这样一个范畴。与此范畴相关的认识论的自身意识结构是"我知道：我 φ"。这里的"φ"可以用任意的谓语来替换，它意味着一个意识状态。很显然，只要我们将我们对"cogito"的理解做应有的扩展，它便是与笛卡尔的"cogito"同质的①。在笛卡尔的"cogito"亦即"我思"中事实上隐含了一个前设，即"我知道：我在思维"或"我知道：我在意识"。图根特哈特特别强调，这里的"知道"是一种"**直接地**知道"②。

如果维特根斯坦说，我根本不能说我**知道**我痛，那么这意味着对整个自身意识理论的否定。这意味着说，我不能说"我知道：我 φ"，当然你也就不能说"你知道：你 φ"。或者也可以举维特根斯坦的例子：我们不能说，"只有你才能知道你是否有那个意图"（《研究》，247）以及如此等等。图根特哈特对此的反驳是："φ—状态的特征就是，具有它的人**始终**并且**直接**知道，他具有它。因此，如果我处在一个 φ—

---

① 文德尔班指出，笛卡尔本人曾用列举法阐述"cogitare"的意义（*Meditationes de prima philosophia*, 3; *Principia philosophiae*, I., 9）；他将此理解为怀疑、肯定、否定、领会、意欲、厌恶、臆想、感觉等等。因此笛卡尔的"cogito"是与德文的"意识"（Bewußtsein）等义的。

② E. Tugendhat, *Selbstbewußtsein und Selbstbestimmung*, Frankfurt am Main: Suhrkamp, 1979, S. 50.

状态，我始终也可以说'我 φ'，而这个陈述并不是对一个单纯意见的表达，而是对一个知识的表达，以至于事实上每当我可以说'我 φ'时，我也都可以说，'我知道：我 φ'。"①

维特根斯坦为什么要否认这个几乎可以称为绝然事实的"自身意识"呢？概括地说，这是因为在他看来，在"我感到疼痛"这个语句中没有**可描述**、**可认知**的东西。它只是一个**表现性**的语句。由于个人不具有建立规则的能力，因此他对自己的痛或其他感觉只能借助于共同的规则，或者说，共同的图像。也就是说，**即使我们具有自己的感觉，我们也必须使它们符合共同的图象**。所以维特根斯坦要发问："'别人不能具有我的痛。'——什么是我的痛呢？在这里被当作同一性的标准是什么呢？"而"如果'我的痛与他的痛一样'，这种说法是有**意**义的，那么我们两人具有同样的痛就是可能的"。(《研究》，246）还可以以我们的某种心情为例，当我说"我知道：我失望"或"我知道：我绝望"或"我知道：我彻底绝望"时，我实际是在凭借外在的标准来界定和描述我的某种感觉，并且通过它们来固定这种感觉。没有外部的参照，我是不能说知道它们的，这就像我说——我知道：这是"红"或"大红"或"紫红"一样。

因此，维特根斯坦最终的观点是：我们或许真有私人感觉，但我们无从**知道**这一点，因为私人感觉不具有恒定性、规则性。他认为："关于私人经验的根本的东西其实并不是每个人拥有他自己的范本，而是没有人知道究竟其他人有的也是这个还是另外的某种东西。因此下面这个假设是可能的——尽管无从证实——人类的一部分对红有一种感觉而另一部分人却有另一种感觉。"(《研究》，272）在这里我们再次发现维特根斯坦的基本立场或基本前设：正确性、客观性与个体的、私人的东西无缘，它们只能是社会的、实践的、习俗的。因此，

---

① E. Tugendhat, *Selbstbewußtsein und Selbstbestimmung*, S. 121f.

如果张庆熊认为，"维特根斯坦不是在否定内在的心理过程，而是强调我们不是用所谓内知觉的'眼睛'观察和确定内在行为的，我们只有在实际的生活形式中才能确定所谓内在意识的行为是什么样的行为"①，那么他的这个论述所表明的是更多是"心理主义"与"行为主义"的出发点之争。但是，明白无疑的是：将内在的自身意识看作是第一性的，还是将外在的行为活动看作是第一性的，这是争论的焦点所在。在这里还不存在谁克服了谁、谁超越了谁的问题。一个较为轻松舒适的解决方案可以是米德—哈贝马斯的辩证解释："没有社会化，个体化就不可能，没有个体化，社会化也就不可能。"②

正是在这个意义上，我们可以说，当思想界在总体倾向上从一种出发点的偏好转向另一种偏好时，也就意味着思维范式的转换的进行。

五、结论

从前面的论述可以看出，张庆熊的论述，在每一个步骤上都存在问题，而且其中的任何一个问题，都可以导致整个论述的逻辑顺序的断裂。因此，私人语言的不可能导致现象学反思的不成立，这是一个很难站得住脚的结论。

维特根斯坦曾对自己提出过一个极具现象学特征的方法要求："我们不会提出任何一种理论。在我们的考察中必须没有任何假设性的东西。我们必须抛弃一切**说明**，而仅仅代之以描述。"（《研究》，109）然而从这里所揭示的许多方面来看，维特根斯坦自己并没有能够恪守这一点。那种认为维特根斯坦在后期通过对私人语言不可能或私人规则不可能的证明而克服了唯我论的观点，实际上是建立在一种哲学认

---

① 参见张庆熊：《自我、主体际性与文化交流》，第51页。
② J. Habermas, *Nachmetaphysisches Denken*, S. 34.

识进步论的立场上。这种观点把整个现代思想看作是对近代思想的**克服**与**超越**。但现代思想在许多方面的展开事实上并不能用"进步"二字来描述。它更有理由被看作是一种"时代精神"或"社会心理"的转换结果。这种转换虽然不是随意的,也就是说,它有自己的时代合理性。但它并不必定代表哲学史或思想史的**进步**。前面对维特根斯坦的阐释已经表明,他的许多分析和论证带有一定的前设,这些前设并不一定是传统的遗留,而更多是新的思维范式的萌芽,但它们并不因此就不再是前设。①

---

① 因为篇幅关系,这里的阐释只能集中在与对张庆熊观点质疑有关的问题上。对维特根斯坦相关思想的较为详细论述可以参见笔者已出版的《自识与反思——近现代西方哲学的基本问题》一书第三十讲:"维特根斯坦:自身意识与私人语言的问题"。

现象学与逻辑学①

一、引论

现象学从开创之日起就与逻辑学纠缠在一起。第一部现象学奠基之作便冠以《逻辑研究》的标题。就胡塞尔身前发表的著作而言,他甚至不仅是以逻辑学的问题为出发点,而且还以逻辑学的问题为终结点:他的最后一部著作的标题是"经验与判断——逻辑谱系学研究"。

这里的讨论将试图再现胡塞尔等现象学家为现象学与逻辑学的划界所做的努力,这种努力或许可以为今天的现象学研究和逻辑学研究提供一些启示。

但在开始讨论之前,我们还有必要交代一下现象学与逻辑学所共处的西方近代哲学背景。

近代西方哲学的开启者是笛卡尔。在认识统一的前提下,他强调所有哲学原则必须具备两方面的特征:"其一,它们是非常清楚的,其二,从它们之中可以推导出所有其他的东西;因为除了这两条以外我们不能对这些原则有其他要求。"② 与此两条要求相一致的是笛卡尔对真

---

① 这篇文字或许应当加上一个副标题:从现象学的角度看。因为这里讨论的主要是现象学家对现象学与逻辑学的关系问题的看法。更确切地说,胡塞尔和海德格尔对此问题的看法。

② Descartes, *Principia Philosophiae, Oeuvres*, Publiées par Ch. Adam et P. Tannery, Paris 1897-1913, deutsche Übersetzung: *Das Prinzip der Philosophie*, übersetzt von A. Buchenau, Hamburg 1992, S. XXXVII.

理认识的两个判断标准的确定:"所有那些为我们所完全清楚明白地领会的东西,都是真实的。"①

笛卡尔本人对"**清楚**"(clara)和"**明白**"(distincta)的确切定义是:"我所理解的**清楚**是指那些对关注的精神来说当下而鲜明的认识,就如人们说,那些当下呈现在观看的眼睛前面并且充分有力而鲜明地激起同一感受的东西是清楚可见的。而我所理解的**明白**则意味着在达到清楚阶段的前提下分离于并有别于所有其他认识的一种认识,以致这种认识自身仅仅带有清楚的特征。"②

就此定义来看,"清楚"多可用于对公理的直观,"明白"则多可用于推理的过程。这里对哲学原则的第一条要求,亦即"清楚性"要求,就意味着:**对明见的直观之原则的设定**。而笛卡尔对哲学原则的第二条要求也可以被称作"明白性"要求,它意味着:**对数学分析方式的设定**。

此后,斯宾诺莎的整个哲学体系之统一性建构也建立在类似的两个前提的基础上:其一,**证明的过程必须具有无懈可击的正确性和有效性**;其二,**定义和公理必须具有无懈可击的明见性和确然性**。

这两个哲学原则的特征,以后在莱布尼茨那里第一次明确作为"充足理由律"而成为逻辑学的元公理(海德格尔:最高定律)。逻辑学的所有工作,都必须符合"清楚明白的为真"这个一切原则的原则(可以"我思故我在"的命题为例)。众所周知,它同时也是现象学所要求的一切原则的原则:直观明见性的原则。

在这个意义上,"根据"既是哲学(现象学或存在论)的,也是逻辑学的基本问题。

这是我们在讨论现象学和逻辑学的关系问题时首先需要顾及的思

---

① Descartes, *Discours de la méthode*, deutsche Übersetzung: *Von der Methode*, übersetzt von L. Gaebe, Hamburg 1971, VI, S. 34.

② Descartes, *Das Prinzip der Philosophie*, I, S. 45.

想史背景。

二、胡塞尔所理解的现象学与逻辑学的关系

如果要在思考的论题或对象上给现象学定位的话，那么现象学是处在逻辑学与心理学之间的。这首先并且主要是指胡塞尔的现象学。胡塞尔在《逻辑研究》第一卷《纯粹逻辑学导引》中开宗明义地说："纯粹现象学展示了一个中立性研究的领域，在这个领域中有着各门科学的根。"在这里所说的"各门科学"中，胡塞尔主要指的是心理学和逻辑学。就逻辑学而言，他认为："现象学打开了'涌现出'纯粹逻辑学的基本概念和观念规律的'泉源'。必须重新回溯地追踪这些基本概念和观念规律，直至这些起源处，这样它们才能获得'清楚性'和'明白性'，要想认识批判地理解纯粹逻辑学，就需要这种'清楚性'和'明白性'。对纯粹逻辑学的认识论奠基或现象学奠基工作，包含了许多极为困难但却无比重要的研究。"（LU II/1, A 4/B_1 3）

所谓"回溯地追踪"（zurückverfolgen），是与现象学的基本方法相一致的。它甚至可以说就是使现象学成为现象学的东西。在二十多年后回顾《逻辑研究》时，胡塞尔将这"从各种对象出发回问主体生活和一个主体对此对象之意识的行为构成"[①]的做法看作是这部著作的"基本任务和方法"。这个特有的任务和方法也被胡塞尔看作是联结这部著作的"一条纽带"（LU I, B XI）。它在很大程度上意味着胡塞尔意识现象学的起源与奥秘之所在。

具体地说，这种对纯粹逻辑学的基本概念和概念规律进行回溯追

[①] 参见倪梁康选编：《胡塞尔选集》上卷，上海三联书店 1997 年版，第 309 页。这是胡塞尔在 1925 年回顾《逻辑研究》时所做的总结，相关段落的全文是："从各种对象性出发回问主体的体验和一个意识到这些对象性的主体的行为构形，这是从一开始就由某些主导意向所决定的，这些意向当然（当时我的反思意识尚未达到这一步）还不会以清晰的思想和要求的形式表现出来。"

踪的做法就是他所尝试的现象学与逻辑学的划界工作的一部分。这个工作可以分为两个方面：其一是他早期所考虑的纯粹逻辑与形式逻辑的关系；其二是他后期所考虑的超越论逻辑与形式逻辑的关系。胡塞尔的这两个意向有相互重合的地方。

在《逻辑研究》中，胡塞尔的基本意向是构建一门纯粹逻辑学。在《逻辑研究》的出版告示中，胡塞尔曾试图对这样一门"纯粹逻辑学"做出大致的界定。在说明纯粹逻辑学"无非是一种对传统形式逻辑学的改造而已，或者也是对康德或赫巴特学派纯粹逻辑学的改造"之后，他定义说："纯粹逻辑学是观念规律和理论的科学系统，这些规律和理论纯粹建基于观念含义范畴的**意义**之中，也就是说，建基于基本概念之中，这些概念是**所有**科学的共有财富，因为它们以最一般的方式规定着那些使科学在客观方面得以成为科学的东西，即理论的统一性。在这个意义上，纯粹逻辑学是关于观念的'可能性条件'的科学，是关于科学一般的科学，或者，是关于理论观念的观念构成物的科学。"①

从他的论述来看，这门纯粹逻辑学被理解为**关于含义本身以及含义规律的科学**，也可以将它称作纯粹含义有效性的学说，主要包含**纯粹含义学**和**纯粹语法学**这两个分支。

胡塞尔并没有展开和完成对这门纯粹逻辑学的构想，无论是在《逻辑研究》第一卷中还是在后面第二卷的几项研究，尤其是第四研究中。他的《逻辑研究》因此只是一个"纯粹逻辑学的导引"。在这里，不仅是"导引"（Prolegomena）这个标题在暗示与康德《未来形而上学导引》一书的思想关联，即《逻辑研究》中的讨论也可以说就是"任何一门能够作为逻辑学出现的未来纯粹逻辑学导引"；除此之外，

---

① 胡塞尔：《作者本人告示》，载于胡塞尔：《逻辑研究》第二卷第二部分，倪梁康译，上海译文出版社1998年版，第255页。

上述引文中，"观念的'可能性条件'的科学"的说法，也似乎在预告他的"超越论转向"后的"超越论逻辑学"（transzendentale Logik）基本设想的提出：在纯粹逻辑学与超越论逻辑学之间可以发现一个连贯的思想线索。

《逻辑研究》中的思考显然产生了一定的效应。海德格尔曾评价说，"通过胡塞尔的《逻辑研究》，当代逻辑学获得了一个推动，这个推动迫使它——相对而言——进入到哲学问题的向度之中"①。

在较后期的《形式的与超越论的逻辑学》和《经验与判断》两部著作中（前者可以说是后者的导论），胡塞尔所讨论的是超越论逻辑②与形式逻辑之间的关系。邓晓芒在《经验与判断》的"中译者前言"中对它做过精到的概括："康德把经验直观的内容（质料）排除于逻辑之外，胡塞尔则认为'逻辑的东西'必须到直观内在体验中寻找其隐秘的起源，这就把逻辑的东西的范围延伸到了前谓词经验的领域，使逻辑真正成了从经验中自身层层建构起来的真理。这就是胡塞尔用作本书副标题的'逻辑谱系学'（或译作'逻辑发生学'）的含义。这是一种真正的'超越论逻辑'，即任何一种知识（不仅仅是人类的知识）要能产生出来都必须严格遵守一整套规范。它也就是一种康德意义上的'超越论的'认识论（探讨人的认识'如何可能'的先天条件的学说）。"③

---

① Heidegger, *Logik. Die Frage nach der Wahrheit*, Frankfurt am Main: Vittorio Klostermann, 1995, S. 33.

② 这里需要说明的是，笔者在这里没有按较为普遍的译法将"die transzendentale Logik"译作"先验逻辑"，而是译作"超越论逻辑"，因为胡塞尔既然要求回溯到前谓词经验上去，那么以往的"先验"中译在这里就明显是不妥的。这当然涉及对源自康德哲学的"transzendental"一词的翻译问题。笔者的观点可以简要地概括为：在这个词的构成中既无"先"的意思，也无"验"的意思，因此在许多场合不仅不符合胡塞尔的原义，而且也不符合康德的原义。这里只是提供了一个在胡塞尔哲学中的具体例证。关于这个问题的较为详细说明可以参见本书背景篇中的"Transzendental：含义与中译"一章。

③ 胡塞尔：《经验与判断——逻辑谱系学研究》，邓晓芒、张廷国译，生活·读书·新知三联书店1999年版，第2页，中译者前言。

这个意义上的"超越论逻辑"也被胡塞尔称作"发生逻辑"[①]或"逻辑发生学"。胡塞尔认为，它既不是通常意义上的逻辑史的问题研究，也不是发生心理学的问题研究，而是一种以起源研究的方式来进行的对逻辑构成物之本质的揭示。

这样一种逻辑研究与一般意义上的形式逻辑研究当然是有区别的。胡塞尔认为，传统的形式逻辑的核心是陈述逻辑："从形式逻辑在历史上形成时起，处于形式逻辑的中心的就是谓词判断的概念，即陈述（Apophansis）的概念"[②]。后面我们可以看到，这个评判也为后来的海德格尔所接受。

但是，胡塞尔认为，形式逻辑的最原始含义并不只是陈述逻辑，而是一种"充分扩展了的形式逻辑"，它是形式的普全数理模式（包括形式数学），因此它不仅包含形式的**陈述学**（形式的陈述逻辑），而且也包含着形式的**本体学**。后者讨论"某物一般"（Etwas überhaupt）及其各种变形的问题，因此是讨论对象、属性、关系、杂多等概念的学说。

形式逻辑之所以把"陈述"或"判断"（谓词判断）作为核心论题，乃是因为"构成形式本体学论题的一切范畴形式都是由判断中的对象来承担的"，也就是说，当我们从逻辑上思考某个对象时，这个对象的概念只能出现在判断中而不是其他地方。对象概念的各种变化形式也是如此。这就决定了形式逻辑学首先要探讨陈述逻辑。因此，在今天的形式逻辑中，陈述逻辑、判断逻辑之所以占据了中心地位，这并不是一个历史发生的偶然，而是有着实事方面的根据的。

[①] 胡塞尔在1919—1920期间于弗莱堡多次做过题为"发生逻辑学"（Genetische Logik）的讲座，这个讲座稿后来成为《形式的与超越论的逻辑学》的基础。（参见兰德格雷贝：《编者前言》，载于 Husserl, *Erfahrung und Urteil. Untersuchung zur Genealogie der Logik*, Hamburg: Felix Meiner, 1985, S. 20）

[②] 参见 Husserl, *Erfahrung und Urteil. Untersuchung zur Genealogie der Logik*, S. 25f。

这个状况有些类似于胡塞尔所理解的意识和语言的关系。从实际发生来看，意识的发生先于语言的发生，而从对这个发生顺序的研究来看，则先要有语言的知识和能力，而后才能去表达意识。意识是第一性的，也是底层的，语言是第二性的，也是高层的。

这里存在着一个两难：一方面，在底层中隐含着高层的前提，高层的意义和权利的明见性最终必须在作为前提的底层之基础上才能获得阐明和理解。另一方面，如果我们试图揭示这个底层基础，那么高层的意义和权利就必须在方法上被搁置，它不能充当阐明和理解底层的前提，否则我们会陷入循环论证。但我们看起来又无法摆脱形式的陈述逻辑的思维和表达。例如，当笛卡尔在说"我思故我在"这个立足于最基本的自身意识之上的原理的时候，他已经同时处在形式的陈述逻辑的论域中并且运用了这个逻辑。

胡塞尔认为，这个两难是否可以化解的关键在于：我们是否能够进行一种对逻辑的东西（das Logische）的"前理解"。胡塞尔的《形式的与超越论的逻辑学》和《经验与判断——逻辑谱系学研究》，便是对这个问题的探讨和回答。

最简单地说，胡塞尔认为，提供这种"前理解"可能性的是本质直观的方法，或者说，范畴直观的方法。

这里还应当提到的是：舍勒也在这一点上全力地支持胡塞尔。如 M. S. 弗林斯所言，舍勒只与唯一一位思想家有直接的联系，这就是胡塞尔。对于舍勒来说，"对本质之物的直观、对本质的前逻辑直观，是所有哲学研究的超越论之物，在观察程序的可能运用之前显示出纯粹的事实。通过对感觉和符号因素的消除，对现象学的事实的非符号直观，它有别于基于感官知识的自然事实和用符号来表述的科学事实"[①]。这个阐释也是对胡塞尔的"前理解"的一个十分恰当的描述。

---

① M. S. 弗林斯：《舍勒思想评述》，王芃译，华夏出版社2003年版，第15页。译文略有改动。

三、附论：芬克和德里达所涉及的现象学与逻辑学的关系

德里达在《声音与现象——胡塞尔现象学中的符号问题导论》中批评胡塞尔说："在《形式的与超越论的逻辑学》中，他仍然把一般语言'判为无效'。而欧根·芬克则已令人信服地证明，胡塞尔从来没有提出过关于超越论逻各斯的问题或关于传习语言的问题，现象学正是在这种传习语言中制作并展示其各个还原的结果。"① 这是一个极易误导的说法，尤其是德里达没有给明出处。②

德里达所说的芬克的证明，多半是指芬克在 1957 年所做的报告《胡塞尔现象学中的操作性概念》(Operative Begriffe in Husserls Phänomenologie)。芬克在那里的确曾论及："胡塞尔并未提出过'超越论的语言'之问题。"③ 但我们首先要了解这里的语境。芬克在这篇文章中认为，哲学的概念有两种，一种是"论题"概念，一种是"操作"概念。后一种概念常常本身没有得到思考而就被使用，可以称作"处在阴影中的概念"，它们往往不能与"传习语言"划清界限。这个问题对许多大哲学家都成立。芬克提到柏拉图的"理念"，亚里士多德的"实体"、"潜能"与"现实"，普罗提诺的"太一"，莱布尼茨的"单子"，黑格尔的"精神"或"绝对理念"，尼采的"权力意志"，胡塞尔的"超越论主体性"，如此等等，都是"论题"概念，但对它们的论

---

① 德里达：《声音与现象——胡塞尔现象学中的符号问题导论》，杜小真译，商务印书馆 1999 年版。根据德译本（*Die Stimme und das Phänomen– Ein Essay über das Problem des Zeichens in der Philosophie Husserls*, Frankfurt am Main: Suhrkamp, 1979, J. Hoerisch 译）而有所改动。

② 补记：在《胡塞尔〈几何学的起源〉引论》中，德里达比较明确地给出了芬克文字的出处，但他的曲解或误解依然存在（参见德里达：《胡塞尔〈几何学的起源〉引论》，方向红译，南京大学出版社 2004 年版，第 60—61 页，注 2）。

③ 该文已有中译文，载于《面对实事本身——现象学经典文选》（东方出版社 2000 年版）一书中。这里的引文参见倪梁康主编：《面对实事本身——现象学经典文选》，第 588—605 页，尤其参见其中第 592—593、603—604 页。

述都是在"操作"概念中完成的。

这个问题之所以在胡塞尔这里被着重提出来,是因为他使用了还原的方法,要求排斥传习的东西,直接把握超越论的层面。因此,胡塞尔恰恰是最关注这个问题的。但胡塞尔往往也需要用传习的语言来表达还原后的超越论层面,故而在这个方面做得不彻底,也不完善。例如芬克指出在他用来表达超越论层面的概念所含有的"成就／功效"(Leistung)一词,即使在还原之后被赋予了新的意义,也不能完全脱离自然观点。除此之外还有"现象"、"悬搁"、"构造"等这些"操作概念"。

德里达要想说的是芬克的这个论点。但他用一种夸张的语气说出来,好像这样就可以一下子把胡塞尔的整个超越论哲学思考推翻,这就过分了。芬克恰恰说,胡塞尔在《形式的与超越论的逻辑学》中试图澄清这种"操作的语言"的意义构造问题,只是"胡塞尔并没有制定出一套'**超越论陈述的逻辑学**'"。接下来该文第四节的第一段话是对芬克的态度的最基本概括:"虽然胡塞尔在其方法学中,探问了我们所谓'论题'与'操作的理解媒介'之区别,并且无可否认地,在某种程度上亦在'现象学还原'的理论中,论题化了此一区分。然而尽管如此,此一区分以及胡塞尔思想中的诸多核心概念仍处于模糊中。"

现在来看德里达的"胡塞尔从来没有提出过……超越论逻各斯或传习语言的问题"的主张,就知道它与芬克的论点相距很远,尤其是再不给出处,就会引起很大的误导。①

----

① 胡塞尔在《形式的与超越论的逻辑学》中明确划分"逻各斯"的两种基本含义:其一,"逻各斯"意味着语词或话语。这里已经包含着两层意义:它不仅是指话语所及,也就是在话语中涉及的事态,而且还包括说话者为了传诉的目的或自为而形成的语句思想,亦即作为精神行为的话语本身。简言之,"逻各斯"概念的第一层含义既与话语的内容有关,也与话语的行为有关。其二,当科学的兴趣起作用时,"逻各斯"概念的上述含义便获得"理性规范的观念"。这里又可以划分两层含义:"逻各斯"一方面是指作为权能的理性本身,从而也意味着理性地(明晰地)指向

实际上芬克的基本意向不是像德里达那样是解构性的，而是建构性的，他的意图在于指出，"超越论现象学的存在理解与语言间的关系问题"需要得到进一步的关注，而且如前所述，的确也是胡塞尔本人在思考的问题。这个问题当然是很大的一个问题。但在芬克那里已经默认了一个前提：现象学的超越论理解是可能的，问题在于"借由什么"和"经由什么"（womit und wodurch），更确切地说，用什么样的超越论语言来表达出来。这个问题可以更简练些：看到的是否可以说出以及如何说出。还可以再换一种表达方式：我们应当用什么样的超越论语词概念和什么样的超越论陈述逻辑说出我们已经完成了的超越论理解。

当然，众所周知，"说出"在胡塞尔那里已经是第二性的问题了。第一性的可以说是孤独心灵生活中的超越论理解。因此，这对胡塞尔来说不是一个根本性的困惑。德里达在这点上所做的不是内在解构（他很少能真正做到这一点，解构主义在大多数情况下都是徒有其名），而只是外在的毁坏。

从这个问题出发还可以展开这样的讨论：如果我们真的发展出了一门超越论的语言连同**超越论陈述的逻辑学**，这门语言和逻辑被用来表达业已完成的超越论理解，那么它与传习语言的关系何在？它与超越论理解的关系又何在？这倒是一个可以深化的问题。当然，也许有些语言哲学家会说：理解怎么可能不在语言中进行呢？这里会引发另一个同样紧要的问题：意识与语言的关系问题。但这里不是展开对此问题讨论的场合。

（接上页）明晰真理的思维；另一方面，"逻各斯"还标识一种构造合理概念的特殊权能，可以说，这种理性的概念构造以及被构造的正确概念都叫作"逻各斯"。（参见 Hua XVII, §1）因而"逻各斯"概念的第二层含义既与理性（理性思维）有关，也与理性的产物（理性所思：概念）有关。

胡塞尔通常在第二层意义上使用"逻各斯"概念：他或者将"逻各斯"标识为"概念之物"（Begriffliches）、"普遍之物"（Allgemeines）（Hua III, 257），或是将"逻各斯"等同于"理性"（Hua XVII, 370）。

四、海德格尔所理解的现象学（存在论）与逻辑学的关系

在生前发表的文字中，海德格尔并没有像胡塞尔那样专门论述过逻辑学。但这门学科在他的讲座中却占有重要位置。对逻辑学的思考主要表现在他的 1925—1926 年夏季学期的马堡讲座"逻辑学。对真理的追问"、1928 年的马堡讲座"逻辑学的形而上学开端根据"、1934 年的弗莱堡讲座"论作为语言问题的逻辑学"以及 1955—1956 年冬季学期的讲座"根据律"中。此外还有 1928 年公开发表的文章《论根据的本质》和 1932 年所做的报告《论矛盾律》、1957 年所写的文章《同一律》等等。

可以说，海德格尔始终在关注逻辑问题，而且我们后面还可以看到，他对逻辑学的讨论，从根本上反映着他的大部分存在论思想的发展脉络。

与这里的问题相关，笔者在这里主要讨论海德格尔的"逻辑学的形而上学开端根据"。这个名称显然是仿效了康德的著作名称——《自然科学的形而上学开端根据》，就像前面所说的胡塞尔《纯粹逻辑学导引》似乎是想引发对康德《未来形而上学导引》的联想一样。[①] 这个讲座的全称还要加上"以莱布尼茨为出发点"，它可以说是这个讲座的副标题。之所以要从莱布尼茨出发，显然是因为莱布尼茨第一次明确提出了充分根据律（或"充足理由律"）。或者用海德格尔的话来可能更确当些：在莱布尼茨那里，**根据问题**第一次表现为**充分根据律的问题**。这是一个附证：说明这个讲座与海德格尔同年公开发表的论文《论根据的本质》有密切的关系：后者可以说是前者的浓缩版。

---

① Heidegger, GA 26, Frankfurt am Main: Vittorio Klostermann, 1978, Klaus Held 编辑。该讲座是海德格尔在马堡的最后一个讲座，做于 1928 年夏季学期。

在这一年,即 1928 年,海德格尔还做了"形而上学是什么?"的弗莱堡就职讲座。关于这两篇公开发表的文字的内在联系,海德格尔说:"后者是对无的思索,而前者说的是存在论差异。"① 这两个方面的内容都可以在《逻辑学的形而上学开端根据》中找到。因此,海德格尔的这个概括可以有助于我们理解他在 1928 年前后对逻辑学与形而上学之间关系所做的整个思考。

从标题中便可以看出,海德格尔认为,逻辑学的基础是在形而上学之中。海德格尔所说的"逻辑学",是指关于逻各斯的学说。对于这个"逻各斯",海德格尔做了几个步骤的界定:首先,"逻各斯"意味着"话语"。② 而后,海德格尔又说,"话语"是指陈述(Aussage)、述谓判断(Praedikation)意义上的话语。再后,海德格尔进一步把这种陈述定义为"思维"(Denken),因为把某物陈述为某物也就相当于把某物定义为某物,而"我们将这种定义称作**思想**"。这样,一个对逻辑学的定义便得以形成:"逻辑学作为关于逻各斯的科学据此便是关于思维的科学。"③ 这里的"逻各斯"和"思想"都与陈述有关。

需要在这里特别予以指明的是:这个意义上的"思想"与海德格尔后期所说的"思想",例如在《什么叫思想?》(Was heißt Denken?)

---

① 海德格尔:《路标》,孙周兴译,商务印书馆 2000 年版,第 142 页。
② 在海德格尔那里,"逻各斯"曾有宽、窄两重含义:在最早的逻辑学讲座(1925—1926)中,海德格尔把"逻各斯"等同于"命题"(或"语句"),它可以为真或为假(参见 Heidegger, GA 21, Frankfurt am Main: Verlag Vittorio Klostermann, 1976, S. 127-128.)。《存在与时间》中的解释也与之相同:"因为哲学思考首先把逻各斯(logos)作为命题(Aussage)收入眼帘,所以,它就依循这种逻各斯为主导线索来清理话语形式与话语成分的基本结构了。"(海德格尔:《存在与时间》,陈嘉映、王庆节译,第 193 页)。以后,在《论根据的本质》中,海德格尔把它看作是广义的"逻各斯",并将它区分于狭义的"逻各斯":"存在之领悟(十分广义的逻各斯)先行揭示着并且引导着一切对存在者的行为;存在之领悟既不是一种对存在之为存在的把握(最狭隘意义上的逻各斯 = '存在学上的'概念),更不是对如此把握到的东西的领悟。"(海德格尔:《路标》,孙周兴译,第 152 页。中译本漏译了最后一句,这里补上)
③ Heidegger, GA 26, S. 1.

一文中的"思想",虽然是同一个词,但已经完全不是一回事了,甚至是相互对立的。与逻辑学相关的"思想",在海德格尔那里是可以纳入到他所认为的胡塞尔意义上的"意识"层面的对象性活动中去的,或者,就像我们马上可以看到的那样,这个意义上的"思想"是与存在者相关联的活动。但他后期的"思想",则是指对存在与存在者关系的思考,即对"存在者之存在的本质渊源"的思考,他也说,对"存在论差异"的思考。这里对哲学的根据问题与逻辑学的根据律问题的思考,就属于这个意义上的"思想"。因此,当海德格尔说"然而——多少世纪以来直至现在,也许人们早已是行动过多而思想过少"[①]时,他指的是后一种在"存在论差异"意义上的"思想",而非逻辑学谓词判断意义上的"思想"。

逻辑学在这里所给定的意义上是陈述逻辑,是谓词判断的逻辑。但它的任务既不在于研究所有实际的陈述,也不在于研究所有为真的陈述,而在于研究"包含在一个逻各斯、一个陈述、一个定义中的究竟是什么",或者,海德格尔也说,"思想的本质究竟是什么"[②]。

那么这个意义上的"思想"的本质究竟是什么呢?海德格尔回答说,"思想是**关于**某物的思想。每个现实的思想都有它的课题,因此都关联到一个特定的对象,即是说,关联到一个特定的是者(存在者)"[③]。到这里,我们已经可以知道海德格尔的意图:逻辑学是一门与"是者"("存在者")有关的学说。这样我们也就可以理解,为什么海德格尔说,《论根据的本质》一文所讨论的是"存在论差异"。

而作为逻辑学之开端根据的"形而上学"又是什么呢?在海德格尔的辞典里,形而上学是"存在论"和"神学"的统一。从原本的词

---

① 海德格尔:《什么叫思想?》,孙周兴译,载于"中国现象学网站"中"现象学原典汉译栏目",http://www.xianxiang.com/0311205.htm。

② Heidegger, GA 26, S. 2.

③ Heidegger, GA 26, S. 2.

义或从历史发生的层面来看，形而上学是在物理学之后的。但从内容来看，海德格尔认为，它是指在物理学或自然哲学之上的。如果把物理学的课题称作"物理事物"、"自然事物"、"有形事物"等等，简言之——"存在者"，那么"形而上学的课题是'超越出'是者（存在者）的东西——并未说何处超越和如何超越。形而上学关系到（a）存在本身；（b）存在总体"①。

这样，形而上学与逻辑学的关系在海德格尔那里就显现出来：前者是关于存在本身和存在总体的学说，后者是关于存在者的学说。它们的关系直接涉及存在论差异。②

在前面列出的所有海德格尔关于逻辑学的讲座中，"根据"都是最为核心的问题。这里的"根据"，一方面与哲学的"根据问题"相关，另一方面与逻辑学的"根据律"相关。海德格尔之所以选择"根据"作为讨论存在论和逻辑学关系的切入点，有两个原因：其一，哲学的"根据问题"表现为逻辑学的"根据律问题"的开端根据。这从他的讲座标题中便可以看出。其二，用他自己的话来说，"根据问题首先就需要一种唤醒，而这并不排除：一种对'根据律'的探讨能够引起这种唤醒并且给予最初的指示"③。

这两个原因可以概括为：哲学的"根据问题"是逻辑学的"根据律问题"的开端根据，逻辑学的"根据律问题"是通向哲学的"根据问题"的通道。

---

① 这是指"形而上学"一词的实际产生状况。这个名称并非产生于亚里士多德本人，而是由亚里士多德文稿的整理者加入的标题：在自然哲学、物理学之后。"meta"在时间和空间上都是"在……后"的意思。但经过后人的转换，海德格尔说："各册书的先后关系变成了一种存在与存在者的上下关系、一种存在与存在者的秩序。"（Heidegger, GA 26, S. 33）

② 笔者在此愿意采纳王路的建议，将这句话改写为：前者是关于"是"本身和"是"总体的学说，后者是关于"是者"的学说。它们的关系直接涉及"是论"差异。之所以如此，乃是因为逻辑学是谓词判断的逻辑，即关于"S 是 p"的逻辑，因而这里还没有涉及任何类型的存在者。

③ 海德格尔：《路标》，孙周兴译，第146页。

海德格尔所讨论的逻辑学"根据律",是以莱布尼茨为出发点,但不是以莱布尼茨为目的地。因为莱布尼茨的"根据律"在海德格尔看来,归根结底还是"关于存在者的陈述,而且是着眼于诸如'根据'之类的东西所做的陈述",它并未作为最高定律从根本上揭示出根据的本质。① 而所谓"根据的本质",就本质一词的原本意义来说,应当是指使根据成为根据的东西。

因此,海德格尔的所讨论的哲学的"根据",是另一种意义上的根据。最简单地说,它在海德格尔那里与"超越"有关。

海德格尔在讲座的备课笔记中写道:"哲思就叫作从根据中绽出生存。"(Philosophieren heisst Existieren aus dem Grund.)② 他在《论根据的本质》中也用"超越"一词来描述"根据"。"超越被显突为这个区域。这也即说:正是通过根据问题,超越(Transzendenz)才本身更为源始和更为广泛地得到规定。"③

联系到逻辑学中的根据律,海德格尔又说:"关于根据律,我们已清楚地看到,这一原理的'诞生地'既不在陈述的本质中,也不在陈述真理中,而是在存在学上的真理中,亦即在超越本身中。"他强调说,"**自由是根据律的本源**"。④

于是,"绽出生存"、"超越"、"真理"、"自由",这几个概念构成"根据"的本质内涵。海德格尔在这个时期基本上是用这几个范畴的相互规定来展开他的存在论—现象学。

总结一下,逻辑学所关涉的是:陈述真理、命题真理,对是者(存在者)的陈述。存在论或形而上学所关涉的是:作为无蔽的真理,对是(存在)本身的把握。

---

① 参见海德格尔:《路标》,孙周兴译,第 142—147 页。
② Heidegger, GA 26, S. 285.
③ 参见海德格尔:《路标》,孙周兴译,第 146 页。
④ 参见海德格尔:《路标》,孙周兴译,第 146 页。

我们在这里只想勾画出存在论和逻辑学之间的交切面，并不想重构海德格尔对哲学的"根据问题"和逻辑学的"根据律问题"这两端的具体分析。

但在这里还要特别说一下"真理"问题。海德格尔说："真理的本质揭示自身为自由。自由乃是绽出的、解蔽着的听任存在者存在。"① 这里的"真"，已经是存在论意义上的"真"，而不是逻辑学意义上的"真"了。

笔者在《胡塞尔与海德格尔的存在问题》一文中已经提示：海德格尔想把他的存在论真理回溯到"希腊的真理的原初意义"上。因此他在《存在与时间》中并且直至 1969 年一直使用"作为无蔽的真理"，即"aletheia"的概念。② 我认为，这个概念"体现出海德格尔的基本哲学意旨：通过对真理（aletheia）概念的充分展开，克服近代的主体反思哲学，从而扭转自近代以来对**知识确然性**以及与此相关的**理论责任性**的**过度弘扬**趋向"。

最后还要提到一个小小的插曲："aletheia"一词也出现在柏拉图的《巴曼尼德斯篇》中。中译者陈康将它译作"实在"。③ 他解释说，"实在"（aletheia）一词在这里的意义已经不再是"真"，因为"真"是认识论方面的概念，而应当是"是"了。在这一点上，陈康的解释与海德格尔的理解是一致的。但陈康所说的"是"（即"存在"）更进一步说是"相"（相的存在）。因此他最终把柏拉图在《巴曼尼德斯篇》中的"aletheia"解释为"相"，即我们今天所说的"理念"。这又不同于海德格尔了。相反倒是与胡塞尔的想法更接近。看起来，柏拉图的

---

① 原文为"Seinlassen des Seiendes"，中译本原作"让存在者存在"。
② 在 1964 年的《哲学的终结和思的任务》一文中，海德格尔承认："无论如何，有一点已经变得清晰了：追问 aletheia，即追问无蔽本身，并不是追问真理。因此把澄明意义上的 aletheia 命名为真理，这种做法是不恰当的，从而也是让人误入歧途的"（海德格尔：《面向思的事情》，陈小文、孙周兴译，商务印书馆 1999 年第 2 版，第 85 页）。
③ 参见柏拉图：《巴曼尼德斯篇》，陈康译注，商务印书馆 1982 年版，第 88 页。

"相"的自身展示、胡塞尔的范畴直观和超越论陈述、海德格尔的存在领悟和无蔽,它们之间总有一些割不断的联系,即便在后两者那里都可以发现一些变革性的东西。

五、结语

从引论开始,我们就在讨论现象学(或存在论)与逻辑学的划界。最为笼统的划界方式似乎在于:现象学和存在论所关涉的是清楚的直观原则(在胡塞尔那里是范畴直观、本质直观、概念直观,在海德格尔那里是存在理解);逻辑学提供的是明白的分析推理原则(在胡塞尔那里是形式逻辑,在海德格尔那里是陈述逻辑)。这种划界当然只能是方向性的。

当然我们既不能说,现象学的工作到推理分析就止步了,也不能说,逻辑学的工作无法推进到观念直观和存在理解。或许正是这个无法划界的状况才为我们提供了谈论一门**"哲学逻辑学"**的根据。

当然在现代逻辑学学科内使用的更多是"逻辑哲学"的学科命名,如在普特南和奎因那里。它的任务被苏姗·哈克规定为:"研究逻辑中提出的哲学问题。"她认为:"'逻辑的哲学'这种叫法要比'哲学的逻辑'好得多,'哲学的逻辑'这种叫法容易给人们造成一种不幸的印象,好像说存在一种特殊的研究逻辑的哲学方法,而不是说有一些关于逻辑的特殊的哲学问题。"[①] 从这个角度上看,恰恰可以把胡塞尔的超越论逻辑学或纯粹逻辑学的努力称作是"哲学的逻辑学",因为它无论如何与苏姗·哈克或奎因所说的"逻辑哲学"不是一回事。胡塞尔的确是在讨论特殊的研究逻辑的哲学方法。

而海德格尔的逻辑学思考则很难被称作这两者中的任何一个。因

[①] 苏姗·哈克:《逻辑哲学》,罗毅译,商务印书馆 2003 年版,第 10 页。

此，如前所述，海德格尔曾说，"通过胡塞尔的《逻辑研究》，当代逻辑学获得一个推动，这个推动迫使它——相对而言——进入到哲学问题的向度之中"。现在，通过对海德格尔的逻辑学思考的再构，我们是否可以说，他的思考也给当代的逻辑学造成那样一种推动，从而使逻辑学进一步向哲学逻辑学的方向运动呢？恐怕很多人，尤其是现代逻辑学的学者会对此问题做否定的回答。可见哲学与逻辑学的关系，在胡塞尔那里显然要比在海德格尔那里更为紧密。其中的最主要的原因可能在于，对于近代哲学的开创者笛卡尔，胡塞尔就其主要意图而论要比海德格尔离得更近。当然，我们反过来也可以说，海德格尔的逻辑学思考，要比胡塞尔的逻辑学思考更贴近生活（或人文），更逼近逻辑与生活（或人文）的关系问题。这或许是因为，胡塞尔本性上是一个科学的哲学家，海德格尔本性上是一个文学的哲学家。而逻辑学是科学，不是文学。

这样一来，我们似乎又可以说，胡塞尔的相关思考属于"逻辑哲学"（类似于莱布尼茨、罗素、奎因、普特南等人）的方向，即沿着逻辑学的方向，甚至是用逻辑学的方式来思考哲学问题；而海德格尔的相关思考则属于"哲学逻辑"（类似于康德、黑格尔、卡西尔、西田几多郎等人）的方向，即从哲学的维度出发，用哲学的方式来思考逻辑学问题。

对这里的讨论，如果用伽达默尔的话来总结可能更为合适："年轻的海德格尔首先偏爱胡塞尔'范畴直观'概念的《逻辑研究》第六研究并不是偶然的。今天，人们对胡塞尔的这一学说大多表示不满，而用现代逻辑去反对它。但是，他的实践——如海德格尔的实践一样——是不能这样反驳的。这是哲学活动，它同充满生机的语言相遇，这种相遇是任何逻辑手段的技术准确性都替代不了的。"[①]

[①] 汉斯-格奥尔格·伽达默尔：《哲学生涯》，陈春文译，商务印书馆2003年版，第203页。译文略有改动。

Transzendental：含义与中译

一、引言

关于"transzendental"一词的含义和中译的讨论，从康德哲学引入中国之日起就没有停止过。或许是因为康德将自己的哲学称作transzendental，而且后人也常常将他的哲学称为Transzendentalismus或Transzendentalphilosophie，所以这个概念也就一直承受着与康德哲学相同的命运。几乎可以说，康德哲学对中国哲学界有多么重要，这个概念也就有多么重要；康德哲学在何种程度上影响或困扰着中国哲学界，这个概念也就在此程度上产生着影响和困扰。甚至还不止于此，由于 transzendental 的发展线索不仅仅以它的命名者康德为开端，而是肇始于自笛卡尔以来至今仍然起作用的欧洲近代哲学传统，因而对它的理解也涉及对整个近代西方哲学基本问题的理解。

我并不想给人印象，以为我是为了这篇文字才刻意夸张这个词的意义。事实上此前我就已经在几篇文字中捎带地分析过这个概念。[①]之所以这里要再次展开对这个概念的讨论，乃是因为西方哲学的翻译和研究现状已经把我们带到了这样一个问题面前：我们是否需要

---

① 例如可以参见拙著《胡塞尔现象学概念通释》（生活·读书·新知三联书店1999年版）中的"transzendental"条目。本章第四节对胡塞尔的"transzendental 概念"的说明便主要立足于这个条目的内容之上。

重新考虑这个概念的翻译？一个明见的事实是，王炳文在翻译胡塞尔 *Die Krisis der europäischen Wissenschaften und die transzendentale Phänomenologie* 一书时已经率先参照日文的翻译而将这个概念译成"超越论的"[①]。因此我们已经更进一步地面临这样一个问题：我们是否应当接受这个译名？

毫无疑问，我们在思考这个问题时首先要考察这个概念的原创者康德本人的理解和解释。接下来还可以参考后来的康德研究者和新康德主义者对这个概念的理解，同时可以考虑例如这个概念在以后的哲学家那里的传承与变化；这主要是指它在那些以这个概念命名自己哲学思想的重要哲学家那里的传承和变化。但这里仍需做一个双重的限定：我们一方面不考虑它在一些虽然使用这个概念来表述自己的思想，但没有产生很大影响的哲学家那里的传承与变化——我们可以在自康德以降的西方哲学史上找到一大批这样的哲学家；另一方面，我们也不考虑它在那些虽有很大影响，但只是偶尔使用这个概念的哲学家那里的传承与变化，如费希特[②]或海德格尔。

这里主要考虑的是它在谢林和胡塞尔现象学中的传承与变化。

二、康德的"transzendental"概念

康德本人对这个当时还特属于他自己哲学的概念做过两方面的基本定义："我将所有那些不是与对象有关，而是与我们关于对象之认识方式有关的认识，只要它们是先天可能的，都称作'transzendental'",

---

[①] 参见胡塞尔：《欧洲科学的危机与超越论的现象学》，王炳文译，商务印书馆 2001 年版。尤其可以参见王炳文在"译后记"中对选择这个译名的理由的说明。

[②] 尽管费希特曾说，他的"知识学就是 transzendental 哲学"（参见 Fichte, *Die Wissenschaftslehre*, 2. Vortrag im Jahre 1804, Hamburg 1986, S. 11）。但他的理由是：知识学既不把绝对之物置于事物之中，也不将它置于主观的知识之中，而是置于这两者的统一之中。后面我们会看到，这已经不能在康德和谢林的意义上被称作"transzendental 哲学"了。

"'transzendental'……并不意味着某种超越出一切经验的东西（不是'超越的'［transzendent］），而是某种虽然先于经验的（'先天的'），但除了仅仅使经验成为可能以外还没有得到更进一步规定的东西"。①

这里可以比较清楚地看出，康德首先用这个概念来指明一种哲学的提问取向：一门 transzendental 哲学所涉及的应当是这样一种认识，这种认识所探讨的并不是对象，而是我们对先天可能之对象的普遍认识方式。其次，康德用这个概念所表明的不是对所有经验的超越，而是某种虽然先于经验（先天的，apriori），但却能使经验认识（Erfahrungserkenntnis）得以可能的东西。

就后一点而论，中译名"先验的"有一定的合理性，它暗示了 transzendental 的后一种含义，即它与感性经验（empirisch）的对立。但是，更确切地看，后一种含义实际上只是对前一种含义有关的可能回答。

如果概而论之，那么 transzendental 的首要含义与**主体的自身朝向**有关，其次的含义则与**这个朝向的先天可能**有关。因此，"先验的"并不是一个能反映出 transzendental 全面意义的中译。而日译名"超越论的"②在这里则能体现出这个概念的第一个重要内涵，即讨论认识（意识）的超越如何可能，因而值得借鉴和采纳。而更为确切的中译应当将**超越论方面**和**先验方面**的内涵都包容进来。

我们在这里不妨参考新康德主义者鲍赫（Br. Bauch）对先验概念

---

① Kant, *Kritik der reinen Vernunft*, Einleitung, VII. 中译本参见《纯粹理性批判》，邓晓芒译，人民出版社 2004 年版，或者李秋零译，中国人民大学出版社 2004 年版；以及《未来形而上学导论》，庞景仁译，商务印书馆 1982 年版，第 172 页，注 1。当然，康德本人还曾对"transzendental"概念作过不同的定义和使用，拉特克在其《纯粹理性批判系统手册》中仅就康德的《纯粹理性批判》便列举出 15 种不同的用法（参见 H. Ratke, *Systematisches Handlexikon zu Kants Kritik der reinen Vernunft*, Hamburg: Felix Meiner, 1972）。关于康德的"transzendental"概念，应当是一篇专论的课题。

② 参见木田元等编：《现象学事典》，东京弘文堂 1994 年版，第 330 页。

所做的相应界定，他认为，先验概念首先是指**认识学说的问题**，而后是指**这门学说本身**，第三是指**这门学说的方法**。① 康德本人也曾说，"transzendental 这一词……在我这里从来不是指我们的认识对物的关系说的，而仅仅是指我们的认识对认识能力的关系说的"。他甚至认为可以用"批判的"（kritisch）一词取代它。② 我认为它与"反思的"（reflexiv）一词也是基本同义的，因为它表明一种回指我们认识活动本身的方向，一如谢林所说"transzendental 知识就其为纯主观的而言，是一种关于知识的知识"③。

就此而论，transzendental **首先并且主要**不是指"先验"。而且这一点也可以从它的基本构词上看出来。这个词的基本含义中既不含有"先"，也不含有"验"的意思。"先验"的译名，更多是一种解释，而不是一种翻译。这是在思想翻译中特别忌讳的事情。尤其在涉及一个处在争议中的思想时，译者更应当把解释和理解的权利尽可能多地交给读者本人。

与此相反，"超越论"的翻译则是紧扣了这个词的基本词义。康德所加的词尾 -al，指示出一个与 transzendent（超越）相关，但方向相反的概念意义：transzendent 意味着超越的状态，transzendental 则意味着超越是如何可能的问题。如果我们可以把 existenzell 译作"生存状态的"，把 existenzial 译作"生存论的"，或者，如果我们可以把 ontisch 译作"存在状态的"，把 ontologisch 译作"存在论的"，那么我们也就可以毫不犹豫地把 transzendent 译作"超越［状态］的"，把 transzendental 译作"超越论的"。

还需要指出一点：由于把 transzendental 译作"先验"，也给"先

---

① 参见 G. Schischkoff, *Philosophisches Wörterbuch*, Stuttgart: Kröner Verlag, 1978, S. 704。
② 参见康德：《未来形而上学导论》，庞景仁译，第 57 页。
③ 谢林：《先验唯心论体系》，梁志学、石泉译，第 11 页。

验哲学"概念的理解带来麻烦，甚至造成误解①，而这种误解不会在例如"分析哲学"的译名上出现。因为，"先验哲学"本身并不是"先于经验的"，因为它并不把"先于经验"看作是唯一重要的、可靠的知识来源，它也并不使用"先于经验的"操作方法，否则它就是"先天论"（Apriorismus）而不是"先验论"（Transzendentalismus）。这个缺陷，在使用"超越论"译名时也可以避免，它与"生存论哲学"、"本体论哲学"一样明白清晰。

三、谢林的"transzendental"概念

康德"transzendental"概念的第一个继承者是哲学神童谢林。谢林对这个概念的理解不仅是在时间上，而且也是在含义上最切近康德的。只不过他没有像康德那样把自己的整个哲学称作"Transzendentalphilosophie"，而是只用它来命名其中的一部分。谢林的哲学预设了一个二元论的前提：自然与理智的平行关系。他认为要想完整地描述这种关系，"单靠 transzendental 哲学或者单靠自然哲学都是不可能的，而只有靠这两种永远对立的科学，二者决然不能变成一个东西"②。这样，自然哲学与 transzendental 哲学便处在对立的位置上，但它们同时也相互需求和相互补充。自然哲学的进路在于：使客观的东西成为第一性的，然后说明主观的东西如何会依附于它。这是自然科学的讨论方式。transzendental 哲学的进路则正好相反：使主观的东西成为第一性的，然后说明客观的东西如何会依附于它，这是哲

---

① 例如，康德和胡塞尔所说的"transzendentale Logik"若译作"先验逻辑学"就会引起误解，尤其是在胡塞尔那里，因为，胡塞尔在这里所说的"tranzendental 逻辑学"，是要求从形式逻辑的谓词判断回溯到"transzendental"逻辑的前谓词的**经验**上去。"先验"的译名在这里当然是不妥的。对此还可以参见王炳文在《欧洲科学的危机与超越论的现象学》的"译后记"中对类似案例的说明。

② 谢林：《先验唯心论体系》，梁志学、石泉译，第3页。

学的讨论方式。transzendental 哲学于是成为整个哲学的代名词。

谢林对 transzendental 的这个界定直到今天都留下清晰的痕迹：每当我们看到有人将"transzendental-natürlich"作为概念对来使用时，我们多半可以猜想他受谢林的影响较深。

显而易见，康德的 transzendental 立场在谢林这里是经过一定的修改才得到维续的。康德的立场意味着：不讨论知识以及作为知识之总和的自然科学是否可能的问题，而只思考它们如何可能。谢林所做的修改在于，自然科学也是哲学所要讨论的问题，更确切地说，是自然哲学所要讨论的问题。

撇开这些差异不论，我们可以特别关注一下谢林对"transzendental"概念的定义："transzendental 考察方式的本性只能是主观的东西把自己变成自己对象的一种持续不断的活动。"① 他也提到"transzendental 直观"，这无非是指对直观者（主体）自身的反思直观。

在这个意义上，transzendental 根本不同于 a priori 的概念。这在谢林那里特别明显地表现出来。② 因为在他的哲学体系中，如果说"transzendental 哲学"是对主观的东西本身的思考，那么与它相对的应当是自然哲学。而 a priori 只占 transzendental 哲学中的一小部分。它与它的对立概念 a posteriori 的关系只是在"以 transzendental 唯心论为原则的理论哲学体系"的第三个时期才出现。由此可见"transzendental"和"a priori"这两个概念的差异有多大。

至于 a priori 和 a posteriori 的关系，谢林曾言简意赅地说："我们的认识原本不是 a priori，也不是 a posteriori，因为这里的全部区别都仅仅

---

① 谢林：《先验唯心论体系》，梁志学、石泉译，第 12 页。
② 谢林《先验唯心论体系》的中译者在这部书中将"a priori"和"transzendental"都译作"先验"，显然是不妥的。虽然中译者每遇 a priori 都标出原文，从而可以避免读者将这两个概念混为一谈，但是读者的困惑却并不会因此而减少。

是从哲学意识方面被作出来的。"① 换言之，"a priori"和"a postriori"的区别是一个由"transzendental"的思考方式所造出的，并且包含在它之中的区别。

诚然，在谢林那里也出现诸如"transzendental 抽象"、"transzendental 范式"的概念，就像在康德的论著中出现"transzendental 自我"、"transzendental 认识"等一样。这些概念最容易误导人将"transzendental"与"a priori"两者混为一谈。但在康德和谢林那里，这类组合概念的意思还是明确的，只要我们把"超越论的"和"先天的"概念通过中译名区分开来，它们都意味着："为超越论所把握和探讨的"或"在超越论范围内的"，如此等等。

最后还需指出一点：即便我们把"先验"一词仅仅保留给 a priori 使用，这个中译对 a priori 严格地说仍然是不合适的。例如，10 的 10 次方的结果是一个 a priori 的认识；我们无法说它必定是先于经验或后于经验，但却可以说：它独立于经验而成立。因此，康德对"Erkenntnisse a priori"（通常称作"先天认识"）的定义并不是"先于经验的认识"，而是"绝然独立于经验而成立的认识"，而对"Erkenntnisse a postriori"（通常称作"后天认识"）的定义则是"源自经验的认识"。② 当然，这个词的通常译名如"先天"、"先在"等等，也都不能说是理想的翻译，而是各自带有自己的缺陷。但与"先验"的译名相比，它们还算是更好的选择。

四、胡塞尔的"transzendental"概念

现在我们来看胡塞尔的"transzendental"概念。他本人曾一再强

---

① 谢林：《先验唯心论体系》，梁志学、石泉译，第 186 页。
② 参见 Kant, *Kritik der reinen Vernunft*, B 3-4。

调，他所创立的真正意义上的现象学是 transzendental 现象学，并且自 1908 年以后便始终用"transzendental"概念来规定自己的现象学特征。因此，"transzendental"概念对理解胡塞尔的现象学具有至关重要的意义。在完成向 transzendental 现象学的突破之后，胡塞尔指出，他自己的"transzendental"概念与康德的"transzendental"概念在这样一种意义上具有渊源关系："事实上，尽管我在基本前提、主导问题和方法上远离康德，但是我对康德 transzendental 一词的接受却从一开始就建基于这样一个得到充分论证的信念之上：所有那些在理论上为康德与他的后继者在 transzendental 标题下所探讨过的有意义的问题最终都可以回溯到纯粹现象学这门新的基础科学之上。"（Hua VII, 230）但值得注意的是，胡塞尔后期在《笛卡尔式的沉思》中却又强调现象学"transzendental"概念的本己性："transzendental 这个概念……唯独只能从我们哲学的沉思境况中吸取。"（Hua I, 65）据此，兰德格雷贝甚至认为，任何从传统含义出发对胡塞尔"transzendental"概念的解释都是错误的。[①]

这里隐含的矛盾主要起源于"transzendental"概念在胡塞尔哲学中所具有的双重含义。严格地说，胡塞尔对康德"transzendental"的接受，主要还是在康德赋予这个概念的第一个含义方面。胡塞尔本人的"transzendental"与此相应地具有以下两层主要含义：

（1）"transzendental"首先被他用来指称一种"对所有认识构成之最终源泉的进行回问，认识者对自己及其认识生活进行自身思义的动机"（Hua XXVII, 167f）。这个意义上的 transzendental 动机最初发端于笛卡尔："笛卡尔从在先被给予的世界向经验着世界的主体性以及向意识主体性一般的回溯唤起了一个科学发问的全新维度，即

[①] 参见 L. Landgrebe, „Die Phänomenologie als transzendentale Theorie der Geschichte", in *Phänomenologische Forschungen*, Vol. 3, *Phänomenologie und Praxis* (1976), S. 17。

transzendental 维度"（Hua VI, 100-101）。类似的表述也出现在他最后整理发表的著作《经验与判断》中："我们……将自己理解为 transzendental 主体性；transzendental 在这里无非意味着由笛卡尔所开启的原本动机，即，对所有认识构成的最终源泉的回问，认识者对自己及其认识生活的自身思义。"① 因此，这个意义上的 "transzendental" 概念与康德本人赋予先验概念的第一个主要含义有渊源关系：它在胡塞尔那里首先是一种**提出问题和考察问题的方式，一种哲学态度**。"transzendental 问题"、"transzendental 哲学"、"transzendental 现象学" 等表述便是与这个意义上的先验有关。

（2）"transzendental" 概念在胡塞尔的现象学中同时也表明一种在纯粹主体性本身之中寻找客观认识可能性的具体做法。"transzendental 自我"、"transzendental 意识"、"transzendental 主体性" 等意义上的 transzendental 便是与这个含义有关。在胡塞尔看来，这是从前一个 "transzendental" 概念中所导出的必然结果。而后一个 "transzendental" 概念所指明的已经不再是对主体性中的客观认识，或者说，超越主体的认识如何可能的提问，而是更多地关系到从主体性或从主客体相互关系的维度出发对此提问的回答。

胡塞尔自己认为："康德试图在主体性中，或者说，在主体性与客体性的相互关系中寻找对客体性意义的最终的、通过认识而被认识的规定。就此而论，我们与康德是一致的……"（Hua VII, 386）虽然康德所探讨的是先天认识之可能性的问题，而非客观性如何可能的问题，但胡塞尔认为，这两种提问原则上是同一的：康德的先天认识是一种本体论认识，而他自己所说的客体性也就是认识的客观性。②

尽管如此，在后一个含义上，胡塞尔与康德各自的 "transzen-

---

① Husserl, *Erfahrung und Urteil. Untersuchung zur Genealogie der Logik*, S. 48.
② 参见 Hua VI, §15。

dental"概念仍存在着明显的分歧。例如，与康德后一个意义上的"transzendental"概念相对立的是（感性）经验，而与胡塞尔的后一个"transzendental"概念相对应的相关概念则是 transzendent，或者说，世间的（mundan）或世界的（weltlich）：在一切世界之物的本己意义中都包含着超越……如果这种对非实在包含的超越属于世界的本己意义，那么自我，即这个自身承载着作为有效意义之'超越'并且本身又是这个有效意义之前设的自我本身，在现象学的意义上便叫作 transzendental 的。从这个相关性（先验—超越的相关性）中产生的哲学问题便与此相应地叫作"transzendental—哲学"的问题。① 与此本质相关的差异还进一步表现在：在胡塞尔的"transzendental"概念中已经包含着 transzendental 经验的内涵，而康德则因为缺乏明确的本质还原的方法意识而忽略了 transzendental 经验的可能性。

五、结语

如果我们在这里纵览从笛卡尔至胡塞尔的整个 transzendental 发展线索，并且撇开在各个哲学家对"transzendental"概念的不同理解不论，那么我们似乎可以找到一个贯穿在"transzendental"概念中的基本因素："transzendental"概念与"transzendent"概念的统一与对立。它具体表现在：这两者都与"超越"有关：后者涉及意识的超越活动以及超越状态，前者则反思地回溯超越是如何可能的问题；后者是自然的、直向性的，前者则是哲学的、反思的。

最后还要补充一点：tanszendental 不仅仅是指先于感性经验的，或独立于感性经验的，否则我们只需有 a priori 一词就足够了。现在

---

① 参见 Hua I, 65, 以及 Eugen Fink, „Die phänomenologische Philosophie Husserls in der gegenwärtigen Kritik", in *Kant-Studien*, Nr. 38, 3/4, S. 376。

也的确有许多人把 a priori 译为"先验的",例如在一些逻辑学的翻译中。① 但是,由此产生的问题也恰恰表现在胡塞尔的 *Formale und transzendentale Logik* 一书的书名翻译上。"形式的"在传统哲学中相当于"先天的"。一般的读者会将此书名理解为"先天的逻辑"和"先验的逻辑",即使是专业的读者也会茫然:这两种逻辑学的区别究竟何在?

总之,无论我们今后怎样翻译 transzendental 这个概念,恐怕都必须顾及它与 a priorisch 一方面以及与 transzendent 另一方面的关系与差异。而在目前业已提供的译名("先验的"、"超验的"、"超越论的"等)中,我以"超越论的"为首选。

---

① 参见卢卡西维茨:《亚里士多德的三段论》,李真、李先焜译,商务印书馆1991年版,第252—254页。

观念主义，还是语言主义？
——对石里克、维特根斯坦与胡塞尔之间争论的追思

一、引论

时值20世纪20年代，逻辑实证主义与现象学都还算是新兴的哲学思潮。固然，比较而言，在两个哲学派别的代表人物中胡塞尔的年龄较长，因此已有几部重要著作问世并引起巨大效应：撇开1910年在《逻各斯》发表的长文《哲学作为严格的科学》不论，《逻辑研究》在1900和1901年初次发表之后，在1913和1921年已经出版了加工修改后的第二版；《纯粹现象学与现象学哲学的观念》第一卷也在1913年问世。而在逻辑实证主义方面，石里克于1918年已经出版了《普通认识论》，并于1925年再版；卡尔纳普则在1928年出版了《世界的逻辑构造》。在这样的理论背景中，两个学派的理论交锋虽然不能说是无法避免，却也很难被看作偶发事件了。

从总体上看，在这两个流派之间存在着一定的共识。首先可以想到的是：这两个流派的精神领袖都与维也纳的哲学传统有不解之缘，他们都抱有传承莱布尼茨之遗愿的意向，都在尝试建立一种普全的数理模式（universale Mathesis），无论是以"超越论逻辑"或"普遍自身认识"的名义，还是在"普遍句法"的口号下。在此意义上，两个学派都承担起了将哲学建设为一门科学的责任。虽然胡塞尔对

当时的实证主义思潮始终持有警觉，认为它由于其经验主义的归宿最终是"怀疑的消极主义"（Negativismus）而非真正的"实证主义"（Positivismus，即"积极主义"）①，但现象学对经验和描述的尊重却可以在逻辑经验主义那里找到共鸣，胡塞尔甚至说："如果'实证主义'相当于有关一切科学均绝对无成见地基于'实证的东西'，即基于可被原本地加以把握的东西的话，那么**我们**就是真正的实证主义者。"② 因此卡尔纳普完全有理由说："我们的分析与胡塞尔作为目标提出来的'体验的数理模式'（Mathesis der Erlebnisse）（《纯粹现象学与现象学哲学的观念》，哈雷，1913年，第141页）和迈农的对象理论亦有共同点。"③

此外还有一个明见的基本事实：维也纳学派的两个代表人物石里克和卡尔纳普都在很大程度上拒绝逻辑实证主义的标签，而宁可采纳逻辑经验主义的称号。④ 也正是出于这个原因，我们无须把胡塞尔在《逻辑研究》中对马赫等人的老实证主义的批判当作现象学与新实证主义（或逻辑经验主义）之间冲突的前奏来加以讨论。

而在现象学与维特根斯坦的关系方面，估计胡塞尔会愿意在维特根斯坦所说的一段话下签下自己的名字："我们不可提出任何一种理论。我们的思考中不可有任何假设的东西。必须丢开一切**解释**而只用描述来取代之。"⑤ 特别是因为维特根斯坦在1929年前后对"现象学"

---

① 胡塞尔：《哲学作为严格的科学》，倪梁康译，商务印书馆1999年版，第68页；可一步参见该书第8页。

② 此外还可以参见 Husserl, *Ideen zu einer reinen Phänomenlogie und phänomenlogischen Philosophie, Erstes Buch: Allgemeine Einführung in die reine Phänomenologie*, Den Haag: Martinus Nijhoff Publishers 1950, als Hua III/1, 1976；中译本参见胡塞尔：《纯粹现象通论》，李幼蒸译，商务印书馆1992年版，第79页。

③ 卡尔纳普：《世界的逻辑构造》，陈启伟译，上海译文出版社1999年版，第7页。

④ 参见克拉夫特：《维也纳学派——新实证主义的起源》，李步楼、陈维杭译，商务印书馆1999年版，第29页。

⑤ 维特根斯坦：《哲学研究》，陈嘉映译，上海人民出版社2001年版，第109节，转引自陈嘉映：《维特根斯坦的哲学观》，2005年中山大学讲演稿。

一词产生浓厚兴趣，并且在其笔记和谈话中不断地使用它。[①] 因此，维特根斯坦与现象学的合作与对话也并非完全不可能。维特根斯坦在与石里克的谈话中曾对他自己的"现象学"定义说："在现象学中所涉及的始终是可能性，即是说，涉及意义，而非涉及真假。"[②] 仅就这个论断而言，他的现象学理解与胡塞尔和海德格尔对现象学的理解几乎没有原则差异。

然而，在两个学派之间存在严重分歧仍然是不言自明的，即便这种分歧是在同一个哲学意向、相近的哲学目标与风格、类似的哲学论题与方法下发生的。我们当然无法指望用一篇短文来将这些分歧论述清楚。这里的文字只想着眼于这些分歧中的一个，而且是一个直接的分歧，甚至可以说是直接的冲突：对本质直观的理解。它通过石里克和胡塞尔之间的相互批评而表露出来，此后又在石里克与维特根斯坦的谈话中得到继续。

对此冲突进行回顾的意图并不仅仅在于对一个至此为止一直被忽略的历史事实的发掘和再现——这只构成本章第一节的主题，而主要在于对争论问题的重申与分析：观念存在是否可能？对它的本质直观是否可能？这是本章第二、三节的讨论内容。尽管在第三节的结尾处已经给出了一个对胡塞尔与维特根斯坦各自立场的小结，第四节仍然保持总结的形式，但眼光有所放开，一直扩展到对两种时代精神的观

[①] 对此问题可以参见 H. Spiegelberg, „The Puzzles of Wittgenstein's Phänomenologie (1929-?)", in H. Spiegelberg, *The Context of Phenomenological Movement*, Den Haag: Kluwer Academic Publishers, 1981, pp. 202-228，中译文《维特根斯坦的"现象学"之谜》，李云飞译，载于张志林、程志敏选编：《多维视界中的维特根斯坦》，郝亿春、李云飞等译，华东师范大学出版社2005年版，第109—130页；R. 艾姬蒂：《维特根斯坦对于经验的现象学再现》，徐英瑾译，《世界哲学》2004年第1期，以及徐英瑾的三篇文章：《维特根斯坦的现象学之谜》，《复旦学报（社会科学版）》2004年第1期；《维特根斯坦面向"现象学"的哲学转型——从〈逻辑哲学论〉到〈略论逻辑形式〉》，《哲学门》总第十一辑，北京大学出版社2005年版，第114—146页；《路德维希·维特根斯坦：〈大打字稿〉》，《中国学术》2004年第1辑，尤其是其中的第三节，第319—324页。

[②] 克拉夫特：《维也纳学派——新实证主义的起源》，李步楼、陈维杭译，第63页。

察上：观念主义的和语言主义的。

二、石里克、维特根斯坦与胡塞尔之间的冲突

在这场历史上实际发生的冲突中，石里克扮演了一个至关重要的角色。他在 1918 年发表的《普通认识论》中首先挑起一个针对胡塞尔的争端，主要是针对胡塞尔在《逻辑研究》和《纯粹现象学与现象学哲学的观念》第一卷中的观点所提出的：

> 在这里［在《纯粹现象学与现象学哲学的观念》中］声言有一种特殊的直观存在，据说它**不是心理实在的行为**；如果有人无法找到**这样一种并不包含在心理学领域中的"体验"**，那么他便会被告知，他没有理解这门学说的意义，他没有深入到正确的经验观点和思维观点之中，因为据说这需要付出"专门的和艰苦的研究"。①

从语气上看，石里克的批评带有一些寻衅的味道。因此胡塞尔的反击也显得异常强烈。在《逻辑研究》第二卷第二部分于 1921 年再版时，他逐字逐句地引用了石里克的话，并且在其中加了重点号。几乎是以一种愤怒的②口吻，胡塞尔写道：

> 莫里茨·石里克的《普通认识论》表明，某些作者做起拒斥

---

① M. Schlick, *Allgemeine Erkenntnislehre: Naturwissenschaftliche Monographien und Lehrbücher*, I. Band, Berlin: Verlag von Julius Springer, 1918. 石里克的最后一句引文可以参见 Hua III/1, 5。

② 或者也可以用石里克在《普通认识论》的第二版中回应的说法：用一种"过于尖锐"（überscharf）的口吻。(参见 M. Schlick, *Allgemeine Erkenntnislehre*, Berlin: Verlag von Julius Springer, ²1925, S. 127, Anm. 3)

性的批评来是多么舒适随意，他们的阅读是怎样的仔细认真，他们会果敢地将什么样的荒谬归属于我和现象学……熟悉现象学的人一眼便可以看出，我绝不可能说过在上面这段加了重点号、由石里克强加于我的出色声言；同样可以看出，他对现象学意义的所做的其他论述同样是不真实的。

客观地说，除了最后一句批评还有待后面的讨论以外，胡塞尔的这个反驳基本上是合理的，尽管他并没有进一步展开这里的论述。因为在他的所有论述中，本质直观或观念直观都被看作是一种心理活动，它本身就是包含在心理领域中的体验。

接下来胡塞尔还对石里克的讥讽性批评做了回应。由于石里克的批评本身没有实际内涵，因此胡塞尔的回应也没有涉及实际性的问题。①

几年之后，石里克在《普通认识论》的第二版中删除了他的这个批评。但他仍然在一个脚注中说明："不要以为我被胡塞尔在他的《逻辑研究》第二卷第二部分前言中对我提出的过于尖锐的意见吓住了，从而不敢对现象学的方法做出足够清楚的标示。"他告诉读者：之所以将第一版中对现象学方法的批评予以删除，乃是因为胡塞尔指责石里克对"观念直观"的理解有误，即以为观念直观不是一个实在的心理

---

① 这个回应的全文是："固然，我曾一再要求付出'艰苦的研究'。但这并不有别于例如数学家对任何一个想**参与**对数学事物的**谈论**、甚至敢于对数学科学的价值提出批评的人所提的要求。无论如何，对一门学说不付出为把握其意义所必需的研究，却已经对它进行批评，这就违背了文献之认真性的永恒规律。要想深入到现象学之中，必须付出辛劳；凭借自然科学或心理学的学识以及任何历史哲学的学识是无法免除这种辛劳的，它们只能减轻这种辛劳。但是，每一个承受这种辛劳并且起而达到那种罕为人所施行的无成见性的人，都会获得对这个科学**基地**之存有的无疑确然性，同样也获得为此基地所要求的**方法**之特权的无疑确然性，正是这种方法，在这里与在其他科学中一样，才使得概念上确定的工作问题有可能具有共性，才使得我们有可能对真与假做出确然的决断。我必须再次强调，M. 石里克的案例所涉及的并不仅仅是一些无关紧要的偏离，而是他的整个批评都建立在一些歪曲意义的偷梁换柱做法之基础上。"（LU II/1, B$_2$ VI-VII）

过程。因此，他解释说："由于我觉得，在完成对现象学的'观看'来说必要的对所有现实之物的'加括号'或'排除'之后，剩余下来的不是任何实在的意识过程，而仅仅是一个抽象，因此而产生出一个误解，而对这个误解的澄清完全不会涉及在这些文字中所提出的针对现象学的论据。"①

石里克这段文字的含义初看起来有些含糊，但仔细读来，里面表达的意思不外乎两层：其一，他承认第一版中对胡塞尔的那段批评是个误解，因此在第二版中删去；其二，他坚持认为，对现象学的其他批评仍然是有效的。此外，如今我们已经可以从中看出他的误解产生的基本原因：他把胡塞尔在《逻辑研究》中提出的本质直观方法和在《纯粹现象学与现象学哲学观念》第一卷中提出的超越论还原方法混杂在一起讨论，这显然是一种不太严格的做法。

当然，在第二版中仍然有许多对胡塞尔的批评被保留下来。② 这些批评主要是针对《逻辑研究》而发的，并且尤其是针对其中的本质直观方法以及相应的明见性原则。但批评也同时指向意向性的理论以及与此相关的内感知理论。这两个理论都是在当时受到广泛注意和讨论的学说，最初为布伦塔诺、施通普夫、胡塞尔等人所提出和展开。我们将在后面第二节中考察石里克的批评。

在此之后不久，在逻辑实证主义与现象学之间还发生过第二次交锋。与前一次不同，第二次的交锋在当时并未公开，而是在维也纳学派内部进行的。具体地说，在 F. 魏斯曼记录的维特根斯坦与维也纳学派的谈话中，可以发现 1929 年在石里克和维特根斯坦之间进行的一次

---

① M. Schlick, *Allgemeine Erkenntnislehre*, Berlin: Verlag von Julius Springer, ²1925, S. 128.

② 石里克还在其他场合上批评胡塞尔的现象学，这里对此不再展开。施皮格伯格曾说，在维也纳学派的成员中，"石里克极度反对胡塞尔，在其好几本著作中批评现象学，而且实际上把胡塞尔与维特根斯坦摆在了相互敌对的位置上"。而这与另一位维也纳学派的主要成员卡尔纳普的态度正好相反。（参见施皮格伯格：《维特根斯坦的"现象学"之谜》，李云飞译，载于张志林、程志敏选编：《多维视界中的维特根斯坦》，郝亿春、李云飞等译，第 121 页）

对话。魏斯曼将这个对话附以"反胡塞尔"（Anti-Husserl）的标题。

在这段对话中，首先是石里克提出与胡塞尔相关的问题。石里克似乎还在为他在《普通认识论》中与胡塞尔在《逻辑研究》中的争论感到困惑，并因此征求维特根斯坦的意见，由此而引出维特根斯坦对胡塞尔现象学的一段批判性论述：

石里克：应当怎样来反驳一个认为现象学的陈述是先天综合判断的哲学家？

维特根斯坦：如果我说："我没有胃痛"，那么这句话假设了胃病状态的可能性。我目前的状态和胃痛状态可以说是处在同一个逻辑空间中。（正如我说："我没有钱。"这一陈述已经预设了我确实有钱的可能性。它指示着钱——空间的零点。）否定命题预设了肯定命题，反之亦然。

现在让我们来看一下这个陈述："一个对象在同一时刻不会既是红色的又是绿色的。"我用这个陈述只是想说：我至今为止没有见到过这样的对象吗？显然不是，我的意思是："我**不能**（kann）看到这样一个对象"，"红和绿不**能**（können）在同一个场所"。在这里我就要问："**能**（kann）"这个词在这里是什么意思？"能"这个词显然是一个语法（逻辑）概念，而不是一个实事（sachlicher）概念。

现在假设"一个对象不能既是红色的又是绿色的"这个陈述是一个综合判断，而且"不能"这两个字意味着逻辑不可能性。由于一个命题是对它的否定的否定，因此，必定也存在着"一个对象能够既是红色的又是绿色的"这样一个命题。而这个命题同样会是综合的。作为一个综合命题，它具有意义，而这就意味着：被它所表现的事态**能够存在**。因此，如果"不能够"意味着**逻辑**不可能性。那么，我们就会得出这样的结论：不能够还是可能的。

对于胡塞尔来说，在这里只剩下一条出路——宣称存在着第三种可能性。对此我的回答将是：语词是可以发明的；但我在其中却无法思考到任何东西。①

仅就这个对话文本来看，可以认为维特根斯坦对胡塞尔的思想相当了解，至少是对《逻辑研究》十分熟悉。他的指责应当是直接针对胡塞尔在《逻辑研究》第三研究中（LU II/1, A 235/B_1 239）所提出的观点而发。我们会在接下来的两节中对此展开讨论。②

三、本质直观：方法论的差异

在以上被历史地再现出来的争论中，方法问题看起来构成了这些争论的重点与核心。从方法的分歧出发，争论还会进而更深入涉及实事领域，如对意向性的不同看法；退而更宽泛地涉及不同的哲学立场和时代精神，如观念主义的出发点，还是语言主义的出发点。

就胡塞尔这方面而言，由于他涉及的范围较广，既包含意识分析的层面，也包含语言分析的层面，因此，或许用"现象学分析"的标题来涵盖这两者是比较合适的。而在他的对立一面，把石里克和维特

---

① Wittgenstein, *Wittgenstein und der Wiener Kreis*, Gespräche, aufgezeichnet von Friedrich Waismann, Frankfurt am Main: Suhrkamp, 1984, S. 66. 在此后的另一次谈话（1930年1月2日）中，石里克再次提及胡塞尔的先天综合判断。但维特根斯坦没有回答与胡塞尔相关的问题部分。（参见 Wittgenstein, *Wittgenstein und der Wiener Kreis*, S. 78-79）

② 施皮格伯格认为，从这里还不能确定维特根斯坦对胡塞尔的否定是根据他自己对胡塞尔的直接认识，还是借助于石里克在提问中的描述。他认为维特根斯坦对于他自己的现象学与胡塞尔的现象学的关系看起来似乎是态度暧昧。施皮格伯格自己估测，维特根斯坦对胡塞尔的了解是间接地通过对卡尔纳普的《世界的逻辑构造》的阅读。但他提供的 J. N. 芬德莱（J. N. Findlay）的资料，却可以说明维特根斯坦对胡塞尔《逻辑研究》的直接接触："芬德莱教授在一次谈话中告诉我，当他在1939年向维特根斯坦提及胡塞尔的《逻辑研究》时，令其感到有些惊讶的是，维特根斯坦还是对该著的旧版感兴趣。"（参见施皮格伯格：《维特根斯坦的"现象学"之谜》，李云飞译，载于张志林、程志敏选编：《多维世界中的维特根斯坦》，郝亿春、李云飞等译，第121—122页，第116页注2）

根斯坦放在一个标识下则较为困难。困难主要是就维特根斯坦而言：既不能把他称作逻辑实证主义者，也难以把他称作分析哲学家或语言哲学家。但毋庸置疑的是，我们仍然可以把这两个对立面的基本思想风格称作"分析的"，因此他们之间极有可能产生出实质性的对话。

两派之间的真正分歧在笔者看来主要是立场上的分歧，或者说，是出发点的分歧。这个分歧甚至在各自哲学的称号中已经表露出来：在逻辑经验主义的称号中已经包含着一个认识二元论的设定——理性主义和经验主义。逻辑经验主义者们虽然各自还有不同的见解，但一般会认可这样一个论断："从根本上来说存在着两类断言，一类是必然的，其有效无关于经验，一类是事实性断言，是综合的命题，其有效或被否定仅仅依据于经验。"这种二元论并不像以往传统的理性主义和经验主义二元论那样把逻辑数学与经验事实截然分割开来，而是对它们加以某种结合：逻辑本身被允许结合到经验之中。因而石里克把这种"逻辑同实在和经验的关系"的见解明确地称为"哲学中迈出的最重大的一步"。[①]

而在现象学这方面，对现象的执拗的坚持初始时会给人以偏好经验的印象，但当人们看到胡塞尔和早期海德格尔始终只在一般的意义上使用"经验"一词，同时却赋予"直观"以其方法上的至高地位时，他们与逻辑经验主义的区别就逐渐显露出来。现象以各种方式显现给我们，但最原初地是以直观的方式显现给我们。而在这里至关重要的是：在现象学的代表人物胡塞尔、海德格尔和舍勒等人看来，甚至可以说在所有现象学家看来，这种直观既可以是感性经验的直观，也可以是观念本质的直观。在这个意义上，胡塞尔可以在方法上仅仅诉诸直观，并把它看作"一切原则之原则"或"第一原则"（Hua III/1, §24），它能够为我们提供最终的对于人的认识来说是最后的根据，或者说，"最终的教益"（LU II/2, A 140/B_1 141）。

[①] 参见克拉夫特：《维也纳学派——新实证主义的起源》，李步楼、陈维杭译，第28—29页。

这个差异初看起来非常明显。石里克在《普通认识论》中以很大的篇幅来批判地分析这种直观，并将它归入不是认识的那一类东西中（Was Erkenntnis nicht ist）。无论是柏格森还是胡塞尔，或者布伦塔诺，都被石里克予以坚决的回绝。他认为他的观点与直观哲学处在最尖锐的对立之中；直观哲学的最大错误在于混淆了知晓（Kennen）与认识（Erkennen），而这可能对哲学带来最严重的后果。"直观只是体验，而认识却完全不同，是更多的东西，直观的认识是一个语词矛盾（contradictio in adiecto）。"①

　　石里克的学生洪谦曾仔细研究过他的老师对直观理论的看法，他认为："从石里克的论述中可以清楚地看出，在所有科学理论中表现出来的不是'纯直观'或任何神秘的要素，而是理性知识与经验知识的结合；因为在这样一种理论系统中构成其要素的命题只有通过数学的或逻辑的推演才能彼此联系起来，而任何的'直观的'经验的客观有效性只能通过感观知觉在经验上加以检验。"②

　　因此，对直观问题的不同看法，构成现象学与逻辑经验主义之间的一个至关重要的分歧，也是前面所说的出发点分歧之一。而在这个分歧中的最突出的分歧更是在于：是否存在"普遍表象"，即对种类客体或观念存在的表象，例如对一、三角形、红的表象。这类观念对象对于石里克来说是不存在的，它们只具有纯粹术语的含义。对象既然是虚构的，也就无法谈论对它们的真正直观或表象，它们只会将人们引向柏拉图的形而上学。"当前如此被赞誉和使用的'现象学方法'……越是被严格地运用，它就越是将人们引向虚无缥缈的地方，

---

　　① M. Schlick, *Allgemeine Erkenntnislehre*, Berlin: Verlag von Julius Springer, ²1925, S. 11, 74-86.
　　② 洪谦：《论逻辑经验主义》，商务印书馆 2005 年版，第 49 页。在洪谦遗赠的藏书 M. Schlick, *Allgemeine Erkenntnislehre*, Berlin: Verlag von Julius Springer, ²1925（现藏于北大图书馆）中，可以看到他非常关注石里克的现象学批判，包括石里克对直观学说的批判，他在书中的许多段落下面做了重点记号。笔者所引《普遍认识论》第二版，正是出于该赠书的复印件。

却无法提供任何现实的知识。"①

现象学，尤其是胡塞尔的现象学，在这个问题上的态度是截然相反的。早在胡塞尔的第一部著作《算术哲学》中，他就已经提出了"观念化的抽象"的问题。可以说，对观念存在的信念，甚至要早于现象学运动本身。②而在现象学运动的突破性著作《逻辑研究》中，他更是明确地指出："作为思维统一性的逻辑概念必定起源于直观；它们必定是在某些体验的基础上通过观念直观的抽象而产生并在新的抽象中不断得到其同一性的新的验证。换一种说法：我们在对逻辑学所提出的规律的意义，对'概念'、'判断'、'真理'等及其各种划分做初步反思时，我们决不会仅仅满足于'单纯的语词'，即'对语词单纯的象征性理解'。"③这意味着，意识不仅具有在经验层面上构造感性对象的功能，而且也具有在观念层面上构造观念对象的功能。观念对象与感

---

① M. Schlick, *Allgemeine Erkenntnislehre*, Berlin: Verlag von Julius Springer, ²1925, S. 23.
② 胡塞尔自己在《逻辑研究》中回顾说："随这个命题（客观—观念必然性命题）一起得到突出的是，明见性的思想从本体论上转变为纯粹本质规律性的思想，这对进一步研究的内容来说具有决定性的作用。在我的《关于1894年德国逻辑学著述的报告》(《系统哲学文库》第三卷，第225页，注释1）中，我已经十分明确地进行了这一转变。" (LU II/1, A 235/B₁ 240, Anm.)
③ LU II/1, A 7/B₁ 5. 此外还可以参见他的一个具体论述，它表明直观行为在许多情况下先于符号行为发生，并为后者奠基：

"符号行为与符号意向对于我们来说是同义的语词。因此，现在应当思考一个问题：一些行为通常只是在意指的功能之中为我们所发现，那么这些行为或本质同类的行为难道就不能在这种功能之外、在摆脱所有表达的情况下出现吗？

"某些无语词认识的情况已经表明，对此问题的回答应当是肯定的。这些无语词认识的情况完全具有动词认识的特征，而与此同时，语词在其意义—符号内容方面还根本未被现时化。例如，在语词还没有立即出现或根本不出现的情况下，我们将一个对象认识为古代罗马的路标，将它的沟纹认识为风蚀了的碑文；我们将一个工具认识为螺旋钻，但我们根本想不起这个语词；如此等等。从发生上说，通过当下的直观而在心境上引起一个朝向这个意指性表达的联想；但这个表达的单纯含义组元已经被现时化，它们如今在相反的方向上回射到引发性的直观之中并且是带着已充实的意向特征流入到直观之中。这些无语词认识的情况因而无非就是含义意向的充实，只是这里的含义意向在现象学上已经摆脱了其他从属于它们的符号内容。对通常的科学思考之联系的反思也提供了这样一类例子。在这里可以注意到，向前涌进着的思想序列有相当大的一部分并不束缚在那些从属于它们的语词上，而是通过直观图像的流动或通过它们本己的联想交结而被引发。"（LU II/2, A 532/B₂ 60）

性对象在现象学的意识分析中享有同等的地位和权利。

胡塞尔这个基本观点原则上有别于柏拉图的观念论，因此他不会接受石里克的指责，即重又落入到"柏拉图的形而上学"中的指责，而是反过来回击说，"他（石里克）对现象学意义的所做的其他论述同样是不真实的"（LU II/1, B₂ VI）。

这个反驳在很大程度上是能够成立的，因为胡塞尔在第一版中已经试图将自己的学说与"两种错误解释"划清界限："第一种错误解释在于**以形而上学的方式**对一般之物**做实在设定**，在于设想处于思维**之外**的一个实在的种类存在"，这意味着柏拉图实在论的错误；而"第二种错误解释在于**以心理学的方式**对一般之物做**实在设定**，在于设想处在思维**之中**的一个实在的种类存在"。胡塞尔将它视为新老唯名论的共同错误。这两个错误虽然相互对立，但却拥有一个共同的设定："如果种类不是实在之物，并且也不是思维中的东西，那么它们就什么也不是。"

从总体上看，胡塞尔的批评主要针对唯名论，因为他相信，在他那个时代的主要威胁不是来自实在论，即对一般对象或观念的形而上学实在设定，而是来自唯名论，即对一般对象或观念的心理学实在设定："我们可以将那种柏拉图化的实在论看作是早已完结了的东西置而不论。相反，那些似乎趋向于心理学化的实在论的思想动机在今天显然还有效用。"（LU II/1, A 121f/B₁ 122f）胡塞尔在整个第二逻辑研究中都在讨论这个问题，通过这种方式可以说是已经对石里克的指责做了预先的回应。

在《观念》I 中，胡塞尔对实证主义的反驳也主要集中在这个方面，即实证主义把实证的概念局限于经验的实证上："'实证主义者'有时混淆各种直观间的基本区别，有时虽然看到它们之间的对立，却由于为其成见所束缚，从而只愿承认它们之中的某一类直观是正当的，甚或唯一存在的。"（Hua III/1, 79）

我们在这里无须再去重现胡塞尔的全部论证，这将意味着对胡塞尔大部分思想的再构。这里只需要强调：如果胡塞尔在直观问题上，尤其是观念直观的问题上让步，他也就完全可以放弃他的所有哲学立场，也就是说，放弃他作为哲学家生存的权利。因此，在逻辑经验主义和现象学之间的这个分歧是不可调和的。

四、立场的分歧：观念主义还是语言主义

对于胡塞尔在《逻辑研究》中试图在实在论和唯名论之间寻找一个中间点的做法，维特根斯坦在与石里克的对话中进行了批驳。如前所述，石里克是以一个"应当怎样来反驳一个认为现象学的陈述是先天综合判断的哲学家？"的问题来开始这次"反胡塞尔"的谈话的。可是这个问题实际上是一个假问题或错问题，因为胡塞尔从来没有认为现象学的陈述是先天综合判断。他虽然赞成康德的相关命题，认为它并未成为"古典"而仍然具有现时的有效性，但他也从未声言现象学的陈述是先天综合判断。

准确地说，胡塞尔更多地认为：他的现象学分析揭示了意识的先天综合能力，从而印证了康德的统觉理论。听见一个声音或看见一个东西，这在石里克看来还不是认识，而只是知晓。而在胡塞尔这里，它们已经表明自己是最基本的认识活动，是意识的统摄能力的结果，这个能力最基本地表现为将杂乱的感觉材料处理加工成一个时空中的对象的立义（Auffassung）能力或统摄（Apperzeption）能力，亦即意识的构造能力："一个感性的材料只能在一定的形式中得到理解，并且只能根据一定的形式而得到联结，这些形式的可能变化服从于纯粹的规律"（LU II/2, A 668/B₂ 196）。

当然，退一步说，现象学是否会承认自己的陈述是先天综合判断，这个问题虽然并非不重要，但无论是对于我们这里的讨论，还是对于

维特根斯坦的回答来说，都不是决定性的。因此我们在此不做深究。

维特根斯坦在回答时所关心的问题更多在于：胡塞尔是否指出了一种在综合命题和分析命题之间的第三种可能性。维特根斯坦用"一个对象在同一时刻不会既是红色的又是绿色的"这个例子表明：根本就没有什么先天综合判断。

很难查证维特根斯坦是否的确仔细研读过胡塞尔的《逻辑研究》，尤其是其中的第三研究[①]。但维特根斯坦在这里所举的例子和所做的评论，看起来完全就是针对《逻辑研究》中的胡塞尔而发的。

我们可以从胡塞尔的相关论述出发来展开这个例子：在第三研究的第 12 节中，他专门讨论了分析命题和综合命题：分析命题以及相关的分析规律（必然性）只含有形式概念，综合命题以及相关的综合规律（必然性）则含有实事概念。胡塞尔的结论是："如果我们具有分析规律和分析必然性的概念，那么当然也就可以得出'先天综合规律'的概念和'综合先天必然性'的概念。每个以一种方式（这种方式不允许对这些概念进行表达）包含着含有实事概念纯粹的规律都是一个先天的综合规律。这些规律的殊相化就是综合的必然性：其中当然也包含经验的殊相化，如：'这个红不同于那个绿'。"（LU II/1, A 248/B_1 256）

需要注意，胡塞尔在这里没有提到"能"（können）这个概念。他所举的红和绿的例子是一个先天综合的命题。相当于给"A 不是 B"的形式命题赋予了实事的内涵。但维特根斯坦从中推出了一个助动词"能"的概念，并用它来否定先天综合判断的必然性。这里的关键在

[①] 胡塞尔称这项研究"是充分理解以后各项研究的一个根本前提"（LU I, B XV）。这里值得一提的是：还在 20 世纪 20 年代，胡塞尔便把阅读第三研究推荐为对他著作之研究的"最佳出发点"。参见 W. R. Boyce Gibson, "From Husserl to Heidegger. Excerpts from a 1928 Freiburg Diary by W. R. Boyce Gibson", in H. Spiegelberg (ed.), *The Journal of the British Society for Phenomenology*, 2 (1971), p. 78. 转引自：U. Panzer, „Einleitung der Herausgeberin", in LU II/1, S. XLI.

于：这个"能"究竟意味着什么？维特根斯坦认为"能"是一个逻辑概念，而不是一个实事概念。因此，当"红"和"绿"代表着实事概念，而"能"又代表着形式概念时，我们便遭遇一个先天综合的判断。根据维特根斯坦的分析，这个判断最终会导致一个类似悖论的结论。

我们这里再来看一遍维特根斯坦的论证："现在假设'一个对象不能既是红色的又是绿色的'这个陈述是一个综合判断，而且'不能'这两个字意味着逻辑不可能性。由于一个命题是对它的否定的否定，因此，必定也存在着'一个对象能够既是红色的和绿色的'这样一个命题。而这个命题同样会是综合的。作为一个综合命题，它具有意义，而这就意味着：被它所表现的事态**能够存在**。因此，如果'不能够'意味着**逻辑**不可能性，那么，我们就会得出这样的结论：不能够还是可能的。"①

在这个论证中，维特根斯坦使用了两个前提：其一，"能"是一个逻辑概念、形式概念，因此它不包含任何实事的内涵。其二，"一个命题是对它的否定的否定"，或者说，"否定命题（反题）预设了肯定命题（正题）"。因此，只要反题成立，正题也就成立；只要"不能"成立，"能"也就成立。将这个可能性再移入到这个综合命题中，就会出现"一个对象能够既是红色的又是绿色的"这一个结论。

实际上这两个前提在胡塞尔的《逻辑研究》中都被讨论过，尤其是在对穆勒的心理主义观点的批判中。但胡塞尔的结论恰恰相反，就第一个"能"（können）的概念而言，他认为："只要'能够'（können）这个词是在与'思维'这个精确的术语的联系中出现，它指的就不是主观的必然性，即不能进行另一种**表象**的**主观无能力**（Unfähigkeit），而是不能有另一种**存在**的客观—观念的必然性。后者按其本质在**绝然的**（apodiktische）**明见性**意识中成为被给予性。"（LU

---

① 克拉夫特：《维也纳学派——新实证主义的起源》，李步楼、陈维杭译，第66页。

II/1, A 235/B₁ 240）换言之，在"A 不能既是 A 又是非 A"的命题中，A 与非 A 的不相容性并不是主观的**不能够**，而是客观的**不相容**。这个客观，是指观念的客观，观念客观的不相容性，决定了经验的不可能性。换言之，排中律所涉及的不是在一个意识中相互矛盾的表象的实在不相容性（或如穆勒所说：两个相互矛盾的信仰行为的不能共存），而是它们的观念不相容性。因而胡塞尔说："在种类上已被明察为不相容的东西，在经验的个别情况中就不可能一致，因而不可能相容。"（LU II/1, A 670/B₁ 198）这里可以看出，对观念对象和观念存在的认定是一个关键之处，维特根斯坦的论证没有接受胡塞尔的这个前提，而是从另一个路径出发，因此并没有对胡塞尔构成实质性的反驳。

另一个对反题的论述与此相似，也在《逻辑研究》中出现过。实际上弗雷格也怀疑过这种否定必定以肯定为前提的语法规则。而胡塞尔在这里所说的几乎是对维特根斯坦的一个回应："与可能性相连接的是**不可能性**，作为一个具有同等权利的观念，它不能仅仅被定义为对可能性的否定，而是必须通过一个特有的现象学事实来加以实现。无论如何，这是不可能性概念能够得到使用的前提，尤其是它在一个公理中……能够出现的前提。关于不可能性与**不相容性**之说法的等值性向我们指明，这个现象学事实可以到争执（Widerstreit）的区域中去寻找。"（LU II/2, A 576/B₂ 104）显然，这里的关键在于，维特根斯坦是从语言规则的角度出发来谈论否定，胡塞尔则始终回溯到现象学的直观事实层面上，把问题引向观念对象和本质直观的领域。在他看来，否定的概念仍然需要在直观的领域中获得其明见性，而不是通过某种形式的推论。

从这里的分析研究可以得出一个基本结论：维特根斯坦对先天综合判断不可能性的论证与胡塞尔对先天综合判断的可能性的论证，实际上是在各自的前提下进行的。维特根斯坦最后对胡塞尔的批评，最终是立足于一个出发点的分歧，立足于各自理论立场的分歧，因此最终也是一个外在的批评:"对于胡塞尔来说,在这里只剩下一条出路——宣称存在着第三种可能性。对此我的回答将是:语词是可以发明的;但我在其中却无法思考到任何东西。"①

而胡塞尔这方面却可以回答,这第三种可能性的的确确存在着:"如果我明察到,4是一个偶数,而这个被陈述的谓语的确与4这个观念对象相符合,那么这个对象也就不是一个单纯的臆想、一个单纯的说法(facon de parler)、一个实际上的虚无。"(LU II/2, A 576/B₂ 104)他预先给出了对维特根斯坦的反驳,一个同样是外在的反驳:"如果我们将所有那些存在着的东西都合理地看作是存在的,看作是就像我们在思维中明见地把握为存在着的那样的存在,那么我们就不可能去否认观念存在的特有权利。实际上在这个世界上还没有一门诠释术能够将这些观念对象从我们的言语和思维中消除出去。"(LU II/1, A 125/B 1 126-127)

这里的问题显而易见地在于:在胡塞尔直观到根本性的东西的地方,维特根斯坦只发现了生造的空乏语词。对胡塞尔而言最终的东西,亦即绝对的自身被给予性在这里遭到否认。在这种情况下,胡塞尔将会无奈地说:"假如他不具有另一种感官,我们怎么能使他信服呢?"②

维特根斯坦对语言的诉诸使他的论点如今显得更富有吸引力。即便他认可话语中某种常项的存在,他也不把他看作本质或观念的表露,而是看作语法要素的显现。究其原因,很可能是因为如托马斯·泽伯姆(Th. Seebohm)所说:"作为语言分析或者作为对语言导论的解释而出现的哲学,在具有一个物质上可把握的'躯体'的语言中预先给

---

① 克拉夫特:《维也纳学派——新实证主义的起源》,李步楼、陈维杭译,第66页。
② 胡塞尔:《现象学的观念》,倪梁康译,上海译文出版社1986年版,第62页。维特根斯坦也说过类似的话。正如胡塞尔的上述引文不是针对维特根斯坦的一样,下面的维特根斯坦语录也并非针对胡塞尔,而是针对卡尔纳普:"如果他没有把它嗅出来,那我帮不了他的忙,他完全没有鼻子。"(参见克拉夫特:《维也纳学派——新实证主义的起源》,李步楼、陈维杭译,第178页)

出了一个能够加以探讨的领域。它能够作为某种探究，而不是作为某种任意生造的概念体系之建构出现。"因此，在某种程度上可以说，对语言的偏好是 19 世纪实证主义激情的不自觉延续，"这种激情想把哲学从思辨的和形而上学的建构引开，转向实事本身"。① 也许可以说，20 世纪的观念主义（Idealismus）和语言主义（Lingualismus）是从不同立场上对实证主义意向的展开？我们在下一节再处理这个问题。

而从本体论的角度来看，在胡塞尔与维特根斯坦—石里克之间最基本分歧在当时很有可能就回溯到这样一个问题的回答上：究竟逻辑是可以允许被结合到经验之中，还是本身就产生于直观之中？

当然，即便维特根斯坦在这个问题上曾有过动摇，即便他在一定时期内或许会与胡塞尔同行一程②，他们之间仍然还有一个原则性的差异无法最终消除，它表明为对一个问题的不同回答：纯粹逻辑—语法规律究竟只是人类理智的规律，还是每个理智一般的规律？

---

① Th. Seebohm, „Perspektiven des Lingualismus: Heidegger und Quine", in Albert Raffelt (Hrsg.), *Martin Heidegger weiterdenken*, München/Zürich: Verlag Schnell & Steiner, 1990, S. 10-11.

② 按照徐英瑾的研究，维特根斯坦在这个问题上有过短暂的动摇："在《略论逻辑形式》中维氏的确流露出了一种将'现象描述'与'逻辑形式刻划'相结合的强烈倾向，也就是说，逻辑形式没有被看成逻辑学家在书斋里炮制出来的游戏规则，而被视为活生生地显现于现象中的东西。"（徐英瑾：《维特根斯坦的现象学之谜》,《复旦学报（社会科学版）》2004 年第 1 期）若果如此，那么这里就隐含着一个在笔者看来至关重要的问题：一个胡塞尔与维特根斯坦共有的现象学方案？而在胡塞尔这方面，尽管他与维特根斯坦一样是，并且也一再自称是"永远的初学者"，却从未对观念存在以及相关的本质直观的可能性、对先天综合判断的存在产生过怀疑。

除此之外，维特根斯坦在他的"现象学时期"（1929 年的前几个月）所思考的"视觉空间"问题，与胡塞尔 1928 年出版的《内时间意识的现象学讲座》中讨论的"内空间意识"问题也极为相近。胡塞尔在那里说："但这些并不是客观空间的关系。如果我们说，视觉领域的一个点离开这个桌角一米，或者，这个点是在这张桌子旁边，在这张桌子上面等等，那么这种说法根本毫无意义。同样，事物显现当然也不具有一个空间位置或任何一种空间关系：房子一显现不会处在房子旁边、房子上面，不会离房子一米远，如此等等。"（Husserl, *Vorlesungen zur Phänomenologie des inneren Zeitbewußtseins*, hrsg. von M. Heidegger, Tübingen 1928, S. 4）

就笔者的初步印象来看，在胡塞尔与维特根斯坦之间还有许多可以展开的研究角度。但目前的相关研究，极少是从胡塞尔思想背景出发做出的（对此可以参见徐英瑾：《关于维特根斯坦的"现象学"问题的诠释史——从 20 世纪 60 年代末到本世纪初》,《学术月刊》2005 年第 4 期）。这将是一个非常值得发掘的问题域。

五、感想与结论

由石里克开启的这场争论,在很大程度上体现了两种时代精神的冲突。可能争论的始作俑者尚未自觉到这一点,但在这场争论以后的展开过程中却越来越明显地得到表露。

就总体而言,维特根斯坦属于语言主义的代表人物,而胡塞尔则原则上还属于观念主义的维护者和倡导者。他们各自基于两个完全不同的范式,两个无法调和的范式。所谓的"语言主义",是借用了托马斯·泽伯姆对眼下的时代精神的一个定义:"既然人们以此为出发点:若一种理论立场想通过向观念(idea)的回溯来理解所有被给予我们的东西,并且除了观念的实存之外不想承认其他任何东西的有效性,这种理论立场便被称作观念主义(Idealismus),那么,人们也就可以把那个以拉丁词 *lingua*(语言)为出发点的20世纪哲学称作语言主义(Lingualismus)。"① 在这个意义上,海德格尔、奎因以及当代一大批重要的思想家,都属于语言主义的行列,他们共同完成了20世纪哲学的一个最重要的合唱,即所谓语言的转向或语言学的转向。他们使语言主义成为当今哲学的范式,使观念主义成为某种例外情况,成为不合时宜的东西。

这个转向在迈克尔·达米特(M. Dummett)看来是从弗雷格开始的。但弗雷格本人却并不是一个语言主义者。② 弗雷格与胡塞尔在非语言主义的立场上有共同点。可是无论是弗雷格的后继者(如维特根斯

---

① Th. Seebohm, „Perspektiven des Lingualismus: Heidegger und Quine", in Albert Raffelt (Hrsg.) *Martin Heidegger weiterdenken*, S. 33.
② 达米特:《分析哲学的起源》,王路译,上海译文出版社2005年版,第5页。

坦、奎因等），还是胡塞尔的后继者（如海德格尔、德里达[①]等），都在很大程度上选择了语言主义的路向。更严格地说：忠实于弗雷格的研究者，最终会把结论导向语言主义；而忠实于胡塞尔的研究者，最终会坚持观念主义的立场。[②]

泽伯姆曾明确表示，他在逻辑哲学的研究中宁可追随胡塞尔的非语言主义立场。这也是笔者始终认同的基本立场，并因此视他为同道。当然，泽伯姆采纳这个立场有其自己的理由或原因，主要是在于他通过对逻辑哲学的研究，包括通过对奎因和海德格尔之间特殊对立的分析而得出结论："语言主义在逻辑哲学的基本问题方面始终是'模棱两可的'。"[③]

当然，反过来说，现象学的直观哲学立场也未见得就能提供胡塞尔所追求的那种完全充分的明见性和自身被给予性，否则它对于大多数人而言会比自然科学更有说服力。尤其是在现象学后期的发展中，对直观和领悟的过多诉诸的确已经导向某种程度的神秘性。但纵使如此，相对于语言主义的立场而言，它在逻辑哲学的根本问题的探讨上至今仍然不失为一个值得把握的可能出发点。[④]

事实上，本质直观并非现象学的专利，例如数学家和普通人也在运用它。一般说来，在对红的事物的感性感知和对红的观念的本质直观之间只需要有一个目光的转向。但维特根斯坦和石里克，当然也包

[①] 泽伯姆极其敏锐地指出一个事实："即便解构主义也还是语言主义的，因为用语法取代逻各斯（logos）的做法，并未突破语言主义的框架。"(Th. Seebohm, „Perspektiven des Lingualismus: Heidegger und Quine", in Albert Raffelt [Hrsg.], *Martin Heidegger weiterdenken*, S. 10）

[②] 这也意味着坚持康德的立场。对于这个立场，泽伯姆曾概括地说："康德在语言中发现范畴形式，因为范畴形式就是知性的形式，后者最初在直观形式中通过想象力而被图式化并因此而对对象具有客观有效性。超出对对象的规定之上规定着语言的乃是知性范畴，而不是规定着知性和对象的语言及其范畴形式。"(Th. Seebohm, „Perspektiven des Lingualismus: Heidegger und Quine", in Albert Raffelt [Hrsg.], *Martin Heidegger weiterdenken*, S. 10）

[③] Th. Seebohm, „Perspektiven des Lingualismus: Heidegger und Quine", in Albert Raffelt (Hrsg.), *Martin Heidegger weiterdenken*, S. 10.

[④] 笔者在本书背景篇中的"现象学与逻辑学"一章中讨论过这方面的问题。

括胡塞尔，囿于各自的立场，从一开始就不准备接受对方的出发点，因此，两个阵营之间的对话也似乎从一开始便被注定了无所收益的命运。但是，或许对维特根斯坦作为心智哲学家的可能性的探讨，对弗雷格（可能还有布伦塔诺）作为沟通两个流派的思想家之可能性的探讨，最终可以为解决某些实事性的问题提供一些帮助。达米特在《分析哲学的起源》的序言中曾表达过一个希望："本书是为分析哲学的实践者撰写的。尽管我一直关注的是说明这两个学派的创建者在20世纪初相互有多么密切，当时在他们发生分歧的地方，我也只能站在分析派一边进行论证。如果有一本书涵盖同样的范围，又是从现象学的观点撰写的，它就会是一本非常令人感兴趣的同样有分量的著作。我希望有人会写这样一本书。"[①]

这更是笔者作为现象学实践者的一个衷心期望！因为弗雷格和胡塞尔的确应当被看作是两条思想河流的发端（达米特将他们比作多瑙河与莱茵河的源头），对其起源、流向和归宿的分析很可能会——如达米特所言[②]——导致对20世纪西方哲学思想进化的最重要的和最令人困惑的特征的揭示，并且有助于分析哲学和现象学学派对自己历史和对方历史的理解。

---

① 达米特：《分析哲学的起源》，王路译，第5页。
② 达米特：《分析哲学的起源》，王路译，第26页。

结束语　二十世纪：一个过渡的时代
——从现象学的角度回顾二十世纪的两个哲学问题

> 时代的特征自有其道理，只是人们不应否认，独立的思想也有其道理。
>
> ——A. 朗格

一、引言

20世纪哲学的交响乐已近尾声，但尚未过去。要想对这个世纪形形色色的哲学思潮进行有效和成熟的反省，我们还缺乏必需的距离感和超脱性，我们还拥有太多的切近感和置身性。

但这部交响乐的部分主题已经显露。从这些显露的主题来看，它们给人的印象绝不是和谐的。无论是将20世纪哲学定义为"分析的时代"，还是"非理性的时代"，现在看来显然都是一些操之过急的做法。"多元的时代"的标题或许更为切合，但无济于事，不能提供积极的指向。

我宁可用"过渡的时代"来描述20世纪哲学的特征。这个描述当然不是中性的，而是带有立场：现象学的立场。确切地说，20世纪哲学的过渡性质在现象学的提问与回答的尝试中得到相当程度的体现。

在自笛卡尔以来的近代欧洲哲学中，哲学的两个主旨较为彰显：**本我中心主义**和**理性中心主义**。**本我**在这里并不直接具有价值论和伦理学的意义，而是一个从属于本体论和认识论的范畴；**理性**在这里也不仅仅是指科学理性，而更多地是指在理论与实践之奠基关系意义上的理性主义，它包括各种超越近代传统意义上的理性的尝试、各种"更理性的理性设想"。这两种中心主义都可以在古希腊哲学中找到其理论根源，并且在一定意义上是互补的：本我意识的确然性构成认识与理性的出发点；理性在本我的阿基米德支点上生成、演绎、展开、完善。**本我**与**理性**构成人类主体目的论，乃至超越论理性目的论发展的两个中心因素。

我在以往的一处文字中曾经声言，胡塞尔的现象学最典型地代表了西方的思维方式。这个主张的理由在于，在20世纪上半叶的哲学中，近代哲学的自我中心主义和理性中心主义首先通过胡塞尔的现象学而得以彻底化和严格化，它被导向极致。现有的对20世纪思想的诸多回顾表明，恰恰是这种彻底化和严格化才使人得以看到欧洲近代哲学的问题所在。在此之后，本我中心主义和理性中心主义经历了多方面的修改。这些修改在某些角度上看是通过对胡塞尔现象学乃至整个现象学运动的批判而完成的。所谓"过渡"，无非是指从本我中心主义和理性中心主义向另一个完全不同方向的过渡①。

二、现象学与本我中心主义

本我中心主义的思想隐含在胡塞尔现象学的这一哲学观中："哲学就其本质而言是关于真正开端、关于起源、关于万物之始的科学"

---

① 实际上，蔡铮云、张志扬和洪汉鼎在《中国现象学与哲学评论》第一辑（上海译文出版社1995年版）上所发表的文章：《海德格尔与后现代——其哲学转向的再议与疏通》（第261—287页）、《悼词与葬礼——评德法之争》（第288—316页）与《诠释学从现象学到实践哲学的发展》（第317—334页）都在很大程度上是对20世纪哲学的这个过渡性质的展示和解释。本章可以被看作是对这一组文章的补充，虽然是在不同的角度上。

（Hua XXV, 61）。如果将这个哲学观加以展开，它便意味着，向最终论证、最终奠基的回溯被理解为向认识主体或超越论自我的"意义给予"之成就的回溯（Hua III/1, 55）。超越论自我的有效性起源和发生起源构成世界万物构造的原初起点。由此出发，客体存在的问题从一开始便可以被溶解在主体意识的构造成就之中：所有现实的时空存在都与一个对它们进行经验、感知、回忆等的意识有关。世界被看作是意识成就的相关项，所有客观的意义构造和存在有效性都以作为超越论主体性的意识为原本的源泉。对世界的理解因而必须以对这个主体性的反思、回溯，对意识构造成就的分析、把握为前提，而超越论现象学作为认识批判便以此为使命。在这个意义上，超越论现象学所探讨的不仅是"意识"，而且还有作为它的意向相关项和构造成就的"世界"。这个意义上的哲学探索，亦即胡塞尔超越论现象学的努力，也被他定义为"第一哲学"。这是"一门开端性的科学学科"，"这门学科由于内在的、不可化解的必然性而必须先行于所有其他哲学学科，并且必须在方法上和理论上为所有其他哲学学科奠基"。（Hua VII, 5）

　　胡塞尔在这个方向上的努力可以追溯到 20 世纪初。当他在 1900 年的《逻辑研究》第一卷中成功地证明客观有效的逻辑规律绝不依赖于人类心理行为的运行规则时，同时代的狄尔泰、弗雷格、布伦塔诺、纳托尔普等思想家均从自己的立场出发对此表示认同。此时，一个新世纪的开端似乎就意味着一个哲学新纪元的开始。而且不仅在哲学领域，甚至 20 世纪前三十年的"几乎任何一个在科学中的原则更新"，"如果没有现象学的至少是间接的影响都是不可思议的"。① 但胡塞尔本人在这里仍然面临一个须待回答的认识论问题：逻辑公理的绝然性以及逻辑定理的断然性最终依然会归结到明见性上；如果观念的客观

---

① Helmuth Plessner, *Zwischen Philosophie und Gesellschaft*, Frankfurt am Main: Suhrkamp, 1979, S. 63.

性并不建立在心理经验主观性的基础上,也不能被归入意识之外的另一个自在的观念世界之中,那么它作为**判断内容的真理性**与作为**科学判断行为的明见性**处在何种关系之中?

科学判断的明见性是判断内容真理性的相关项。胡塞尔在《逻辑研究》的第二卷中必须从判断内容的真理性回溯到判断行为的明见性上。胡塞尔所说的明见性虽然还可以被解释为笛卡尔意义上的"清楚明白之感知",但它已经不再是经验主义所说的真实感觉之标志,而是纯粹逻辑学意义上的明见性,即真实逻辑判断行为本身所具有的确然性。它依然是一种主体行为的确然性,但这里的主体性已不再是心理主义、人类主义的主体性,而是纯粹的、独立于经验的个人和偶然的人种的主体性:一种非主观主义的主体性。在 1913 年的《纯粹现象学与现象学哲学观念》中,它也被等同于超越论的主体性或超越论的自我。因此,胡塞尔坚信,向主体性的回溯并不必然以他在《逻辑研究》第一卷中所批判过的"个体相对主义"或"种类相对主义"为结局。

这种向超越论主体或超越论自我的回溯一方面意味着对主体自身的**反思**,意味着主体**自身意识**的被唤醒。另一方面,它也意味着对直向的、**自然意识**的中止和放弃。因为,向超越论主体的回溯在胡塞尔看来应当是直接进行的,自身负责的,任何间接的中介、预设的前提都必须被排除在外。

从这个角度来看,主体自身意识的苏醒一方面意味着"超越论兴趣"(Hua IX, 277)的苏醒,它在胡塞尔那里是指人类本身所具有的朝向超越论哲学的意向:"它是人类最高的和最终的兴趣"(Hua VI, 191)。另一方面,由于"超越论兴趣"的获得必须以"超越论的悬搁"为前提,即对"自然兴趣"的"无兴趣化"为前提,因此,"超越论兴趣"的获得实际上就同时意味着一种"兴趣转向"(Hua VI, 147)。胡塞尔也将它称作"超越论还原"。

这样一种哲学观在胡塞尔以下的文字中得到最简明扼要的陈述:"就哲学的观念而言,哲学对我来说是最普全的并且在彻底意义上的'严格'科学。作为这样一种严格的科学,哲学是源自最终论证的科学,或者也可以说,源自最终自身负责的科学,因此,在哲学中,任何判断的和前判断的自明性都不能作为未经探问的认识基地而发生效用"(Hua III/1, 139)。据此,对超越论主体性之反思的特征也就在于,它不是素朴地生活在意识行为的范围内,而是"以一种普全的、理论的意愿"将整个意识生活包容在反思的目光之中。反思无非是一种对直向思维的超越,一种"出世"。而所谓"超越论",在这里就意味着通过这种"超越"而对意识生活及其构造进行本质认识的方式。"一旦我对自己这样做,那么我就不再是人的自我,尽管我在我的纯粹心灵的本己本质内涵方面没有丧失任何东西"(Hua IX, 274f)。

从笛卡尔的"我思故我在",经康德的"人为自然界立法",到胡塞尔早期对超越论自我之有效性起源的探讨以及后期对这个自我的发生起源的探讨,这里贯穿着一条超越论的发展线索。

但胡塞尔向超越论主义传统的回归和对这个传统彻底化的尝试在20世纪哲学随后的发展中很快便被证明是不合时宜的。他的不懈努力的失败同时也使同道们失去在这个方向上继续前行的信心。如伽达默尔所言,"即使是胡塞尔这样一个带着他所有的分析天才和不倦的描述耐性始终朝着最终明见性进取的人,他也没有找到比带有新康德主义烙印的先验唯心主义更好的哲学依据"①。

这里的问题当然不在于,胡塞尔的超越论主义企图是否具有原本性或彻底性,以及具有何种程度的原本性或彻底性;而是在于,整个"超越论兴趣"本身是否仍然是一种人类心理的东西,它是否仍然没有

---

① H.-G. Gadamer, *Philosophie in Selbstdarstellung*, Band 3, Hamburg: Felix Meiner, 1977, S. 65.

能够摆脱世间的、非超越论的属性？所以，在 1929 年，当胡塞尔在谈论"普全的、理论的意志"和"非人的自我"时，海德格尔便禁不住要反问：这种"意愿"本身又是什么？这种"自我"难道不仍然是生存可能性的一种吗？（Hua IX, 274-275）超越论自我的"出世"看来归根结底也无法彻底摆脱此在的"在世之中"。

以后的批评家也在这个方向上展开自己的思路。阿道尔诺将胡塞尔的"超越论兴趣"批评为"一种随意的朝向"，它恰恰表明，绝对认识的特权并不发源于逻辑事态本身，而是来自一门科学的"观点"[①]，即超越论哲学的"观点"。哈贝马斯则主张，无论是"超越论兴趣"本身，还是对经验世界的"无兴趣"，都是先于认识而形成的"兴趣"[②]，因而其本身也屈从于主观意志，或者说，是主观意志的产物。

自我，即使是超越论自我，是否能够成为一门科学哲学的最后依据，成为绝对认识的（自身论证的认识）和绝对价值（自身负责）的最终基础，这在胡塞尔以后的思想家那里成为一个问题。但主体性哲学本身在胡塞尔之后仍然延续，并且可能会永远延续下去，无论在此以后的主体性是以前设的形式还是以论题的形式出现，是以单子主体性的名义还是以交互主体性的名义上场。

实际上，从课题或内容来看，20 世纪哲学的过渡性质并不在于从主体性向其他实体的过渡，它毋宁说是一种从超越论主体向各种形式的交互主体的过渡，也许我们今天可以用"生活世界中的交往行为"来概括这些交互主体形式中的一大部分。从方法上看，这种过渡同时意味着从理性中心主义向非理性中心主义的过渡。

[①] T. W. Adorno, *Zur Metakritik der Erkenntnistheorie. Studien über Husserl und die phänomenologischen Anatomien*, Frankfurt am Main: Suhrkamp, 1990, S. 82.

[②] J. Habermas, *Nachmetaphysisches Denken*, S. 54f.

三、现象学与理性中心主义

与本我中心主义密切相关的是胡塞尔现象学中的理性中心主义趋向。这种趋向表露在胡塞尔哲学观的另一个中心内涵上:"哲学也是一个严肃工作的领域,哲学也可以并且也必须在严格科学的精神中受到探讨"(Hua XXV, 305)。这里的"严格科学精神"一方面意味着"将所有论证都回溯到直接的现有性上"(Hua III/1, §37),由此而获得无须中介、直接自身论证的真理本身。这也是最终导致本我中心主义的信念。另一方面,在获得了经过最终论证的真理之后,科学的哲学之任务还在于,将这种真理付诸实践并且根据这种真理而承担起主体性的责任与义务,这也是一门哲学伦理学和价值论的中心任务。

这两方面的任务被胡塞尔看作是"第一哲学"与"第二哲学"的核心内涵。当然,胡塞尔所使用的"第一哲学"与"第二哲学"概念已经偏离了亚里士多德的传统含义:"形而上学"与"物理学"。胡塞尔的"第一哲学"是指"本质现象学"、"先天现象学"或"超越论现象学"(Hua VII, 13,以及 Hua I, 193),它是一门本体论,从事的是纯粹的可能性,超越论自我自身展开的纯粹可能性,它本身也可以再被划分为"质料本体论"与"形式本体论"(Hua I, 193)。"第一哲学"构成现象学的第一阶段:一门局限在唯我论上的本我论。(Hua I, 193)而"第二哲学"则意味着"一门普全的事实科学"、"一门事实存在的哲学"(Hua I, 193)或"一门综合地包容所有事实超越论交互主体性的普全科学"(Hua IX, 298),胡塞尔也将它称为"在一种新的意义上的形而上学"(Hua VII, 188),它是对"第一哲学"的具体实施,它探讨在事实性单子领域中出现的偶然事实性问题,如死亡、命运、人类生活乃至历史的意义,探讨"伦理—宗教"问题等等(Hua I, 182)。就此而论,胡塞尔的"第一哲学"与"第二哲学"概念涉及哲学的本质科学与哲学的事实科学的关系问题。

尽管胡塞尔在其一生的哲学研究中将重点放在"本质科学"的"本质研究"上，但他早在《纯粹现象学与现象学哲学的观念》期间便已经开始关注"事实性认识"的问题。胡塞尔将他自己的现象学哲学理解为在柏拉图和笛卡尔传统意义上的通过彻底的自身论证而得以成立的"普全哲学"，它原则上应当将所有真正的认识都包含在自身之中。换言之，"至今为止的哲学所考虑的任何一个有意义的问题，任何一个可想象的存在问题一般，都会为超越论现象学在其道路上所达及"，这些问题也包括"在社会性中、在较高层次的人格性中的人类此在的本质形式"（Hua VI, 191）等等。在这个意义上，现象学不仅包含"第一哲学"，而且也在其自身展示中囊括"第二哲学"的所有课题。

"超越论现象学"其所以为"第一"，一方面，如上所述，乃是因为它在理论上所探讨的是作为纯粹意识的"第一性存在"或"绝对存在"。而另一方面的原因在胡塞尔看来还在于，"超越论现象学"在其方法论证中可以回溯到自身，而其他哲学，即"第二哲学"的方法基础却必须由"第一哲学"来提供。具体地说，"第一哲学"的特征是"描述"（Beschreiben），即对本质要素和它们之间的本质联系的描述，而"第二哲学"的特征则是"解释"（Erklären），亦即从本质可能性出发对其事实性的现时化过程的解释，一种从内向外的"展显"（Explikation）。"所有事实之物的合理性都包含在先天之中。先天科学是关于原则的科学，事实科学必须回溯到原则之上，然后才能获得最终的和原则的论证"（Hua I, 81）。

"本质"与"事实"之间、"本质科学"与"事实科学"之间的这种奠基关系在胡塞尔那里基本上没有受到过怀疑。人类的历史实践虽然是"绝对存在的巨大事实"（Hua I, 497ff）并且构成"第二哲学"的重要课题，但它作为超越论主体性的现实化仍然依赖于作为本质可能性的超越论主体性之绝对存在。从这个理解出发，人类历史实践是在传统中得到论证的，而传统又是在理性中得到论证的。历史的观念性在胡塞尔这里与在黑格尔那里一样，它连续地激活历史的事实性，论证着传统，因此，历史自身的发展在目的论上是可预测的。

　　这里存在的问题是明显的。胡塞尔本人也看到在"绝对事实"概念中所包含的矛盾：如果整个人类历史都是超越论主体性这个绝对存在者自身展开、自身实现的过程，那么一切历史的发生都是合理的、必然的。这实际上与黑格尔"绝对理性"之发展的论断殊途同归。对于当时处在两次大战之间的欧洲人来说，这个结论显得尤为荒谬。胡塞尔自己也力图避免这个结论，但绝不以放弃绝对存在为代价。他在研究手稿中所考虑的一个想法是：人类的历史的事实性是"绝对的"，却不是"必然的"；因此，它只能是一种"绝对的时间化"。（Hua XV, 386, 670）换言之，绝对存在的自身展开是"绝对的"，但在何种方向上展开却不是"必然的"。绝对的展显形式与非必然的展显内容构成一个现象学的佯谬。

　　到了后期，具体地说，在 1934 年，胡塞尔甚至在手稿中提出："**没有作为事实自我的超越论自我，超越论自我的本质是无法想象的**"（Hua XV, 385-386）。胡塞尔在这里已经趋向于将"事实自我"及其历史世界看作哲学研究的出发点，这在某种程度上与海德格尔的"此在之事实"和"事实性解释学"[①]形成一致。但胡塞尔本人最终还是没有能够对本质和事实之间的关系提供系统的回答。

　　海德格尔在"此在现象学"方向上的工作最初被误解为是胡塞尔之努力的延续，以后人们很快便发现海德格尔的出发点与他老师的大相径庭。他看起来从一开始就不打算从理性的"抽象的秩序"出发来解释"活生生的此在"。在这一点上，海德格尔已经开始脱离近代理性中心主义的传统。布洛赫说海德格尔有时甚至可以做到不需要体系[②]，

[①]　海德格尔:《存在与时间》，陈嘉映、王庆节译，第 56 页。

[②]　参见 K. Bloch, *Denken heißt überschreiten. In memoriam Ernst Bloch*, R. Alelbert (Hrsg.), Frankfurt am Main: Ullstein, 1982, S. 21。

道理盖源于此。但另一方面，海德格尔对"存在"的执着追求又使以后的解释者不得不将他归入"形而上学"的范畴之中，无论这种"存在"是被理解为自身揭示着自身的"真理"（αληθεια），还是被理解为本己自身发生的"本成"（Ereignis）。他对"存在"与"此在"关系的规定虽然有别于胡塞尔对"超越论自我"与"人类历史"之奠基关系的构想，也有别于狄尔泰对哲学是对历史之诠释的理解，但海德格尔把哲学看作"时间解释"、把"存在"回置到时间的各种时间化方式的做法，仍然保留着一条先天主义的尾巴："事实性"本身在海德格尔那里已经被"魔化为"本质，尽管它已经不再是中世纪对亚里士多德存在概念的解释，即作为一个实体之持恒在场的 Ousia，但还是作为不断的活动、发生的 Energeia。形而上的观念与形而下的事实之绞缠不仅只出现在胡塞尔那里，同样也出现在海德格尔的哲学中，只是这次披着"存在论差异"的外衣而已[①]。

所以阿道尔诺要说，"海德格尔试图遮掩在无时间的存在论与历史之间不可化解的矛盾，历史被存在论化为历史性，而矛盾本身则变成了'存在结构'，但这种趋向在胡塞尔的认识论中已经得到先示"，因此，整个沉沦着的现象学的困境都在于，"它试图拽着自己的本质辫子而将自身从被蔑视的单纯此在之沼泽中拔拽出来。海德格尔之所以在语言上有一致性，其实事根源就植根于这种假象之中"[②]。

对海德格尔的这一批评同样也适用于舍勒。本质直观方法相对于感性直观的优先地位在舍勒哲学中也是无可置疑的事实。因此，从总体上说，20 世纪在理性中心主义的柱石上增多起来的裂痕虽然起源于现象学在命题与方法上的极致化做法，但对理性中心主义的背离说到

[①] 张志扬合理地将这个差异标识为"存在悖论"。参见张志扬：《悼词与葬礼——评德法之争》，载于《中国现象学与哲学评论》第一辑，第 298 页。

[②] T. W. Adorno, *Zur Metakritik der Erkenntnistheorie. Studien über Husserl und die phänomenologischen Anatomien*, S. 191f.

底并不完全是现象学运动成员本身的意愿。

20世纪在海德格尔之后的哲学主流已经基本放弃了形而上学的追求，或多或少地参与到各门具体学科之中。

四、结语

我想以"形而上学"概念在20世纪的命运为例对以上两点做一个简略的回顾，因为这个概念本身在20世纪哲学中所经历的规定、诠释、修改和批判基本再现了这个世纪哲学主旋律的基本脉络。在胡塞尔的哲学思考中，"形而上学"是作为"事实科学"而被放在第二性的位置，它在胡塞尔哲学中的命运与在康德哲学中一样，始终还只是一种"在未来可能出现"的科学。当这种可能性在海德格尔那里成为课题时，胡塞尔还责怪海德格尔缺乏超越论的奠基，因而落入人类主义的陷阱不能自拔（Hua III/1, 140），而同时代的雅斯贝尔斯则已经在批评海德格尔没有触及像"性别、友谊、婚姻"这样一些人类学的问题以及像"职业、国家、政治，教育"这样一些实践哲学的问题了[①]。海德格尔因此既可以被胡塞尔，也可以被以后的哲学家视为"形而上学家"，当然是在完全相背的意义上。在他之后的20世纪哲学的确如哈贝马斯所言，是一个"后形而上学"的时代。我在本章引言中所说的20世纪哲学之"过渡"，在这里具体地表现为从胡塞尔的"第一哲学"到海德格尔的"形而上学"，再到哈贝马斯所说的并由当代欧美哲学主流所代表的"后形而上学"之过渡。

因而我们所处的是一个过渡的时代，在这个时代中，认识论的本我中心主义逐渐过渡为实践哲学范畴上的交互主体责任和交互文化理解，哲学的理性中心主义逐渐过渡为合理的相对主义和多元主义。用胡塞尔

[①] Karl Jaspers, *Notizen zu Martin Heidegger*, München/Zürich: Piper, 1978, S. 261.

的语言来说，这是一个从反思到生活世界的过渡；用普莱斯纳的话来说，这是一个从哲学到社会、从形而上的故步自封到形而下地参与科学进步的过渡；再借用阿佩尔的话来说，这是一个哲学发生形变的时代。

这个过渡的时代意味着一个我们置身于其中的间域，一个对话的间域。在这个间域中，哲学的、"形而上学的"思考与社会科学的、"后形而上学的"研究相互交遇、相互碰撞。这个间域的一极已经通过胡塞尔的超越论主义（本我中心主义）与先天主义（理性中心主义）独步而得到极端的体现。从这个角度看，海德格尔比胡塞尔更具有过渡性质。而这个区域的另一极在 20 世纪还未显露彻底，它将会延伸到下一个世纪。

我在这里所试图描述的只是在对 20 世纪哲学发展中所显露出来的两个基本问题的印象。显而易见，这个世纪的哲学尚未对这两个问题提供最终的答案。因而所谓"过渡"也仅仅是指在 20 世纪各个哲学思潮中体现出的大致取向而已。胡塞尔在 20 世纪初便批评那种对历史意识和实践意识之偏重和强调以及对分析—系统考察方式之背弃的做法，认为它们避开当下而回到过去，这样会有损于已有事实的真理价值并将这些事实相对化；如果主张哲学和精神科学的任务仅仅在于写下自己的历史，那么这只能是一些不诚实的哲学家们的放任自流。到了 20 世纪末的今天[①]，胡塞尔的这些教理早已被视为过时。哲学在转了一圈之后又回到它 20 世纪初就已置身的问题和局面之中。哲学的历史看似进步，从总体上看还是对古希腊问题不断地重复。更彻底地说，不仅提出问题的方式与解决问题的方式可能是被构造出来的，甚至连问题本身也可能是被构造出来的。许多迹象表明，提问和回答的方式在很大程度上取决于社会心理的构形和变形，取决于所谓时代精神。而 20 世纪的社会心理和时代精神于我看来就在于，哲学的功用，乃至文化的功用受到讨论，成为问题。

---

① 本章内容首次发表于 2000 年。——编者

参考文献

阿道尔诺（Adorno, T. W.）：《认识论的元批判。胡塞尔和现象学的二律背反研究》，法兰克福·美茵，1990 年（*Zur Metakritik der Erkenntnistheorie. Studien über Husserl und die phänomenologischen Anatomien*, Frankfurt am Main: Suhrkamp, 1990）。

艾姬蒂（Egidi, R.）：《维特根斯坦对于经验的现象学再现》，徐英瑾译，《世界哲学》2004 年第 1 期。

艾耶尔（Ayer, A. J.）：《二十世纪哲学》，李步楼等译，上海：上海译文出版社 1987 年版。

巴克拉捷：《近代德国资产阶级哲学史纲要》，涂纪亮等译，北京：中国社会科学出版社 1976 年版。

贝尔格（Berger, G.）：《胡塞尔与休谟》，载于《胡塞尔》，达姆斯塔特，1973 年（"Husserl und Hume", in H. Noack (Hrsg.), *Husserl*, Darmstadt: Wissenschaftliche Buchgesellschaft, 1973, S. 210-230）。

贝耐特、耿宁、马尔巴赫（Bernet, R., Kern, I., Marbach, E.）：《埃德蒙德·胡塞尔——他的思想介绍》，汉堡，1989 年（*Edmund Husserl: Darstellung seines Denkens*, Hamburg: Felix Meiner, 1989）。

比梅尔（Biemel, W.）：《编者引论》，载于胡塞尔：《现象学的观念》，倪梁康译，北京：商务印书馆 2017 年版。

布洛赫（Bloch, E.），载于布洛赫、莱夫主编：《思维就意味着超越。纪念恩斯特·布洛赫》，法兰克福·美茵，1982 年（Bloch, K., Alelbert, R. [Hrsg.], *Denken heißt überschreiten. In memoriam Ernst Bloch*, Frankfurt am Main: Ullstein, 1982）。

布伦塔诺（Brentano, F.）：《出自经验立场的心理学》两卷本，汉堡，1955 年（*Psychologie aus dem emipirischen Standpunkt*, 2 Bände, Hamburg: Felix Meiner, 1955）。

柏拉图（Platon）：《文艺对话集》，朱光潜译，北京：人民文学出版社 1997 年版。

——：《游叙弗伦·苏格拉底的申辩·克利同》，严群译，北京：商务印书馆 1983 年版。

——：《巴曼尼德斯篇》，陈康译注，北京：商务印书馆 1982 年版。

——：《柏拉图全集》六卷本，施莱尔马赫译，汉堡，1986 年（*Sämtliche Werke 1-6 Bände*, übersetzt von Fr. Schleiermacher, Hamburg: Felix Meiner, 1986）。

蔡仁厚：《牟宗三先生学思年谱》，台北：学生书局 1996 年版。

蔡铮云：《海德格尔与后现代——其哲学转向的再议与疏通》，载于《中国现象学与哲学评论》第一辑，上海：上海译文出版社 1995 年版。

陈寅恪：《陈寅恪史学论文选集》，上海：上海古籍出版社 1992 年版。

达米特（Dummett, M.）：《分析哲学的起源》，王路译，上海：上海译文出版社 2005 年版。

德里达：《解构与全球化》，《南京大学学报》2002 年第 1 期。

——：《声音与现象——胡塞尔现象学中的符号问题导论》，杜小真译，北京：商务印书馆 1999 年版，并且根据德译本 *Die Stimme und das Phänomen: Ein Essay über das Problem des Zeichens in der Philosophie*

Husserls, übersetzt von J. Hoerisch Frankfurt am Main: Suhrkamp, 1979。

——:《胡塞尔〈几何学的起源〉引论》,方向红译,南京:南京大学出版社 2004 年版。

Diels, H. und Kranz, W. (Hrsg.):《前苏格拉底残篇》,苏黎士,1996—1998 年,第一卷(*Die Fragmente der Vorsokratiker*, Zürich: Weidmann, 1996-1998, Bd. I)。

笛卡尔(Descartes, R.):《第一哲学沉思录》(*Meditationes de prima Philosophia*, deutsche Übersetzung: *Meditationen über die Grundlagen der Philosophie*, übersetzt von A. Buchnau, Hamburg: Felix Meiner, 1956)。

——:《哲学原理》(*Principia Philosophiae*, Oeuvres. Publiées par Ch. Adam et P. Tannery, Paris 1897-1913, deutsche Übersetzung: *Das Prinzip der Philisophie*, übersetzt von A. Buchenau, Hamburg: Felix Meiner, 1992)。

——:《方法谈》(*Discours de la méthode*, deutsche Übersetzung: *Von der Methode*, übersetzt von L. Gaebe, Hamburg, 1971)。

杜夫海纳:《审美经验现象学》,韩树站译,北京:文化艺术出版社 1992 年版。

梵・布雷达(Van Breda, H. L.)、塔米尼奥(Taminiaux, J.):《胡塞尔与近代思维》,海牙,1959 年(*Husser und das Denken der Neuzeit*, Den Haag: Martinus Nijhoff, 1959)。

费希特(Fichte, J. G.):《全部知识学的基础》,王玖兴译,北京:商务印书馆 1986 年版。

——:《激情自我——费希特书信选》,洪汉鼎、倪梁康译,北京:经济日报出版社 2001 年版。

——:《费希特著作选集》第二卷,梁志学等译,北京:商务印书馆 1994 年版。

——:《新方法的知识学》,汉堡,1982 年(*Wissenschaftslehre nova methodo*, Hamburg: Felix Meiner, 1982)。

芬克（Fink, E.），《现象学研究（1930—1939）》，海牙，1966年（*Studien der Phänomenologie [1930-1939]*, Den Haag: Martinus Nijhoff, 1966）。

——：《胡塞尔弗赖堡时期的后期哲学》，载于《亲近与距离。现象学报告与论文集》，弗莱堡／慕尼黑，1976年（*Nähe und Distanz. Phänomenologische Vorträge und Aufsätze*, Freiburg/München, 1976）。

——：《世界与历史》，载于梵·布雷达／塔米尼奥主编：《胡塞尔与近代思维》，海牙，1959年（*Husserl und das Denken der Neuzeit*, hrsg. von H. L. Van Breda et J. Taminiaux, Den Haag: Martinus Nijhoff, 1959）。

——：《在当前批判中的胡塞尔现象学》，《康德研究》第三十八期，1933年（„Die phänomenologische Philosophie Edmund Husserls in der gegenwärtigen Kritik", in *Kant-Studien*, Nr. 38, 1933）。

冯友兰：《中国哲学史新编》第四册，北京：人民出版社1992年版。

Filser, Franz, „Fortschritt wohin? Aus der Sicht deutscher Geschichts- und Kultursoziologie", in *Ökologie: Zeitschrift der Pädagogischen Hochschule Freiburg*, 1992/2.

弗兰克纳（Frankena, W. K.）：《分析伦理学》，慕尼黑，1972年（*Analytische Ethik. Eine Einführung*, hrsg. und übers. von Norbert Hoerster, München, dtv, 1972）。

弗林斯（Frings, M. S.）：《舍勒思想评述》，王芃译，北京：华夏出版社2003年版。

傅伟勋：《从西方哲学到禅佛教》，北京：生活·读书·新知三联书店1989年版。

伽达默尔（Gadamer, H.-G.）：《解释学Ⅰ：真理与方法——哲学解释学的基本特征》，《伽达默尔全集》第一卷，图宾根，1986年（*Hermeneutik I. Wahrheit und Methode, Grundzüge einer philosophischen*

Hermeneutik, Tübingen: J. C. B. Mohr, 1986）。

——: *Neuere Philosophie I, Hegel, Husserl, Heidegger*, GW 3, Tübingen: J. C. B. Mohr, 1987.

——:《哲学自述》,载于《哲学自述》第三卷,汉堡,1977年（*Philosophie in Selbstdarstellung*, Band 3, Hamburg: Felix Meiner, 1977）。

——:《哲学生涯》,陈春文译,北京:商务印书馆2003年版。

耿宁（Kern, I.）:《编者引论》,载于《胡塞尔全集》XIII,海牙,1973年, S. XLI。

——: *Idee und Methode der Philosophie. Leitgedanken für eine Theorie der Vernunft*, Berlin/New York: Walter de Gruyter, 1975.

——:《胡塞尔与康德。关于胡塞尔与康德和新康德主义者的关系的研究》,海牙,1964年（*Husserl und Kant. Eine Untersuchung über Husserls Verhältnis zu Kant und zum Neukantianismus*, Den Haag: Martinus Nijhoff, 1964）。

——:《欧洲哲学中的良心观念》,孙和平译,《浙江大学学报》1997年第4期。

——:《胡塞尔哲学中的自我与自身意识》,载于冯克主编:《美茵茨胡塞尔研讨会》,斯图加特,1989年,第51—63页（"Selbstbewußtsein und Ich bei Husserl", in *Husserl-Symposion Mainz* [27. 6/ 4. 7. 1988], hrsg. von G. Funke, Stuttgart: F. Steiner, 1989, S. 51-63）。

Gibson, W. R. Boyce, "From Husserl to Heidegger. Excerpts from a 1928 Freiburg Diary by W. R. Boyce Gibson", in H. Spiegelberg (ed.), *The Journal of the British Society for Phenomenology*, 2（1971）, p. 78. 转引自 U. Panzer, "Einleitung der Herausgeberin", in LU II/ 1。

哈贝马斯（Habermas, J.）:《后形而上学思维》,法兰克福·美茵,1988年（*Nachmetaphysisches Denken*, Frankfurt am Main: Suhrkamp,

1988）。

——：《道德意识与交往行为》，法兰克福·美茵，1983 年（*Moralbewusstsein und kommunikatives Handeln*, Frankfurt am Main: Suhrkamp, 1983）。

——、卢曼（Habermas, J., Luhmann, N.）：《社会理论还是社会技术论》，法兰克福·美茵，1988 年（*Theorie der Gesellschaft oder Sozialtechnologie. Was leistet die Systemforschung?* Frankfurt am Main: Suhrkamp, 1988）。

海德格尔（Heidegger, M.）：

A.《海德格尔全集》：

——：《时间概念历史导引》，法兰克福·美茵，1979 年（*Prolegomena zur Geschichte des Zeitbegriffs*, GA 20, Frankfurt am Main: Vittorio Klostermann, 1979）。

——：《现象学的基本问题》，法兰克福·美茵，1975 年（*Grundprobleme der Phänomenologie*, GA 24, Frankfurt am Main: Vittorio Klostermann, 1975）。

——：《哲学的使命》，法兰克福·美茵，1987 年（*Zur Bestimmung der Philosophie*, GA 56/57, Frankfurt am Main: Vittorio Klostermann, 1987）。

——：《存在论》，法兰克福·美茵，1988 年（*Ontologie*, GA 63, Frankfurt am Main: Vittorio Klostermann, 1988）。

——：*Einführung in die Metaphysik*, Tübingen: Neske, 1976. 中译本：《形而上学导论》，熊伟、王庆节译，北京：商务印书馆 1996 年版。

B.《海德格尔全集》以外的著作：

——：《存在与时间》，图宾根，1979 年（*Sein und Zeit*, Tübingen, 1979）。中译本：陈嘉映、王庆节译，北京：生活·读书·新知三联书店 1987 年版。

——:《四次讨论课》,法兰克福·美茵,1977 年(*Vier Seminare*, Frankfurt am Main: Vittorio Klostermann, 1977)。

——: *Zur Sache des Denkens*, Tübingen: Neske, 1988. 中译本:《面向思的事情》,陈小文、孙周兴译,北京:商务印书馆 1996 年第 1 版,1999 年第 2 版。

——: *Nietzsche*, 2 Bde., Neske, 1989, 中译本:《尼采》,孙周兴译,北京:商务印书馆 1996 年版。

——:《走向语言途中》,普夫林根,1990 年(*Unterwegs zur Sprache*, Pflingen, 1990)。中译本:《在通向语言的途中》,孙周兴译,北京:商务印书馆 1997 年版。

——:《康德与形而上学问题》,法兰克福·美茵,1991 年(*Kant und das Problem der Metaphysik*, Frankfurt am Main: Vittorio Klostermann, 1991)。

——:《谢林论人类自由的本质》,薛华译,沈阳:辽宁教育出版社 1999 年版。

——: *Der Satz vom Grund*, Pfullingen, 1986.

——:《逻辑学的形而上学开端根据》(*Metaphysische Anfangsgründe der Logik*, Frankfurt am Main: Vittorio Klostermann, 1978, 2. Auflage 1990)。

——:《路标》,孙周兴译,北京:商务印书馆 2000 年版。

——:《林中路》(*Holzwege*),孙周兴译,上海:上海译文出版社 1997 年版。

——:《什么叫思想?》,孙周兴译,载于"中国现象学网站"中"现象学原典汉译栏目"(http://www.xianxiang.com/0311205.htm)。

何怀宏:《良心论——传统良知的社会转化》,上海:上海三联书店 1994 年版。

赫施（Hirsch, E. D.）：《解释的有效性》，王才勇译，北京：生活·读书·新知三联书店 1991 年版。

黑尔德（Held, K.）："导论"，载于《现象学的方法——胡塞尔文选 I》，斯图加特，1985 年（*Phänomenologische Methode. Ausgewählte Texte Husserls I,* hrsg. von K. Held, Stuttgart: Reclam, 1985）。

——："引论"，载于《生活世界的现象学——胡塞尔文选 II》，斯图加特，1986 年（*Phänomenologie der Lebenswelt. Ausgewählte Texte Husserls II*, hrsg. von K. Held, Stuttgart: Reclam, 1986）。

黑格尔（Hegel, G. W. F.）：*Vorlesungen über die Philosophie der Weltgeschichte*, hrsg. von G. Lasson, Hamburg: Felix Meiner, 1968. 中译本：《哲学史讲演录》四卷本，贺麟、王玖兴译，北京：商务印书馆 1981 年版。

——：*Differenz des Fichteschen und Schellingschen Systems der Philosophie*, Leipzig, 1981. 中译本：《费希特与谢林哲学体系的差别》，宋祖良、程志民译，北京：商务印书馆，1994 年。

——：*Grundlinien der Philosophie des Rechts*, Frankfurt am Main: Suhrkamp, 1976. 中译本：《法哲学原理》，范杨、张企泰译，北京：商务印书馆 1982 年版。

——：*Phänomenologie des Geistes*, Hamburg: Felix Meiner, 1952. 中译本：《精神现象学》两卷本，贺麟、王玖兴译，北京：商务印书馆 1981 年版。

胡塞尔（Husserl, E.）：

A.《胡塞尔全集》部分，海牙或者多德雷赫特／波士顿／兰卡斯特：

《胡塞尔全集》第一卷：《笛卡尔式的沉思与巴黎讲演》，编者：S. 施特拉塞尔，1950 年（Band I: *Cartesianische Meditationen und Pariser*

Vortraege, hrsg. von S. Strasser, 1950）。中译本：张廷国译，北京：中国城市出版社 2002 年版。

《胡塞尔全集》第二卷：《现象学的观念（五篇讲座稿）》，编者：W. 比梅尔，1950 年（Band II: *Die Idee der Phänomenologie* [Fünf Vorlesungen], hrsg. von W. Biemel, 1950）。中译本：倪梁康译，简体版：上海：上海译文出版社 1986 年版；繁体版：台北：南方出版社 1987 年版。

《胡塞尔全集》第三卷／1：《纯粹现象学和现象学哲学的观念》第一卷，第一册，《纯粹现象学通论》，编者：K. 舒曼，1976 年（Band III/1: *Ideen zu einer reinen Phänomenologie und phänomenologischen Philosophie*, Erstes Buch: *Allgemeine Einführung in die reine Phänomenologie*, Text der 1.- 3. Auflage, neu hrsg. von K. Schuhmann, 1976）。中译本：李幼蒸译，简体版：北京：商务印书馆 1995 年版；繁体版：台北：联经出版公司 1995 年版。

《胡塞尔全集》第六卷：《欧洲科学的危机与超越论现象学。现象学哲学引论》，编者：W. 比梅尔，1954 年（Band VI: *Die Krisis der europäischen Wissenschaften und die transzendentale Phänomenologie. Eine Einführung in die phänomenologische Philosophie*, hrsg. von W. Biemel, 1954）。中译本：张庆熊译，简体版：上海：上海译文出版社 1987 年版；繁体版：台北：桂冠图书公司 1994 年版；王炳文译，北京：商务印书馆 2001 年版。

《胡塞尔全集》第七卷：《第一哲学（1923/1924）》第一卷，《批判的观念史》，编者：R. 波姆，1956 年（Band VII: *Erste Philosophie* [1923/1924], Erster Teil: *Kritische Ideengeschichte*, hrsg. von R. Boehm, 1956）。

《胡塞尔全集》第八卷：《第一哲学（1923/1924）》第二卷，《现象学还原理论》，编者：R. 波姆，1959 年（Band VIII: *Erste Philosophie* [1924/1925], Zweiter Teil: *Theorie der phänomenologischen Reduktion*, hrsg. von R. Boehm, 1959）。

《胡塞尔全集》第九卷：《现象学的心理学。1925年夏季学期讲座稿》，编者：W. 比梅尔，1968年（Band IX: *Phänomenologische Psychologie. [Vorlesungen Sommersemester 1925]*, hrsg. von W. Biemel, 1962）。

《胡塞尔全集》第十卷：《内时间意识现象学（1893—1917）》，编者：R. 波姆，1966年（Band X: *Zur Phänomenologie des inneren Zeitbewusstseins [1893-1917]*, hrsg. von R. Boehm, 1966）。

《胡塞尔全集》第十一卷：《被动综合分析。1918—1926年讲座和研究手稿》，编者：M. 弗莱舍尔，1966年（Band XI: *Analysen zur passiven Synthesis. Aus Vorlesungs- und Forschungsmanuskripten 1918-1926*, hrsg. von M. Fleischer, 1966）。

《胡塞尔全集》第十三卷：《交互主体性的现象学。第一部分：1905—1920年手稿》，编者：耿宁，1973年（Band XIII: *Zur Phänomenologie der Intersubjektivität. Texte aus dem Nachlass, erster Teil: 1905-1920*, hrsg. von I. Kern, 1973）。

《胡塞尔全集》第十四卷：《交互主体性的现象学。第二部分：1921—1928年手稿》，编者：耿宁，1973年（Band XIV: *Zur Phänomenologie der Intersubjektivität. Texte aus dem Nachlass, erster Teil: 1905-1920*, hrsg. von I. Kern, 1973）。

《胡塞尔全集》第十五卷：《交互主体性的现象学。第三部分：1929—1935年手稿》，编者：耿宁，1973年（Band XV: *Zur Phänomenologie der Intersubjektivität. Texte aus dem Nachlass, erster Teil: 1905-1920*, hrsg. von I. Kern, 1973）。

《胡塞尔全集》第十六卷：《事物与空间。1907讲座稿》，编者：U. 克莱斯格斯，1973年（Band XVI: *Ding und Raum. Vorlesungen 1907*, hrsg. von U. Claesges, 1973）。

《胡塞尔全集》第十七卷:《形式的与超越论的逻辑学。逻辑理性批判论》,编者: P. 江森,1974 年(Band XVII: *Formale und transzendentale Logik. Versuch einer Kritik der logischen Vernunft*, hrsg. von P. Janssen, 1974)。

《胡塞尔全集》第十八卷:《逻辑研究》第一卷,《纯粹逻辑学导引》,编者: E. 霍伦斯坦,1975 年(Band XVIII: *Logische Untersuchungen. erster Band: Prolegomena zur reinen Logik*, hrsg. von E. Holenstein, 1975)。中译本:倪梁康译,简体版:上海:上海译文出版社上海1994 年版;繁体版:台北:时报出版公司,1994 年版。

《胡塞尔全集》第十九卷 / 1:《逻辑研究》第二卷第一册,《现象学和认识论研究》,编者: U. 潘策,1984 年(Band XIX, 1: *Logische Untersuchungen, zweiter Band: Untersuchungen zur Phänomenologie und Theorie der Erkenntnis*, erster Teil, hrsg. von U. Panzer, 1984)。中译本:倪梁康译,简体版:上海:上海译文出版社,1998 年版;繁体版:台北:时报出版公司 1999 年版。

《胡塞尔全集》第十九卷 / 2:《逻辑研究》第二卷第二册,《现象学的认识澄清之要素》,U. 潘策,1984 年(Band XIX, 2: *Logische Untersuchungen, zweiter Band: Untersuchungen zur Phänomenologie und Theorie der Erkenntnis*, zweiter Teil, hrsg. von U. Panzer, 1984)。中译本:倪梁康译,简体版:上海:上海译文出版社 1999 年版;繁体版:台北:时报出版公司 1999 年版。

《胡塞尔全集》第二十三卷:《想象、图像意识、回忆。直观当下化的现象学。1898—1925 年手稿》,编者:E. 马尔巴赫,1980 年(Band XXIII: *Phantasie, Bildbewusstsein, Erinnerung. Zur Phänomenologie der anschaulichen Vergegenwärtigungen, Texte aus dem Nachlass 1898-1925*, hrsg. von E. Marbach, 1980)。

《胡塞尔全集》第二十五卷:《文章与报告(1911—1921)》,编者：Th. 奈农、H.-R. 塞普，1986 年（Band XXV: *Aufsätze und Vorträge [1911-1921]*, hrsg. von Th. Nenon und H. R. Sepp, 1986）。

《胡塞尔全集》第二十六卷：《含义学说讲座。1908 年夏季学期》，编者：U. 潘策，1986 年（Band XXVI: *Vorlesungen über Bedeutungslehre, Sommersemester 1908*, hsrg. von U. Panzer, 1986）。

《胡塞尔全集》第二十八卷：《伦理学和价值论讲座〈1908—1914〉》，编者：U. 梅勒，1988 年（Band XXVIII: *Vorlesungen über Ethik und Wertlehre [1908-1914]*, hrsg. von U. Melle, 1988）。

B.《胡塞尔全集》以外的著述和资料：

胡塞尔：《经验与判断——逻辑系谱学研究》，编者：兰德格雷贝，汉堡，1985 年（*Erfahrung und Urteil. Untersuchung zur Genealogie der Logik*; redigiert und hrsg. von L. Landgrebe, Hamburg: Felix Meiner, 1985）。中译本：邓晓芒／张廷国译，北京：生活·读书·新知三联书店 1999 年版。

——：《现象学的方法——胡塞尔文选第一部分》，由 K. 黑尔德主编并加引论，斯图加特，1985 年（*Phänomenologische Methode. Ausgewählte Texte Husserls I,* hrsg. von K. Held, Stuttgart: Reclam, 1985）。中译本：倪梁康译，上海：上海译文出版社 1994 年版。

——：《生活世界的现象学——胡塞尔文选第二部分》，由 K. 黑尔德主编并加引论，斯图加特：雷科拉姆出版社，1986 年（*Phänomenologie der Lebenswelt. Ausgewählte Texte Husserls II,* hrsg. von K. Held, Stuttgart: Reclam, 1986）。

——：《哲学作为严格的科学》，法兰克福·美茵，1965 年（*Philosophie als strenge Wissenschaft*, Frankfurt am Main: Vittorio Klostermann, 1965）。中译本：倪梁康译，北京：商务印书馆 1999 年版。

——：1903 年 7 月 9 日致霍金信（Brief an E. Hocking vom 9. Juli 1903）。

——:《私人笔记》，比梅尔编，载于《哲学与现象学研究》第十六辑，第三卷，1956 年（hrsg. von W. Biemel, in *Philosophy and Phenomenological Research XVI*, No. 3, 1956）。

——:《胡塞尔选集》两卷本，倪梁康选编，上海：上海三联书店1997 年版。

怀特:《分析的时代：二十世纪的哲学家》，杜任之译，北京：商务印书馆 1981 年版。

霍伦斯坦（Holenstein, Elmar）:《人的自身理解》，法兰克福·美茵，1985 年（*Menschliches Selbstverstaendnis*, Frankfurt am Main: Suhrkamp, 1985）。

——:《联想现象学》，海牙，1972 年（*Phänomenologie der Assoziation,* Den Haag: Martinus Nijhoff, 1972）。

洪汉鼎:《诠释学从现象学到实践哲学的发展》，载于《中国现象学与哲学评论》第一辑，上海：上海译文出版社 1995 年版。

——:《语言学的转向。当代分析哲学的发展》，香港：三联书店（香港）有限公司 1992 年版。

雅默、珀格勒（Jamme, Ch., Pöggeler, O.）编:《用超理性主义反对非理性主义》，载于《争论中的现象学》（„Überrationalismus gegen Irrationalismus. Husserls Sicht der mythischen Lebenswelt", in *Phänomenologie im Widerstreit. Zum 50. Todestag Edmund Husserls*, Frankfurt am Main: Suhrkamp, 1989）。

雅斯贝尔斯（Jaspers, Karl）:《海德格尔札记》，慕尼黑、苏黎士，1978 年（*Notizen zu Martin Heidegger*, München/Zürich: Piper, 1978）。

基尔凯戈尔（Kierkegaard, Søren）: *Über den Begriff der Ironie: Mit ständiger Rücksicht auf Sokrates*, übersetzt von E. Hirsch, Köln: Eugen Diederichs, 1961.

江怡:《维特根斯坦》，长沙：湖南教育出版社 1999 年版。

靳希平：《海德格尔早期思想研究》，上海：上海三联书店 1995 年版。

卡尔纳普：《卡尔纳普思想自述》，陈晓山等译，上海：上海译文出版社 1985 年版。

——：《世界的逻辑构造》，陈启伟译，上海：上海译文出版社 1999 年版。

康德（Kant, I.）：*Kritik der reinen Vernunft*, Hamburg: Felix Meiner, 1956. 中译本：《纯粹理性批判》，蓝公武译，北京：商务印书馆 1982 年版；韦卓民译，武汉：华中科技大学出版社 1991 年版。

——：《实践理性批判》，关文运译，北京：商务印书馆 1960 年版。

——：《未来形而上学导论》，庞景仁译，北京：商务印书馆 1982 年版。

——：《单纯理性限度内的宗教》，汉堡，1978 年（*Die Religion innehalb der Grenzen der bloßen Vernunft*, Hamburg: Felix Meiner, 1978）。

——：《道德形而上学》第二部分，德性论（*Metaphysik der Sitten, Teil II, Tugendlehre*）。

——：*Sämtliche Werke*, Bd. V, *Die kleineren Schriften zur Logik und Metaphysik*, Leipzig, 1921.

——：*Werke*, Bd. III, *Schriften zur Metaphysik und Logik*, Darmstadt: Wissenschafliche Buchgesellschaft, 1983.

——：*Prolegomena zu einer jeden künftigen Metaphysik, die als Wissenschaft wird auftreten können*, Hamburg: Felix Meiner, 1957.

科拉克夫斯基（Kolakovski, L.）：《寻找失落了的确然性。随胡塞尔同走的思路》，斯图加特，1977 年（*Die Suche nach der verlorener Gewissheit. Denkwege mit Husserl*, Stuttgart: Kohlhammer Verlag, 1977）。

克莱斯格斯（Claesges, U.）、黑尔德（Held, K.）主编：《超越论

现象学研究的角度》，海牙，奈伊霍夫出版史，1972 年（*Perspektiven transzendental-phänomen-ologischer Forschung für Ludwig Landgrebe zum 70. Geburtstag von seinen Kölner Schülern*, Den Haag: Martinus Nijhoff, 1972）。

孔汉思、库舍尔编：《全球伦理——世界宗教宣言》，何光沪译，成都：四川人民出版社 1997 年版。

莱布尼茨（Leibniz, G. W.）：*Nouveaux essais sur l'entendement humain*。中译本：《人类理智新论》，陈修斋译，北京：商务印书馆 1982 年版；德文本：*Neue Abhandlungen über den menschlichen Verstand*, übersetzt von E. Cassirer, Hamburg: Felix Meiner, 1997。

赖尔：《心的概念》，刘建荣译，上海：上海译文出版社 1988 年版。

莱维纳斯（Lévinas, E.）：《他人的踪迹。现象学与哲学的研究》，弗莱堡／慕尼黑，1983 年（*Die Spur des Anderen. Untersuchungen zur Phänomenologie und Sozialphilosophie*, übersetzt, herausgegeben. und eingeleitet von Nikolaus Krewani, Freiburg/München: Alber Verlag, 1983）。

兰德格雷贝（Landgrebe, L.）：《现象学作为 transzendental 历史理论》，《现象学研究》第三期，1976 年（„Die Phänomenologie als transzendentale Theorie der Geschichte", in *Phänomenologische Forschungen*, Vol. 3, *Phänomenologie und Praxis*, 1976）。

Lang, P. Ch.：《普罗提诺》，载于《美茨勒哲学家辞典》，斯图加特，1989 年（"Plotin", in *Metzler Philosophen Lexikon*, Stuttgart: J. B. Metzler, 1989）。

劳思光：《中国文化要义新编》，香港：香港中文大学出版社 1998 年版。

李约瑟：《四海之内。东方和西方的对话》，劳陇译，北京：生活·读书·新知三联书店 1987 年版。

李泽厚:《中国古代思想史论》,北京:人民出版社 1985 年版。

刘述先:《牟宗三先生临终遗言"古今无两"释》,载于蔡仁厚、杨祖汉编:《牟宗三先生纪念集》,台北:东方人文学术基金会印行 1996 年版。

卢卡奇:《理性的毁灭》,王玖兴等译,济南:山东人民出版社 1997 年版。

卢卡西维茨:《亚里士多德的三段论》,李真、李先焜译,北京:商务印书馆 1991 年版。

卢曼(Luhmann, N.):《交互主体性还是交往行为:社会科学理论构成的不同出发点》,《哲学文库》第五十四期,1986 年(„Intersubjektivität oder Kommunikation: Unterschiedliche Ausgangspunkte der Theorie der Sozialwissenschaften", in *Archiv di Filosofia*, No. 54, 1986)。

罗素(Russell, B. A. W.):《西方哲学史》上卷,何兆武、李约瑟译,北京:商务印书馆 1981 年版。

——:《我的哲学的发展》,李季译,北京:商务印书馆 1964 年版。

伦普(Römpp, G.):《胡塞尔的交互主体性现象学。它对交互主体的客观性理论的意义以及一门现象学的交互主体的客观性理论的构想》,多特雷赫特等,1991 年(*Husserls Phänomenologie der Intersubjektivität. Und ihre Bedeutung für eine Theorie intersubjektiver Objektivität und die Konzeption einer phänomenologischen*, Dordrecht u. a.: Academic Publishers, 1991)。

马德(Mader, W.):《马克斯·舍勒》,汉堡:罗沃尔特出版社,1980 年(*Max Scheler*, Hamburg: Rowohlt Verlag, 1980)。

马尔(Mall, R. A.):《文化比较的哲学——交互文化哲学引论》,不来梅,1992 年(*Philosophie im Vergleich der Kulturen. Eine Einführung in die interkulturelle Philosophie*, Bremen: Universitätsverlag, 1992)。

马尔巴赫(Marbach, E.):《编者引论》,载于《胡塞尔全集》

XXIII（Hua XXIII）。

——：《胡塞尔现象学中的自我问题》，海牙，1974 年（*Das Problem des Ich in der Phänomenologie Husserls*, Den Haag: Martinus Nijhoff, 1974）。

马克思：《1844 年经济学—哲学手稿》，刘丕坤译，北京：人民出版社 1979 年版。

曼海姆（Mannheim, K.）：*Ideologie und Utopie*, Frankfurt am Main: Vittorio Klostermann, 1985. 中译本：《意识形态与乌托邦》，黎鸣、李书崇译，北京：商务印书馆 2000 年版。

梅洛-庞蒂（Merleau-Ponty, M.）：*Le Visible et l'invisible, suivi de notes de travail*, Paris: Gallimard, 1964。德译文根据黑尔德的译文译出：*Das Auge und der Geist*, übersetzt von Klaus Held；中译本：《眼与心》，刘韵涵译，北京：中国社会科学出版社 1992 年版。

蒙培元：《从仁的四个层面看普遍伦理的可能性》，《中国哲学史》2000 年第 4 期。

牟宗三：《智的直觉与中国哲学》，台北：商务印书馆 2000 年版。

——：《现象与物自身》，台北：学生书局 1996 年版。

——：《中国哲学十九讲》，台北：学生书局 1983 年版。

——：《四因说演讲录》，卢雪昆录音整理，上海：上海古籍出版社 1998 年版。

——：《五十自述》，台北：鹅湖出版社 1989 年版。

——：《生命的学问》，桂林：广西师范大学出版社 1984 年版。

木田元等编：《现象学事典》，东京：弘文堂 1994 年版。

纳托尔普（Natorp, P.）：《根据批判方法进行的普通心理学》第一册，图宾根，1912 年（*Allgemeine Psychologie nach kritischer Methode, erstes Buch*, Tübingen: J. C. B. Mohr, 1912）。

倪梁康：《现象学及其效应——胡塞尔与当代德国哲学》，北京：

生活·读书·新知三联书店 1994 年版。

——:《自识与反思——近现代西方哲学的基本问题》,北京:商务印书馆 2002 年版。

——: *Seinsglauben in der Phänomenologie Edmund Husserls*, Dordrecht/Boston/Lonoon: Kluwer: Academic Publishers, 1991。

普莱斯纳（Plessner, Helmuth）:《在哲学与社会之间》,法兰克福·美茵,1979 年（*Zwischen Philosophie und Gesellschaft*, Frankfurt am Main: Suhrkamp, 1979）。

Ratke, H., *Systematisches Handlexikon zu Kants Kritik der reinen Vernunft*, Hamburg: Felix Meiner, 1972.

让克（Rang, B.）:《因果性与动机引发》,海牙,1970 年（*Motivation und Kosalität. Untersuchungen zum Verhältnis von Perspektivität und Objektivität in der Phänomenologie Edmund Husserls*, Den Haag: Martinus Nijhoff, 1970）。

Schlick, M., *Allgemeine Erkenntnislehre: Naturwissenschaftliche Monographien und Lehrbücher*, I. Band, Berlin: Verlag von Julius Springer, 1918, ²1925.

Seebohm, Th., „Perspektiven des Lingualismus: Heidegger und Quine", in Albert Raffelt (Hrsg.), *Martin Heidegger weiterdenken*, München/Zürich: Verlag Schnell & Steiner, 1990.

Störig, Hans Joachim, *Kleine Weltgeschichte der Philosophie,* Stuttgart: Kohlhammer, 1985.

舍勒（Scheler, M.）: *Gesammelte Werke*, zuerst im Francke-Verlag, Bern/München erschienen, ab 1986 im Bouvier-Verlag, Bonn, bis zu ihrem Tod (1969), hrsg. von Maria Scheler, seither von M. S. Frings, 1972.

——:《伦理学中的形式主义与质料的伦理学》,第 2 卷（*Der Formalismus in der Ethik und die materiale Wertethik*, GW Bd. 2, 1966）。

——:《论价值的颠覆》,第 3 卷 (*Vom Umsturz der Werte*, GW Bd. 3, 1972)。

——:《同情的本质与形式》,第 7 卷 (*Wesen und Formen der Sympathie*, GW Bd. 7, 1973)。

——:《遗著第一卷:伦理学与认识论》,第 10 卷 (*Schriften aus dem Nachlass*, Bd. I, *Zur Ethik und Erkenntnislehre*, GW Bd. 10, 1986)。

——:《遗著第二卷:认识论与形而上学》,第 11 卷 (*Schriften aus dem Nachlass*, Bd.II, *Erkenntnislehre und metaphysik*, GW Bd. 11, 1979)。

施贝曼 (Spämann, R.):《哲学家们的争论》,载于吕贝主编:《哲学有何用?》,柏林,1978 年 („Der Streit der Philosophen", in H. Lübbe [Hrsg.], *Wozu die Philosophie? Stellungnahmen eines Arbeitskreises*, Berlin: Walter de Gruyter, 1978)。

施本格勒 (Spengler, O.): *Der Untergang des Abendlandes. Umrisse einer Morphologie der Weltgeschichte*, München: C. H. Beck'sche Verlagsbuchhandlung, 1972. 中译本:《西方的没落:世界历史的透视》,齐世荣等译,北京:商务印书馆 1993 年版。

释慧皎:《高僧传》,汤用彤校注,北京:中华书局 1986 年版。

施密茨 (Schmitz, H.): *Neue Phänomenologie*, Bonn, 1980. 中译本:《新现象学》,庞学铨等译,上海,上海译文出版社 1997 年版。

施密特 (Schmidt, H.):《哲学词典》,斯图加特,1978 年 (*Philosophisches Wörterbuch*, Stuttgart, 1978)。

施皮格伯格 (Spiegelberg, H.): *The Phenomenological Movement. A Historical Introduction*, Den Haag: Martinus Nijhoff, 1964. 中译本:《现象学运动:一个历史的导引》,王炳文、张金言译,北京:商务印书馆 1995 年版。

——: "The Puzzles of Wittgenstein's Phänomenologie (1929-?)", in

H. Spiegelberg, *The Context of Phenomenological Movement*, Den Haag: Martinus Nijhoff, 1981, pp. 202-228. 中译文:《维特根斯坦的"现象学"之谜》,李云飞译,载于《多维视界中的维特根斯坦》,张志林、程志敏选编,郝亿春、李云飞等译,上海:华东师范大学出版社 2005 年版。

施泰格米勒(Stegmüller, W.):*Hauptstömungen der Gegenwarts-philosophie,* Bd. 1, Stuttgart: Kröner Verlag, 1978. 中译本:《当代哲学主流》第一卷,王炳文、燕宏远、张金言译,北京:商务印书馆 1986 年版。

施特拉塞尔(Strasser, S.):《埃德蒙德·胡塞尔的社会本体论基本思想》,《哲学研究杂志》第二十九期,1975 年("Grundgedanken der Sozialontologie Edmund Husserls", in *Zeitschrift für philosophische Forschung*, Bd. 29, H. 1 (Jan. - Mar., 1975), Nr. 29, 1975)。

——: *Welt in Widerspruch. Gedanken zu einer Phänomenologie als ethische Fundamentalphilosophie,* Dordrecht u.a., 1992(《矛盾中的世界——关于一门作为伦理基础哲学的现象学的想法》)。

施特雷克(Ströker, Elisabeth):《现象学与心理学——它们在胡塞尔哲学中的关系问题》,《哲学研究杂志》第三十七辑,1983 年,第 3—19 页("Phänomenologie und Psychologie. Die Frage ihrer Beziehung bei Husserl", in *Zeitschrift für philosophische Forschung*, Nr. 37, 1983, S. 3-19)。

——编:《胡塞尔哲学中的生活世界与科学》,法兰克福·美茵,1979 年(*Lebenswelt und Wissenschaft in der Philosophie Edmund Husserls*, Frankfurt am Main: Vittorio Klostermann, 1979)。

叔本华:《作为意志和表象的世界》,石冲白译,北京:商务印书馆 1982 年版。

舒茨(Schütz, A.):《社会世界的意义构造》,法兰克福/美茵,1981 年(*Der sinnhafte Aufbau der sozialen Welt: Eine Einleitung in die verstehende Soziologie*, Wien: Springer, 1932, und Frankfurt am Main: Suhrkamp, 1981）。

——:《胡塞尔哲学中的超越论交互主体性问题》,载于《论文集》第三卷,海牙,1966 年,第 51—91 页（"The Problem of Transcendental Intersubjectivity in Husserl", in *Collected Papers* III, Den Haag: Martinus Nijhoff, 1966, pp. 51-91）。

斯诺（Snows, C. P.）: *Die Zwei Kulturen. Literarische und Naturwissenschaftliche Intelligenz*, Stuttgart, 1969. 中译本:《对科学的傲慢与偏见》,陈恒六、刘兵译,四川人民出版社 1987 年版。

斯潘（Spahn, Ch.）:《现象学的行为理论。埃德蒙德·胡塞尔的伦理学研究》,维尔茨堡,1996 年（*Phänomenologische Handlungstheorie. Edmund Husserls Untersuchungen zur Ethik*, Wuerzburg, 1996）。

苏姗·哈克:《逻辑哲学》,罗毅译,北京:商务印书馆 2003 年版。

索默尔（Sommer, M.）:《陌生经验与时间意识。交互主体性的现象学》,《哲学研究杂志》第一辑,1984 年,第 3—18 页（„Fremderfahrung und Zeitbewußtsein. Zur Phänomenologie der Intersubjektivität", *Zeitschrift für philosophische Forschung*, 1984, Nr. 1, S. 3-18）。

汤用彤:《理学、佛学、玄学》,北京:北京大学出版社 1991 年版。

——:《汉魏两晋南北朝佛教史》,北京:中华书局 1983 年版。

图根特哈特（Tugendhat, E.）:《胡塞尔与海德格尔的真理概念》,柏林:德古伊特出版社,1970 年（*Der Wahrheitsbegriff bei Husserl und Heidegger*, Berlin, 1970）。

——:《自身意识与自身规定。语言分析的解释》,法兰克福／美茵:苏尔坎普出版社,1979 年（*Selbstbewusstsein und Selbstbestimmung. Sprachanalytische Interpretationen*, Frankfurt am Main: Suhrkamp, 1979）。

王作安、卓新平主编:《宗教:关切世界和平》,北京:宗教文化出版社 2000 年版。

维特根斯坦（Wittgenstein, L.）: *Philosophische Untersuchungen, Werkausgabe* Bd. I, Frankfurt am Main: Suhrkamp, 1988. 中译本:《哲学研究》,李步楼译,陈维杭校,北京:商务印书馆 1996 年版。

——: *Tractatus logico-philosophicus, Werkausgabe* Bd. 1, Frankfurt am Main: Suhrkamp, 1988.

——: *Philosophische Bemerkungen, Werkausgabe* Bd. 2, Frankfurt am Main: Suhrkamp, 1981.

——: *Wittgenstein und der Wiener Kreis*, Gespräche, aufgezeichnet von Friedrich Waismann, Frankfurt am Main: Suhrkamp, 1984.

吴汝钧编著:《佛教大词典》,北京:商务印书馆 1992 年版。

西田几多郎:《善的研究》,何倩译,北京:商务印书馆 1997 年版。

谢林（Schelling, F. W. J.）:《谢林选集》第一卷（*Ausgewählte Schriften*, Bd. 1, Frankfurt am Main: Suhrkamp, 1985）。

——: „Fernere Darstellungen aus dem System der Philosophie", in ders., *Ausgewählte Schriften*, Bd. 2）。

——:《先验唯心论体系》,梁志学、石泉译,北京:商务印书馆 1983 年版。

休茨:《马克斯·谢勒三论》,江日新译,台北:东大图书公司 1990 年版。

休谟（Hume, D.）:《人类理解研究》,德文版,汉堡,1982 年 (*Eine Untersuchung über den menschlichen Verstand*, Hamburg: Felix Meiner, 1986）。

——:《人性论》,德文版,汉堡,1979 年（*Ein Traktat über die menschliche Natur*, Deutsch: Th. Lipps, Hamburg: Felix Meiner, 1973）。中译本:《人性论》,关文运译,北京:商务书馆 1983 年版。

徐英瑾：《维特根斯坦的现象学之谜》，《复旦学报（社会科学版）》2004 年第 1 期。

——：《维特根斯坦面向'现象学'的哲学转型——从〈逻辑哲学论〉到〈略论逻辑形式〉》，载于《哲学门》总第十一辑，北京：北京大学出版社 2005 年版。

——：《路德维希·维特根斯坦：〈大打字稿〉》，《中国学术》2004 年第 1 辑。

熊十力：《新唯识论》，北京：中华书局 1985 年版。

亚里士多德：《形而上学》，吴寿彭译，北京：商务印书馆 1981 年版。

严复：《严复全集》第一卷，福州：福建教育出版社 2014 年。

杨伯峻：《论语译注》，北京：中华书局 1984 年版。

杨伯峻：《孟子译注》，北京：中华书局 2000 年版。

张灿辉（Chan-Fai, Cheung）：*Der anfängliche Boden der Phänomenologie*, Frankfurt am Main: Peter Lang Verlag, 1983. 中译本：《海德格与胡塞尔的现象学》，台北：东大图书公司 1996 年版。

张宁：《雅克·德里达的中国之行》，载于：https://www.douban.com/group/topic/51571483/.

张庆熊：《私人语言的不可能和现象学还原的困境》，《开放时代》1998 年第 1 期。本文作为第二章"私人语言的不可能和唯我论的破灭"，载于张庆熊：《自我、主体际性与文化交流》，上海：上海人民出版社 1999 年版。

张汝伦：《海德格尔与现代哲学》，上海：复旦大学出版社 1995 年版。

张志扬：《悼词与葬礼——评德法之争》，《中国现象学与哲学评论》第一辑，上海：上海译文出版社 1995 年版。

人名索引

A

阿道尔诺（T. W. Adorno） 424, 428

艾耶尔（A. J. Ayer） 321, 324

奥本海姆（F. Oppenheimer） 210

奥斯汀（J. L. Austin） 321, 329

B

柏拉图（Platon） 32-34, 39, 41, 47, 48, 67, 97, 304, 310, 359, 361, 376, 384, 407, 409, 426

比梅尔（W. Biemel） 30

布留尔（L. Levy-Bruehl） 257

C

陈寅恪 237-241

茨威格（St. Zweig） 258

D

达米特（M. Dummett） 416, 418

德里达（J. Derrida） 3, 376-378, 417

狄尔泰（W. Dilthey） 68, 209, 421, 428

笛卡尔（R. Descartes） 1, 6, 7, 16, 37, 49-56, 62, 63, 87, 94, 100-102, 104, 125, 152, 170, 184, 190, 208, 211, 212, 217, 226, 234, 293, 295, 299, 301, 329, 330, 340, 365, 369, 370, 375, 386, 387, 394-396, 419, 422, 423, 426

杜夫海纳（M. Dufrenne） 271

F

凡·高（V. v. Gogh） 261, 266, 270

费希特（J. G. Fichte） 66, 96,

121, 125, 129, 131-135, 139-143, 149, 150, 388

芬克（E. Fink） 203, 376-378

冯特（W. Wundt） 77

冯友兰 238, 240, 343

弗雷格（G. Frege） 9, 26, 96, 163, 317, 326, 413, 416-418, 421

弗洛伊德（S. Freud） 2, 9, 120, 257

G

伽达默尔（H.-G. Gadamer） 203, 386, 423

歌德（J. W. v. Goethe） 9, 122, 178, 227

耿宁（I. Kern） 212, 362-364

H

哈贝马斯（J. Habermas） 16, 211, 316, 320, 367, 424, 429

海德格尔（M. Heidegger） 1, 6, 15, 19, 28, 96, 100, 101, 108-115, 117-120, 122, 124, 130, 131, 135-138, 143, 148, 155-157, 162, 163, 190, 197, 203, 213, 217, 218, 220-222, 257, 266, 270-272, 275, 278, 283, 290, 338-340, 342, 343, 345-352, 369, 370, 373, 374, 379-386, 388, 400, 406, 416, 417, 420, 424, 427-430

何晏 238

黑尔德（K. Held） 182, 184, 189, 210, 234, 245, 250, 251

黑格尔（J. W. F. Hegel） 97, 100, 120, 121, 131, 134, 135, 139-143, 147, 257, 317, 376, 386, 427

亨佩尔（C. G. Hempel） 321

洪堡（W. v. Humboldt） 257

霍夫曼斯塔尔（H. v. Hofmannsthal） 273, 275

霍伦斯坦（E. Holenstein） 241

K

卡尔纳普（R. Carnap） 317, 318, 321, 326-329, 398, 399

卡西尔（E. Cassirer） 257, 349, 351, 386

康德（I. Kant） 32, 46-48, 50-56, 62, 63, 65, 70, 84, 85, 87, 93, 96, 97, 100, 120-135, 138, 140, 141, 144-146, 149-153, 155, 168, 170, 172, 203, 217, 226, 258, 285, 300, 302-315, 319, 338-346, 348, 349, 351, 353, 372, 373, 379, 386-396,

410, 423, 429

奎因（W. Quine） 321, 385, 386, 416, 417

L

莱布尼茨（G. W. Leibniz） 7, 8, 145, 205, 226, 317, 362, 370, 376, 379, 383, 386, 398

莱维纳斯（E. Lévinas） 158

莱辛巴赫（H. Reichenbach） 321, 326

赖尔（G. Ryle） 321, 329-332

李凯尔特（H. Rickert） 68, 289, 290

李约瑟（N. J. Needham） 228, 229

利科（P. Ricoeur） 11, 172, 216

卢卡奇（G. Lukacs） 121, 150

卢曼（N. Luhmann） 211

路德（M. Luther） 20, 307

伦普（G. Römpp） 212, 213

罗素（B. A. W. Russell） 8, 96, 316, 317, 320-326, 328-330, 332, 333, 386

洛克（J. Locke） 33, 34, 111

M

马德（W. Mader） 119

马克思（K. Marx） 120, 121

曼海姆（K. Mannheim） 210

梅洛－庞蒂（M. Merleau-Ponty） 129, 257, 265, 271, 272, 275, 278, 343

孟子 146

摩尔（G. E. Moore） 316, 317, 320-326, 328, 329, 332

莫奈（C. Monet） 261, 262

牟宗三 121, 122, 128, 130, 142-149, 151, 153, 156, 157, 278, 338-353

N

纳托尔普（P. Natorp） 26, 84, 94, 113-115, 421

牛顿（I. Newton） 228

P

皮亚杰（J. Piaget） 257

普莱斯纳（H. Plessner） 430

普罗提诺（Plotin） 376

普特南（H. Putnam） 321, 385, 386

Q

屈尔佩（O. Külpe） 92

S

萨特（J.-P. Sartre） 190, 339
瑟拉（G. Seurat） 261
舍勒（M. Scheler） 5, 15, 100, 101, 103-108, 112, 117-119, 157, 162, 163, 190, 210, 218-222, 278, 339, 343, 346, 352, 353, 375, 406, 428
施本格勒（O. Spengler） 227, 228, 231
施皮格伯格（H. Spiegelberg） 45
施泰格米勒（W. Stegmüller） 30, 97
施特拉塞尔（S. Strasser） 212, 439, 450
施特雷克（E. Ströker） 98
施通普夫（K. Stumpf） 5, 403
石里克（M. Schlick） 321, 326, 398-407, 409, 410, 415-417
舒茨（A. Schütz） 190-195, 209-211
斯宾诺莎（B. Spinoza） 370
斯诺（C. P. Snows） 225-229, 231, 232
斯潘（O. Spann） 209
斯泰因（E. Stein） 70
索默尔（M. Sommer） 167

T

汤用彤 237, 238, 240-242
图根特哈特（E. Tugendhat） 356, 365

W

王弼 238
韦伯（A. Weber） 209
维特根斯坦（L. Wittgenstein） 316-318, 321, 325, 326, 328, 329, 332-336, 354-368, 398-401, 403-406, 410-418
维泽（L. v. Wiese） 210
魏斯曼（F. Waismann） 403, 404
文德尔班（W. Windelband） 68, 127

X

西美尔（G. Simmel） 209
西田几多郎 121, 126, 129, 130, 149, 150, 152, 153, 278, 386
谢林（F. W. J. Schelling） 121, 125, 129, 130, 134-143, 149-151,

153, 388, 390-393

休谟（D. Hume） 33, 283-291, 293-302, 309, 310, 315

Y

雅斯贝尔斯（K. Jaspers） 114, 429

亚里士多德（Aristotle） 226, 376, 425, 428

严复 239

Z

泽伯姆（Th. Seebohm） 414, 416, 417

詹姆士（W. James） 89, 90

张庆熊 354-356, 358, 360, 367

主题索引

A

埃多斯 11, 62

B

被构造的结果（意识对象）13
被意指的意义 193
本能 142
本体 32, 123, 124, 126-130, 132, 162, 177, 342-345, 347, 349, 351, 353
本体论 14, 16, 32, 59, 68, 71, 92, 96, 134, 180, 181, 318, 340, 395, 415, 420, 425
本我 16, 55, 83, 95, 183, 253, 419, 420, 425, 429, 430
本我论 83-85, 87, 89, 425
本我学 31, 55, 81, 83
本原性 243, 246
本真领域 114

本质 10-14, 26, 27, 31-37, 39-44, 47, 49, 50, 56, 59-62, 64-69, 71-74, 76-80, 83, 84, 87, 91, 95, 96, 101, 103, 105, 106, 119, 125, 132, 136, 137, 142, 143, 148, 155, 156, 166, 167, 169-171, 180, 182, 188, 189, 193, 194, 202, 209, 210, 220, 233-235, 244, 251-253, 261, 262, 264, 268, 271, 274, 278, 285, 288, 289, 297, 299, 306, 307, 312, 326, 343, 345, 374, 375, 381, 383, 384, 396, 406, 412, 414, 420, 423, 425-428
本质变更法 38-40, 43, 44
本质还原 10, 11, 26, 29, 31, 32, 36-38, 45, 47, 48, 54, 57, 61-67, 69-72, 75, 76, 78, 79, 301, 396
本质结构 3, 19, 170, 234, 253, 261, 272, 275, 279, 290

本质科学 10, 11, 31-33, 45, 59, 62, 63, 68, 69, 71, 72, 74, 92, 425, 426

本质领域 14, 96

本质描述的现象学 69, 272

本质现象学 26, 171, 180, 425

本质心理学 29, 30-34, 38, 48, 49, 61, 63, 64, 66, 70-74, 180

本质直观 10, 11, 27, 30, 32, 34, 35, 37, 38, 41-44, 50, 71, 81, 100, 107, 137, 139, 148, 150, 154, 155, 275, 278, 285, 315, 342-344, 385, 400, 402, 405, 413, 417

本质直观的抽象 35, 37

本质直观的方法 10, 30, 33, 38, 234, 283, 297, 352, 375

本质直观方法 29, 33, 36, 38, 43, 45, 74, 98, 353, 403, 428

变更 39-44, 50, 116, 220, 297

变更法 38-40, 43, 44

变项 39, 40, 42-44, 50

表象性行为 163, 259

表象性客体化行为 162, 259

C

材料现象学 91

材料意向 154

超感性直观 154

超验感知 165

超越感知 174

超越论本质 26, 31, 62, 63, 67, 69, 76, 180

超越论本质的现象学 25, 31, 48, 61

超越论本质现象学 25, 27, 30-33, 45, 61, 67-71, 73-75, 78-80, 89, 92, 96-98

超越论层次 15

超越论的构造 13, 171

超越论的世界 65

超越论的现象学 30, 301

超越论的主体性 36, 46, 48, 52, 60, 190, 211, 422

超越论概念 46, 47, 48

超越论还原 12, 14, 18, 26, 29-32, 36-39, 45-48, 50-59, 61-68, 70, 72-78, 87, 96, 183, 184, 301, 315, 403, 422

超越论还原方法（超越论还原的方法）14, 28, 30, 37, 45, 60, 67, 403

超越论交互主体性现象学 15, 180

超越论逻辑 372-374, 398

超越论逻辑学 373, 385

超越论社会性 15

主题索引 461

超越论现象学 11, 13-16, 18, 19, 26, 29-31, 36, 46, 49, 56, 62, 72, 75, 76, 102, 109, 162, 171, 172, 175, 179, 181, 182, 206, 216, 273, 275, 378, 421, 425, 426

超越论意识 13, 31, 36, 78, 86, 92, 95, 191

超越论意识的本质 31, 36

超越论意识的事实 36

超越论哲学 19, 45-50, 52-57, 64, 68, 110, 121, 125, 139, 180, 300, 313, 377, 422, 424

超越论之物 51, 72, 375

超越论主义 7, 8, 15, 47, 96, 423, 430

超越论自我 15, 84-89, 92, 97, 179, 180, 191, 234, 421-425, 427, 428

超越论自我论 15, 179, 180

超越论自我论的现象学 15, 179

筹划 203

创造的直观 130

纯粹本质性的现象 78

纯粹超越论的现象 78

纯粹反思 63, 77, 101, 132

纯粹逻辑 46, 313, 323, 372, 415, 422

纯粹逻辑学 34, 63, 96, 371, 372, 373, 385, 422

纯粹意识本身 13, 59, 80, 93, 171

纯粹意识本身 13, 59, 80, 93, 171

纯粹意识单子 15, 179

纯粹意识的一般结构 78

纯粹自我 79, 80, 83-87, 91, 93-95, 106, 113, 148, 299

此在 1, 57, 78, 108, 117, 118, 125, 148, 189, 209, 220, 221, 250, 252, 258, 307, 346-348, 350, 352, 403, 424, 426-428

此在现象学 162, 427

存在信仰 264, 277, 286

D

单纯的表象 167, 205

单个主体 182, 198, 200-202, 204, 208, 213

当下化 82, 97, 200, 206, 247, 248, 250, 277, 291, 292, 363

递推 40, 44

第二性的还原 60

第二哲学 31, 69, 72, 73, 180, 181, 217, 340, 425, 426

第一性的还原 60

第一哲学 26, 30, 31, 61, 69-73,

180, 181, 217, 220, 353, 421, 425, 426, 429

独断论 8, 47, 54, 71, 94, 235, 300, 309

对图像客体的立义 264

对图像事物的感知 263, 267

对象视域 203, 209

E

二元论 49, 65, 79, 94, 171, 323, 324, 330, 351, 391, 406

二元思维模式 257

二重心理学 92

F

发生构造 95

发生现象学 27, 94, 95, 202

反思 7, 10, 18, 19, 28, 33, 38, 43, 52, 55, 71, 81, 86, 100-119, 131-134, 152, 166, 170, 178, 179, 198, 199, 205, 214, 334, 354, 355, 358, 367, 384, 390, 392, 396, 408, 421-423, 430

范畴对象 176, 177

范畴直观 10, 108, 109, 111, 130, 154-157, 220, 278, 343, 375, 385, 386

非本真的信仰 277

非客体化行为 192, 216-218, 222, 258

非理性主义 121

非原本意识 163, 183, 199, 259

非直观行为 163, 259

分析方法 154, 183, 191, 319, 323, 334, 337

分析命题 319, 411

分析哲学 316-321, 324-326, 328, 329, 331, 332, 334, 336, 337, 355, 356, 391, 418

佛教 1, 2, 3, 148, 236, 238, 240, 250

符号意识 163, 259, 260, 270

G

概念直观 385

感觉 39, 44, 75, 78, 80, 85, 86, 88-90, 100, 107, 115, 131, 141, 154, 164, 166, 167, 169, 186, 188, 192, 199, 227, 229, 249, 261, 264-267, 274, 284-288, 291, 292, 295, 299, 310, 315, 359, 361, 363-366, 375, 410, 422

感性直观 35, 37, 112, 123, 124, 126, 128, 131, 138, 146-148, 150, 154-156, 158, 285, 342, 428

感知 16, 102-104, 109, 110, 112, 152, 157, 163-167, 169, 178, 182, 183, 185-201, 205, 206, 207, 217, 247, 259-265, 267, 268, 270, 276, 277, 284, 285, 288-293, 297, 323, 330, 417, 421, 422

感知显现 264, 265, 270

格义 236-242, 244, 246, 247, 251-254

个体化 367

个体意识 88, 89, 360, 364

根据 53, 96, 135, 309, 328, 362, 370, 374, 379, 381-385, 406

共识 179, 181, 195-199, 204, 206, 210, 232, 278, 398

共体 204, 208, 209, 230

共体世界 208

共同的当下化 247

共同世界 189, 198, 208, 209

共现 199-201, 204, 206-208, 242, 244, 247-254, 293

共在 208, 209

观念 7, 8, 10, 27, 30, 32, 34-36, 38-43, 47, 49, 52, 63-65, 67, 69, 72, 76, 78, 79, 87, 94, 97, 102, 105, 109, 112, 113, 122, 143, 144, 147, 155, 173, 175, 176, 225, 230, 233, 237, 238, 275, 283-288, 290, 291, 293-297, 300, 311, 336, 339, 345, 371-373, 385, 400, 402, 405, 407-410, 412-414, 416, 417, 421, 423, 426, 428

观念对象 28, 35, 112, 198, 199, 407, 408, 413, 414

观念化 7, 36, 408

观念世界 65, 67, 68, 70, 78, 94, 96, 422

观念之物 34, 35, 96

观念主义 398, 401, 405, 410, 415-417

广义的现象学 26, 32

广义的自然科学 74

H

含义 10, 13, 16, 43, 46, 58, 69, 76, 77, 96, 112, 120, 125, 130-133, 135-138, 140, 143, 145-147, 151, 152, 154-156, 161, 163-165, 171, 173-178, 180, 181, 186, 188, 192, 194, 195, 200, 201, 215, 217, 226, 229, 237, 240-242, 245, 250, 251, 259, 284-287, 293, 296, 303, 312, 318, 327, 329, 335, 336, 341, 349, 372-374, 387, 389-391, 394, 395,

403, 407, 425
好奇 3
后现代 21, 231, 233
胡塞尔的哲学史观 54
互识 179, 181, 190, 193, 197, 205, 206, 210
话语 380, 414
怀疑论 10, 54, 56, 57, 84, 97, 143, 235, 283, 299
怀疑主义 8, 10, 48, 50, 52, 298, 341
还原方法 11, 14, 28, 30, 37, 45, 48, 60, 95, 275, 403
回忆性反思 116

J

机能现象学 89, 91, 92
价值 58, 84, 91, 107, 108, 144, 218, 219, 221, 222, 225, 230, 262, 296, 300, 318, 343, 353, 419, 424, 425, 430
间域 116, 138, 430
交互文化现象学 210, 225
交互文化哲学 181, 209, 232-235
交互主体 87, 102, 180, 191, 196-198, 204, 205, 207, 208, 210, 211, 213, 245, 314, 340, 362-364, 424, 429
交互主体行为 192
交互主体现象学 190, 196
交互主体性 15-17, 55, 64, 81, 83, 87, 89, 179-185, 189-191, 209, 211-213, 234, 242-244, 253, 424, 425
教化 225
结对 187, 188, 243
经验 7, 8, 11, 14, 26, 27, 29, 32, 34, 39-43, 47, 49, 50, 53, 59, 62, 63, 66-69, 71, 74, 75, 83, 93, 110, 123, 124, 126-128, 151, 152, 154, 182, 183, 186, 188, 194, 200, 201, 203-208, 213, 230, 234, 236, 242, 243, 247-249, 251-254, 283, 285, 286, 288, 293, 294, 296-300, 304-306, 308, 309, 311-313, 318, 319, 326-328, 333, 359, 364, 366, 373, 375, 389, 391, 393, 394, 396, 399, 401, 402, 406-409, 411, 413, 415, 421, 422, 424
经验自我 51, 58, 234
惊异 3
精神分析 319, 337
精神世界 185, 198, 209, 340
精神图像 129, 260, 262, 263, 264,

270, 271, 275

静态的现象学 94, 95

静态现象学 94, 95, 202

绝然对象 176, 177

K

客观极 79, 92

客观时间 51, 80, 208

客观世界 61, 203, 204, 207-209, 249

客观性 46, 52-56, 62, 79, 85, 150, 174, 194, 207, 252, 273, 299, 301, 362, 363, 366, 395

客观意义 80, 194, 195

客体 16, 21, 31, 36, 79, 80, 84, 85, 87, 93, 95, 127, 129, 132, 135-137, 139, 140, 143, 150, 152, 157, 162, 163, 165, 170, 172, 182, 183, 185, 191, 196, 197, 207-209, 216, 217, 219, 249, 259, 261-272, 275-289, 307, 309, 327, 395, 407, 421

客体化 85, 86, 150, 151, 162, 167, 217-219, 221, 222, 258, 259, 263, 266

客体化的意识行为 162, 217, 259

客体化行为 162, 192, 203, 216-219, 222, 258, 259

课题化 18

空泛视域 248, 249

括弧法 61

L

类比 92, 94, 186, 188, 238, 242, 244, 246-250, 254, 269, 270, 312, 313

类型理论 325

理论理性 17, 18, 218, 306, 311, 312, 314, 340

理论人 289

理论哲学 217-220, 222, 392

理念 32, 33, 39, 48, 67, 137, 138, 156, 203, 284, 285, 296, 311-313, 353, 376, 384

理念直观 273, 278

理性心理学 30, 72

理性主义 8, 75, 121, 406, 420

立义 161, 164-168, 170, 172-174, 179, 185-189, 192, 194, 199, 206, 244-248, 250, 261, 263-270, 272, 276, 277, 410

立义对象 172, 173

立义形式 166, 168, 169, 173, 264

立义意义 166

立义质料 166, 168, 169, 173

立义质性 168, 169, 173

联想 152, 156, 157, 186-188, 197, 198, 200, 229, 243-246, 248, 250, 251, 254, 293, 295, 296, 298, 299, 302, 304, 379

联想统觉 188

良知 146, 343, 344

良知直观 126

伦常明察 278, 353

伦理 108, 219, 229, 258, 300, 305, 320, 340, 353, 419

伦理学 157, 222, 318, 319, 322, 352, 419

逻辑对象的观念性 10

逻辑概念 9, 408, 412

逻辑规律 9, 421

逻辑形式 325, 333-335

逻辑学 8-10, 26, 34, 60, 63, 96, 125, 310, 317-319, 326-328, 369-374, 376-385, 391, 397, 408, 422

M

美德 2

美感直观 135, 139, 150

绵延 81, 82

明见性 7, 37, 45, 54, 102, 166, 180, 191, 201, 210, 353, 370, 375, 403, 412, 413, 417, 421-423

摹状词理论 325, 330

陌生感知 200, 248

陌生经验 189, 244, 247-249, 254

陌生世界 204, 206, 243-245

陌生文化 234, 241, 244, 248-254

N

内感觉 284, 285

内感知 100, 102-105, 111, 112, 116, 166, 170, 284, 403

内向性 9, 230

内在化 7

内在性感知 163, 259

内在哲学 118, 287

O

欧洲大陆哲学 9, 337

欧洲科学的危机 17

P

派生直观 128

平行性 242, 243

Q

前理解 375

全球化 338

R

人格化的世界 198

人性 2

人造物 196-198, 209

认识对象 27, 46, 47, 170

认识行为 27, 353

认识论 9, 10, 14, 16, 29, 34, 50, 51, 53, 103, 111, 141, 155, 181, 190, 191, 231, 288, 296, 318, 365, 373, 384, 420, 421, 428, 429

认之为真 302-305, 307, 309, 310, 313, 314

容忍原则 328

如此被意指的对象 177

如相 148

如相直观 147

如在 78, 148

S

善 322

上帝 3, 20, 51, 58, 59, 104, 105, 108, 127, 136, 137, 149, 156, 307, 311, 347

社会化 367

审美 273-275

审美体验 273

审美直观 139, 273-275, 278, 279

生成性 245, 250

生活世界 17-19, 102, 110, 180, 191, 203, 205, 243, 340, 354, 424, 430

生命直观 126, 157

时或性 176, 194

时间 34, 42, 57, 73, 80-83, 89, 95, 131, 155, 176, 185, 202, 204, 208, 209, 220, 228, 348-351, 391, 428

时间共体 209

时间视域 81, 82

时间性 34, 41, 81, 83, 147, 176, 208, 348-351

时间意识 31, 80-83, 87, 88, 98, 285

时空世界 205, 208

识知 341

实践理性 17, 121, 135, 218, 308, 340

实践现象学 17

实践哲学 119, 217, 220, 222, 353, 429

实体 31, 32, 34, 42, 49, 125, 313, 343, 347, 348, 350, 351, 376, 424, 428

实体化 34

实相 148, 237
实项内容 78, 90-92, 291
实在对象 198, 199, 218
实证科学 18, 19, 64, 68
世界视域 17, 202-204, 209, 211
世界统觉 85, 97, 200, 201
世界哲学 19
视域 20, 42, 50, 82, 83, 88, 149, 170, 202-204, 207-209, 213, 226, 228, 230, 232, 236, 246, 248-251, 254, 262
数理逻辑 317
数学 5-10, 33, 46, 55, 59, 60, 74, 92, 107, 137, 170, 304, 317, 324, 326, 370, 374, 407
思维主体 127

T

他识 186, 201
他我 15, 16, 181, 183, 191-193, 204, 205, 244, 247
他物 16, 172, 182, 183, 185, 188, 189, 198
体现 85, 167, 178, 187, 199, 200, 201, 207, 208, 216, 247, 248, 250, 251
体验 13, 29, 36, 38, 39, 51, 58, 78, 79, 81-86, 88-94, 101, 104, 109, 113, 114, 117, 119, 174, 176, 185, 186, 193, 194, 202, 216, 217, 234, 285, 289, 293, 298, 326, 399, 401, 402, 407, 408
体验的实项内容 90, 91
统觉 61, 84-87, 97, 145, 148, 167, 186, 188, 199-202, 204, 247, 248, 410
统摄 37, 154, 161, 164, 165, 183, 185-189, 192, 199-201, 205, 206, 244, 261, 291, 410
图像事物 262, 263, 266-268, 275, 277
图像意识 163, 257, 259-270, 272, 273, 275-278

W

外感觉 284, 285
外感知 100, 102-104, 126, 164, 165, 170, 284, 292, 293
完整的超越论现象学 15, 179
文化沟通 230, 231
文化世界 185, 208, 245, 246, 249, 250, 253
文化虚无主义 233
文化中心主义 233

文明 227-231

我思 7, 51, 55, 56, 84, 91, 125-127, 184, 365, 370, 375, 423

无意识分析 9

物候学的含义概念 176, 178

物理主义 321, 326, 331

物自体 93, 123, 145, 172, 311-315, 353

悟性 123, 124

X

狭义的自然科学 74

先天 26, 27, 29-32, 46-49, 59, 62, 69, 84, 88, 109, 168, 193, 194, 220, 254, 299, 304, 306, 308, 309, 319, 348, 373, 388, 389, 393, 395, 397, 404, 410-413, 426

先天心理学 27, 49, 64, 71, 72, 73

显现 14, 77, 78, 80, 90, 93, 126, 127, 129, 130, 132, 141, 145, 148, 186, 188, 199, 200, 202, 206, 207, 216, 233, 263-270, 273, 275, 276, 291, 344, 345, 362, 382, 414

显现物 14, 77, 78

现象学的心理学 26, 29, 38, 64, 73, 171

现象学的质料学 89, 91

现象学方法 10, 21, 25, 72, 95, 98, 100, 104, 108, 115, 162, 234, 315, 339, 340, 342, 343, 346, 352, 402, 407

现象学概念 11, 26

现象学还原 11, 30, 36, 38, 45, 48, 53, 54, 59, 76, 77, 95, 98, 172, 216, 275, 377

现象学还原中的直观 30, 98

现象学精神 20, 21

现象学运动 5, 7, 10, 12, 15, 20, 21, 139, 234, 258, 343, 408, 420, 429

现象学哲学 20, 26, 69, 76, 101, 102, 117, 119, 218, 222, 426

相对主义 8, 10, 13, 34, 97, 171, 233, 341, 429

想像 260

心而上的直观 130, 145, 152

心理主义 8, 9, 10, 12, 13, 27-29, 34, 48, 53, 75, 96, 97, 112, 171, 283, 287, 298, 299, 367, 412, 422

心理主义批判 8

心理主义者 26

信仰 58, 61, 109, 119, 264, 276, 277, 283, 284, 286-291, 293-295, 299, 300, 303-315, 413

形而上的直观 129, 130

形而上学 7, 34, 68-73, 91, 96, 130, 131, 231, 257, 317, 323, 325, 328, 336, 346, 347, 349, 350-352, 357, 379, 380-383, 407, 409, 415, 425, 428, 429

形式本体论 59, 92, 425

形式逻辑 59, 60, 317, 324, 372-374, 385

行为 13, 41, 42, 49, 51, 58, 64, 77, 86, 103-107, 109-111, 113, 116, 125, 127, 135, 137, 155, 165, 169, 173, 174, 176, 177, 186, 188, 192-197, 206, 209, 210, 215, 216, 218, 248, 268, 299, 322, 330, 331, 353, 367, 371, 401

行为主义 331, 332, 367

悬搁 57, 180, 183, 273, 275, 377, 422

Y

一元论 65

艺术直观 129, 150, 151, 271, 273

意识的意向性 13, 110, 162, 164, 182, 221, 300

意识对象 13, 14, 30, 64, 77, 79, 91-95, 167, 170, 171, 182, 195, 196, 249

意识分析 9, 11, 12, 98, 99, 154, 155, 216, 222, 258, 261, 340, 405, 409

意识行为 12, 27, 28, 31, 64, 74, 101, 117, 162-164, 166, 167, 169, 170, 196, 217, 259, 260, 263, 277, 287, 288, 291, 297, 312, 423

意识活动 2, 7, 11-13, 35, 64, 65, 77, 79, 87, 89-92, 94, 95, 105, 109, 150, 170, 171, 178, 192, 195, 200, 201, 204, 221, 260, 261, 361

意识活动的特征 90

意识活动的现象学 89

意识现象 11, 13, 14, 28, 37, 61, 78, 233, 273, 320

意识一般 13, 171, 191

意向 2, 8, 18, 19, 35, 50, 63, 77, 87, 88, 92, 154, 169, 177, 182, 215, 252, 259, 261, 265, 288-292, 295, 298-300, 319, 372, 398, 415, 422

意向活动 14, 78, 79, 151, 162, 168-170, 172, 175, 177, 182, 185, 186, 191, 192, 196, 199, 201, 202, 206, 208, 216, 258

意向活动的超越能力 206

意向内容 78, 90, 91

意向相关项 14, 78, 90, 91, 151, 166, 170-172, 176, 177, 186, 188, 196, 202, 216, 219, 246, 258, 421

意向心理学 18, 48-50, 54, 61

意向性 10, 11, 13, 49, 64, 66, 77, 87, 89-91, 93, 101, 109-111, 161, 162, 164, 165, 168-172, 180, 182, 183, 185, 190, 203, 213, 215-218, 220-222, 248, 283, 284, 287-290, 292, 298-301, 320, 403, 405

意向性构造 27

意向性描述分析 10

意向性原则 55, 56

意向作用 246, 251

意义 7, 37, 60, 65, 93, 94, 111, 112, 164-166, 169, 170, 173-175, 178, 180, 185, 187, 188, 192-197, 199, 201, 202, 210, 212, 213, 220, 233, 246, 250, 261, 274, 275, 278, 291, 336, 354, 366, 372, 375, 400, 404, 425, 426

意义给予 94, 161, 168, 170, 173, 187, 188, 191-193, 209, 210, 246, 421

意义解释 192, 193, 197

意义联系 194, 195

意义制作 192, 193

意志直观 126

印象 82, 284-286, 288, 291, 294-296, 299, 300, 362

语言符号的世界 246

语言图像论 333

语言哲学 181, 324, 327, 328, 354, 355

语言主义 398, 401, 405, 410, 415-417

语义学 327

语用学 327

Z

哲学出发点 121

哲学的缔造者 60

哲学的拯救者 60

哲学史观 54

真理 8, 20, 37, 52, 69, 74, 94, 96, 100, 142, 271, 272, 287, 300, 302, 303, 310, 352, 373, 379, 383, 384, 408, 425, 428

知性 14, 85, 122-125, 127-129, 138, 148, 155, 303, 306, 310-312, 350, 363

知性直观 128

执态 167, 273, 274, 277, 278

直观 7, 10, 26, 30, 35, 37, 38, 41,

45, 93, 98, 115-117, 123, 124, 126-136, 139-141, 143, 146, 148, 150, 152-158, 163, 200, 203, 208, 210, 259, 260, 263, 268, 273, 274, 276, 277, 291, 292, 304, 343, 344, 348, 354, 370, 375, 406-410, 413, 417

直观对象 35, 137, 198, 275, 342

直观行为 41, 154, 163, 218, 259, 260

直观原则 385

直觉主义 33, 56

质料本体论 59, 425

质性 167-170, 173, 277

智识 124-127, 225, 351

智性直观 120-158, 275, 278, 341-343

中国哲学 122, 144-146, 149, 240, 338, 342, 345, 349, 387

周围世界 50, 189, 198, 204-207, 209, 243, 244, 246

主观极 79, 92

主观时间 208

主观意义 194, 195

主体性 36, 46, 48, 49, 52-56, 60, 66, 73, 79, 94, 125, 152, 190, 191, 207, 211, 213, 394, 395, 421, 422, 424, 425

主体性原则 216

自然观点 13, 14, 45, 49, 57, 58, 65, 72-74, 76, 79, 92, 96, 170, 216, 274, 275, 286, 287, 377

自然化的世界 198

自然世界 52, 57-61, 64, 65, 97, 198

自然物 196-198, 209

自身思维 127

自身意识 125, 127, 131-134, 136, 137, 359, 362, 365-367, 375, 422

自识 162, 178, 179, 186, 201, 205, 206, 210

自我 15, 16, 29, 49-51, 65, 79, 80, 83-88, 103, 105, 121, 125-127, 130, 132-134, 137, 139, 148, 156, 179, 181-189, 192-194, 200, 202, 204-206, 208, 211, 216, 243-246, 249, 251, 252, 260, 274, 299, 358, 396, 423, 424

自我对他人躯体的立义 186

自我对他人身体的立义 186

自由 38-40, 42, 43, 44, 57, 136, 137, 146, 149, 156, 158, 168, 231, 260, 297, 309, 311, 383, 384

综合命题 404, 411, 412

总体视域 203

纵贯直观 147, 342

第一版后记

本书中包含的研究，其主要构成部分是自己二十多年来关于意识现象学研究的学术论文。由于其中的一些文章出版已有时日，时而听到学生抱怨说难以查找，时而也看到有人在做重复的论题，故此次借北京大学出版社之力将它们结集出版。

埃德蒙德·胡塞尔与意识现象学：以"在寻求最终确然性的途中：胡塞尔"为标题首次刊载于江怡编：《走向新世纪的西方哲学》（北京：中国社会科学出版社1998年版）。

意识现象学的基本方法——通向超越论本质现象学之路：以"胡塞尔：通向先验本质现象学之路"为标题首次刊载于《文化：中国与世界》第二辑（北京：生活·读书·新知三联书店1987年版）；后以同一标题分四部分刊载于台湾《鹅湖月刊》（台北，1989年第10期，1990年第1期，1990年第5期，1990年第7期）。

现象学反思的两难——胡塞尔、舍勒、海德格尔在反思问题上的不同态度及其内在根源：以同一标题首次刊载于《中国现象学与哲学评论第二辑·现象学的方法》（上海：上海译文出版社1998年版）。

"智性直观"概念的基本含义及其在东西方思想中的不同命运：分三部分首先以"康德'智性直观'概念的基本含义"为题刊载于《哲学研究》（2001年第10期），续以"智性直观概念在东西方哲学中的不同命运（一）"、"智性直观概念在东西方哲学中的不同命运（二）"

为题连续刊载于《社会科学战线》（2002 年第 1 期和第 2 期）。

意识现象学的意向分析：以"现象学的意向分析与主体的自识、互识与共识"为题首次刊载于《中国现象学与哲学评论》第一辑：《现象学的基本问题》（上海：上海译文出版社 1995 年版）。

现象学背景中的意向性问题：以"现象学背景中的意向性问题"为题首次刊登于《学术月刊》（2006 年第 6 期）。

交互文化现象学略论——关于两种文化问题的讨论：以"文化屏障与文化桥梁——交互主体性现象学略论"为题首次刊载于《江苏社会科学》（1994 年第 3 期）。

交互文化理解中的"格义"现象——一个交互文化史的和现象学的分析：以同一标题首次刊载于《浙江学刊》（1998 年第 2 期）。

图像意识的现象学：以同一标题首次刊载于《南京大学学报》（2001 年第 1 期）。

艺术直观与理念直观的"纯粹性"：在题为"叔本华与胡塞尔：艺术直观与理念直观的'纯粹性'"的文章中作为一个部分刊发于孙周兴、高士明编：《视觉的思想·"现象学与艺术"国际学术研讨会论文集》（杭州：中国美术学院出版社 2003 年版）。

胡塞尔的意向性概念与休谟的信仰概念：以同一标题首次刊载于熊伟编：《现象学与海德格》（台北：远流出版公司 1994 年版）。

康德哲学中"认之为真"概念分析：以同一标题首次刊载于《德国哲学论丛·1995》（北京：中国人民大学出版社 1996 年版）。

分析哲学的方法：以同一标题首次刊载于李志才编：《方法论全书·哲学逻辑学方法》（南京：南京大学出版社 2000 年版）。

牟宗三与现象学：以同一标题首次刊载于《哲学研究》（2002 年第 10 期）。

胡塞尔与维特根斯坦：从意识哲学到语言哲学的范式转换：以同一标题首次刊载于《开放时代》（2000 年第 11 期）。

现象学与逻辑学：以同一标题首次刊载于《现代哲学》（2004年第4期）。

Transzendental：含义与中译：以同一标题首次刊载于《南京大学学报》（2004年第3期）。

观念主义，还是语言主义？——对石里克、维特根斯坦与胡塞尔之间争论的追思：以同一标题首次刊载于《浙江学刊》（2006年第5期）。

二十世纪：一个过渡的时代——从现象学的角度回顾二十世纪的两个哲学问题：以"二十世纪：一个过渡的时代——从现象学的角度回顾本世纪的两个哲学问题"为题首次刊载于《江苏社会科学》（2000年第6期）。

在重新发表前，笔者对这些文字做了一定程度的润色与修订，但未作根本性的改动。对各篇论文的顺序做了结构上的处理，使它们更具有系统性，更能够表明意识现象学研究各个领域之间的相互关联。

夏宏博士仔细通读了全书，并提出修改的建议。书后的人名索引、主题索引也是由他编排而成。这里深表谢意！

倪梁康
2006年8月于中大西园

第二版后记

这里的文本是对本书的北京大学出版社 2007 年第一版的再版重印。除了一些印刷错误的校正之外，笔者对这一版基本上未做改动，但在出版前还是根据出版社现行的规范要求对书稿中注释和文献索引的格式做了统一修订。时隔十多年，里面的一些说法实际上需要更新，但最终觉得还是保留其历史原貌为好。

文稿请王穗实同学通读了一遍，其中一些错误和缺漏得到修正和补充。这里特别致谢！

倪梁康
2018 年 9 月 22 日